IMIGRANTES JUDEUS DO ORIENTE MÉDIO

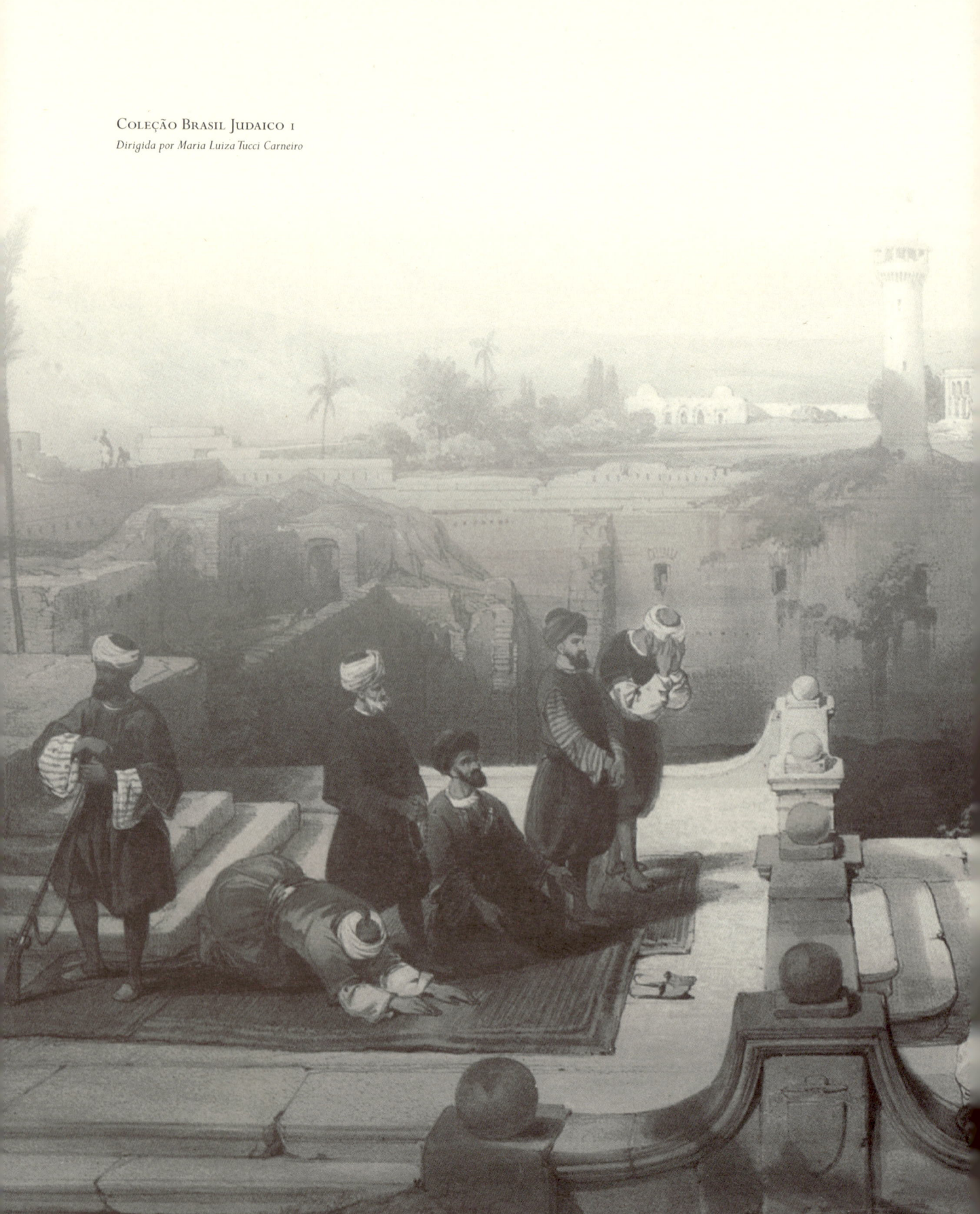

Coleção Brasil Judaico 1
Dirigida por Maria Luiza Tucci Carneiro

Imigrantes Judeus do Oriente Médio

São Paulo e Rio de Janeiro

RACHEL MIZRAHI

Ateliê Editorial

Copyright © 2003 Rachel Mizrahi

Direitos reservados e protegidos pela Lei 9.610 de 19.02.1998.
É proibida a reprodução total ou parcial sem autorização,
por escrito, da editora ou do autor.

Dados Internacionais de Catalogação na Publicação (CIP)
(Câmara Brasileira do Livro, SP, Brasil)

Mizrahi, Rachel
    Imigrantes judeus do Oriente Médio: São Paulo e Rio de Janeiro / Rachel Mizrahi. – São Paulo: Ateliê Editorial, 2003. – (Coleção Brasil Judaico; 1 / dirigida por Maria Luiza Tucci Carneiro)

    Bibliografia.
    ISBN 85-7480-162-3

    1. Judeus – Brasil I. Carneiro, Maria Luiza Tucci. II. Título. III. Série

03-0813   CDD 981.004924

Índice para catálogo sistemático:
1. Brasil: Imigrantes judeus do Oriente Médio:
    História   981.004924

Direitos reservados à
ATELIÊ EDITORIAL
Rua Manuel Pereira Leite, 15
06709-280 – Granja Viana – Cotia – SP
Telefax: (0--11) 4612-9666
www.atelie.com.br
e-mail: atelie_editorial@uol.com.br

Printed in Brazil 2003
Foi feito depósito legal

as lembranças... são nosso único patrimônio.

A Autora gostaria de agradecer os seguintes colaboradores, que também tornaram possível esta publicação: Elias Victor e Tereza Marco Nigri, Ezra e Fifine Sasson, Gabriel e Jaques Zitune, Isaac e Mirian Memran Peres, Jacob Mizrahi, Jaques K. Eskinazi, Joseph e Adélia Nassim Nigri, Marco e Monique Matalon, Marcos e Marina Chulam Chusyd, Mayer (Moisés) Mizrahi, Meyer Joseph e Lílian Czeresnia Nigri.

A meus pais,
Moysés Mayer (em memória) e Rebecca Fardjoun Mizrahi,
casal da difícil conciliação entre a conservação e a renovação.

Sumário

Lista de Abreviaturas e Siglas 13
Agradecimentos 15
Prefácio – Maria Luiza Tucci Carneiro 17
Introdução 21

1. Os Judeus do Oriente Médio.. 27
1.1 As Dispersões Históricas 27
1.2 Comunidades do Império Otomano... 33
1.3 A Alliance Israélite Universelle... 48
1.4 Agonia e Ruptura do Império Otomano... 51

2. Sefaradis e Judeu-orientais no Rio de Janeiro....................................... 55
2.1 Imigrantes Judeus no Brasil 55
2.2 O Oriente Médio e a Diplomacia Brasileira... 58
2.3 Os Sefaradis e o Templo Beth El... 64
2.4 Os Judeu-orientais e a Sinagoga B'nei Sidon 73

3. Os Sefaradis em São Paulo 81
3.1 Os Imigrantes e a Construção da Metrópole....................................... 81
3.2 A Sinagoga da Comunidade Sefaradi de São Paulo 83
3.3 Algumas Tradições Sefaradis 92
3.4 O Cotidiano das Famílias de Esmirna 96
3.5 A Sinagoga da Abolição: Uma Casa de Oração
    Aberta a todos os Povos 111

4.	Os Judeu-orientais da Mooca	129
4.1	A Mooca: Um Bairro de Imigrantes	129
4.2	A Organização Comunitária	131
4.3	"Somos todos Rabinos"	156
4.4	Tradições e Costumes dos Judeu-orientais	160
4.5	O Cotidiano e o "Fantasma dos Casamentos Mistos"	163
4.6	A Família Porto: Um Caso de Conversão	172
5.	Os Novos Imigrantes do Oriente Médio em São Paulo	175
5.1	O Sionismo e os Conflitos entre Árabes e Judeus na Palestina	175
5.2	Alepo: Fim de uma Antiga Comunidade	182
5.3	Prosperidade e Decadência das Comunidades Judaicas Egípcias	184
5.4	Refugiados do Oriente Médio no Brasil	189
5.5	A Sinagoga da Abolição e os Imigrantes Judeu-orientais	191
5.6	A Congregação e Beneficência Sefaradi Paulista	193
5.7	A Congregação Mekor Haim	197
6.	Os Judeus e a Força dos Regionalismos	203
6.1	Instituições e Organizações Judaicas de São Paulo	203
6.2	A Sinagoga Israelita Brasileira e a União Israelita Paulista: Duas Sinagogas, uma Comunidade	210
6.3	A Congregação Monte Sinai	213
6.4	Grêmios Recreativos	219
6.5	A Beneficência: Uma Tradição Judaica	226
7.	Imigração e Identidade	233
7.1	O Anti-semitismo no Brasil	233
7.2	Os Judeus do Oriente Médio e o Sionismo	239
7.3	"A Minoria da Minoria" e os Conflitos de Lealdade	241
7.4	A Revitalização do Judaísmo em São Paulo	249
7.5	As Marcas Pontuais dos Judeus do Oriente Médio no Rio de Janeiro e em São Paulo	251

Considerações Finais	257
Anexos	261
Glossário	285
Índice de Ilustrações, Quadros e Gráficos	293
Índice Onomástico	301
Fontes e Bibliografia	315
Genealogias – ver CD	

Lista de Abreviaturas e Siglas

AHI/RJ – Arquivo Histórico do Itamaraty, Rio de Janeiro.
AHJB/SP – Arquivo Histórico Judaico Brasileiro, São Paulo.
CEJ – Centro de Estudos Judaicos da USP, São Paulo.
CIBAT – Centro Israelita Brasileiro Amadeu Toledano (São Paulo).
CIB – Centro Israelita Brasileiro (Rio de Janeiro).
CIP – Congregação Israelita Paulista (São Paulo).
CONIB – Confederação Israelita Brasileira.
FISESP – Federação Israelita do Estado de São Paulo.
FESELA – Federação Sefaradi Latino-Americana.
HIAS – Hebrew Immigrant Aid Society.
ICA – Jewish Colonization Association.
JOINT – American Distribution Comitee.
Relato a RM – Relato a Rachel Mizrahi.
TIBOY – Templo Israelita Brasileiro Ohel Yaacov, São Paulo.
USP – Universidade de São Paulo.
WIZO – Women's Internacional Zionist Organization.

Agradecimentos

Externar agradecimentos aos que me permitiram reconstruir o cotidiano dos imigrantes judeus do Oriente Médio, impõe-se. O rol é amplo e, por isso, encontra-se no final do texto. Minha gratidão especial é dirigida aos idosos que, pacientemente e com confiança, me fizeram o relato de suas vivências no Oriente Médio e no Brasil. Às famílias de Alexandre Calderon, Badrie Politi Zeitune, Isaac Athias, Raphael Ascher, Rica Barki e a outros, falecidos, pelos esclarecimentos de aspectos de seus relatos. A ajuda de minha mãe, Rebecca Farjoun Mizrahi, foi prestimosa ao confirmar fatos ocorridos nas comunidades do Rio de Janeiro e de São Paulo.

Agradeço o apoio financeiro oferecido pelo Conselho Nacional de Pesquisas (CNPq) e à Pró-Reitoria de Pós-Graduação, da Universidade de São Paulo. Ao Banco Safra e à Fapesp, pela possibilidade de publicação.

À amiga, Profa. Dra. Maria Luiza Tucci Carneiro, pela orientação e diretrizes a seguir, à Profa. Dra. Anita Novinsky, a quem devo o despertar e o calor pela pesquisa histórica. Aos professores Diane Kuperman, João Baptista Borges Pereira, Nancy Rosenchan e Oswaldo Truzzi, pelas sugestões e, a Midory Kimura Figuti, diretora do Museu da Hospedaria dos Imigrantes, da Secretaria de Estado da Cultura, pelo acesso às listas de imigrantes do Oriente Médio.

Sem a direta colaboração de David e Ezra Sasson, rabino Isaac Michaan, Jamil Sayeg, Jayme Dentes, Jayme Kuperman, Marco Matalon, Maurice Harari, Moysés Yedid, Nissin Benjamin Cohen, entre outros, aspectos da pesquisa tomariam diretrizes diversas. A eles meus agradecimentos. Os mesmos se estendem a Anabela Sereno, Anna Barki Bigio, Clara Hakim Kochen, Beni Calderon e Rebeca Vaena pela definição dos *sefaradis* em São Paulo e Rio de Janeiro e, à Ariela Segre, Danielle Proccacia, Ettore Barocas, Esther e Rodolfo Reicchardt em relação aos judeu-italianos. Agradeço a ajuda de Célia Valente, Saul Menaged e, ao casal, Raphael e Judith Simantob Donio, pelo resgate de objetos da Sinagoga da Abolição, atual Templo Israelita Ohel Yaacov e pela imagem dos responsáveis pela fundação da Sinagoga da Abolição, primeiro templo sefaradi de São Paulo.

O acesso a publicações, específicas e raras, foi possível no Centro de Estudos Judaicos da USP, com a ajuda de Ada Waldman Dimantas, Noêmia Cutin e Cecília Simis Schwarz; na Associação Brasileira A Hebraica, as bibliotecárias, Maria Eunice Pelegrina Lopes e Marisa Santos da Rocha e, na biblioteca do Arquivo Histórico Judaico-Brasileiro, da socióloga Luba Schevz e Mirella Barki. Necessárias explicações dos termos em hebraico e, sobre algumas cerimônias foram conseguidas com o amigo Ruben Rosemberg e Betty Epelbaum. As genealogias de famílias dos primeiros imigrantes foram, graficamente compostas por Henry Lederfeind. Devo gratidão a Guaraciaba G.L. Perides, amiga de tantos anos, a Ivone Borelli, Ethia Szacher, Marie Felice Weinberg, Alberto Kremnitzer, Suzana Santos Severs e ao cunhado Ione Neinstein. Expresso aqui meu carinho às minhas filhas, Sílvia e Sandra, às irmãs Lily e Alzira e aos irmãos Mayer, Isaac e Nessim. À Rita Garcia de Oliveira que durante seis anos ajudou a manter a estrutura familiar e, finalmente a você, por me ter ouvido relatar o cotidiano do passado de imigrantes que me absorve, com emoção.

Prefácio

O estudo *Imigrantes Judeus do Oriente Médio: São Paulo e Rio de Janeiro*, de Rachel Mizrahi, inaugura uma nova etapa na historiografia brasileira sobre imigração judaica, aqui interpretada como um fenômeno múltiplo. Múltiplo se avaliado segundo o fluxo de grupos culturais distintos: *asquenazis, sefaradis, orientais* e outros grupos menores. Os imigrantes aqui apresentados não formam um grupo monolítico, homogêneo, indiferenciado. Suas trajetórias são distintas, assim como suas estratégias de sobrevivência, ainda que vinculadas ao lugar de origem.

Este livro recupera, em especial, a memória dos imigrantes judeus oriundos das regiões árabes e dos sefaradis que, a partir de 1492, haviam se instalado em terras do Império Otomano. O fato de Rachel Mizrahi ser filha de imigrantes judeus do Oriente Médio, lhe garantiu critérios de observação participante, contato direto e pessoal com os sujeitos da história. Neste sentido, podemos considerar que esta publicação é, antes de mais nada, expressão do *sentido de pertencimento* e do compromisso da autora com a comunidade de seus pais, matrizes de sua inspiração e protagonistas desta história.

Como orientadora e colega de pós-graduação de Rachel Mizrahi, tive a oportunidade de acompanhar sua trajetória de pesquisadora que, de forma vibrante, investiu na construção da memória individual e coletiva da comunidade judaica brasileira. Durante estes anos todos tivemos em comum o mesmo objeto de estudo – o povo judeu na Diáspora – e a mesma escola.

Sua formação de pós-graduanda se fez, assim como a minha, enquanto discípula de Anita Novinsky que desde a década de 1970 é responsável junto a Universidade de São Paulo pela formação de um grupo de historiadores dedicados a "mapear" a presença de cristãos-novos e judeus no Brasil, em diferentes tempos históricos. Seu doutorado, então sob a minha orientação, concentrou-se na reconstrução do processo de formação das modernas comunidades judaicas brasileiras, priorizando a presença dos judeus sefaradis e orientais em São Paulo e Rio de Janeiro. Neste sentido, podemos afirmar que formamos uma "escola", distinta por gerações, dedicada a discutir o tema da intolerância e da liberdade sob o viés da História das Mentalidades.

Em sua dissertação de mestrado – *A Inquisição no Brasil: Um Capitão-mor Judaizante*, Mizrahi reconstituiu, a partir da figura de Miguel Telles da Costa, a pequena comunidade de cristãos-novos judaizantes radicados na Capitania de "Nossa Senhora de Itanhaém, com sede na vila de Parati, conhecida como o porto do ouro". A reconstrução histórica, baseada em processos inquisitoriais, se fez em torno das relações sociais que envolviam a comunidade cristã-nova radicada no Rio de Janeiro, Minas Gerais e Parati na primeira metade do século XVIII[1].

Continuando seus estudos sobre a história dos judeus em São Paulo e Rio de Janeiro, Mizrahi voltou-se para a sua própria comunidade: a dos judeus sefaradis e orientais que – assim como os cristãos-novos durante a época moderna – deixaram sua terra de origem em busca de melhores oportunidades de vida. Ambos os grupos, ainda que em períodos históricos distintos, vivenciaram processos de ruptura e (re)adaptação. O *sentimento de desenraizamento* emerge enquanto fenômeno que altera os sentimentos de identidade atrelado a idéia de "perda": perda da família, de bens, costumes etc. É aqui que a pintura e a fotografia cumprem a função de documentos-referência, tanto para o "lado de lá" (o antigo Império Otomano) como para o "lado de cá" (o Brasil contemporâneo). Os depoimentos orais contribuem para recuperar experiências múltiplas registradas sobre fatos comuns: arrumar as malas, a hora da partida, o momento da despedida, o primeiro "olhar" sobre o Brasil, a nova casa, o primeiro emprego, a inauguração da sinagoga, os namoros permitidos e os casamentos proibidos.

---

1. Miguel Telles da Costa era cristão-novo e filho de penitenciados pelo Santo Ofício, estigma que não o impediu de ser designado como capitão-mor de Parati, posto que ocupou entre 1702 até 1705, quando recebeu ordem de prisão pelo Santo Ofício. Rachel Mizrahi Bromberg, *A Inquisição no Brasil: Um Capitão-mor Judaizante*. São Paulo, Centro de Estudos Judaicos/FFLCH, USP, 1984. Dissertação de Mestrado em História Social, orientada pela Profa. Dra. Anita Novinsky.

Ao longo de seu texto, Mizrahi demonstra que a lembrança é dinâmica; que ela vai se renovando no espaço das vidas num (re)arranjo de emoções grupais ou familiares. Para isto basta ler as passagens em que os protagonistas se referem ao "fantasma dos casamentos mistos" e aos "conflituosos processos de conversão"; ou então, acompanhar as alterações de nome da Sinagoga da Abolição enquanto preocupação da comunidade em reafirmar sua identidade sefaradi. Fundada em 1929 como Comunidade Sephardim de São Paulo, recebeu várias denominações: Sinagoga Israelita Brasileira do Rito Português (década de 1940), Templo Israelita Schaar Hashamaim (década de 50) e Templo Israelita Brasileiro Ohel Yaacov (1963).

Ao constatarmos certas diversidades grupais, nos damos conta que as modernas comunidades judaicas radicadas no Brasil têm pontos comuns em suas trajetórias, ou seja, iniciaram-se partir de um núcleo improvisado diante da necessidade de construir um espaço particularmente judaico onde pudesssem constituir o *minian*. Assim, na história de cada uma das instituições dos judeus radicados em São Paulo e no Rio de Janeiro, sobrevivem resquícios de diferentes lideranças modeladas ora por valores sefaradis e asquenazis, ora por movimentos de emancipação judaica. Tais diversidades na composição interna da comunidade, acabaram por agrupar seus membros em diferentes associações, escolas clubes recreativos e sinagogas. Percebemos que a imigração judaica, ao longo do século XX, vai deixando de ser uma ação de grupos desamparados para se transformar numa rede composta por indivíduos mobilizados por estratégias de superação social[2]. No caso dos judeus orientais, por exemplo, fica evidente como cada família procurou se agregar em espaços fundados na procedência comum: Istambul, Sidon, Rodes, Esmirna, Salônica, Yafo, Safed etc. A chave está na identidade destes protagonistas que, a partir de uma rede de relações sociais e econômicas, influenciaram o mercado de trabalho e a cultura brasileira. É neste contexto que percebemos a duplicidade de sentimentos mesclados pelas sensações plenas de *pertencimento* e de *desenraizamento*.

Enfim, é a história vivida (e narrada) por estes imigrantes judeus do Oriente Médio que dá à Autora os elementos básicos para a "construção" da memória da comunidade judaica em São Paulo e Rio de Janeiro. A memória, neste caso, recompõe a relação passado/presente garantindo para o futuro a sobrevivência das lembranças: *o lugar da memória*. Coube a Mizrahi, enquanto

---

2. María Bjerg y Hernán Otero (org.), *Inmigración y Redes Sociales en la Argentina Moderna*, Buenos Aires, Centro de Estudios Migratorios Latinoamericanos, Instituto de Estudios Sociales, 1995.

membro do grupo-comunidade, fixá-las por escrito em uma narrativa formal. É quando se configura "a memória coletiva que envolve memórias individuais sem, entretanto, se confundir com elas", como enfatizou Maurice Halbwachs em sua obra *Memória Coletiva*[3]. Ao cruzar os registros históricos (atas, correspondências, ofícios, lista de sócios, estatutos, imprensa e diários pessoais) com os depoimentos dos principais representantes do núcleo sefaradi de São Paulo e Rio de Janeiro, a Autora conseguiu recompor uma "espécie de cadeia de pertencimento" onde todos se (re)conhecem com parte de um todo[4]. Neste caso, autora e obra se prestam como reforço para o exemplo dado por Pierre Nora, que considerou os judeus como um grupo-comunidade chamando-os de "povo da memória"[5].

MARIA LUIZA TUCCI CARNEIRO
Universidade de São Paulo
São Paulo, 2003

---

3. Maurice Halbwachs, *Memória Coletiva*, São Paulo, Vértice, Editora Revista dos Tribunais, 1990, p. 53.
4. Márcia Mansor D'Aléssio, "Memória: Leituras de M. Halbwachs e P. Nora", *Revista Brasileira de História*, São Paulo, vol.13, n. 25/26, set. 92/ago.1993, p. 97.
5. Pierre Nora, "Entre Mémoire et Histoire", *Les Lieux de Mémoire*, Paris, Gallimard, 1984, p. XIX.

Introdução

Esta narrativa nasce da tentativa de reconstruir o passado das comunidades judaicas do Oriente Médio em São Paulo e no Rio de Janeiro. O interesse em pesquisar imigrantes judeus – sefaradis e os judeu-orientais – do Oriente Médio foi despertado por dois motivos: um, de ordem acadêmica e o outro, pessoal. Desde o início de minhas investigações no campo da História Social senti-me atraída pelos temas que resgatassem o passado de grupos minoritários. A análise dos processos inquisitoriais que permitiu recompor a trajetória de vida de um capitão cristão-novo na Capitania de Nossa Senhora da Conceição de Itanhaém, sob a orientação da Profa. Dra. Anita Novinsky, constituiu-se em um estímulo gratificante para que transformasse a pesquisa do doutorado em livro. Os cristãos-novos, como os judeus do Oriente Médio, foram obrigados a abandonar a terra de origem e buscar alternativas de vida em outras regiões. Embora vivendo em tempos históricos diferentes, os dois grupos passaram por processos de ruptura demarcados por traumas e esperanças por dias melhores, o recomeço. Assim, os judeus sefaradis de fala ladina, expulsos das terras ibéricas a partir de 1492 e instalados nas regiões do Mediterrâneo e Oriente Médio, dominadas pelos turcos otomanos, retornaram ao Ocidente após cinco séculos.

O segundo motivo foi de ordem pessoal. Pelo fato de ser filha de imigrantes judeus do Oriente Médio, tendo nascido e vivido na Mooca, sensibilizei-me com o pouco conhecimento de líderes comunitários a respeito do grupo que, em pouco tempo, completará cem anos de presença no Brasil. Ao ouvir a declaração de um antigo presidente comunitário, que "as lembranças… são nosso único patrimônio", decidi iniciar investigação sistemática sobre a trajetória desses imigrantes em São Paulo.

Para compreender e melhor situar esses imigrantes, e as comunidades por eles organizadas no Rio de Janeiro e em São Paulo, foi necessário buscar suas matrizes culturais no Oriente Médio. Não dominando o hebraico, tive limitado o acesso a estudos específicos, publicados por israelenses. Os historiadores Issachar Ben Ami, Margalit Bejarano e Nehemias Levetzion, da Universidade Hebraica de Jerusalém, pessoalmente, foram contatados e indicaram aspectos que poderiam ainda ser explorados na pesquisa para, assim, conhecer como e em que sentido a cultura dos judeu-orientais diferenciava-se dos sefaradis, além de detectar quais os traços da cultura sefaradi foram assimilados pelos judeus que os acolheram e, se possível, construir um modelo da fusão cultural, resultante do encontro de judeus exilados e locais. As dificuldades das pesquisas adicionais fizeram com que estes questionamentos ficassem em aberto.

Outro estímulo adicional à pesquisa resultou de um encontro, em minha residência, com amigos de infância da comunidade da Mooca. Betty Nigri Efraim, Gabriel Zitune, Teresa Nigri e eu sentimos necessidade de resgatar as histórias de nossas famílias, na luta pela sobrevivência, suas vivências, dificuldades de adaptação, alegrias, tristezas e desalentos. Ao recordar a infância na Mooca, bairro da zona leste de São Paulo, notamos que nossas histórias complementavam-se.

Transcrevendo alguns relatos, pude perceber a complexidade cultural desses imigrantes, naturais de milenar civilização do Oriente Médio.

Em 1995, ao iniciar a pesquisa, o foco direcionado à pequena comunidade da Mooca ampliou-se. Observei que não havia possibilidade de compreendê-la se não inserisse os sefaradis da Abolição. Depois, os estreitos contatos intercomunitários conduziram a pesquisa ao Rio de Janeiro, culminando com o estabelecimento de imigrantes judeus em São Paulo, refugiados das guerras do Oriente Médio, a partir de 1948. Envolvendo vários grupos de imigrantes em locais e momentos diferentes, acredito que posicionamos os judeus do Oriente Médio nos estudos sobre a imigração judaica brasileira.

A identidade cultural, as relações de parentesco e de amizade com os primeiros imigrantes do Oriente Médio permitiram a quebra das barreiras de resgate das lembranças dos depoentes idosos. Não habituados ao registro de memória, as fontes disponíveis para a (re)construção da história das primeiras comunidades vieram do estudo das poucas atas e dos estatutos das sinagogas, sociedades beneficentes, relatórios, discursos e um jornal do Grêmio Sinai. Embora se constituam provas evidentes do fato histórico, estes documentos foram, em si, insuficientes para recompor a história das comunidades em processo de vida e reformulação de valores. Em decorrência da limitação das fontes documentais, busquei a técnica da história oral.

Esta metodologia, adotada por cientistas sociais para a construção da memória de pequenas comunidades, foi adequada e pertinente à minha proposta. Apreender a "História do Presente" não é tarefa fácil, esbarrar no subjetivismo é comum, especialmente, porque adotamos metodologia não convencional rejeitada por acadêmicos conservadores. Com auxílio de recursos técnicos como o gravador/vídeo, "documentos" foram produzidos e registrados.

A família foi eleita como núcleo de interesse; assim, foram entrevistados imigrantes idosos, seus filhos, representantes de outros segmentos sociais, como líderes comunitários, rabinos e profissionais da comunidade, cujas narrativas ajudaram a reconstituir o cotidiano dos imigrantes. Demos atenção às tradições, religião, costumes, comportamentos e atitudes diante da vida e da morte. Os registros demonstraram representações de um universo complexo, delineado por conflitos e utopias, avanços e recuos.

A maioria dos entrevistados apresentava como "trajetórias de vida" momentos de grandes mudanças; às vezes, polêmicos. O cruzamento das histórias pessoais contribuiu para a construção dos ciclos de vida e de morte, das sociedades comerciais, dos negócios, das tensões familiares, das facilidades e dificuldades características do processo de acomodação, adaptação e conflitos de um imigrante recém-chegado a um mundo estranho a seus costumes.

Ao relembrar o passado, os entrevistados lidaram com muitos de seus problemas pessoais, explicações para o difícil contato com imigrantes de outras origens, até mesmo, para justificar os interesses implícitos nas alianças familiares de casamentos e negócios. Na realidade, as lembranças de suas reais necessidades e dificuldades incomodavam como expressão de fracasso e incapacidade para "recomeçar". Estas informações, ausentes dos documentos escritos, puderam ser reconstituídas pelas novas entrevistas, algumas marcadas por silêncios e desalentos que me sensibilizaram, tornando-me cúmplice de revelações contidas, agora livres de censuras, que só o tempo torna possível. O emprego da técnica de história oral permite a apreensão da realidade que nenhum outro documento consegue revelar. As informações registradas foram "legitimadas" pela freqüência das mesmas, pela avaliação comparativa das distintas versões e por alguns documentos de arquivos pessoais e comunitários. A "realidade histórica" emergiu de forma completa como somatória de diversas fontes. A multiplicidade dos relatos, o tempo limitado e o desinteresse de alguns criaram empecilho para o envolvimento de mais famílias, o que foi somente compensado pelas informações já obtidas e imagens fotográficas, belas e antigas, colocadas à disposição da pesquisadora.

No Rio de Janeiro, a leitura dos documentos diplomáticos do Arquivo do Itamaraty permitiu conhecer a política imigratória adotada pelo governo brasileiro com relação aos primeiros imigrantes vindos do Oriente Médio. As contendas nacionalistas desse período fizeram com que o governo se mostrasse inseguro; assim, nomeavam com diplomacia, representantes no exterior ou designavam escritórios de representação diplomática no Oriente Médio com o objetivo de regularizar e controlar a imigração que, a partir dos anos 1920, intensificou-se. A documentação trocada entre os representantes, como a concessão de vistos de judeus para o Brasil é de grande valia e permitiu compreender os critérios de seleção adotados por diplomatas, induzidos por uma mentalidade anti-semita, por tradição. No Museu da Hospedaria dos Imigrantes de São Paulo, foram localizadas informações adicionais e complementares ao processo imigratório. Pela lista nominal dos grupos, pela identificação das embarcações e pelas datas de chegada ao porto de Santos foi possível recompor as listas dos imigrantes judeus do Oriente Médio e provenientes dos portos intermediários no Mediterrâneo.

Com o objetivo de reconstituir as relações familiares das comunidades em questão, utilizei-me de estudos genealógicos, graficamente visualizados e do acervo fotográfico colocado à disposição pelas famílias. Documentos, mapas, tabelas e gráficos estatísticos foram usados para explicação mais abrangente. Muito embora, no texto encontrem-se elucidações sobre a terminologia em hebraico, no final, há um glossário onde conceitos gerais e, cerimônias judaicas são descritas com maior detalhe.

PÁG. SEGUINTE
Detalhe de Jerusalém, litografia de David Roberts (1839). Em Fabio Bourbon, Yesterday and Today. The Holy Land. Lithographs and Diaries *by David Roberts.* R. A. Banco Safra, 1994.

Os Judeus do Oriente Médio

PÁG. ANTERIOR
A velha cidade de Jerusalém. São Paulo, Morashá, set. 1995.

1.1 AS DISPERSÕES HISTÓRICAS

A presença dos judeus no Oriente Médio data dos "tempos bíblicos", aproximadamente 2000 anos a.C. O povo, ligado a uma religião original, sofreu perseguições contínuas, fatores indissolúveis de suas constantes fugas. O fenômeno da diáspora – atrelado à imagem da "Terra Prometida" – esteve sempre presente na trajetória dos judeus que, em momentos distintos da História, mobilizaram-se em busca de novos espaços para substituir a terra perdida. Grande parte do povo já havia se transferido para além de Canaã, hoje o Estado de Israel, antes mesmo da destruição do Segundo Templo de Jerusalém, no ano 70, por Tito, comandante romano[1].

A dispersão levou os judeus a conviver com diversos povos, assimilando seus costumes e valores. Na contínua absorção dos novos traços culturais, os judeus caracterizaram-se pela preservação da religião e das tradições judaicas estruturadas e internamente cristalizadas, antes do início das diásporas.

No século XVII, os otomanos, ao conquistarem as áreas do Oriente e Ocidente, dominaram numerosas comunidades judaicas[2], entre elas as dos moçárabes, dos sefaradis e dos asquenazis[3]. Os moçárabes, conhecidos depois

---

1. Jules Isaac, *Jesus e Israel,* São Paulo, Perspectiva, 1986, pp. 89 e ss.
2. O historiador Flávio Josefo indicou a presença dos *romaniotas* na região (*Antiguidades Judaicas,* São Paulo, Edameris, s/d.).
3. Não existindo regras fixas para a transcrição em português de palavras hebraicas, adotamos o seguinte: *sefaradi, sefaradis* (sing. e pl.); *asquenazi e asquenazis* (sing. e pl.); *yeshivá* (centro de estudos judaicos) é singular e *yeshivot* é plural.

como judeu-orientais, viviam nas terras de árabe-muçulmanos, conquistadas em meados do século VII pelas Guerras Santas. Os sefaradis eram judeus ibéricos e, os asquenazis, judeus da Europa Central e Oriental, eram identificados pelo *iídish*, misto de palavras hebraicas, eslavas, alemãs, russas e de outras procedências. Os dois grupos apresentam diferenças na condução litúrgica e nos costumes.

Embora pressionados, a maior parte dos judeus do mundo árabe não se converteu ao islamismo, acomodou-se na estrutura político-econômica e social islâmica, sem perder a identidade religiosa e antigas tradições. A milenar convivência, entretanto, levou os judeu-orientais a assimilar muitos traços da cultura árabe: a língua, a música, a dança, seus alimentos e as fortes tradições patriarcais.

O respeito muçulmano aos Povos do Livro pelos princípios do Corão, fez legalizar a presença das minorias – cristãs e judaicas – presentes nos seus vastos domínios árabes. No período dos Califas (632 a 1057), foi elaborado um código de leis – o *Estatuto Dhimmis*[4] – obrigando judeus e cristãos a pagarem determinados impostos e taxas que os autorizavam a viver em terras muçulmanas sem ter aceito Alá. O Corão ou Alcorão manifesta-se de forma clara e inequívoca sobre a existência do judaísmo e do cristianismo, reconhecidos como "formas primitivas, incompletas e imperfeitas do Islã, mas depositárias de uma genuína, ainda que distorcida revelação divina". Como *Dhimmis*, judeus e cristãos puderam viver no mundo muçulmano, participando da vida árabe como minoria[5].

A dispersão dos judeus por terras da Península Ibérica ou Sefarad[6], como eles a chamavam, é anterior à conquista árabe no ano 711. Medievalistas consideram o largo período em que os judeus viveram na Península Ibérica como áureo. Durante oito séculos judeus, cristãos e muçulmanos conviveram em relativa tolerância, numa região conhecida como a das "três religiões". Os judeus, envolvidos pelo apogeu da civilização árabe, dedicaram-se aos estudos bíblicos, às ciências, à filosofia, à medicina, à astronomia e à poesia,

---

4. Pelos estatutos, o *Kharaj*, imposto sobre a terra, atingia um quinto da produção, a *Jizia* era a taxa anual paga por cada judeu (Norman A. Stillman, *The Jews of Arab Lands. A History and Source Book*, Philadelphia, The Jewish Publication of America, 1979, p. 25).
5. Enquadrados no Estatuto das Minorias, judeus e cristãos eram cidadãos de "segunda classe". Em terras árabes, ser "cidadão pleno" é restrito a muçulmanos do sexo masculino livres. Veda-se ao escravo e à mulher acesso a esta condição. A diferença básica entre as categorias está na escolha: a mulher e o escravo mantêm-se em inferioridade, de forma involuntária, enquanto a inferioridade do infiel é inteiramente opcional, porque quando se converte, perde a inferioridade legal (Bernard Lewis, *Os Judeus do Islã*, Rio de Janeiro, Xenon, 1990, pp. 22 e 37).
6. *Sepharad* é uma provável região da Ásia Menor. Os judeus identificaram a Península Ibérica com este nome. Daí, os termos *sefardita* ou *sefaradi*, usados para identificar os judeus de Portugal e Espanha e seus descendentes.

produzindo magníficas obras de religião, de filosofia e de ciência[7]. Como intérpretes, traduziram trabalhos eruditos da língua árabe para o hebraico e o latim, acrescentando novos conhecimentos à cultura européia. Envolvidos com as finanças e a administração, os sefaradis ocuparam altos cargos com os emires. Depois, continuaram nessas funções em Aragão, Castela e Navarra, reinos cristãos que se seguiram à expulsão árabe[8]. Acelerada a partir do século XIII, a Reconquista uniu esses reinos, resultando a monarquia espanhola.

Fernando, de Aragão e Isabel, de Castela, movidos por interesses políticos e econômicos, expulsaram de seus reinos todos os muçulmanos e judeus, dando início a uma prolongada era de intolerância[9]. Pelo ideal da unidade cristã e persistência do mito da pureza de sangue, o Decreto de 1492 reafirmou a idéia de que a Península Ibérica constituiu-se num "reino cristão para súditos cristãos".

A expulsão dos judeus da Espanha "das três religiões" produziu a Diáspora Sefaradi, que impulsionou milhares de judeus e cristãos-novos[10] a refugiarem-se, principalmente, em terras do Mar Mediterrâneo, onde pudessem viver em paz e praticar livremente a religião.

Em 1453, a tomada de Constantinopla foi ponto marcante na história do mundo ocidental. Após a conquista de Bizâncio, capital do Império Romano e baluarte do cristianismo no Oriente, os otomanos ampliaram domínio sobre extensas terras que iam da Península Balcânica ao Rio Danúbio na Europa e da Anatólia às regiões do Império Árabe e ao Norte da África. Em meados do século XVII, ao absorver a Palestina e a Arábia, os otomanos atingiram a máxima extensão do Império, dominando, num único bloco, terras do Mar Negro, Mar Egeu, Mar Vermelho e Golfo Pérsico. Istambul, antiga Constantinopla, foi capital desse imenso império de mais de quatrocentos anos.

---

7. Entre os sábios sefaradis, salientam-se: Salomão Ibn Gabirol (Avicebron, 1021-1080), de Granada. Sua obra *Mekor Haim – A Fonte da Vida* foi escrita em árabe; Bahia Ibn Pakuda (1020-1080) – *O Livro dos Deveres do Coração*; Yehudá Halevi (1085-1140), com *O Cuzari: Livro da Argumentação em Defesa de uma Religião Oprimida* (os cázaros) e Moshé Ben Maimon ou Maimônides (1135-1204, filósofo, médico, astrônomo e matemático), que escreveu, entre outras obras, o *Moré Nevuchim – Guia dos Perplexos*. (David Zukierkorn, *Rabinos Cientistas na Época Medieval e Semana Judaica*, São Paulo, segunda quinzena de 1999).
8. Anita Novinsky, "Introdução", em Meyer Kayserling, *História dos Judeus em Portugal*, São Paulo, Pioneira, 1971.
9. No período da Reconquista, a monarquia espanhola colocou-se como defensora intransigente do catolicismo.
10. Cristãos-novos, conversos, ou marranos, são judeus e seus descendentes, convertidos ao catolicismo na Espanha e em Portugal. Os judeus que optaram permanecer na Espanha depois de 1492 converteram-se espontaneamente ao catolicismo; os de Portugal passaram pela Conversão Forçada em 1497.

Ao abrirem suas portas aos sefaradis, judeus expulsos da Espanha em 1492, os turcos otomanos viram seus propósitos expansionistas concretizarem-se pela intermediação dos judeus nas relações internacionais e no exercício das atividades financeiras. Bayazid II, sultão do Império Otomano (1481-1512), ofereceu-lhes importante apoio. A maioria dos sefaradis, amparada e protegida, vivendo nas cidades próximas ao poder, manteve respeito às autoridades otomanas constituídas, identificando-se com suas necessidades e anseios em distintas épocas[11]. As antigas comunidades judaicas do Mediterrâneo, depois da Diáspora Sefaradi, revelaram-se importantes aos otomanos que as protegiam. No século XVIII, negociantes gregos e armênios fizeram sobreviver primitivas redes comerciais familiares judaicas, tornando válida a expressão *Mare Nostrum Sepharadicum*[12].

Os sefaradis posicionaram-se no Império de forma similar à da Península Ibérica dos áureos tempos. Um notável exemplo da proximidade entre otomanos e sefaradis é o da mulher do magnata português Francisco Mendes. Em 1537, Grácia Mendes, ao ficar viúva, assumiu os negócios do marido na Europa e, depois, posicionou-se como conselheira dos sultões Suleiman e Selim II, nas relações exteriores do Império Turco[13]. Joseph Nassi, seu sobrinho, nobilitado pelo sultão Suleiman idealizou com a tia um plano de colonização de conterrâneos na cidade de Tiberíades, na Palestina. A idéia não se concretizou pela preferência sefaradi de se acomodar em cidades prósperas como Istambul, Esmirna e Anatólia[14].

Convertidos ao islamismo e conscientes do fracasso das tentativas de imposição religiosa, os otomanos posicionaram-se nas terras conquistadas compondo uma ampla sociedade pluralista, considerando oportunas e vantajosas as possibilidades de riqueza, advindas das minorias. O Império Otomano herdou do Islã as grandes concentrações urbanas do Oriente Médio[15].

Dispersos pelas imensas terras otomanas, os judeus viram-se sob uma única autoridade. Envolvidos no comércio internacional, os do Norte da

---

11. O sultão Bayazid II questionou a sabedoria de Fernando II, da Espanha por despovoar seus domínios e enriquecer os dele (Cecil Roth, *Pequena História do Povo Judeu,* terceiro vol. (1492-1962), São Paulo, CIP – Fundação Fritz Pinkuss, 1964, p. 33).
12. Expressão utilizada por Nessim Elnecavé na obra *Os Hijos de Ibero-Franconia*, Buenos Aires, La Luz, 1981, p. 862.
13. Grácia ou Beatriz Mendes de Luna foi famosa pela beleza e benemerência. Depois de viver em algumas cidades da Europa, aconselhada pelo seu sobrinho Joseph, instalou-se junto aos dirigentes otomanos (J. Lúcio Azevedo, *História dos Cristãos-Novos Portugueses,* Lisboa, Livraria Clássica Portuguesa, 1921, pp. 368 e ss.).
14. "Doña Gracia Nassi e Joseph Nassi, Duque de Naxos" (1579), *Morashá, Revista da CBSP,* São Paulo, abr.-set. 1998.
15. Os quatrocentos anos do domínio otomano podem ser sistematizados nos seguintes períodos: de 1300 a 1402, ascensão do Primeiro Império; apogeu, de 1555 a 1789; desagregação territorial e política do Império, de 1789 a 1914.

Estimativa da população sefaradi nas terras mediterrâneas em meados do século XX

País	População total	População judia	População sefaradi
Espanha	37 000 000	15 000	12 000
França	53 000 000	700 000	400 000
Itália	56 500 000	41 000	15 000
Iugoslávia	22 000 000	7 000	6 000
Albânia	2 600 000	500	300
Grécia	9 500 000	6 000	5 000
Bulgária	9 000 000	7 000	5 000
Rússia	15 000 000	20 000	6 000
Afeganistão	17 000 000	250	200
Índia	626 000 000	8 000	1 000
Irã	34 000 000	70 000	70 000
Iraque	12 000 000	450	450
Iêmen	7 000 000	500	500
Turquia	42 000 000	27 000	20 000
Líbano	3 000 000	2 400	2 000
Síria	8 000 000	4 500	4 500
Israel	3 800 000	3 200 000	1 800 000
Chipre	650 000	30	30
Egito	38 000 000	4 000	2 500
Etiópia	27 000 000	22 000	12 000
Líbia	2 500 000	200	50
Tunísia	6 000 000	7 000	2 000
Argélia	17 500 000	5 000	3 000
Marrocos	17 000 000	6 500	6 000
Total	1 066 050 000	4 154 330	2 373 530

Fonte: Nessim Elnecavé, *Los Hijos de Ibero-Franconia*, Bueno Aires, "La Luz", 1981, p. 862.

África mantiveram-se na posição, quando passaram do domínio árabe ao otomano[16]. Sem raízes e na qualidade de intermediários, os judeus apresentavam-se em condições de tecer as relações entre os produtores primários e os negociantes que operavam nas diversas regiões otomanas. Além da intermediação, os judeus do Império Otomano apresentavam-se com vantagens em relação a outras minorias: não ofereciam ameaça política, nem desafio à fé oficial e, tampouco, disputavam com os muçulmanos a adesão dos pagãos. Em contrapartida, os cristãos, praticantes de uma religião proselitista e competidora, constituíam-se em uma ameaça potencial, visto serem senhores de um vasto império adversário.

Diante das diferenças étnico-religiosas e conscientes das possíveis animosidades que pudessem surgir entre os habitantes do Império, os otomanos adotaram um sistema administrativo conveniente. Cada grupo religioso

---

16. Fernand Braudel, *Civilização Material, Economia e Capitalismo Séculos XV-XVIII*, São Paulo, Martins Fontes, 1997, pp. 433 e ss.

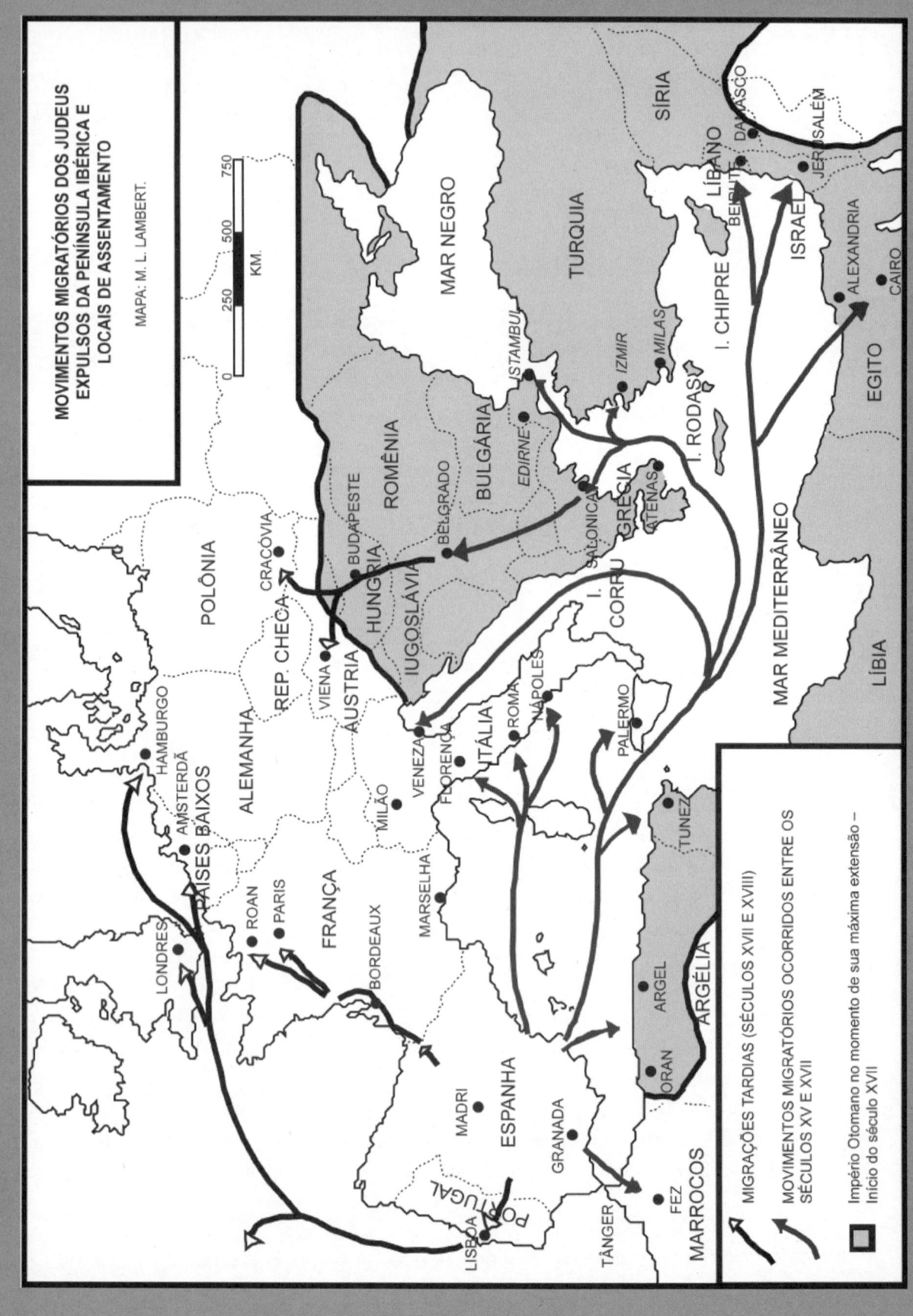

organizar-se-ia em comunidades próprias e autônomas, denominadas *millet*, que eram dirigidas por um chefe religioso, responsável pela administração e cumprimento das leis. O chefe da *millet* governava seu povo de acordo com leis religiosas, sendo responsável pelo cumprimento dos deveres e responsabilidades dos participantes comunitários, pela segurança coletiva e pagamento dos impostos perante a classe dominante otomana.

A harmonia e a tranqüilidade social constituíam os principais objetivos do sistema organizado pelos otomanos, cujo poder era emanado do sultão, que permanecia em um majestoso palácio, conhecido como La Sublime Porte ou La Porte[17]. O sultão constituía a chave do sistema otomano, ponte da lealdade entre governantes e governados. Durante quatrocentos anos este sistema funcionou e tornou-se fator básico da estabilidade otomana em distintos espaços. Por meio dele, diferentes grupos culturais mantiveram-se separados, reduzindo ao mínimo os focos de conflito. Baseado nessa organização administrativa, o Estado Otomano estruturou-se em uma sociedade multicultural.

Em 1856, os otomanos, adaptando-se às circunstâncias do período, abrindo os canais de contatos – comercial e diplomático – com o Ocidente, aboliram as antigas restrições legais dos *dhimmi*, impostas pelos árabe-muçulmanos desde tempos medievais: os súditos do Império Otomano foram declarados "iguais, independentemente de sua religião"[18].

A pressão econômica e a efetivação dos europeus no Império levaram os otomanos a lhes conceder vantagens político-econômicas, institucionalizadas pelas "capitulações", ou sejam, privilégios concedidos a estrangeiros que viviam nas terras otomanas e não submetidos às suas leis e determinações. Esta circunstância levou a que os grupos minoritários, aproximando-se dos europeus, mantivessem-se próximos e distantes dos dirigentes otomanos e das populações. Comumente, cristãos e judeus, melhor posicionados, conseguiam identidades estrangeiras, passaportes que lhes permitiam exercer suas atividades comerciais e sobreviver às eventuais desordens políticas.

1.2 COMUNIDADES DO IMPÉRIO OTOMANO

No início do século XX, as comunidades judaicas do Oriente Médio constituíam-se, com seu meio milhão judeus, nos mais antigos grupos orga-

---

17. Norman Stillman, *The Jews of Arab Lands: A History and Source Book*, Philadelphia, Jewish Publication Society, 1979, p. 96.
18. Linda Dabbah de Lifshitz, *La Inmigración de los Judios de Alepo. Los Judios de Alepo en México*, México, Maguen David, 1989, p.104.

nizacionais, a quinta maior comunidade do mundo, depois da Rússia, do Império Austro-Húngaro, Estados Unidos e Alemanha[19].

No Império Otomano, embora existissem numerosas e diversas comunidades judaicas, nossa análise concentrou-se nos moçárabes ou judeu-orientais que viviam nas regiões árabes e nos sefaradis que se instalaram, a partir de 1492, próximos aos dirigentes otomanos, atraídos pela proteção e oportunidades a eles oferecidas.

Os judeus ibéricos diferenciavam-se dos judeu-orientais, em especial, pelo ladino ou judezmo, espanyol ou didjio, misto de palavras espanholas, portuguesas, árabes, hebraicas e turcas. Apesar de portarem valores culturais distintos, os judeu-orientais ficaram genericamente conhecidos como judeus sefaradis[20].

Quando chegaram às terras otomanas do Oriente Médio, os sefaradis iniciaram contatos com judeus de outras origens. O encontro provocou dúvidas recíprocas, fenômeno que ocorreu em cada região do Império onde os ibéricos se instalaram. Uma característica comum os identificava: a determinação de conservar sua identidade cultural para preservar a origem, o idioma, as tradições e os costumes típicos. O trauma da expulsão das terras ibéricas parecia não ter sido superado, pois tanto portugueses como espanhóis exilados em diversas terras otomanas permaneceram ligados às suas origens e tradições ancestrais. Embora atentos e observantes dos preceitos religiosos e familiares, esses judeus mostraram-se, paralelamente, abertos e receptivos ao meio cultural que os cercava.

O encontro cultural entre os sefaradis e os judeu-orientais foi curioso. As relações entre os dois grupos fizeram-se, variando na aproximação e afastamento entre suas comunidades, em função das condições locais e da realidade numérica dos grupos envolvidos.

O orientalista Issachar Ben Ami, professor da Universidade Hebraica de Jerusalém, cita que a interação cultural dos grupos judaicos no Império Otomano seguiu três cursos distintos: assimilação total dos exilados aos autóctones; preservação completa ou parcial da cultura dos exilados e a influência direta e recíproca entre os dois grupos[21]. Ben Ami informa que os

---

19. Justin McCarthy, "Jewish Population in the Late Ottoman Period", em Levy Avigdor, *The Jews of Ottoman Empire*, Princeton, N. J., Washington, D.C., 1994, p. 375.
20. Professores da Universidade de Jerusalém, entre os quais Margalit Bejarano, utilizam-se dos termos diferenciais.
21. Issachar Ben Ami, *Sephardi and Oriental Jewish Heritage*, Universidade Hebraica de Jerusalém, 1982; "Identidade Sefaradi: Aculturação e Assimilação", em Novinsky e Kuperman, *Ibéria Judaica. Roteiros da Memória*, São Paulo, Edusp, 1996, pp. 343 e ss.

Prece na sinagoga pelo sucesso da Armada Turca, Istambul, 1877. Museu da Diáspora, Centro de Documentação Visual, Unit: n. 17.360, Tel-Aviv, Israel.

três processos de interação dependeram do número de judeus envolvidos, do meio onde se decidiram instalar e da maior ou menor aproximação entre os grupos.

As minorias religiosas que viviam em comunidades autônomas, *millets*, puderam reforçar suas identidades culturais e religiosas. Cada comunidade, submetida à autoridade de um religioso, o *chaham*[22], sofria cisões por quaisquer motivos[23]. A partir de 1836, o *Chaham Bashi* de Istambul estendeu seu poder a outros centros judaicos otomanos[24].

Em fins do século XIX, os judeus que viviam em quarteirões ou unidades administrativas nas principais cidades do Império Otomano estavam unidos em função da coleta de taxas, manutenção da ordem e da moralidade, de acordo com as categorias étnicas. Os limites dos quarteirões judaicos não eram bem definidos, sua concentração populacional era voluntária e

---

22. O termo *chaham*, sábio em hebraico, é comumente expresso em português com *ch* inicial. Até o século XI, as comunidades judaicas medievais submetiam-se à autoridade do *Exilarca*, chefe do exílio, e ao *Gaon*, chefe-religioso das Academias Rabínicas da Babilônia e de Jerusalém. O *Exilarca* era nomeado pelo Califa; o *Gaon*, intérprete da Lei Judaica, era respeitado pela sabedoria e estudo das Escrituras. Das suas decisões garantiu-se a implantação dos códigos legal, religioso e talmúdico a todas as comunidades judaicas do Império cristão e islâmico. Norman Stillman, *op. cit.*, pp. 30 e ss.
23. Ellis Rivkin, "Uma História de Duas Diásporas", em Novinsky e Kuperman (orgs.), *Ibéria Judaica: Roteiros da Memória*, São Paulo, Edusp, 1996, pp. 267 e ss.
24. Norman A. Stillman, *op. cit.*, pp. 115 e ss.

visava, sobretudo, a salvaguardar a religião e a vida social. Não era difícil encontrar famílias de judeus vivendo fora desses quarteirões. Na pequena cidade de Sidon, por exemplo, o fato de os portões do bairro judaico fecharem-se à noite, por segurança geral, não implicava que vivessem confinados em guetos, como na Europa.

No Oriente Médio, os judeus compunham comunidades confiáveis e organizadas; sua moral mantinha-se rígida. No início do século XX, os rabinos, como líderes religiosos, enfrentavam os novos tempos, assistindo à ocidentalização e à secularização das instituições judaicas. Os conservadores digladiavam-se com os rabinos liberais. A maioria dos judeus da região permanecia indiferente à ideologia política do sionismo que envolvia a intelectualidade e juventude judaica européia. Dentre todos os grupos judaicos, os sefaradis eram liberais e abertos às mudanças.

O pequeno número de judeus asquenazis da Europa Central e Oriental que vivia no Império Otomano possuía um biótipo diferente (pele mais clara), expressava-se em *iídish*, mescla de expressões alemãs, eslavas e hebraicas[25]. A proximidade geográfica e as discriminações, sempre presentes nas terras de origem, fizeram com que se transferissem às tolerantes terras otomanas.

A maioria dos sefaradis vivia próxima das grandes cidades otomanas como Istambul, Salônica, Esmirna e na Ilha de Rodes, no Mediterrâneo.

Istambul, verdadeira praça de câmbios, onde produtos do velho e novo mundo eram comercializados, encabeçava a primazia econômica do Império. Nesta cidade concentrava-se a maior comunidade judaica otomana, modelo do Oriente Médio e onde o *Chaham Bashi* era consagrado pelo sultão[26]. Conhecida como cidade-mãe do judaísmo, ponto de encontro dos judeus da diás-

Casa no quarteirão de Gálata. Istambul, Turquia. (Sephardi Jews in The Ottoman Empire, The Israel Museum, Jerusalém, 1990, p. 19).

---

25. Os asquenazis eternizaram em *iídish* uma vasta produção literária e poética, imortalizada por I. L. Peretz, N. Bialick, Isaac Bashevis Singer e outros escritores.
26. A autoridade do *Chaham Bashi* estendia-se às comunidades do Império e da Palestina. O significado tradicional desta autoridade é, até hoje, respeitado. Em Israel, o grão-rabino é um religioso sefaradi que recebe o honorífico título Rishion Le Sion, o Primeiro de Sion.

Sinagoga de Ochrida no quarteirão de Balat. Istambul, Turquia (Sephardi Jews in The Ottoman Empire, p. 26).

pora, Istambul tornou-se, em fins do século XIX, centro de recepção de doações à Jerusalém, Hebron, Tiberias e Safed, cidades da Palestina. Em suas famosas academias de estudos religiosos, as *yeshivot,* estudaram eminentes personalidades[27].

Depois de Istambul, Salônica ou Tessalônica era, também, importante núcleo judaico. Em 1900, a metade de seus 173 000 habitantes era descendente de judeus[28]. A maioria dos trabalhadores – negociantes, carregadores do porto, comissários, costureiras, lojistas e empregados dos cursos de comércio – era sefaradi. Salônica foi, no Império Otomano, cidade-líder da rota comercial da indústria têxtil e onde se confeccionavam os uniformes dos *janízaros,* corpo especial do exército otomano[29]. Apesar da significação econômica, teve um fim trágico. Em 1917, um grande incêndio, de origem ignorada, destruiu literalmente todos os bairros judaicos, as 34 sinagogas, suas dez *yeshivot* e onze escolas. Depois da catástrofe, grande número de judeus saiu da cidade, diante da recusa do governo grego em permitir a reconstrução dos prédios danificados. Assim, cerca de 20 000 pessoas decidiram emigrar e os restantes moradores judeus da cidade pereceram nos campos de concentração, quando as tropas nazistas a invadiram na Segunda Guerra Mundial.

---

27. Grácia Mendes incentivou a fundação de *yeshivot* na Turquia e Salônica (Norman A. Stillman, *op. cit.,* p. 90).
28. Bernard Lewis, *op. cit.,* p. 168.
29. Annie Benveniste, "Do Oriente ao Ocidente. Uma Viagem Rumo à Modernidade", *Ibéria Judaica: Roteiros de Memória,* p. 392.

*Sinagoga de Algazi.
Esmirna, Turquia
(*Sephardi Jews in The Ottoman Empire, *p. 28).*

Esmirna, cidade portuária da costa ocidental da Turquia frente à ilha de Rodes, era, também, cidade judaica sefaradi. O desenvolvimento da comunidade remonta ao século XVII. A cidade foi berço do famoso asceta cabalista Sabatai Tzvi (1625-1680), que surpreendeu os judeus do Império Otomano e da Europa ao declarar-se Messias[30]. Mais tarde, a cidade notabilizou-se pelas publicações dos trabalhos de grandes eruditos judeus, entre os quais do grão-rabino Haim Abuláfia que, em 1740, emigrou com seus discípulos para Tiberíades.

Esmirna era cobiçada pela Itália e Grécia. Em 1919, foi ocupada, por cinco anos, pelo general grego Venizelos[31]. Os turcos reagiram e submeteram a cidade a incêndios catastróficos, forçando a população refugiar-se na Palestina, Egito e América[32]. A população judaica de Esmirna que, em 1868, era 40 000 passou a 17 000 no censo de 1927[33]. Em 1922, quando as tropas turcas entraram em Esmirna, Kemal Pachá firmou um acordo com o grão-rabino para que as vidas e as propriedades judaicas fossem preservadas.

30. Gershom Scholem, *A Mística Judaica*, São Paulo, Perspectiva, 1972, pp. 247 e ss. *Morashá, Revista da CBSP*, São Paulo, dez. 1993 e jun. 1996.
31. Samuel Lereah testemunhou a entrada de Atatürk em Esmirna e as atrocidades praticadas pelas tropas. Relato de Alegra Lereah a RM. São Paulo, 1995.
32. Documento do AHI/RJ relata a existência de "vapores de Esmirna e do Pireu conduzindo 250 famílias para buscar refúgio em outras terras". Continua afirmando que "a ocupação de Esmirna pelas tropas militares gregas levou os turcos a revidarem, incendiando igrejas, violando mulheres e massacrando gregos e armênios" (Textos de jornais, enviados pelo consulado de Athenas a Luis da Gama e Silva. Atenas, 16.5.1919, vol. 202/2/6).
33. Nissim Elnecavé, *Os Hijos..., op. cit.*, p. 540.

Kemal Atatürk, no centro, com seus companheiros de luta na sepultura de sua mãe, em Esmirna, Turquia. Centro de Documentação Visual. Museu da Diáspora, Tel-Aviv, Israel. Unit: nº 5.773.

Rodes, uma das maiores ilhas do Mar Egeu, frente à atual República turca constitui ponto de união entre a Grécia continental e a Ásia Menor. Sua posição geográfica levou à ocupação de gregos, persas, egípcios, romanos, bizantinos, venezianos, cruzados, turco-otomanos e italianos. Finalmente, os gregos a reconquistaram.

Os sefaradis, expulsos da Espanha em fins do século XV, estabeleceram-se em Rodes. Pela diversidade da origem dos conquistadores, os judeus da ilha, além do ladino, falavam fluentemente o turco, o grego e o italiano. No final do século XVIII, Rodes contava com três comunidades: a grega ortodoxa (mais numerosa), constituída de camponeses e pequenos comerciantes que desejavam libertar-se do jugo turco e passar para o grego; a turca muçulmana e a judaica sefaradi. Quando a ilha foi tomada pelos nazistas, em 1943, o cônsul turco interviu, confirmando a nacionalidade turca dos judeus, livrando-os do extermínio[34].

Em 1912, Rodes, como protetorado da Itália, apresentava uma comunidade constituída por 4 500 judeus, parte dos quais emigrou para a Argentina e o Brasil[35]. Os judeus de Rodes viviam da atividade comercial e do artesanato. Os rabinos, formados pela academia rabínica local, foram famosos por servirem às comunidades judaicas do Egito, Buenos Aires, Congo, Estados

---

34. Geoffrey Wigoder, "Jews in Libanon", Israel, *Kol Israel*, June/July, 1966.
35. Hélène Gutkowski, *Erase una Vez...Sefarad*, Buenos Aires, Editorial Lumen, 1999, pp. 25 e ss.

Unidos, Turquia e Europa. Os judeus de Esmirna, Salônica e Istambul que viviam em Rodes eram considerados "estrangeiros" pelos moradores judeus locais, desse modo, casamentos entre eles eram raros.

A liderança da comunidade judaica da ilha de Rodes era disputada entre três famílias: os Menashe, os Notrica e os Alhadeff, que viviam do comércio internacional, comprando tecidos dos fabricantes em Manchester e Milão, revendendo-os a Esmirna e outras cidades do mundo otomano.

Comunidades na Síria e Palestina

A convivência de treze séculos entre judeus e árabes muçulmanos da Síria e da Palestina ocasionou uma simbiose entre os dois grupos religiosos. As raízes comuns das línguas árabe e hebraico, as regras do matrimônio, da poligamia e as leis religiosas dietéticas prestaram-se para aproximá-los. Os judeus que viviam entre eles assimilaram, em larga medida, a língua árabe, os modos de pensar, padrões de comportamento e alimentaram uma tradição judaico-islâmica, paralela à judaico-cristã do mundo ocidental[36]. A "arabização", entretanto, não atingiu a religião e a essência das tradições judaicas.

A Palestina foi conquistada pelos gregos, macedônicos, romanos, bizantinos e árabes. No ano 637, Damasco passou a cidade central do Califado. Em 1516, a Síria unida ao Império Otomano fazia parte de uma região muito ampla, incluindo o atual Líbano e a Palestina. Os árabes, em maior número nessas províncias otomanas, estabeleceram relações econômicas e sociais próximas com os judeus, minoria com que mais se identificavam.

Em Damasco, considerada o Portão do Jardim do Éden, as comunidades judaicas viveram, por séculos, em consonância com os árabe-muçulmanos. As amistosas relações entre os dois grupos religiosos foram-se perdendo aos poucos, sobretudo quando os cristãos europeus instalaram-se na Síria. A denúncia de um "crime ritual"[37], em 1840, incriminando os judeus de Damasco, constituiu-se no estopim para a quebra do equilíbrio e da tolerância religiosa na Síria. O crime, conhecido como o "Caso Damasco" ou o assassínio do frade capuchinho Thomas de Camangiano e de seu criado, serviu de pretexto para o anti-semitismo sírio. Os capuchinhos mancomunados com o cônsul da França acusaram os judeus dos crimes, exigindo a punição do

---

36. Avigdor Levy, *The Jews of the Ottoman Empire*, N. Jersey, The Darwin Press, 1992, Introdução.
37. "Crime Ritual": Mito anti-semita da Idade Média. Acreditava-se que os judeus utilizavam-se do sangue de uma criança cristã para preparar a *matzá*, o pão ázimo, no *Pessach* (Páscoa Judaica).

A grande sinagoga de Alepo, Síria, 1994. São Paulo, Morashá, dez. 1999.

principal suspeito. Salomon Negrin foi torturado até "confessar culpas", seguido por outros judeus que foram presos e torturados. A fraude mais tarde foi descoberta. Embora judeus retomassem a proteção dos otomanos na Síria, muitos buscaram refúgio em Beirute e cidades do Egito.

No noroeste da Síria, Alepo, conhecida na Bíblia como Aram Tzobá, foi importante centro do judaísmo e organizada segundo o modelo da antiga Babilônia[38]. De ininterrupta vida judaica, Alepo[39] tornou-se célebre por guardar em sua Grande Sinagoga antigos pergaminhos, entre os quais o *Codex de Alepo*, a *Coroa* da Torá, venerável e respeitado manuscrito hebraico, a *Bíblia do Egito*, estudada em fins do século IX pelo sábio Aron Ben Asher[40]. Segundo a tradição, foi nos recintos da Grande Sinagoga de Alepo que os sábios redigiram comentários do *Talmud Babilônico*, no século V[41].

Nas primeiras décadas do século XVI, quando os judeus sefaradis chegaram na região síria, não lograram substituir a liderança religiosa alepina. Os judeus de Alepo viviam em comunidades prósperas e submetidas ao *Beit Din*, corte eclesiástica de justiça. O grande apego à vida religiosa e a profunda consideração pelo *Chaham Bashi* contribuíram para que academias talmúdicas se instalassem na cidade. Em suas *yeshivot* estudaram rabinos de fama e consideração.

Além do significado religioso, Alepo, posicionada na rota entre o Oriente Médio, Europa, Ásia Central e Índia, transformou-se em pólo econômico, centro terrestre comercial em direção às terras européias e ao distante Extremo Oriente. Ao desenvolver o comércio de importação e exportação de produtos diversos, a cidade atraiu comerciantes italianos e austríacos de

---

38. Babilônia foi, na Antiguidade, local do primeiro exílio dos judeus, quando o Primeiro Templo de Jerusalém foi destruído em 586 a. C.
39. Alepo é conhecida pelos seus habitantes como Halab, termo que, em hebraico e árabe, significa leite. Segundo se crê, "o Patriarca Abraham em direção à Canaã parou na região com seu rebanho".
40. Isaac Ben Tzvi. "'Corona de la Torá' de Ben Asher", *Los Judíos de Alepo,* Jerusalém, Instituto de Estudos Judaicos da Universidade Hebraica de Jerusalém, Israel, s/d., p. 3.
41. Rifka Berezin, "O Keter – a 'Coroa' de Alepo", *Morashá*, dez. 1999.

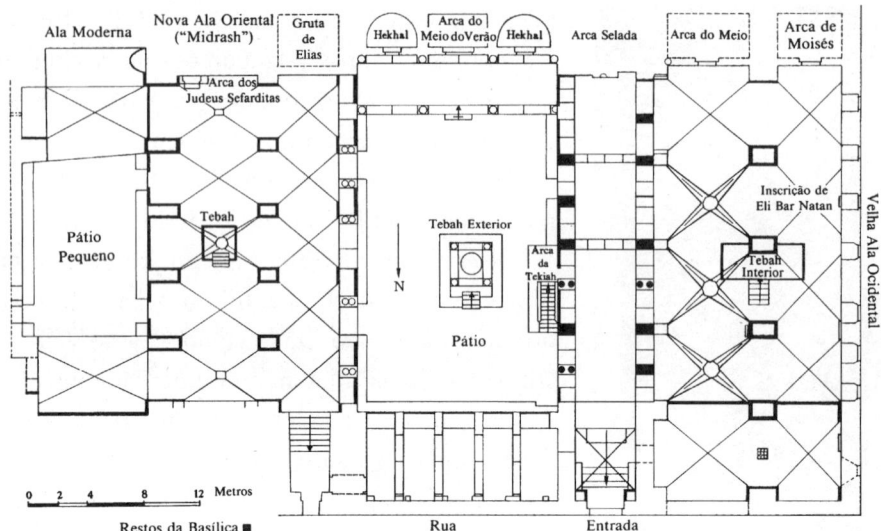

Planta da Grande Sinagoga de Alepo, Tesouros da Comunidade de Alepo *(Museu de Israel, Jerusalém, 1993, p. 16).*

origem judaica. No circuito comercial, por caravanas, o ouro era o metal comum nas transações financeiras e comerciais.

A troca de mercadorias entre Paris, Marselha, Madrid, Barcelona, Nápoles, Trieste, Gênova e Veneza e as cidades de Alexandria, Atenas, Istambul, Beirute, Alepo, Haifa, Tel-Aviv e Jerusalém era intensa. Em 1890, os 35 000 judeus de Alepo correspondiam à metade da população geral da cidade.

Em 1869, a abertura do Canal de Suez, dinamizando o comércio no Mediterrâneo, levou Damasco e Alepo a entrarem em rápida decadência.

A máxima extensão imperial otomana foi conseguida no ano de 1863, com a conquista das terras palestinas, subjugando as antigas Jerusalém e Safed, cidades que interferiam no emocional dos judeus do Império e da diáspora. A expressividade de Jerusalém está no Muro das Lamentações, parte da grande ala do Segundo Templo, erguido em 518 a.C. sobre os alicerces do primeiro, inaugurado pelo rei Salomão em 960, antes da era comum. Na cidade, uma comunidade, um *ishuv* original subsistiu por religiosos, em congregações amparadas por filântropos do mundo judaico.

A cidade de Safed aglutinava grupos de judeus, não só pela aura da antiga origem, mas por ter sido núcleo administrativo e econômico do Império Otomano na Palestina. Identificada como Sepph nos antigos documentos, Safed situa-se na Alta Galiléia, a 850 m acima do nível do mar. Seu clima agradável, a disponibilidade de água potável e a proximidade com o porto de Sidon, ao norte, favoreceram sua prosperidade.

Sinagoga dos Abuhab. Safed, Israel, 1980.

A entrada de cabalistas espanhóis, como Isaac Ben Salomão Luria (1534-1572), transformou Safed num centro de estudos judaicos e místicos. O pai de Luria era originário da Europa centro-oriental, casado com mulher sefaradi de Jerusalém. Ao divulgar a cultura cabalística, Luria juntou estudiosos das duas comunidades. Os conhecimentos da Cabala[42] difundiram-se, com impacto, nas comunidades judaicas da Turquia, dos Bálcãs e da Europa

---

42. Cabala: concepção mística, cosmológica e especulativa da antiga tradição judaica.

Central, constituindo-se como parte normativa do judaísmo, a partir do século XVI[43].

Em Safed, os sefaradis, experientes na indústria têxtil, fizeram com que o inexpressivo vilarejo fosse transformado em importante centro urbano. Agradecidos pelo apoio e proteção otomana, os sefaradis colaboraram com sua estratégia de colonização. Em 1577, quinhentas famílias judias politicamente confiáveis transferiram-se às recém-conquistadas terras da ilha de Chipre[44].

Quando Napoleão conquistou a Palestina em 1799, Safed contava com 2943 habitantes, sendo 2450 sefaradis e orientais e 493 asquenazis[45]. Em 1822, a cidade sofreu uma epidemia de peste, e, anos depois, um terremoto atingiu 2000 pessoas[46]. Safed mantinha estreitas ligações com Sidon, conhe-

Imagem de Sidon, Líbano. Litografia de David Roberts, 1839 (Fábio Bourbon, Yesterday and Today. The Holy Land. R. A. Banco Safra, 1994).

---

43. Paul Johnson, *História dos Judeus*, Rio de Janeiro, Imago, 1995, p. 271.
44. H. W. Lowry, "When Did the Sephardin Arrive in Salonica", em Avigdor Levy (org.), *The Jews of Ottoman Empire*, Washington D. C., 1994, pp. 203 e ss.
45. Elnecavé, *Los Hijos...*, *op. cit.*, p. 571.
46. Norman A. Stillman, *op. cit.*, p. 105; e "Os Judeus de Damasco", *Morashá. Revista da CBSP*, São Paulo, abr. 1995.

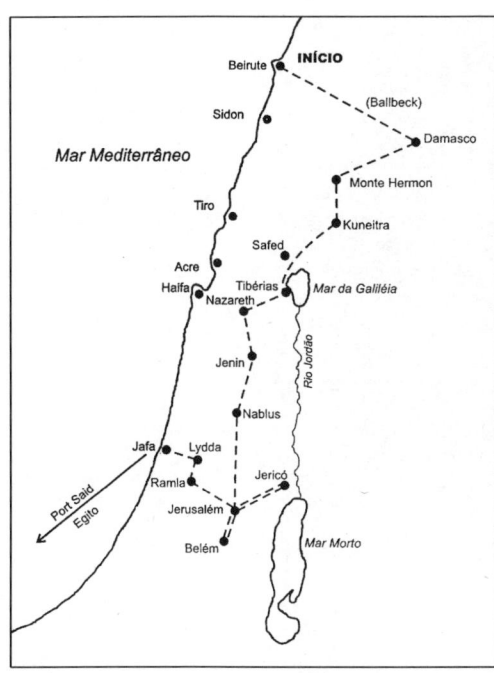

Roteiro em direção à Terra Santa, a partir da cidade de Beirute (Reuven Faingold, D. Pedro II na Terra Santa, São Paulo, Sêfer, 1999).

cida pela produção de cedro, madeira usada na construção do Primeiro Templo de Jerusalém[47].

Sidon, cidade-mãe de Tiro, Cartago e outras cidades-Estado da antiga Fenícia, além dos cedros destinados à construção de navios, templos e portões, vivia da manufatura do vidro e da resina do múrex, com a qual se coloriam tecidos, na cor púrpura. Sidon tem, também, relevância religiosa judaica: o túmulo de Zebulum, um dos filhos do patriarca Jacob, encontra-se na cidade.

Citada por Homero, Virgílio e textos bíblicos, Sidon era uma antiga cidade da costa cananita[48]. Submetida aos egípcios e depois conquistada, em 333 a. C., por Alexandre, o Grande, a cidade manteve certa autonomia quando viveu sob domínio romano. Conquistada pelos árabes e depois pelos otomanos, Sidon era porto de mar de Damasco e Safed.

Nos finais do século XVIII, Haim Farhi, ministro das finanças do Jazzar ou Abdullach Pashá e um dos mais conhecidos judeus de Sidon, teve papel decisivo na defesa de Acre (Acco) contra Napoleão, em 1799. Farhi chegou a governar, como representante turco, as províncias de Damasco, Sidon e Beirute[49].

Em meados do XVIII, Beirute, superando Sidon, transformou-se em importante centro comercial. Seu porto permitia a entrada de grandes embarcações carregadas de mercadorias, e viajantes transformaram-na em alicerce regional. Desta cidade libanesa, os peregrinos estrangeiros iniciavam viagem rumo à Terra Santa[50].

Além da importância comercial, a liberal Beirute acolheu os que, em finais do século XIX, sentiam-se perseguidos no Império Otomano, procedentes das comunidades judaicas da Síria e da Palestina[51]. Dos grupos religiosos, os maronitas, da antiga seita cristã fundada por Juan Marón no século VII,

---

47. O Templo foi reconstruído cinqüenta anos depois de sua destruição, utilizando a mesma madeira e o trabalho de hábeis artesãos de Sidon.
48. *Gênesis*, 10: 15, 19.
49. Norman A. Stillman, *op. cit.*, p. 105.
50. O imperador brasileiro D. Pedro II, a esposa Teresa Cristina e comitiva iniciaram peregrinação à Terra Santa em 1876, pela cidade de Beirute (Reuven Faingold, *D. Pedro II na Terra Santa*, São Paulo, Sêfer, 1999).
51. Annie Benveniste, "Do Oriente ao Ocidente", em *Ibéria Judaica*, p. 395.

Sinagoga Ben Abraham, Beirute, Líbano. AHJB, São Paulo.

constituíam maioria cristã no Líbano[52]. O grupo recebeu proteção das nações européias pelas Capitulações atingindo, desse modo, posições privilegiadas na cidade libanesa.

Em fins do século XIX, parte dos judeus libaneses vivia de modo precário. Em Beirute, era comum encontrá-los sobrevivendo como vendedores ambulantes, trapeiros, funileiros, carregadores de água e de óleo, costureiras e colchoeiros. Imigrantes europeus, de médios e altos estratos sociais, participavam da vida comercial e financeira do Oriente Médio, tomando Beirute como centro. A comunidade judaica da cidade era servida por três grandes sinagogas e doze menores. Os sefaradis ali estabelecidos fundaram a sinagoga Chebet Haim Espaniola, onde a família de Kamal Eskinazi, os Tarabulus, os Dahan, procedentes de Esmirna fizeram parte do grupo fundador[53]. Em Beirute, como nas cidades sírias, as características árabes prevaleciam, e os judeus, até mesmo os sefaradis, falavam fluentemente o árabe.

A presença judaica no Egito é antiga e, desde os tempos de Alexandre o Grande, da Macedônia, as comunidades utilizavam-se do *Pentateuco* em grego[54]. Em 1165, o sábio Maimônides, nascido em terras espanholas, ao refugiar-se no Egito exerceu suas habilidades de médico e foi transformado em guia espiritual da comunidade judaica local e regional.

---

52. No período bizantino, os montanheses do Líbano adotaram a teologia de Heraclius e Juán Maron, líderes da seita cristã (N. Elnecavé, *op. cit.*, p. 542).
53. Relato de Jacques Eskinazi para RM, agosto de 2001.
54. A tradução, conhecida por *Septuaginta*, elaborada por setenta sábios judeus, foi utilizada por judeus helenizados.

Sinagoga Ben Ezra, Cairo, Egito. São Paulo, Nascente, 1997.

Em fins do século XV, parte dos sefaradis, expulsos da Espanha, instalaram-se em algumas cidades egípcias. A partir de 1517, os otomanos entregaram a responsabilidade financeira ao *sarraf-bashi* (chefe-tesoureiro), de origem judaica.

O general francês Napoleão Bonaparte invadiu o Egito, em 1798, deixando-o três anos depois. No período, Muhammad Ali conseguiu com que o sultão lhe outorgasse o poder egípcio e permaneceu de 1805 a 1849. Pretendendo uma política de tolerância, Muhammad além de construir represas e escolas, estabeleceu tribunais civis, delimitando o poder religioso, permitindo judeus e coptas (cristãos) testemunharem contra muçulmanos.

Em 1869, a abertura do Canal de Suez favoreceu o desenvolvimento do Egito pelo incremento de transportes, das mercadorias e atividades bancárias. Elo entre a Ásia, África e Europa, o Egito, além de atrair comerciantes europeus favorecidos pelas Capitulações, transformou-se em país de refúgio aos que se sentiam discriminados em suas terras de origem, particularmente judeus.

1.3 A ALLIANCE ISRAÉLITE UNIVERSELLE

Na Europa, o século XVIII foi período de transformação das comunidades judaicas. Os judeus, participantes do processo conduzido pelos filósofos do Iluminismo francês, desencadearam um movimento semelhante, conhecido na História Judaica como *Hascalá*[55]. O período coincidiu com o incremento comercial europeu nos domínios otomanos.

Napoleão Bonaparte, depois de inquirir judeus franceses em 1792, aboliu as restrições que lhe eram impostas, atribuindo-lhes direitos políticos e civis e considerando-os cidadãos da França. Influenciados por esta política, Holanda (1796), Bélgica (1836), Grã-Bretanha (1857) e Estados Unidos (1784 a 1823) adotaram o liberalismo e garantiram os direitos civis dos judeus desses países. Com esta deliberação, ampliada a outros países europeus, após séculos de discriminação[56], os judeus foram libertos da meia clausura do *gueto*[57].

O judeu Adolphe Crémieux, eleito deputado em 1842, chegou a Ministro da Justiça e dos Negócios Estrangeiros do governo francês. Politicamente seguro, assumiu sua condição judaica, tornando-se defensor dos judeus per-

---

55. *Haskalá*, movimento de ilustração judaica, iniciado por Moses Mendelsohn, correspondia à filosofia do Iluminismo europeu.
56. Apesar da emancipação, o seqüestro do menino judeu Edgardo Mortara em 1858, na cidade de Bolonha, surpreendeu os judeus europeus (David I. Kertzer, *O Seqüestro de Edgardo Mortara*, São Paulo, Rocco, 1998).
57. Gueto: bairro ou parte da cidade onde os judeus viveram, do período medieval até a emancipação, no século XVIII.

seguidos. Em 1840, em visita ao Oriente Médio, Crémieux acompanhado do benemérito inglês Sir Moses Montefiore sensibilizou-se com o "Caso Damasco", assunto coberto pela imprensa européia que incriminava judeus da cidade síria como responsáveis pelo crime. A idéia da *fraternidade universal*, defendida pelo jornalista francês Samuel Cohen, do Archives Israelittes, propondo a união de ingleses e franceses para salvar os judeus damasquinos do anti-semitismo, recebeu apoio de Crémieux.

Envolvido com a causa judaica, Adolphe Crémieux resolveu aceitar a presidência da Alliance Israélite Universelle, que objetivava "proclamar a unidade interna do mundo judaico e prepará-la para o mundo Universal"[58]. A organização, procurando a melhoria do nível educacional de judeus em outras regiões, fundou escolas nas comunidades do Império Otomano e do Norte da África.

O período e o momento favoreciam a participação em movimentos sociais internacionais; tanto a Alliance Israélite Universelle, criada em 1860, como a Franco-Maçonaria da qual Crémieux era membro harmonizavam-se com os princípios liberais e expansionistas da França.

Os dirigentes da Alliance atuando em várias regiões propuseram-se pela educação salvar as massas judias, vítimas da fraqueza física e moral provocada pela opressão, miséria e ignorância no Oriente Médio. Embora a finalidade essencial da Alliance fosse elevar e emancipar as populações judaicas, a instituição, quando aceitou crianças de todos os credos, foi pioneira em prefigurar as transformações socioeconômicas dos países onde se situou. Elementos da elite muçulmana chegaram a freqüentar suas escolas. A mensagem fraternal da Alliance Israélite Universelle deu origem a um amplo movimento de solidariedade internacional.

Em 1863, fundou-se a primeira escola em Istambul e outras se seguiram na maior parte das cidades do Império Otomano. Um curso Normal, em Paris, foi criado com o objetivo de especializar professores para, mais positivamente, atuar nas instituições judaicas de suas origens. A burguesia judaica francesa, com recursos próprios, publicava artigos em jornais e revistas, denunciando sentimentos anti-semitas do período.

A Alliance, como organização judaica francesa, atuou nos lugares onde os correligionários sofriam pela origem e convicções religiosas. A organização era apoiada por políticos franceses não judeus. Buscando a igualdade e a liber-

---

58. André Chouraqui, *L'Alliance Israélite Universelle et la renaissance juive contemporaine (1860-1960)*, Paris, Presses Universitaires de France, 1965.

Escola da Alliance Israélite Universelle, de Edirne (Sephardi Jews in The Ottoman Empire, p. 25).

dade nos países em que atuou, pretendia reverter as barreiras discriminatórias ainda existentes, para facilitar a aproximação da população. A Beneficência Judaica, por meio dessas escolas, assumiu caráter de organização mundial.

O currículo escolar básico da Alliance no Oriente Médio, além do hebraico, era o ensino de francês, idioma de preferência da época. O currículo adotado era o mesmo dos países ocidentais, ou seja, o ensino de matemática, história, geografia e disciplinas profissionais. A religião e as tradições religiosas judaicas eram observadas nas escolas, bem como as regras alimentares do *kashrut*[59]. Alunos sem recursos eram dispensados de pagamento. A Alliance teve a função de levar a educação formal às mulheres, presas às antigas e restritivas tradições árabes, utilizando-se de valores ocidentais numa sociedade profundamente patriarcal, essas escolas, apesar do desacordo frontal de algumas famílias judias, exerceram importante tarefa na emancipação feminina. As professoras, com especialização em Paris, inspiradas na idéia fraternal da Alliance, tiveram a missão de esclarecer as populações pelo exemplo e por seus conselhos.

Em 1895, a Alliance contava com 30 000 sócios, 188 escolas e 48 000 alunos, mantendo bom relacionamento com as autoridades otomanas e com os comitês regionais em Istambul. Apesar de se enraizarem mais solidamente

---

59. *Kashrut*: o mesmo que *kasher*. Refere-se às leis alimentares judaicas. No Glossário, informações detalhadas de algumas cerimônias judaicas.

na Turquia européia, onde os judeus eram numerosos, escolas agrícolas foram fundadas em Jerusalém, Tiberíades, Safed, Haifa, Alepo e Damasco.

A Alliance Israélite Universelle foi uma das primeiras organizações ocidentais a enviar assistentes técnicos ao Oriente Médio, que trabalhavam como agentes de difusão da cultura francesa.

Além de Crémieux, outro colaborador da Alliance foi Maurice de Hirsch, membro do Comitê Central da instituição. Anos depois, Hirsch propôs a criação da Jewish Colonization Association, a ICA, importante organização de ajuda a emigrantes judeus. De 1891 a 1896, essa associação responsabilizou-se pela emigração de judeus atingidos por *pogroms*[60] russos para terras livres da América, entre as quais as colônias de assentamento na Argentina e no Brasil.

Ao secularizar a educação e preparar a juventude judaica para um novo estilo de vida cada vez mais ocidentalizado, as escolas da Alliance foram consideradas por ortodoxos judeus do Oriente Médio como responsáveis pela quebra da religiosidade e pelo afastamento da herança milenar dos velhos rabinos e religiosos das *yeshivot* dos que lá estudaram.

Além do trabalho educacional exercido pela Alliance Israélite Universelle, a B'nei Britt – instituição judaica fundada nos Estados Unidos, em 1843, de filiação pessoal e comprometida com o destino do povo judeu –, defendeu, nos países onde se fixou, a dignidade e os direitos de cada judeu, numa visão pluralista, de tolerância e harmônica convivência entre todos os homens. Nas cidades do Império Otomano, em Istambul e Esmirna, encontramos, ainda hoje, sefaradis filiados a B'nei Britt promovendo ajuda aos necessitados.

1.4 AGONIA E RUPTURA DO IMPÉRIO OTOMANO

No decorrer do século XIX, diante da perda de várias regiões de seu império, os otomanos viram-se em condições de impotência e inferioridade. Extinto o poder dos *janízaros* – componente principal da infantaria otomana e virtual controlador de poder dos sultões – oficiais europeus foram contratados para fornecer instrução aos militares otomanos. Criou-se um exército equipado e organizado nos moldes ocidentais. Implementaram-se reformas no sistema de recrutamento de homens para o exército, na carreira militar e no soldo, com o objetivo de submeter toda a população masculina do Império ao serviço militar, incluindo os muçulmanos e as minorias religiosas anteriormente liberadas da função.

---

60. *Pogrom*: termo de origem russa que significa destruição. Refere-se aos ataques às comunidades judaicas européias, apoiadas pelo poder central.

Para que as reformas fossem efetivadas e democraticamente aplicadas, foram eliminadas a posição autocrática do sultão e da classe governante.

Em 1908, um movimento nacionalista chamado Jovens Turcos depôs o sultão Abdül Hamid II, buscando "adaptar o islamismo à ciência e ao progresso"[61]. Objetivando uma sociedade laica, os Jovens Turcos pretendiam, além da emancipação da mulher, abolir a poligamia, adotar a lei civil, o desenvolvimento da indústria, do comércio e a otomanização dos súditos do Império.

O antagonismo existente entre as grandes nações européias (Inglaterra, França e Alemanha) na primeira década do século XX, além da competição internacional por mercados, advinha da luta pelo direito de explorar os recursos minerais da região, entre eles o petróleo. As Guerras nos Bálcãs, a ingerência russa no Império, a construção da estrada Berlim-Bagdá e a tomada da Líbia pela Itália levaram os turcos a se posicionarem a favor da Alemanha quando iniciada a Primeira Guerra Mundial.

O conflito mundial acabou por destruir não só a velha ordem do Império Otomano e da Europa como também dos países árabes do Norte da África e da Ásia Ocidental. O governo dos Jovens Turcos revelou-se inoperante e levou as regiões por ele controladas à anarquia política, ao caos social e econômico, retalhando o Império[62].

Resistindo às forças vencedoras da Primeira Guerra, Kemal Pachá, cognominado Atatürk, Pai dos Turcos, foi instrumento efetivo das rápidas e fundamentais reformas na estrutura política do novo país. Eliminando as divisões sociais herdadas do passado, Atatürk conseguiu formar uma sociedade "homogênea, democrática e moderna"[63]. Em 1928, a República Turca declarou-se laica, afastando-se do conservadorismo do Estado. Esta diretriz transformou a Turquia na primeira nação islâmica a secularizar o islamismo, ato que correspondia às necessidades de uma sociedade moderna.

As correntes políticas de renovação não atingiram os grupos minoritários do Império. Poucos judeus tomaram parte do movimento. A perda da autonomia comunitária e a do direito de arrecadar fundos para manter as sinagogas, obras de caridade, o ensino da religião e da língua hebraica transformaram-se em motivos de insatisfação. Assim que Kemal Pachá, o Ata-

Sultão Abdul Hamid II (Yigal Lossin, Pillar of Fire. The Rebirth of Israel – a Visual History, *Israel, Shikmona* Publishing Company Ltd., *1983, p. 26).*

---

61. Um documento do Itamaraty informa que a Revolução de 1908, a dos Jovens Turcos "foi uma das burlas colossais e que tem surpreendido a boa fé da opinião pública européia; o movimento era liberal e constitucional apenas na superfície... seu verdadeiro caráter era nacionalista ou antes otomano, já que cumpre não esquecer que, no Oriente Médio, nacionalidade significa raça e religião" (Doc. n°. 6 553. Atenas, 21.6.1914, AHI/RJ).
62. O grupo dos Jovens Turcos, depois da Primeira Guerra Mundial, buscou asilo em Paris e passou à publicação do jornal *A Liberdade* (L. Lifshitz, *op. cit.*, p. 104).
63. *Idem,* pp. 104 e 105.

ACIMA
Kemal Pachá, o Atatürk.

À DIREITA
Emigração dos judeus do Império Otomano: 1912-1923 (Justin McCarthy, "The Jewish Population in the late Ottoman Period", em Levy Avigdor, The Jews of the Ottoman Empire, p. 396).

türk, subiu ao poder, as escolas da Alliance submeteram-se aos regulamentos educacionais impostos pelo novo governo, seus professores passaram a ser nomeados pela República da Turquia[64].

A maioria dos sefaradis, pertencendo ao quadro das classes média e alta, de vida estável, sentia-se insegura diante das transformações políticas expressas pelo movimento de 1908. No período, o anti-semitismo, trazido pelos cristãos europeus, prestava-se como arma política, tanto dos muçulmanos como dos cristãos.

A maior insegurança dos judeus era a obrigatoriedade do serviço militar instituído nos domínios otomanos. A extensão das terras otomanas levava a que o serviço militar durasse muitos anos. O longo período nas casernas, distantes das famílias, impedia o cumprimento das obrigações religiosas. As drásticas mudanças, regulamentadas pelos Jovens Turcos, levaram judeus, cristãos e muçulmanos buscar novos espaços para viver. A perda das vantagens tradicionais passou a ser vista pelas minorias como início de um processo coercitivo para a integração à nação turca.

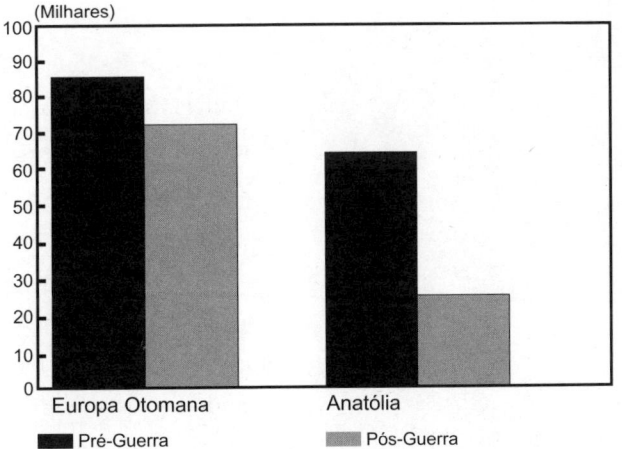

64. Progressivamente a Alliance retirou-se do Oriente Médio.

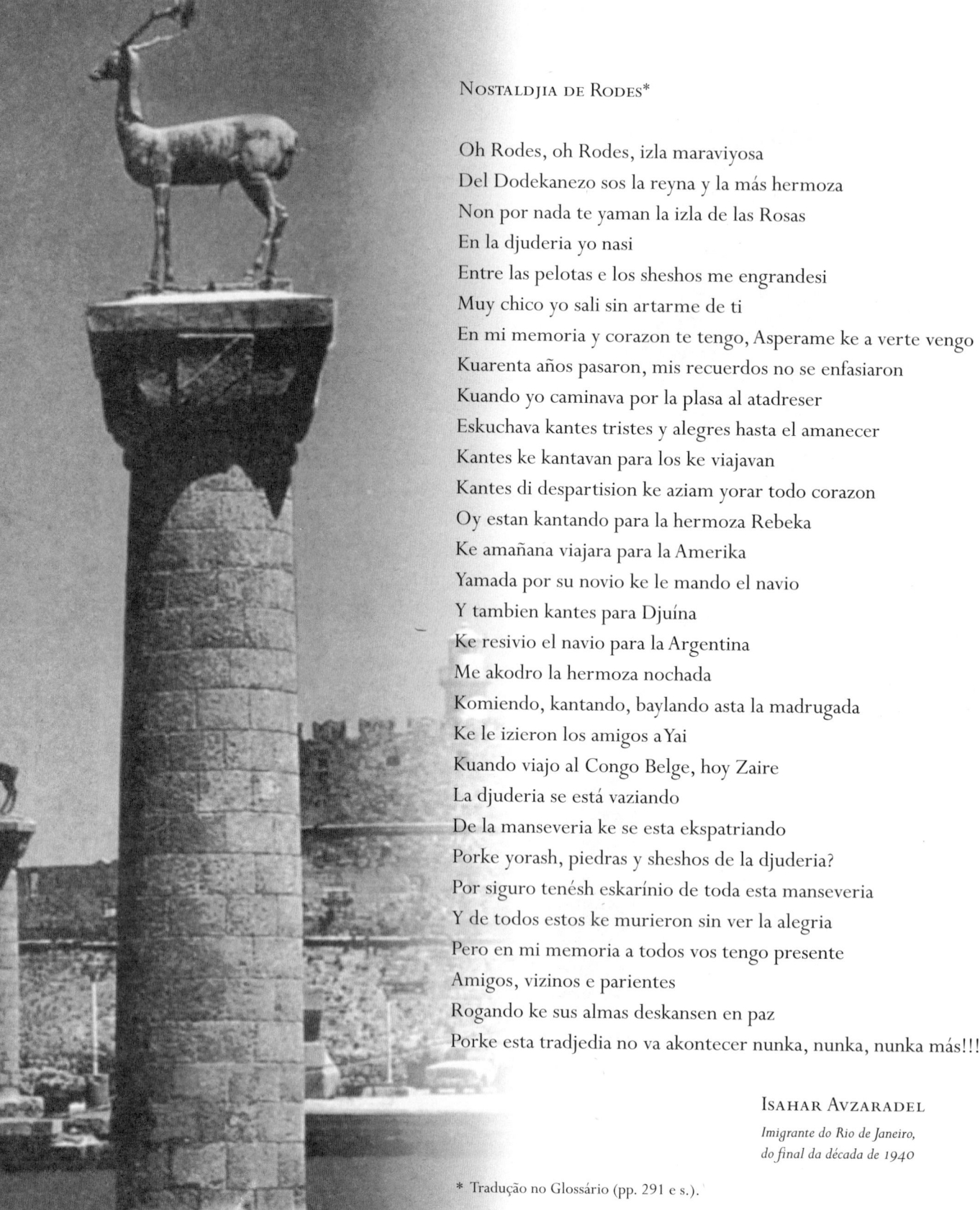

Nostaldjia de Rodes*

Oh Rodes, oh Rodes, izla maraviyosa
Del Dodekanezo sos la reyna y la más hermoza
Non por nada te yaman la izla de las Rosas
En la djuderia yo nasi
Entre las pelotas e los sheshos me engrandesi
Muy chico yo sali sin artarme de ti
En mi memoria y corazon te tengo, Asperame ke a verte vengo
Kuarenta años pasaron, mis recuerdos no se enfasiaron
Kuando yo caminava por la plasa al atadreser
Eskuchava kantes tristes y alegres hasta el amanecer
Kantes ke kantavan para los ke viajavan
Kantes di despartision ke aziam yorar todo corazon
Oy estan kantando para la hermoza Rebeka
Ke amañana viajara para la Amerika
Yamada por su novio ke le mando el navio
Y tambien kantes para Djuína
Ke resivio el navio para la Argentina
Me akodro la hermoza nochada
Komiendo, kantando, baylando asta la madrugada
Ke le izieron los amigos a Yai
Kuando viajo al Congo Belge, hoy Zaire
La djuderia se está vaziando
De la manseveria ke se esta ekspatriando
Porke yorash, piedras y sheshos de la djuderia?
Por siguro tenésh eskarínio de toda esta manseveria
Y de todos estos ke murieron sin ver la alegria
Pero en mi memoria a todos vos tengo presente
Amigos, vizinos e parientes
Rogando ke sus almas deskansen en paz
Porke esta tradjedia no va akontecer nunka, nunka, nunka más!!!

Isahar Avzaradel
*Imigrante do Rio de Janeiro,
do final da década de 1940*

* Tradução no Glossário (pp. 291 e s.).

2 Sefaradis e Judeu-orientais no Rio de Janeiro

PÁG. ANTERIOR
Entrada do Porto da Ilha de Rodes. Hélene Gutkowski. Erase una vez... Sefarad. Buenos Aires, Editorial Lúmen, 1999.

2.1 IMIGRANTES JUDEUS NO BRASIL

Desde meados do século XIX, as terras americanas passaram a enfrentar o desafio de acomodar a massa de imigrantes que se transferia dos antigos continentes. Na época, o Brasil, na eminente extinção do trabalho escravo, revelou-se interessado pelo imigrante como mão-de-obra para o promissor setor agrário-cafeeiro.

A extinção da escravidão, em 1888, levou os cafeicultores brasileiros, frente à demanda internacional do produto, a subvencionarem a imigração, permitindo a entrada de 2 600 000 europeus no país, divididos entre italianos, espanhóis, portugueses e alemães[1]. No período de 1890 a 1919, considerando o contexto moldado por interesses políticos e econômicos na virada do século XIX para o XX, observa-se que a legislação subsidiou a imigração de europeus "símbolos da raça branca e da civilização européia"[2].

A América – idealizada por imagens fotográficas propagadas pela grande imprensa – através do trabalho sistemático das companhias de colonização, das exposições, dos salões de mostras internacionais, dos cartões postais[3]

---

1. Herbert S. Klein, "Migração Internacional na História das Américas", em Boris Fausto (org.), *Fazer a América*, São Paulo, Edusp, 1999, p. 21.
2. Ofício de Dulphe Pinheiro Machado, Diretor Geral dos Negócios Comerciais e Consulares ao cônsul de Galatz. Rio de Janeiro, 18 de outubro de 1921. Doc. nº. 2.941 vol. 293/3/4.
3. J. E. Cornejo & C. Gerodetti, *Lembranças de São Paulo: A Capital Paulista nos Cartões Postais e Álbuns de Lembrança*, São Paulo, Solares Edições Culturais, 1999.

que comercializavam visões paradisíacas das terras tropicais brasileiras e das notícias propagadas pelo rádio – inspiravam o imaginário daqueles que, nos velhos continentes, buscavam soluções para seus problemas e procuravam concretizar seus ideais.

Deixar a terra de origem onde a família, por séculos, havia se estruturado em sólidas raízes culturais não era iniciativa fácil de ser tomada. A decisão implicava ruptura total, porque interferia com questões relacionadas às seculares tradições religiosas, à preservação da língua materna e ao domínio do cotidiano. O "ato de emigrar", embora sedutor, constituía-se em uma difícil decisão que fragmentava as bases fundamentais dos vínculos humanos: a família e a comunidade de origem.

A dispersão dos judeus pelo espaço geográfico constitui-se em um fenômeno histórico, demarcado pelas múltiplas comunidades espalhadas pelas regiões dos velhos e novos continentes. Nos dois últimos séculos, cerca de sete milhões e meio de seres de uma população média de dez milhões de judeus moveram-se de um continente para outro. Deste fluxo, os Estados Unidos da América do Norte absorveram a maioria dos imigrantes que estabeleceram comunidades prósperas e influentes nos diversos estados norte-americanos.

Migrações judaicas para além-mar: 1876-1926. Sachar, *Jewish Publication Society, 1967.*

ANOS	EUA E CANADÁ	ARGENTINA	OUTROS PAÍSES	PALESTINA	OUTROS	TOTAL
1840-1900	890 000	28 000	2 000	35 000	30 000	985 000
1901-1925	1 823 000	149 000	19 000	76 000	52 000	2 119 000
1926-1938	173 000	107 000	58 000	233 000	83 000	654 000
TOTAL	2 886 000	284 000	79 000	344 000	165 000	3 758 000

Os primeiros imigrantes judeus que se instalaram no Brasil foram favorecidos pela política econômica liberal, expressa na "abertura dos portos brasileiros às nações amigas", de 1808. O diminuto número de judeus escolheu viver no Rio de Janeiro e Salvador, principais cidades do período, trabalhando em pequenos negócios ou como empregados de firmas européias, instaladas no país[4].

Na segunda década do mesmo século, famílias de judeus marroquinos, favorecidas por lei e atraídas pelas possibilidades de riqueza da pimenta, concentraram-se em Belém, Manaus e pequenas cidades do norte brasileiro.

---

4. No grupo, distinguiram-se os Amzalak da Bahia e os Cohn do Rio de Janeiro. Egon e Frieda Wolff, *Participação e Contribuição de Judeus ao Desenvolvimento do Brasil*, Rio de Janeiro, Guanabara/Koogan, 1985, pp. 17 e ss.

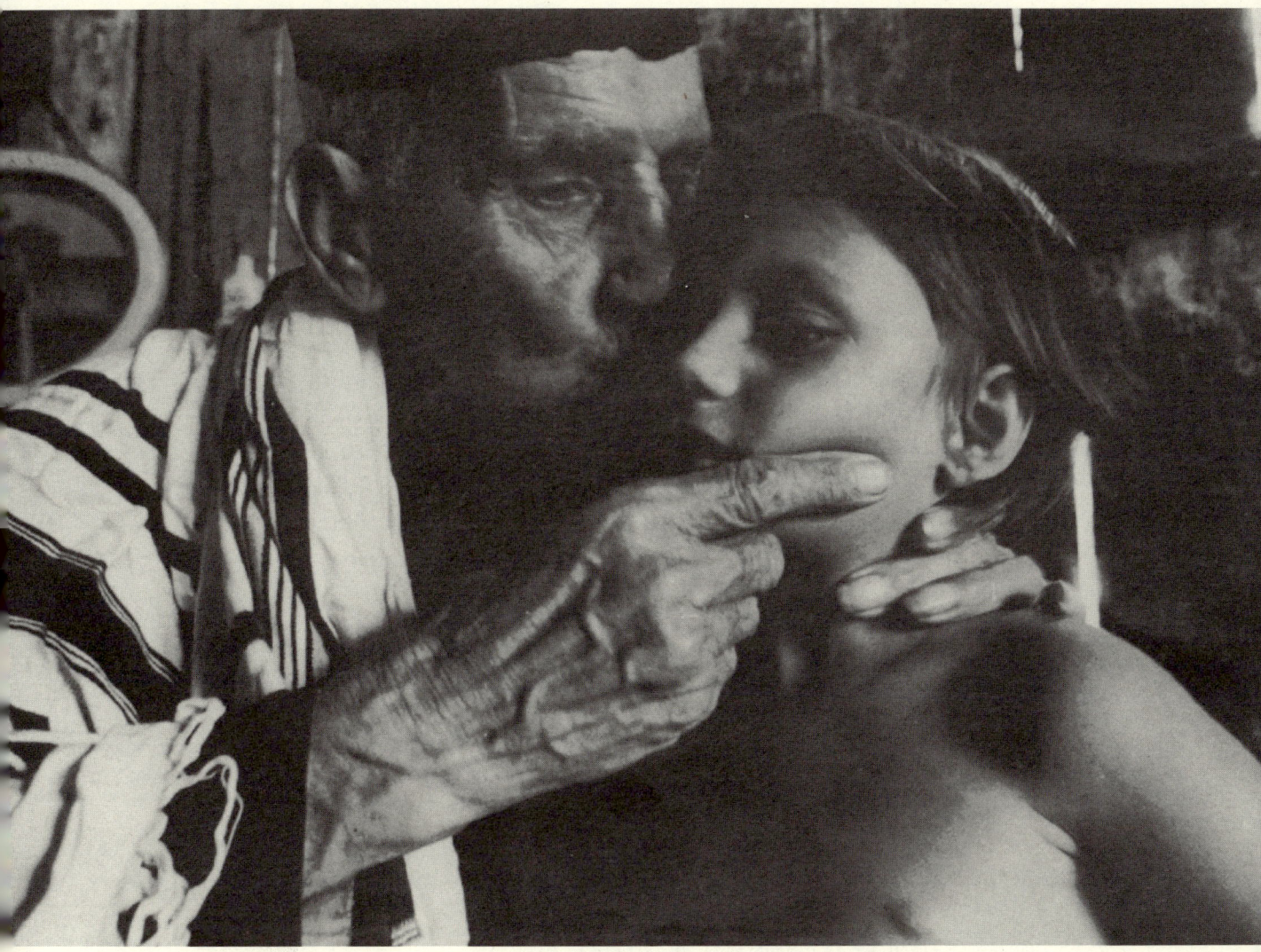

Judeus (avô e neto) da região amazônica. (Jews on the Banks of the Amazon, Museu da Diáspora Judaica, Tel-Aviv, Israel, 1987).

Diferenciados pela cultura e religião, marcaram a região de forma curiosa. Entre as instituições criadas a partir de 1842, a Sociedade Cemitério e a Escola Maguen David garantiram, relativamente, a identidade judaica do grupo que, em 1930, totalizava 350 famílias[5].

A partir das três últimas décadas do século XIX, judeus alsacianos estabeleceram-se em maior número no Rio de Janeiro, trabalhando no comércio de jóias e artigos finos.

5. Abraham Ramiro Bentes, *Primeira Comunidade Israelita Brasileira: Tradições, Genealogia, Pré-História*, Rio de Janeiro, Block, 1989; Maria Liberman. *Judeus na Amazônia Brasileira séculos XIX e XX*. Tese de doutorado, mimeografada. Departamento de História da FFLCH/USP, 1989.

Apesar da emancipação ocorrida nos países europeus do século XIX, os asquenazis passaram por difíceis momentos e, questionados em seus direitos políticos, sociais e religiosos, emigraram. As famílias judias que chegaram ao Brasil em fins do século XIX e começo do XX, procedentes de vários países europeus, guardavam de forma comum, além da religião e tradições, a discriminação, desterros e deportações de seus países de origem. No mesmo período, o esfacelamento do Império Otomano provocou a saída de sefaradis e judeus-orientais do Oriente Médio para a América.

Nas décadas de 1930 e 1940, asquenazis da Alemanha, dos países da Europa Oriental e os sefaradis das penínsulas balcânica e itálica refugiaram-se nos países americanos, entre os quais o Brasil, em vista das sistemáticas perseguições anti-semitas do partido político Nacional Socialista Alemão, responsável por um dos maiores genocídios da História Contemporânea, o Holocausto[6].

A partir de 1950, São Paulo e Rio de Janeiro passaram a receber famílias de refugiados judeus do Oriente Médio, procedentes dos países árabes, incomodados com a instalação do Estado de Israel na região, em 1948.

Os judeus de várias procedências que se instalaram no Brasil a partir de 1808, embora culturalmente diferenciados, devem ser considerados como pertencentes a um mesmo grupo étnico. O monoteísmo e as tradições religiosas fortemente estruturadas antes do início das grandes diásporas, ou sejam, a observância e respeito pelo *Shabat* (descanso semanal), as tradições do *Brit Milá* (ritual da circuncisão), do *Bar-Mitzvá* (maioridade religiosa masculina), do *Rosh Hashaná* (Ano Novo Judaico) e do *Yom Kippur* (Dia do Perdão) e outras tradições os identificam no espaço e no tempo[7].

2.2 O ORIENTE MÉDIO E A DIPLOMACIA BRASILEIRA

A partir das duas primeiras décadas do século XX, a nova política imigratória dos Estados Unidos e Canadá, impondo cotas de imigrantes segundo a origem, redirecionou grupos a países da América do Sul. Sabe-se que dos 550 000 imigrantes judeus que se instalaram na América Latina, 310 000 radicaram-se em terras da Argentina. O restante estabeleceu-se em outros países sul-americanos, cuja entrada dependia, muitas vezes, dos interesses

---

6. Maria Luiza Tucci Carneiro, *Brasil, Um Refúgio nos Trópicos. A Trajetória dos Refugiados do Nazi-Fascismo*, São Paulo, Instituto Goethe, 1996.
7. Veja no Glossário, explicações dos termos em hebraico e melhor descrição de algumas cerimônias judaicas.

dos responsáveis pelas embarcações que, além de imigrantes, transportavam mercadorias.

Embora a política imigratória brasileira no período estivesse interessada no branqueamento da população e europeização da cultura, não houve nas últimas décadas do século XIX restrições à imigração, e os portos estavam franqueados aos imigrantes. Em 1924, sistematizadas as leis imigratórias, empresas de navegação poderiam trazer imigrantes ao Brasil dirigidos a portos específicos[8]. As "cartas-de-chamada", requeridas por parentes, fazendeiros ou empresas contratantes, deveriam ser enviadas aos consulados dos países de origem para obtenção do visto de entrada no país. Os imigrantes chegados ao porto do Rio de Janeiro passavam por exame de saúde[9].

A prática de uma política imigratória seletiva iniciou-se a partir dos anos de 1930, quando a diretriz do racismo dominava os debates, idealizando os "tipos" desejáveis para compor a tão almejada identidade brasileira. À semelhança dos Estados Unidos, o Brasil instituiu as "cotas de imigração", tidas como sintoma de uma política imigratória restritiva. Desde 1921, a Diretoria do Serviço de Povoamento do Ministério da Agricultura, Indústria e Commércio informava ao cônsul da cidade de Galatz, no Oriente Médio, que a população judaica interessada em emigrar para o Brasil era constituída por:

Elemento sabidamente parasytário e inassimilável, causa de constantes e sangrentos conflictos, motivados por ódios de raça e religião.

No mesmo texto, Dulphe Pinheiro Machado expressava

... a incapacidade atávica daquela raça, para o trabalho agrícola, ao qual é de todo avessa, chegando ao extremo de julgá-lo humilhante[10].

Decretos-Lei e "circulares secretas" a partir de 1937 transformaram-se em instrumentos de controle, legitimando uma "nova política imigratória", francamente restritiva aos imigrantes judeus[11].

---

8. Artigo nº. 4 do Decreto nº. 24.258. Nachman Falbel, *Estudos sobre a Comunidade Judaica Brasileira*, São Paulo, FISESP, 1984, p. 4.
9. Decreto-Lei nº. 4.247, regulamentado pelo nº. 16.761, de 31.12.1924.
10. Ofício de Dulphe Pinheiro Machado, diretor do Serviço de Povoamento do Ministério da Agricultura, Indústria e Comércio ao cônsul de Galatz, Rio de Janeiro, 18 de outubro de 1921, doc. nº. 2941, vol. 293/3/4, AHI/RJ. Ver Anexo 1.
11. Maria Luiza Tucci Carneiro, *O Anti-semitismo na Era Vargas: Fantasmas de uma Geração (1930-1945)*, 2ª ed., São Paulo,

No início da República, o Brasil mantinha representações em nível de embaixada nas grandes capitais européias e norte-americanas. Se necessário, países amigos representavam nossos interesses onde não existiam relações diplomáticas diretas.

A precariedade das comunicações do período fazia com que os acontecimentos do Oriente Médio chegassem ao Brasil com retardo. A correspondência consular, via marítima, levava em média dois a três meses para chegar. O governo inteirava-se do Oriente Médio pelos escritórios de representação, instalados nas cidades gregas de Atenas e Salônica, e Alexandria, no Egito.

Os primeiros documentos do Oriente Médio existentes no Arquivo Histórico do Itamaraty do Rio de Janeiro são fragmentários. Em 1914, o cônsul de Atenas Carlos Magalhães de Azeredo informa-nos que não havia "cidadão brasileiro no Império Otomano, mas existia um grande número de cidadãos otomanos no Brasil"[12].

Atendendo à recomendação de Azeredo, vice-consulados foram instalados em Patras e Salônica, sob a supervisão do Consulado Geral de Atenas. Interesses comerciais e a propaganda dos produtos brasileiros motivaram a instalação de escritórios nessas cidades[13].

Beirute, no início dos anos 20, era uma das principais cidades do Oriente Médio. O governo brasileiro tomou a resolução de se fazer melhor representar. Fortunato Sellam foi nomeado cônsul honorário na cidade-porto. Na cosmopolita Beirute, vivia uma maioria de muçulmanos, ao lado de cristão-maronitas, judeus de várias procedências e armênios da Anatólia, refugiados da "tirania turca"[14].

O cônsul de "Beyrouth", Fortunato Sellan, emitia passaportes e documentos aos imigrantes, designados pelas "cartas-de-chamada". Em 1925, Sellan teve oportunidade de recepcionar peregrinos cristão-maronitas, procedentes do Brasil, que ainda utilizaram o roteiro de D. Pedro II à Terra Santa, em 1876[15]. Como Sellan não pertencia ao corpo diplomático, sua ação consular

---

Perspectiva, 2002; Jeffrey Lesser, *Imigração, Diplomacia e Preconceito, op. cit.* Avraham Milgran, *Os Judeus do Vaticano*, Rio de Janeiro, Imago, 1994.

12. Ofício de Carlos Magalhães de Azevedo, cônsul de Atenas ao General Lauro Müller, Ministro de Estado das Relações Exteriores, Athenas, 12 de junho de 1914, doc. 5743, vol. 202/2/6, AHI/RJ.
13. Ofício de Raul A. de Campos, gerente do consulado de Salônica, ao Ministro de Estado das Relações Exteriores, de 20 de julho de 1920, doc. nº. 2123, AHI/RJ.
14. O ofício de Álvaro da Cunha de Atenas ao General Lauro Müller, Ministro de Estado das Relações Exteriores, Atenas, 4 de outubro de 1914, doc. nº. 8.718, vol. 202/2/6, e o de Fortunato Sellan, cônsul de Beirute, ao Ministro das Relações Exteriores. Beirute, 16 de novembro de 1922, doc. nº. 185, vol. 263/2/7, AHI/RJ.
15. Ofício de Fortunato Sellan, cônsul de Beirute, ao Dr. José F. Alves Pacheco, Ministro de Estado das Relações Exteriores, Beirute, 28 de julho de 1925, doc. nº. 573, vol. 238/1/17, AHI/RJ.

era limitada. Natural da região, sentia-se seguro e recomendava às demais representações brasileiras cuidados na concessão de vistos, sobretudo nas cidades portuárias, intermediárias das embarcações de imigrantes. Segundo Sellan, os vistos deveriam ser concedidos "com ciência e consciência"; alertava que, embora Beirute fosse o "único porto de embarque de imigrantes passageiros", autoridades diplomáticas de cidades como Trípoli (80 km de Beirute), Damasco e Alepo na Síria preocupavam, porque forneciam, aleatoriamente, vistos de entrada para o Brasil.

Como cônsul honorário, Sellan não podia emitir passaportes aos imigrantes que se destinavam ao Brasil. Bem relacionado e conhecendo os costumes do Oriente Médio, preocupou-se em informar ao Ministério das Relações Exteriores falsificações de passaportes e a exploração dos emigrantes nas mãos de oportunistas em Hamburgo, Marselha e Gênova, portos intermediários das embarcações. Sellan, na ausência de um cônsul de carreira, emitia excepcionalmente, em Beirute, passaportes a passageiros e imigrantes que buscavam o Brasil.

A situação permaneceu confusa até que, em 1928, José Felix Alves Pacheco, Ministro das Relações Exteriores do Brasil, e Gregório Pecegueiro do Amaral, Diretor Geral dos Negócios Comerciais e Consulares, definiram as atribuições dos representantes brasileiros nas cidades do Oriente Próximo e Médio[16]. Pelo artigo n°. 9, decidiu-se que "a expedição dos passaportes no estrangeiro caberia exclusivamente aos consulados de carreira". Nos lugares onde estes não existissem, a Secretaria de Estado definiria os cônsules honorários que poderiam concedê-los. Fortunato Sellan, por "necessidade inelutável", embora não autorizado, continuou emitindo passaportes em Beirute, sobretudo pela premência de "regularizar a situação de brasileiros que se encontravam na região a passeio ou a negócios de família e querendo prosseguir viagem ou voltar à pátria"[17].

Os primeiros judeus do Oriente Médio que chegaram ao Brasil fizeram parte de uma corrente maior constituída por imigrantes "sírio-libaneses" – maronitas e muçulmanos – que, de forma espontânea e sem qualquer ajuda oficial, chegaram a partir das duas últimas décadas do século XIX,

---

16. Diretrizes foram tomadas por Fortunato Sellan, conforme ofício enviado ao Dr. José Alves Pacheco, Ministro de Estado das Relações Exteriores, Beirute, 15 de dezembro de 1928, doc. 815, vol. 238/1/17, AIH/RJ. Ver também: Carlos Delgado de Carvalho. *História Diplomática do Brasil,* Brasília, Edição Fac-Similar do Senado Federal, 1998; Decreto n°. 18.408 de 25.9.1928, publicado no *D.O. da União* em 11.10.1928. Ver Anexo 2.

17. Ofício de Fortunato Sellan, cônsul de Beirute, ao Dr. J. A. Pacheco, Ministro das Relações Exteriores, Beirute, 4 de agosto de 1926, doc. n°. 736, vol. 238/1/17, AHI/RJ.

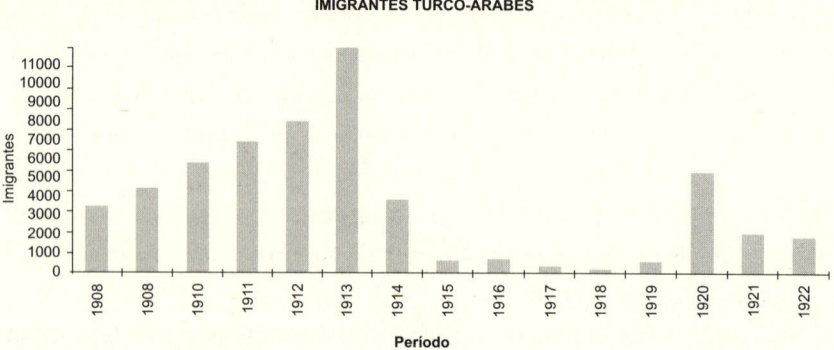

Imigrantes Turco-Árabes 1908-1922. AHI/RJ. Doc. nº. 69, vol. 293/3/4.

com passaportes emitidos por autoridades diplomáticas do Império Turco-Otomano[18].

Dados estatísticos brasileiros indicam a entrada no porto do Rio de Janeiro de 50 766 "turco-árabes", entre 1908 e 1922. Originários do desmoronado mas ainda constituído Império Otomano, esses imigrantes foram registrados nos livros oficiais como "turcos" ou "turco-árabes", sem especificação religiosa[19]. O Professor Oswaldo Truzzi demonstrou que os sírio-libaneses compunham, em 1920, a quarta etnia, com 19 290 imigrantes em São Paulo[20].

A proverbial violência militar otomana a grupos de oposição e às minorias étnicas – armênias e curdas –, amplamente divulgada pela imprensa internacional e pela correspondência diplomática do início do século XX, fez com que os primeiros imigrantes do Oriente Médio no Brasil rejeitassem a origem "turca"[21]. Participantes do estereótipo da época, os emigrantes dos atuais estados da Síria e Líbano assumiram a identidade de sírio-libaneses no Brasil, quando emigraram[22].

Natal, Recife, Salvador, Rio de Janeiro e Santos, primeiras cidades-porto da América do Sul, recebiam mercadorias e imigrantes do Oriente Médio, sem destino certo. A maior parte, cansada da longa travessia no mar, atraída pelo exotismo e luminosidade tropical, tomava a decisão de permanecer na

---

18. Ofício de J. Mesquita Barros, intendente (interino) da Diretoria do Serviço de Povoamento do Porto do Rio de Janeiro ao Raul A. de Campos, Diretor Geral dos Negócios Comerciais e Consulares. Rio de Janeiro, 26 de setembro de 1923, doc. nº. 69, vol. 293/3/4, AHI/RJ.
19. Ofício de J. Mesquita Barros, diretor interino da Diretoria do Serviço de Povoamento do Ministério da Agricultura, Indústria e Comércio do Rio de Janeiro em 26 de setembro de 1923, doc. 158, vol. 293/3/4, AHI/RJ. Ver Anexo 3.
20. Oswaldo Truzzi, *De Mascates a Doutores: Sírios e Libaneses em São Paulo,* São Paulo, Sumaré – Série Imigração, 1992, Cap. I.
21. Ofício de Carlos Magalhães de Azevedo, cônsul de Atenas ao General Lauro Müller, Ministro de Estado das Relações Exteriores, Atenas, 28 de junho de 1914, doc. 6553, vol. 202/2/6, AHI/RJ.
22. O Líbano conseguiu autonomia política em 1943 e a Síria, em 1946.

terra. O Rio de Janeiro, centro político-administrativo do país no período, foi pólo de atração aos imigrantes de todas as origens, inclusive da maior parte dos primeiros imigrantes do Oriente Médio.

A primeira corrente imigratória de sefaradis e judeu-orientais ao Brasil foi basicamente masculina e constituída por jovens. Os fortes laços de família, os sentimentos de pertinência cultural e religiosa impediam uma permanência definitiva. Quando as condições permitiram, o retorno à terra de origem foi comum. A maioria, depois de encontrar esposa no Oriente, retornava. Alguns, casados com brasileiras, enfrentavam problemas, pois suas esposas, cristãs no geral, foram mal recebidas pelas famílias muçulmanas dos maridos. Vendo-os retornar aos costumes locais, sentindo-se abandonadas, procuraram o consulado brasileiro para voltar ao Brasil.

Procedentes de várias regiões, apresentando religião, costumes e tradições diversas, os imigrantes do Oriente Médio não se organizaram em uma sociedade que representasse a colônia toda[23].

Buscando fortuna rápida, a maioria dos imigrantes "sírios e libaneses", infiltraram-se nos patamares do comércio varejista das cidades brasileiras.

A urbanização do Rio de Janeiro e São Paulo, decorrente da expansão industrial nas primeiras décadas do século passado, abrindo perspectivas para múltiplas atividades comerciais, possibilitou aos imigrantes instalarem-se também nas zonas suburbana e rural, onde existiam mercados para produtos de venda "à prestação". Esta modalidade comercial permitiu enfraquecer a tradicional dependência do colono aos proprietários dos armazéns rurais. Carregando nos braços e ombros cortes de tecidos, armarinhos, guarda-chuvas e pequenos produtos em malas, a maioria destes imigrantes, o "turco da prestação" – sem capital inicial – ao conseguir acumular pequena fortuna, instalava-se no comércio lojista.

No Rio de Janeiro, os primeiros imigrantes do Oriente Médio estabeleceram-se no corredor de passagem da Estrada de Ferro Central do Brasil em direção ao centro comercial e financeiro da cidade. Na Rua da Alfândega, conhecida como Rua dos Turcos, residiam famílias muçulmanas, cristã-maronitas e judias, num espaço de respeito e cordialidade. Local de residência e de trabalho, a área ficou conhecida como a "Pequena Turquia". Poucas décadas depois, em 1962, projetos urbanísticos, ameaçando derrubar edificações na área central, levaram os comerciantes da região a organizarem-se em órgão de representação, o SAARA – Sociedade dos Amigos das Adjacências

---

23. O. Truzzi, *De Mascates...*, op. cit., cap. I.

da Rua da Alfândega. A primeira diretoria da organização foi composta por Demétrio Habib, Adib Abi Rihan e o judeu Tufic Nigri, de Sidon. A abertura da Avenida Presidente Vargas levou à transferência de muitos comerciantes sírio-libaneses e judeus para outros bairros do Rio de Janeiro. Independentes das diferenças culturais e religiosas, os diretores do SAARA, brasileiros, descendentes de portugueses, sírio-libaneses, muçulmanos, judeus e cristão-armênios reúnem-se em clima de amizade e respeito mútuo[24].

2.3 OS SEFARADIS E O TEMPLO BETH EL

Depois dos Estados Unidos, o Canadá e o México foram países mais procurados pelos judeus do Oriente Médio. Na América do Sul, os sefaradis de Istambul e Esmirna buscaram, preferencialmente a Argentina, o Chile e o Uruguai e constituíram, nesses países, expressivas comunidades. Perto de 120 famílias buscaram as cidades brasileiras do Rio de Janeiro e São Paulo nas primeiras décadas do século passado. Terminada a Primeira Grande Guerra, a emigração, de individual e masculina, passou a familiar.

Ao emigrarem, judeus e muçulmanos enfrentaram dificuldades, em vista da observância religiosa alimentar. Quando esgotavam suas provisões, ficavam à espera de portos próximos para suprirem-se de alimentos especiais, mantidos por religiosos judeus. As embarcações em direção à América do Sul paravam em Marselha ou Gênova, portos do Mediterrâneo. Na década de 20, os conflitos entre árabes e judeus da Palestina determinaram a saída de várias famílias da região.

A maioria dos judeus que desembarcava nos portos brasileiros não tinha conhecimento ou referências da terra escolhida para viver. Os sefaradis desconheciam a proximidade do ladino com o português.

Os primeiros imigrantes sefaradis e judeu-orientais estabeleceram-se nos seguintes portos: Rio Grande do Norte, Salvador, Recife, Rio de Janeiro e Santos. A esses pioneiros juntaram-se, poucos anos depois, familiares e amigos. A insegurança inicial levou à mobilização de algumas famílias. O número de sefaradis de Porto Alegre, por exemplo, foi ampliado quando a comunidade recepcionou os que se transferiram do Uruguai e Argentina, a partir da década de 30 do século passado[25].

---

24. Paula Ribeiro, *"Saara" — Uma Paisagem Singular na Cidade do Rio de Janeiro*, PUC/São Paulo, Dissertação Mestrado, mimeografada, agosto 2000.
25. O médico brasileiro Nélson Menda apresentou no "Segundo Encontro de Estudos Judaicos" da Universidade Esta-

O Cordillere, navio de passageiros. Moisés Hakim desembarcou deste navio no porto do Rio de Janeiro em 1922.

A acomodação nas embarcações dependia das condições sócio-econômicas dos passageiros. Os imigrantes do Oriente Médio viajaram, em geral, nos pavimentos inferiores, sem conforto, em navios de carga que se dirigiam a portos comerciais, até a Argentina[26].

* * *

Na Praça Onze, na parte central do Rio de Janeiro, pouco distante da Rua da Alfândega, os asquenazis centralizaram sua vida comunitária. Mais numerosos, estabeleceram as primeiras instituições religiosas, filantrópicas e culturais judaicas da cidade carioca[27].

dual do Rio de Janeiro (nov. 1999) uma comunicação, onde relata a existência de um rolo da *Torá* (o Pentateuco) com mais de trezentos anos, existente na Sinagoga Sefaradim Rio-grandense de Porto Alegre.

26. Arlanza, Provence, Eubê, Capalônio, Nozarus, Valdívia, Cordillere, Barletta, Princesa Mafalda, Desna e Sphins foram as embarcações que chegaram aos portos brasileiros trazendo imigrantes do Oriente Médio.

27. Malamud Samuel, *Lembranças do Rio de Janeiro*, Rio de Janeiro, Federação Israelita do Rio de Janeiro, 1972, p. 17.

Rio de Janeiro, início do século xx.

Em 1923, a ICA contratou Isaías Raffalovitch para supervisionar os interesses da organização no Brasil. Radicado em Londres, de vasta cultura universal e judaica, Raffalovich, instalado no Rio de Janeiro, passou a supervisionar as comunidades judaicas brasileiras e argentinas. Conhecendo a diversidade de origens dos imigrantes, o rabino tinha por preocupação facilitar os contatos entre os grupos. No trabalho integrativo, buscou organizar uma *kehilá* modelo, onde, em um Grande Templo, se reunissem judeus de origens diversas. Este projeto, apoiado pelos sefaradis, não foi efetivado[28]. Preocupado em atrair mais imigrantes, Raffalovich valeu-se de panfletos distribuídos em cidades da Europa Oriental, exaltando o Brasil como "terra de futuro para imigrantes judeus"[29].

As idéias de Isaías Raffalovitch, modernas e avançadas para o período, não eram possíveis de se concretizar, seja em decorrência da diversidade cultural, como dos restritos e difíceis contatos entre os imigrantes judeus do período. Liberal, vestindo-se à européia, o rabino não era considerado pela maioria imigrante conservadora como alguém que pudesse atender aos interesses comunitários. No período em que aqui trabalhou, o *iídish*, idioma expresso pela maioria asquenazi, impedia que sefaradis e judeu-orientais participassem das discussões, inviabilizando a integração comunitária. Raffalovitch, conscientizando-se do problema, buscou equacioná-lo, administrando as divergências.

28. Ata da Comunidade Sephardi de São Paulo, de 1925, arquivo da T.I.B.O.Y.
29. J. Lesser, *O Brasil e a Questão Judaica. Imigração – Diplomacia – Preconceito*, Rio de Janeiro, Imago, 1995, pp. 61 e s.

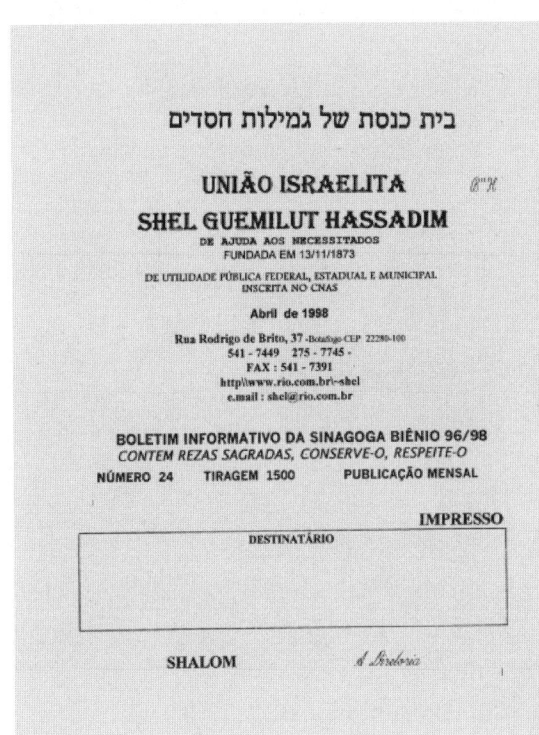

Boletim Informativo da União Shel Guemilut Hassadim, Rio de Janeiro, abril 1998.

A multiplicidade de origem conduziu a que os imigrantes judeus no Brasil – asquenazis, sefaradis e judeu-orientais –, organizassem, separadamente, suas sinagogas, núcleos centrais de suas comunidades. Em geral, Raffalovitch conseguia reunir os dirigentes comunitários em ocasiões especiais[30].

Judeus sefaradis, procedentes de diversas *kehilot* da ilha de Rodes e das cidades turcas de Istambul e Esmirna, ao se instalarem no Rio de Janeiro na primeira década do século passado, surpreenderam-se com a existência de uma sinagoga, a União Israelita Shel Guemilut Hassidim, construída por imigrantes marroquinos de meados do século XIX, cujos estatutos foram formalizados em 1873. Entre seus participantes estavam os Azulay, os Zagury, os Benoliel, os Benchimol, os Benjó e os Bentes. O templo, localizado no centro da cidade foi transferido, em 1950, para o bairro do Botafogo.

Os imigrantes do Oriente Médio foram recepcionados pelo judeu-brasileiro David José Pérez, nascido em Breves, no Pará, e que freqüentava a sinagoga Shel Guemilut. De origem marroquina, Pérez vivera com o pai no Marrocos e estudou na Alliance Israélite Universelle da cidade, aprimorando seus conhecimentos da cultura e religião judaicas. Ao retornar ao Brasil, decidiu permanecer no Rio de Janeiro, dedicando-se ao ensino em escolas oficiais e particulares. Foi emérito professor do famoso Colégio Pedro II. Sua experiência no magistério fez com que se tornasse diretor e professor da Escola Maguen David, primeira escola judaica da cidade, fundada em 1922 e da qual originou-se o Colégio Hebreu Brasileiro. Depois do curso de Direito, doutorou-se em Ciências Econômicas, partindo para uma brilhante e elogiada carreira profissional[31]. Pérez projetou-se na vida cultural do Rio de Janeiro

---

30. A comunidade judaica do Rio de Janeiro, reunida, recepcionou Albert Einstein em 1928. Samuel Malamud, *Recordando a Praça Onze*, Rio de Janeiro, Kosmos, 1988, p. 44.
31. Preocupado com problemas do povo judeu, José Pérez inscreveu-se no Primeiro Congresso Judaico Mundial, onde se postulava a criação de um Estado. Em 1917, dando apoio à Declaração Balfour, Pérez traduziu e prefaciou a obra de Theodor Herzl no Brasil. Casou-se com Clementina de Monte Moreira, filha de um senador da República. Antonio Nunes Malveira, "Achegas para uma Biografia do Professor David José Pérez", *Caderno* nº. 3, Rio de Janeiro, Colégio D. Pedro II, 1983.

por artigos publicados em jornais da capital carioca. Em 1916, fundou *A Columna*, jornal mensal escrito em português sobre assuntos judaicos e sionistas. O humanista Álvaro de Castilho era seu sócio e colaborador[32]. Os artigos publicados pelo jornal objetivavam esclarecer o público brasileiro sobre o sinoismo e a história dos judeus no Brasil e nos demais países da diáspora. Como Raffalovitz, Pérez buscava agrupar os judeus de diversas procedências em associações comuns, de modo que os costumes regionais não atrapalhassem o desenvolvimento comunitário no Brasil.

Apesar da recepção na Shel Guemilut, a maioria dos imigrantes do Oriente Médio reunia-se, em casas particulares para realização do culto judaico, conforme seus costumes.

Os judeus de Rodes, Esmirna e Istambul apresentavam-se de forma diversa dos outros imigrantes. Melhor posicionados, identificando o ladino com o português, estes sefaradis rapidamente se acomodaram na sociedade carioca. Residindo próximos da elite política e econômica, os *rodeslis*[33] integraram-se no Rio de Janeiro mantendo os costumes italianos de Rodes e "sem romper os laços com suas origens"[34].

Professor David José Perez.

No período, parte razoável dos imigrantes sefaradis, portadores de bagagem cultural européia, vivia do comércio de importação de mercadorias e de artigos finos de consumo no centro do Rio de Janeiro. A educação ocidental, absorvida em família e nas escolas européias do Oriente Médio, e o domínio de línguas estrangeiras permitiram que os sefaradis se posicionassem na cidade com privilégio[35]. Conseguiram estabelecer-se em regiões nobres e, em pouco tempo, levantaram em Copacabana a Sociedade Sionista Bené Herzl, mantenedora da Sinagoga da Congregação Religiosa Israelita Beth-El. A Congregação compreende três instituições: a sinagoga Beth-El, o Clube Israelita Brasileiro (CIB) e o Lar dos Velhos, fundado em 1959, no bairro

---

32. Álvaro de Castilho acreditava que o "sionismo deveria fazer parte do movimento humanista". N. Falbel, "A Imprensa Judaica", *Morashá*, São Paulo, CBSP, dez. 1977.
33. Embora o adjetivo rodiense ou rodiota seja atribuído aos originários da ilha de Rodes, adotamos o termo rodesli preferida pelos sefaradis. O mesmo para a forma *ismirli*, ao invés de esmirneu. Caldas Aulete, *Dicionário Contemporâneo da Língua Portuguesa*, 2ª. ed., 1964.
34. Vivian Flanzer, *Judaísmo: Memória e Identidade,* Rio de Janeiro, UERJ, vol. I, pp. 81- 90.
35. Anna Barki Bigio, deixando a modéstia de lado, considera-os "*la crème de la crème*".

Estatuto da Congregação Religiosa Israelita Beth-El. Rio de Janeiro, 1970. Arquivo da Congregação Religiosa Israelita Beth-El.

de Ipanema. Embora criadas em momentos diferentes, essas três entidades estão, por estatuto, unidas num vínculo indissolúvel[36].

Preocupados com a vida social e recreativa, os sefaradis construíram, em 1922, o Centro Israelita Brasileiro, o CIB, destinado ao "estreitamento dos laços entre todos os imigrantes judeus, numa só coletividade". Na década de 50, o CIB ocupava uma enorme casa, onde eram realizados os eventos sociais da comunidade judaica do Rio de Janeiro[37].

Entre as famílias sefaradis, a do banqueiro Salomon Silvain Hazan destacava-se na direção da "primeira de todas as entidades judaicas do Rio de Janeiro"[38]. Nas primeiras atas da sinagoga, além de Hazan, estão registrados os Levy, Moussatché, Alhadef, Mussafir, Elie Lopes, Mossé, Harouch, Burlá, Chahon, Emmanuel Galano e Alcoulumbre. Em 1951, organizando as ativi-

---

36. Foi no CIB, primeiro centro recreativo judaico do Rio de Janeiro, que se iniciou a aproximação entre judeus de diferentes origens.
37. Ata da Sinagoga Bené Herzl do Rio de Janeiro, Arquivo da sinagoga, pp. 18-20. O amplo espaço do CIB foi utilizado por atores, hoje famosos, como Cláudio Correa e Castro, Roberto de Cleto, Jonas Block, John Herbert, Eva Wilma e Yom Tob Azulay que, da carreira diplomática, passou a diretor de cinema.
38. Discurso de Isaac Emmanuel na comemoração do 29º aniversário do CIB. Rio de Janeiro, 1995.

dades no CIB, juntaram-se os sefaradis Salvador Esperança, Matheus Menashé e as famílias dos Jerusalmi e Esquenazi. Os diretores da Sinagoga Bené Herzl, não conseguindo contratar rabinos da mesma origem, buscavam *chazanim* entre os religiosos da cidade de Safed[39].

A idéia de se estabelecer um clube recreativo judaico no Rio de Janeiro, associado à sinagoga, surgiu na residência de Vitali e Rica Barki, imigrantes esmirlis provenientes da Trípoli italiana. Os sefaradis pretendiam um espaço onde os rodeslis, sírios, libaneses, palestinos, egípcios e marroquinos (hispano-portugueses) pudessem "estreitar os laços de união" e, por meio de um único partido, "enaltecer e glorificar o nome de Israel"[40].

No grupo, os Levy, os Moreno Castro e Matheus Menaché destacaram-se como grandes proprietários de terras em zonas nobres do Rio de Janeiro. Em Petrópolis, Jacques Levy foi proprietário de uma grande e moderna tecelagem que, anos depois, foi comprada por José Ermírio de Moraes, das Indústrias Votorantim.

A valorização das terras da zona sul levou os sefaradis, entre os quais Esperança, Barki, Behar, Gueron, Rousso, Menaché, Mussafir, a negociar imóveis, construindo elegantes edifícios em Botafogo e Copacabana, na Avenida Atlântica. A empresa construtora de Leon Roosevelt Mussafir, eleito presidente do Lar dos Velhos (1976-1995), reformou e modernizou a instituição, utilizando recursos próprios.

Os Hasson, originários da pequena ilha de Rodes, espalharam-se por países europeus e americanos. Em 1919, Félix Hasson, procedente da Argentina, estabeleceu-se no Rio de Janeiro, abrindo uma loja de produtos ópticos, a Lutz Ferrando do Brasil. Participando da fundação da sinagoga sefaradi Bené Herzl, Félix amparava todos os que chegavam do Oriente Médio[41]. Alexandre Hasson, seu primo, já se encontrava em São Paulo com a família, desde o início do século.

Vindos de Istambul, os Alalu estabeleceram-se antes da Primeira Guerra Mundial no Rio de Janeiro, notabilizando-se no comércio de importação de tapetes orientais. Miriam Alalu casou-se com o judeu-búlgaro Maurício Mezan e instalou-se em São Paulo[42]. Além dos Alalu, os Valero Varsano, os Caneti e outros sefaradis negociavam tapetes orientais.

---

39. *Chazanim*: cantores que conduzem as rezas na sinagoga.
40. Atas da Sinagoga Bené Herzl de 14.11.1922, arquivo da Sinagoga Bené Herzl, Rio de Janeiro.
41. Texto em homenagem a Félix Acher Hasson, por ocasião de seu falecimento, em 1950. Arquivo do Centro Israelita Brasileiro Bené Herzl, Rio de Janeiro.
42. O filósofo e psicanalista Renato Mezan e a historiadora Leila Mezan Algranti são filhos do casal.

ACIMA
Família Alalu. Istambul, 1925. Arquivo da família.

ACIMA, À DIREITA
Vitali Barki (junto à bicicleta) com seus irmãos. Esmirna, 1927. Arquivo da família.

Albert Abravanel, sefaradi da cidade de Salônica, na Grécia, comerciante do Rio de Janeiro, ao casar-se com a esmirli Rebecca Caro, tornou-se pai de seis filhos, um dos quais, Señor Abravanel, passou a ser conhecido pelo nome artístico, Sílvio Santos[43].

Outra família sefaradi no Rio de Janeiro é a dos Barki[44]. De origem judaica espanhola, os Barki passaram à Itália no início da Diáspora Sefaradi. Em meados do século XIX, Isaac Barki, filho de Moise Barki, procedente de Veneza e Livorno, transferiu-se ao Oriente Médio e ocupou o cargo de Cônsul italiano. Na Turquia, Isaac Barki, ao casar-se com Rosa Hassan, filha de um magnata de Istambul, projetou-se no mercado internacional de tecidos. Em razão dos conflitos interétnicos da primeira década do século XX, os Barki transferiram-se de Anadol para Esmirna e relacionaram-se com os Algranti e

---

43. Alberto Dines, *O Baú de Abravanel. Uma Crônica de Sete Séculos até Sílvio Santos,* São Paulo, Companhia das Letras, 1990.
44. Veja, no CD, a genealogia dos Barki.

Casamento de Vitali com Rica Barki. Trípoli Italiana, 1927. Arquivo da família.

os Ascher[45]. Isaac Barki, além de responsável pela B'nei Brith da cidade, foi presidente da Società Italiana Cultural Dante Alighieri. Na primeira década do século XX, seus filhos foram estudar em universidades européias: Moise instalou-se na Inglaterra, na casa dos tios Pitchon, que possuíam tecelagens em Leeds, e Vitali foi viver na Itália na casa de Giuseppe Barki, que mantinha negócios em Trípoli, colônia italiana do norte da África[46].

Em 1922, Isaac Barki, a conselho dos cunhados Samuel e Sara Barki Houli, resolveu transferir-se ao Rio de Janeiro. Vitali, seu filho, casado com a prima Rica Barki, vivia em Trípoli. Quando o jovem casal visitava os pais no Rio de Janeiro, Rica Barki deu à luz a gêmeas, Mathilde e Anna, registradas como brasileiras.

---

45. Famílias sefaradis, residentes em São Paulo.
46. Na realidade, Giuseppe pretendia instalar-se na Trípoli da Síria. Um mal entendido fez a família desembarcar na Trípoli italiana.

De Trípoli, *il bel fior d' Italia*, os Barki projetaram-se no Mediterrâneo, comercializando grande variedade de produtos franceses, alemães e japoneses. Peças de casimira eram enviadas da Inglaterra pelo irmão Moise; mantinham intensa vida social na elite cultural européia.

Em 1939, diante das leis racistas de Mussolini, os Barki foram obrigados a emigrar. Suas propriedades e bens foram confiscados pelos nazistas[47]. Vitali e Rica Barki, com filhas brasileiras, conseguiram do Itamaraty livre imigração. Moise e Fortuna Barki, irmãos de Rica, chegaram ao Rio no último navio que saiu da Itália.

Na cidade do Rio de Janeiro, os Barki investiram no comércio varejista; seus estabelecimentos ficaram populares na venda de produtos variados. Vitali e Rica Barki viviam nos meios sofisticados e elegantes do Rio de Janeiro. Rosa, a primeira filha, casou-se com Isaac Ruben Israel, jornalista e advogado que, por oito anos, trabalhou na BBC de Londres e assumiu no Brasil o nome Rubens Amaral. Mathilde casou-se com Luciano Menascé Mayo e Anna transferiu-se para São Paulo, ao casar-se com Moise Raphael Bigio, judeu-egípcio que se refugiou no Brasil em 1957.

2.4 OS JUDEU-ORIENTAIS E A SINAGOGA B'NEI SIDON

Os imigrantes judeu-orientais diferenciam-se dos sefaradis em muitos aspectos. Esses imigrantes, falando o árabe, enfrentaram dificuldades de relacionamento com os naturais, retardando a acomodação em terras brasileiras. Como os imigrantes asquenazis, os judeus-orientais reforçaram valores e a cultura de origem nas cidades onde se fixaram.

Em 1913, um grupo de 30 jovens, entre 16 e 25 anos, fundou a Sociedade Israelita Syria. Os estatutos da organização foram publicados no Rio de Janeiro em língua árabe. Marco Nigri e Mair Isaac Nigri, originários de Sidon, foram, respectivamente, Presidente e Secretário, e Moysés (Mussa) Cohen, diretor espiritual da sociedade.

Quando esses jovens libaneses chegaram ao Rio de Janeiro, acomodaram-se no centro, junto a outros imigrantes do Oriente Médio, nas ruas próximas à Estrada de Ferro Central do Brasil. Em pouco tempo, alugaram em um edifício uma sala para reunirem-se e rezar. Em 1944, o alargamento de vias públicas centrais levou muitos dos imigrantes judeus a fixarem-se na Tijuca, bairro da zona norte do Rio de Janeiro.

---

47. A residência da família em Trípoli foi ocupada pelo general alemão, Rommel. Relato de Anna B. Bigio a RM. São Paulo.

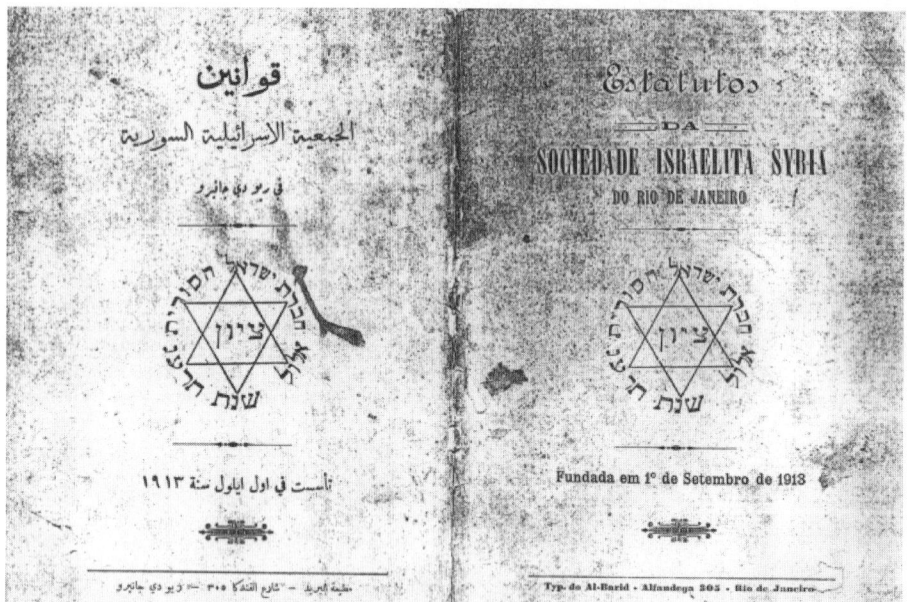

Estatutos da Sociedade Israelita Syria, Rio de Janeiro, 1913. Arquivo particular de Esther Siles.

Interior da pequena Sinagoga B'nei Sidon, Rio de Janeiro.

O sucesso comercial de Selim Moisés (Muchi), Miguel Elias, Júlio Elias, Mair Haim e Toufic, irmãos e primos da família Nigri, permitiu a construção, em 1955, de um templo: a Sociedade Israelita B'nei Sidon.

No início, os Nigri, os Dana e os Cohen buscaram a cidade de Belém, norte-brasileiro, onde viviam os judeus marroquinos. Problemas de integra-

Meyer Yehuda e Júlio Nigri. Rio de Janeiro, 1926. Arquivo da família.

ção ao agreste meio e dificuldades em obter alimentos especiais, levaram-nos de volta ao Rio de Janeiro. Na cidade, do comércio ambulante e lojista, os Nigri passaram à confecção de gravatas de seda. Selim "Muchi" Nigri, associado aos primos Miguel e Júlio, conseguiram organizar uma casa de importação de tecidos finos, a Nigri e Cia. A empresa cresceu e, em 1925, Nassim Nigri, representando os interesses dos primos, transferiu-se para São Paulo, próximo das industrias fornecedoras de tecidos, na Mooca.

Embora os Nigri se concentrassem nas cidades de Sidon e Beirute, o orgulho de ter nascido na antiga Sidon perdurou por gerações. Esther (Nina) Nigri Siles, por exemplo, declarou que, embora tivesse nascido em Beirute, seu pai registrou-a em Sidon, tal o orgulho familiar pela cidade.

Salim Yussef (Joseph) Nigri, vivendo em luxuosa residência de Beirute, tornou-se *mohel* para os árabe-muçulmanos. De relacionamentos múltiplos, Yussef destacou-se na cidade como benemérito, pois ajudava a todos que o procurassem. Diferenciava-se de seus parentes de Sidon pela liberalidade religiosa e por viver em bairros muçulmanos, ao contrário da maioria dos judeus do Líbano, que moravam em Haras, nome árabe dos quarteirões judaicos. Destacou-se no alto comércio de Beirute, relacionando-se com famílias judaicas de projeção como os Balayla. Na década de 30, Jamile, sua

Rolo da Torá, antigos documentos e objetos religiosos de Sidon. Exposição do I Confarad. Rio de Janeiro, 2000.

filha, aos 18 anos, emigrou: era "prometida" a Meyer Isaac Nigri, seu primo do Rio de Janeiro.

Prestamista e lojista de sucesso, Meyer Isaac Nigri ficou conhecido na comunidade judaica do Rio de Janeiro pela ajuda direta aos imigrantes que chegavam do Líbano, fornecendo-lhes crédito e mercadorias. A esposa, Jamile, substituiu Virginie, casada com Júlio Nigri, na Presidência da Sociedade Beneficente que assistia aos judeus do Oriente. Em 1938, o pai, Salim Yussef Nigri, decidiu emigrar para o Brasil, diante das desavenças políticas entre judeus e árabes. Recebido por familiares no Rio de Janeiro, abriu a Confecção Mrad, em sociedade com o primo Toufic.

A religiosidade e o conservadorismo dos judeus do Oriente reforçavam os laços familiares e a solidariedade entre os membros da comunidade do Rio de Janeiro. A endogamia desejada era possível pela composição de famílias numerosas, permitindo que a riqueza permanecesse no quadro de poucas famílias. Unir-se a alguém da família Nigri significava automática ascensão social do parceiro.

O rigor, no cumprimento das tradições judaicas pelos judeu-orientais, levou a que os *chazanim* Moisés Cohen, Moisés Fardjoun e o *mohel* Yontob

Zeitune, da Sinagoga B'nei Sidon, organizassem esquemas para o abate ritual de reses, conforme a tradição judaica.

Vindos de Yafo, pequena cidade da Palestina, Raphael e Moisés Cohen, irmãos de uma grande família, emigraram para o Brasil no início do século, fugindo da convocação para o exército otomano. Do comércio ambulante, instalaram-se em uma loja de armarinhos.

Os Nigri, os Balacianos os Hadid, os Simantob, os Politi, os Zeitune, os Dana e os Kalili, entre outras famílias, ao comporem os Estatutos da Sinagoga B'nei Sidon na Tijuca, eternizaram a composição dos membros da Diretoria e do Conselho a judeus originários de Sidon. Moisés Balaciano, atual Presidente, tem enfrentado dificuldades para gerir a sinagoga. Com a preocupação de modernizar a instituição, procura excluir dos estatutos originais o artigo que impede elementos de outras origens participarem da direção do Templo.

Além da tecelagem, os Nigri mantinham negócios no ramo imobiliário. Na década de 60, o engenheiro Haim, filho de Saed e Sarina Nigri tornou-se um dos maiores construtores do Rio de Janeiro. Casou-se com a asquenazi Irma Katz e foi responsável pela reconstrução em dimensões mais amplas da Sinagoga B'nei Sidon e do Clube Macabeus, ponto social e recreativo dos judeu-orientais no Rio de Janeiro.

Os regionalismos, o número e as diferenças de costumes entre os imigrantes judeus do Oriente Médio interferiram na organização de suas comunidades. Em 1928, os imigrantes de Beirute, passaram a rezar na Sociedade Israelita Beyrutense, também na Tijuca. Em meados dos anos 30, os judeus da Síria e do Egito fundaram o Templo União Israel.

Naturais da cidade de Yafo, os Cohen dedicaram-se ao trabalho religioso para as comunidades judaicas do Rio de Janeiro e São Paulo. Benjamin Cohen, sobrinho de Raphael David Cohen ocupou as mesmas funções dos tios na Sinagoga Israelita Brasileira, na Mooca.

Dos imigrantes de Safed, o primeiro a fixar residência no Rio de Janeiro foi Zeev Sion Cohen ou "Dib" ou Joaquim Cohen. Seu pai Moysés Ascher Cohen, que trabalhava no comércio atacadista de tecidos e cereais na cidade cabalística, investiu na educação dos filhos matriculando-os na Alliance Israélite Universelle. Terminada a Primeira Guerra Mundial, Joaquim Cohen conseguiu trazer de Safed sua esposa Regina, da família Guershon, os filhos Obadia e Helena, suas irmãs Nazira e Renée, casadas com os irmãos Fardjoun e Toufic Nissan Cohen, o irmão mais novo.

Joaquim Ascher Cohen alcançou sucesso no comércio de calçados, através das conhecidas Casas Queiroz[48]. A maioria dos judeus de Safed do Rio e de São Paulo procurava Joaquim Cohen para discutir problemas comunitários. Acher Cohen insistiu para que os judeus de Safed freqüentassem a Sinagoga Maguen David, construída pelo amigo Toufic Nigri.

Toufic, primo de Miguel e Júlio Nigri, ajudou o amigo Zeev ou Joaquim Cohen a conseguir um terreno para construir uma sinagoga, para os naturais de Safed. Depois de algum tempo, os imigrantes judeus da Palestina que rezavam num pequeno espaço da Rua Regente Feijó (antiga Senhor dos Passos), no centro da cidade, passaram a orar, em 1947, no novo templo na Tijuca. A Maguen David, templo, escola e centro recreativo, contratou David José Pérez e Moisés Burla para professores, e seguia o currículo oficial dando horário adicional às matérias judaicas[49].

Moysés Fardjoun, Rio de Janeiro, 1943.

Ao lado de Toufic Nigri, Dib Cohen recepcionava os imigrantes recém-chegados do Oriente Médio e conseguia-lhes documentação necessária para início de trabalho. Para isso lhes fornecia mercadoria em consignação. Sua irmã, Renée Cohen Fardjoun, mantinha em sua residência uma escola para ensinar o hebraico e tradições judaicas para crianças e jovens da comunidade. Anos depois, as sobrinhas Rebecca e Esther Farjoun, Odete Nigri, filha de Selim Moisés Nigri, Esther Cohen, Assilam Nigri, as irmãs Rebeca e Ivete Simantob, entre outros, estudaram no Colégio Hebreu Brasileiro. Interessante é que os Ascher Cohen falavam, além do hebraico e inglês, o *iídish* no estreito relacionamento com os asquenazis da pequena cidade de Safed.

Nazira Cohen Fardjoun, Rio de Janeiro, 1975.

O *chazan* Moysés Fardjoun, casado com Nazira Ascher Cohen, residente no centro da cidade, ia a pé até a Tijuca para participar dos rituais da nova sinagoga[50]. Salomão Fardjoun, seu irmão, era casado com Renée Cohen e transferiu-se, em 1936, para a Argentina, a chamado de David Guershon Cohen. Depois de reunir a família, Salomão posicionou-se nos meios educacionais judaicos da cidade de Buenos Aires. Ao falecer, a esposa Renée destacou-se como diretora de escola judaica.

Pinhas Cohen, imigrante de Safed, formado pela Alliance Israélite Universelle, chegou ao Rio de Janeiro em 1925 e, em pouco tempo, passou ao comércio de tapetes orientais. Seu filho Eliezer casou-se com a asquenazi Rachel Aimbinder, sendo pais do concertista Arnaldo Cohen.

Na década de 30, o número de judeus na cidade do Rio de Janeiro fez com

---

48. Hoje seu neto Moysés (Moshico) administra as Lojas Queiroz.
49. R. Cytrynovitch & J. Zuquim, *Renascença 75 Anos*, São Paulo, 1997, p. 49.
50. Em várias oportunidades, Moysés Fardjoun foi chamado para conduzir as rezas aos naturais de Sidon. Veja, no CD, gráfico da genealogia da família.

Noivado de Rebecca Fardjoun com Moysés Mayer Mizrahi. Rio de Janeiro, 1937.

que importantes instituições fossem organizadas, tornando a cidade centro de decisões para todas as comunidades judaicas brasileiras. No período, a maioria dos judeus do Oriente Médio concentrava-se na Tijuca. Os marroquinos hispano-portugueses fixaram-se em Botafogo e no centro da cidade, e os sefaradis, em bairros nobres da zona sul, próximos das praias.

3 Os Sefaradis em São Paulo

PÁG. ANTERIOR
Participantes da Comunidade sefaradi no lançamento da "pedra fundamental" para a reconstrução da sinagoga. São Paulo, 1959. Arquivo particular de Raphael Donio.

3.1 OS IMIGRANTES E A CONSTRUÇÃO DA METRÓPOLE

No início do século XX, embora a liderança político-econômica paulista buscasse direcionar o imigrante para a estrutura agrária, grande número sentiu-se atraído pelo meio urbano. As cidades litorâneas do Rio de Janeiro e Santos agradaram os imigrantes do Oriente Médio, em especial. A partir dos anos 30, São Paulo e as emergentes cidades do interior paulista passaram também a ser procuradas. No período, a capital paulista contabilizava em sua população dois terços do grupo imigrante.

A respeitável presença de imigrantes interferia no cotidiano da cidade. Os imigrantes judeus, na luta pela sobrevivência, enfrentavam o impasse das diferenças culturais, buscando acomodar-se à nova estrutura social. A entrada de novos imigrantes da mesma origem favorecia a formação de comunidades étnicas, nas quais os valores e as tradições de origem fortaleciam-se e preservavam-se.

No período, ao lado da massa imigratória, São Paulo recebia migrantes brasileiros das áreas nordestinas. O crescimento numérico e a diversidade cultural da população paulistana levaram o historiador Nicolau Sevcenko a caracterizá-la essencialmente composta pelos "desenraizados do espaço" e por "desenraizados do tempo", cidadãos que passaram a viver na grande metrópole "um mundo novo na massificação da cultura"[1].

---

1. Nicolau Sevcenko, *Orfeu Extático na Metrópole*, São Paulo, Companhia das Letras, 1992, p. 40.

A agitação urbana paulistana refletia-se em todos os setores da sociedade, tanto na vida intelectual como na artística, atuando o migrante e o imigrante como protagonistas e co-responsáveis pelo processo de crescimento. A confluência de condições favoráveis ao processo industrial, com população numericamente crescente, permitiu a São Paulo compor o conjunto das metrópoles emergentes do Ocidente.

As conexões dos intelectuais brasileiros com grupos da vanguarda artística européia fizeram com que amplas e complexas elaborações da realidade brasileira fossem expressas. O despertar eufórico da consciência nacional esbarrou, de forma curiosa, nos imigrantes que viviam na cidade. O escritor Marcondes Machado viu-se literalmente estimulado. Seu Juó Bananere de fala "macarrônica" potencializou a relação de dominação e desumanização operada sobre o imigrante[2].

Os imigrantes e os nacionais absorveram e responderam à realidade cultural da São Paulo de 1922. Nas fileiras do movimento modernista, contavam-se, além do pintor judeu-russo Lasar Segall, Anita Malfatti, Menotti Del Picchia, Portinari e Di Cavalcanti, todos filhos de imigrantes. A literatura, a pintura, a arte fotográfica, os jornais e as revistas ilustrativas desses "produtores de cultura" têm permitido compreender os múltiplos vieses da realidade social em transformação, na qual o imigrante cumpria importante papel como agente social.

De 1887 a 1914, chegaram a São Paulo pelo porto de Santos 1 600 000 imigrantes, e os não encaminhados às fazendas de café eram dirigidos à Hospedaria dos Imigrantes, no bairro do Brás. No ano de 1920 estabeleceram-se no país 19 290 "turco-asiáticos", incluindo-se, no número, imigrantes muçulmanos, cristão-maronitas e judeus[3]. São Paulo, com 580 000 habitantes, contava com 6 100 judeus que, em 1934, passaram a 40 000[4].

Viver em bairros junto da Estação de Ferro Santos-Jundiaí, nas cercanias da Hospedaria dos Imigrantes foi escolha natural da maioria imigrante. Desde as primeiras décadas do século passado, italianos, portugueses, espanhóis, japoneses, sírio-libaneses e judeus posicionaram-se no Brás, Mooca, Bom Retiro, Belém, Cambuci e Liberdade, bairros próximos da Hospedaria e periféricos à região central da cidade. No Bom Retiro, a "Rua dos Imigrantes", hoje José Paulino, foi via central por onde se diluíam as famílias na região.

---

2. Marcondes Machado *apud* Capela & Leuven, "Representações de Migrantes e Imigrantes – O Caso de Juó Bananere", *Revista da Biblioteca Municipal Mário de Andrade*, n°. 52, São Paulo.
3. Oswaldo Mário Serra Truzzi, *Patrícios Sírios e...*, pp. 41-55.
4. H. Rattner, *Tradição e Mudança. A Comunidade Judaica de São Paulo*, São Paulo, Ática, 1970, p. 99.

Em 1867, o Bom Retiro iniciou a urbanização, quando foi construída a The São Paulo Railway. Em torno da Estação da Luz instalaram-se oficinas, armazéns e indústrias. O bairro, marcado pela presença dos imigrantes italianos, passou a receber imigrantes judeus europeus, os asquenazis.

Os judeu-orientais escolheriam fixar-se na Mooca, Brás e depois no Ipiranga; a maioria dos sefaradis buscou regiões no centro comercial de São Paulo e Bela Vista. Poucos anos depois, dispersaram-se pela Consolação e Jardins.

3.2 A SINAGOGA DA COMUNIDADE SEFARADI DE SÃO PAULO

Distribuídos por diversos locais, os sefaradis tinham dificuldade de reunir-se para cumprimento das obrigações religiosas. Se bem que os templos asquenazis já estivessem erguidos, os sefaradis não se sentiam atraídos em participar de seus rituais. As diferenças culturais, a condução da liturgia, a melodia das rezas e a difícil comunicação entre eles separavam-nos.

Os Hasson, melhor posicionados, ofereciam sua residência às cerimônias religiosas sefaradis. A intermitente chegada de novos imigrantes levou Jacob Zion, Gabriel Cattan, Victor Sidi e Amadeu Toledano decidirem, em setembro de 1924, criar a Comunidade Sefaradi de São Paulo.

Amadeu Toledano, natural da Ilha de Malta, ao relacionar-se com os imigrantes ismirlis, percebeu que poderia programar a construção de uma sinagoga, núcleo natural de uma comunidade judaica estruturada. Associando-se a Samuel Salém, José Couriel, Victor Sidi, Jacob Sion e Gabriel Cattan escolheram Leon Levy para presidir a comunidade. Ao viajar a Paris para tratamento de saúde, Levy prontificou-se comprar um Sefer-Torá que serviria à condução dos rituais religiosos da Comunidade Sefaradi[5].

A escolha do terreno para a construção do templo não foi tarefa fácil. A família Salém chegou a oferecer um espaço, não aceito, por ser distante do centro, onde a maioria dos fiéis trabalhava. Finalmente, decidiu-se a compra de um na Rua da Abolição, no bairro da Bela Vista. Leon Levy, um dos sócios da firma Salém & Levy, em 21 de agosto de 1927, emprestou a quantia para pagamento do terreno à vista. As obras iniciaram-se[6].

Os nomes dos benfeitores foram registrados em um "Livro de Ouro", especialmente aberto. Despesas adicionais com as obras levaram Amadeu

---

5. Primeiras Atas da Comunidade Sefardim de São Paulo, 1924. Arquivo da T.I.B.O.Y.
6. Ata de 14.7.1925 da Comunidade Sefardim de São Paulo. Arquivo da T.I.B.O.Y.

Lançamento da pedra fundamental da sinagoga da Comunidade Sefaradi de São Paulo, 1924. Arquivo particular de Anabela Sereno.

Toledano a solicitar ajuda dos patrícios no Rio de Janeiro. A construção da Bené Herzl, no período, impediu-os de colaborar. A construção da Sinagoga Sefaradi contou com a ajuda mensal dos participantes, entre os quais alguns asquenazis.

Amadeu Toledano fixou residência na Rua da Abolição e acompanhou todas as etapas da construção do primeiro templo dos imigrantes do Oriente Médio de São Paulo. Apesar de não ser "turquino", ficou marcado na história comunitária sefaradi, pois juntou o grupo, disperso em diferentes locais da cidade e reforçou os laços de amizade das famílias ismirlis.

Em novembro de 1928, no lançamento da pedra fundamental, Alexandre Algranti, presidente interino, chamou atenção dos presentes à confraternização dos judeus de distintas origens na cerimônia. Exaltou a personalidade de Carlos Levy, como "digno representante de uma das maiores companhias de seguro do mundo" e indicou as presenças do tesoureiro Jacques Crispim, Amadeu

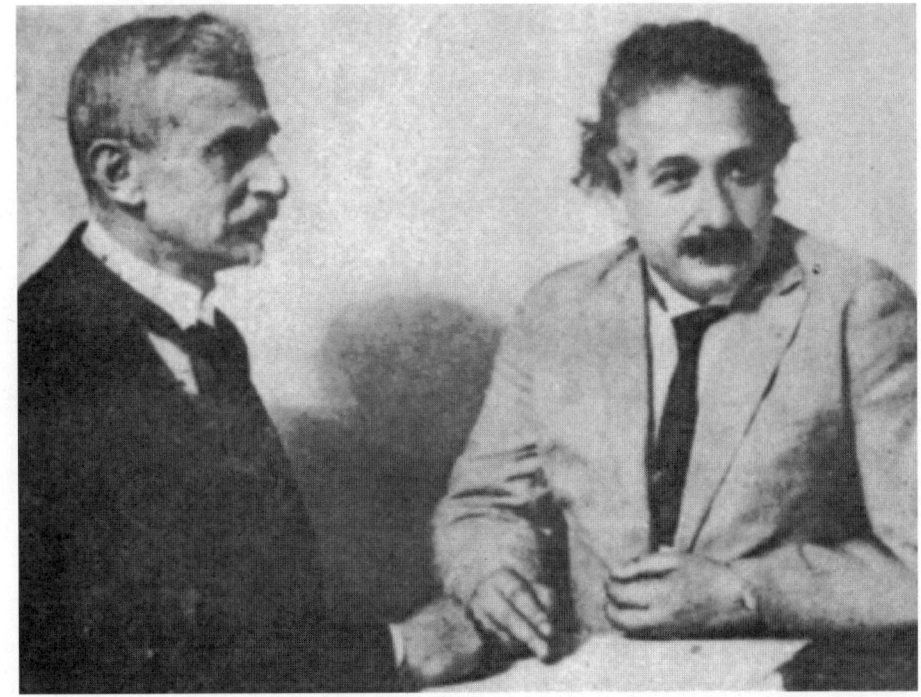

O rabino Isaías Raffalovitch com o cientista Albert Einstein. Em Ilustração Israelita, *Rio de Janeiro, agosto 1928.*

Toledano e das senhoras beneméritas: Sra. Carmona, Mme. Curiel, Mme. Nahoum, Mme. Sylvain Levy, Mme. Bernardo Donio, Mme. Victor Sidi e Mme. Yonel Albahary. O rabino Isaíah Raffalovich, representante da HIAS no Rio de Janeiro, embora convidado, mas não pode comparecer e mandou Eliezer Amsalém, seu secretário, representá-lo e programar futuros encontros[7].

Durante a construção da sinagoga, Alexandre Hasson passou a oferecer o salão de sua loja na Rua Sete de Abril, para as cerimônias das Grandes Festas de *Rosh Hashaná* e *Yom Kipur*[8]. A ansiedade, o retardo das obras e o número crescente de fiéis levaram os diretores a alugar uma casa na Rua da Consolação, sede provisória da Congregação.

As obras da sinagoga levaram dois anos. Em 9 de junho de 1929, o templo foi inaugurado sob o nome de Comunidade Sefardim de São Paulo na presença de Isaías Raffalovitch, representante maior da liderança judaica do período, de autoridades e de todas as instituições judaicas brasileiras.

Localizada em uma rua estreita e pequena, com residências geminadas, a sinagoga tinha um recuo ajardinado na frente, deixando livre a parte lateral, para o lazer das crianças. Dois lances laterais de escadas conduziam a um

7. Ata da Sinagoga da Abolição de 1925.
8. Relatos de Jayme Dentes e de Aurélio Hasson a RM, São Paulo, 1997.

Assilam Cohen, chazan da Comunidade Sefaradi de São Paulo.

Primeira diretoria da Comunidade Sefaradi de São Paulo, 1924. Arquivo do Templo Israelita Brasileiro Ohel Yaacov.

grande salão, utilizado depois pelo Centro Recreativo Amadeo Toledano. No andar de cima, a sinagoga era sóbria, pequena e íntima. A simplicidade da construção em uma rua modesta da Bela Vista contrastava com a posição social dos sefaradis do período. Na realidade, o templo refletia a tradição histórico-social dos judeus de Esmirna, pois "a sobriedade religiosa fazia os sefaradis voltarem-se, no interior do templo, para si mesmos"[9].

O cientista social Boris Fausto indica-nos que, depois das rezas, os fiéis retiravam o solidéu, evitando efusões e, em seguida, mergulhavam na rua, como cidadãos comuns, entre muitos outros[10]. Aimée Algranti também expressou-se sobre a discrição sefaradi ao se surpreender com as manifestações publicitárias atuais, nas quais faixas e cartazes nas ruas exortam judeus a participarem de festejos judaicos e excursões a Israel.

Preocupando-se com a correta celebração dos rituais judaicos e não encontrando rabinos formados pelas *yeshivot* das terras de origem, os *sefaradis* passaram a se valer dos *chazanim* Isaac Hayon, Assilam Cohen e Mair Cohen Arias, sócio e grande amigo de David Nahoum. Assilam Cohen, como

---

9. Relato de Nelson Benbassati a RM. São Paulo, 1998.
10. Boris Fausto confirmou a assertiva ao informar que, na saída da sinagoga, alegres ou tristes, a ordem era "dispersar", pois a "religião era algo particular e que a ninguém dizia respeito". Boris Fausto, *Negócios e Ócios. Histórias da Imigração*, São Paulo, Companhia das Letras, 1997.

Interior da antiga Sinagoga da Abolição, inaugurada em 1929. São Paulo, AHJB/SP.

Cohen[11] iniciou a cerimônia utilizando-se do *Sefer Torá* que havia trazido de Beirute[12].

Isaac Hayon, além de religioso era *melamed* (instrutor da liturgia religiosa aos meninos próximos dos treze anos) nos *Bar-Mitzvot*. Agente dessa importante missão espiritual, Hayon entregava-se a ela como *mitzvá*. Diante da sua simplicidade, bondade e humildade, a comunidade informalmente sustentava o *chaham* Hayon. Mais tarde, ele e Jacques Crispim assumiram a condição de profissionais na missão educativa.

No exercício da função, Hayon e Crispim, despreocupando-se em traduzir o texto religioso, fizeram com que os meninos decorarassem as rezas cerimoniais. O costume, observado em várias comunidades do Oriente Médio e da Europa, generalizou-se em São Paulo e no Rio de Janeiro. Esta circunstância

---

11. Os *Cohanim* eram sacerdotes do Templo de Jerusalém e mantêm o privilégio de abrir e ler a *Torá* nas sinagogas.
12. O *Sêfer Torá* reúne os cinco livros de Moisés: *Gênese*, *Êxodo*, *Levítico*, *Números* e *Deuteronômio*, utilizados na liturgia da sinagoga.

produziu gerações de judeu-brasileiros que oram sem entender o significado das orações[13].

Em 1935, os ismirlis conseguiram contratar Jacob Mazaltov para rabino da sinagoga. Descendente de notáveis religiosos de Istambul, Mazaltov em São Paulo passou a oficiar todas as solenes cerimônias aos judeus do Oriente Médio: nascimentos, *bar-mitzvot* e casamentos. Carismático, Jacob Mazaltov marcou época em São Paulo, especialmente pelo aparato e pompa com que se apresentava, exatamente como se fazia nas velhas cidades da Turquia.

O rabino chegara de Montevidéu, onde prestara serviços à comunidade sefaradi uruguaia. Sua irmã era diretora da Alliance Israélite Universelle no Egito. Ocupando-se de negócios comerciais, Mazaltov participara, no início dos anos 1920, da Exposição Internacional de Comércio que se realizava no Rio de Janeiro. Gostando da região, decidiu permanecer na América Latina. Foi amigo de Nissim Elnecavé, famoso rabino da comunidade argentina, autor de *Los Hijos de Ibero-Franconia, Breviário del Mundo Sefaradi desde los Orígenes hasta Nuestros Días*[14].

Jacob Mazaltov, rabino e ministro oficiante da Congregação Israelita Sefaradi de São Paulo, 1942.

Preocupado com a religiosidade, entendimento e participação dos fiéis no templo, o rabino Mazaltov resolveu inovar: interrompia as rezas para explicá-las, em português. A freqüência do templo a partir daí ampliou-se. À semelhança do amigo Elnecavé, Jacob Mazaltov elaborou, em português, livros da liturgia e das festas judaicas[15]. Esses livros foram as primeiras publicações de temas judaicos redigidas em português, usadas por grande número de judeus de São Paulo. O emérito professor de língua portuguesa, Silveira Bueno revisou a obra, que contou com o apoio do amigo Gabriel Kibrit, líder da comunidade dos judeu-orientais da Mooca. Aída Albahary fez a transcrição das músicas litúrgicas, inseridas no texto.

Editada em 1937, a obra era "dirigida aos professores e moços do Brasil" e dividida em: "Elementos de Instrução Religiosa e Moral ao Uso da Juventude

---

13. Assilam Meyer Nigri declarou que, ao se preparar com o *chaham* Moysés Fardjoun, no Rio de Janeiro, sua religiosidade no canto oriental era tanta, que chegou ao paraíso, sem nada entender.
14. Nissim Elnecavé, *Los Hijos*, p. 529.
15. Jacob Mazaltov, *O Guia da Juventude Israelita*, São Paulo, Typographia Frankenthal, 1937; *Ritual de Orações para as Festas do Rosh Hashaná, Conforme o Rito Sefaradi*, São Paulo, Typographia Frankenthal, 1939, 2 vols.

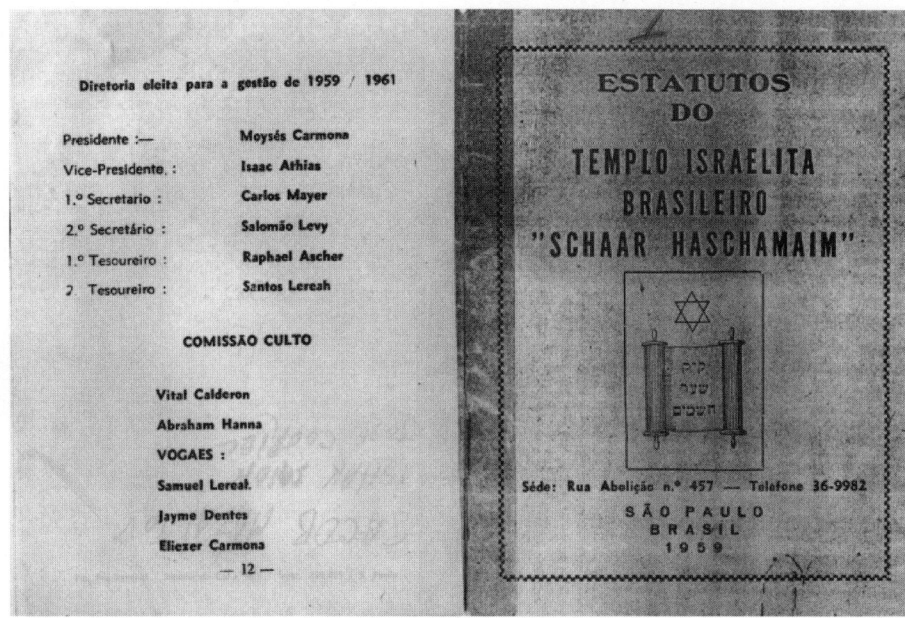

Estatutos do Templo Israelita Brasileiro "Schaar Hashamaim". São Paulo, 1959.

Israelita"; "Preparação para a Iniciação Religiosa"; "A Iniciação Religiosa e suas Cerimônias"; "Ritual para a Juventude Israelita e Preceitos de Moral da Bíblia e do Talmud". Os textos, depois de traduzidos para o espanhol, foram divulgados nas comunidades judaicas latino-americanas.

As idéias e atitudes do rabino Mazaltov, liberais e avançadas, despertavam a atenção dos judeus de São Paulo na década de 40. Além de conduzir as rezas de modo aberto, traduzindo-as, tornava o cerimonial solene e ao mesmo tempo alegre, utilizava-se de um coral especialmente preparado. Estas circunstâncias fizeram com que a sinagoga da Rua da Abolição passasse a ser freqüentada por judeus liberais de outras origens e muitos acabaram oficializando no templo sefaradi seus casamentos e *Bar-Mizvot*.

A Comunidade Israelita Sephardi recebeu, no transcorrer do tempo, diversas denominações. Na década de 40, foi designada como Sinagoga Israelita Brasileira do Rito Português; na seguinte adotou o nome de Templo Israelita Schaar Hashamaim. Reconstruída em 1963, adotou o nome de Templo Israelita Brasileiro Ohel Yaacov. Apesar dos diversos nomes, o templo ficou popularmente conhecido como a Sinagoga da Abolição.

Nos inícios dos anos 30, numerosos judeu-alemães, perseguidos pelo anti-semitismo do Partido Nacional Socialista, refugiaram-se no Brasil. A linha liberal de seus ritos e seu informal comportamento impediu-os de serem atendidos por rabinos asquenazis. Não falando o *iídish*, os novos imigrantes não se enquadravam nas sinagogas dos judeus da Europa Oriental, fundadas em São Paulo. Céline Levy, participante da Sinagoga da Abolição, de origem asquenazi e falando o alemão, foi convidada a recepcioná-los.

O rabino Fritz Pinkuss, satisfeito com a acolhida sefaradi, oficiou as primeiras cerimônias religiosas realizadas pelos liberais alemães de São Paulo no amplo salão da Sinagoga da Abolição[16]. O rabino tinha livre acesso às dependências e tinha liberdade para realizar cerimônias de casamento na sinagoga.

Não se recusando a "abençoar a quem solicitasse", até os fiéis de origem cristã, os rabinos Mazaltov e Pinkuss intrigavam os religiosos conservadores da comunidade judaica de São Paulo. As diretrizes liberais adotadas por ambos em suas congregações aproximaram os dois rabinos. Esses religiosos tiveram o mérito de iniciar os primeiros contatos com clérigos e autoridades da Igreja Católica de São Paulo, interessados em aprender o hebraico e conseguir conhecimentos da religião e tradições judaicas[17].

Os judeus liberais de origem alemã permaneceram na Abolição, até que Pinkuss alugasse uma casa na Rua Brigadeiro Galvão, no bairro da Barra Funda, utilizada como sinagoga até que a Congregação Israelita Paulista, a CIP, fosse construída.

As idéias e as posturas "excessivamente" liberais de Jacob Mazaltov não eram totalmente bem recebidas pelos participantes da Abolição. A leitura das atas da sinagoga revela o conservadorismo de alguns diretores que discutiam e recriminavam as atitudes do rabino. A crítica maior era a oficialização de "casamentos mistos" que, ano a ano, aumentava. Diante do desagrado, e apesar de o rabino ser chamado a justificar-se, a proposta de sua demissão acabou aceita nos primeiros anos da década de 50, quando se encontravam presentes numerosos judeu-orientais, procedentes de sinagogas conservadoras do Oriente Médio[18].

Habibe Memran, de Beirute, possuidor de bela voz, foi contratado para *chazan* da sinagoga; residia na Mooca e era um dos fundadores da União Israelita Paulista. Os fiéis exigiram sua presença no *shabat* e Memran, todas as sextas-feiras e sábados, substituiu Mazaltov na condução dos serviços religiosos na Sinagoga da Abolição até seu precoce falecimento em 1952[19].

---

16. Fritz Pinkuss, *Estudar, Ensinar, Ajudar. Seis Décadas de um Rabino em Dois Continentes,* São Paulo, Livraria Cultura,1989, p. 47.
17. Na atualidade, esses contatos ampliaram-se. O Diálogo Religioso Católico Judaico têm apoio de Conselho Nacional dos Bispos do Brasil. Henry Sobel, rabino-mor da CIP, o Padre José Bizon e Madre Giselda (Giza) Rollenberg da Fonseca, da Casa da Reconciliação, o coordenam em São Paulo.
18. Atas da CIBAT, de 1958, arquivo do T.I.O.B.Y.
19. Atas da sinagoga de 1952, arquivo do T.I.O.B.Y.

ACIMA
Habibe Memran (ao fundo, à esquerda), ladeado pela família. São Paulo, 1939.

À DIREITA
Elias Mizrahi, chazan da sinagoga da Comunidade Israelita Sefaradi de São Paulo.

Elias Mizrahi, de Safed, também participante da comunidade da Mooca, manteve a assistência profissional aos sefaradis da Sinagoga da Abolição. Depois de aprender o ladino e o canto melódico sefaradi, adaptou-se aos judeus de Esmirna e os serviu por 35 anos, completamente absorvido pela comunidade. No longo período, Elias Mizrahi estabeleceu vínculos fortes e próximos com as famílias sefaradis, atendendo-as quando solicitado, em especial, nos serviços de *shochet*[20]. Vestindo-se com aparato, tentou prosseguir o trabalho de Mazaltov em costumes não comuns a um judeu-oriental[21].

Ao iniciar trabalho para os sefaradis, Elias Mizrahi, apesar da saúde precária, dedicou-se a atendê-los em todas as necessidades. Trazia do Bom Retiro os alimentos kasher, consertava os livros de reza e os paramentos religiosos. Apesar de ter aprendido o ritmo sefaradi com Abraham Hanna, Elias Mizrahi não conseguiu eliminar a entonação do canto oriental de sua *kehilá* de Safed. Clara Hakim Kochen recorda-se que a sua pequena voz num canto "rouco e mouro, sua espiritualidade, responsabilidade e benemerência, incompreendidas para alguém humilde, fizeram-no lembrado pelos ismirlis e seus descendentes"[22].

Embora tenha participado do ato de fundação da União Israelita Paulista, Elias Mizrahi só deixava a Abolição para participar da festa do Simchát Torá na sinagoga da Mooca. A maioria de seus conterrâneos e patrícios desconhe-

---

20. *Shochet* é o profissional que procede a matança das aves para o consumo. O sangue da ave esvai-se pela jugular.
21. O *chazan* Elias Mizrahi, em constante adaptação, permaneceu na Sinagoga da Abolição por 35 anos.
22. Clara Hakim Kochen, "Recuerdos", *Revista Nascente*, nº. 37, julho 1999, São Paulo.

ciam o significado de Mizrahi para os judeus da Sinagoga da Abolição.

O austríaco-judeu Mendel Wolf Diesendruck[23], radicado em Lisboa, foi, em 1952, convidado por Benjamin Citrom para dirigir a Escola Israelita Beith Chinuh de São Paulo. Diplomado em Filosofia pela Academia Rabínica, Diesendruck falava português, fato que despertou o interesse dos diretores sefaradis, que o contrataram para dirigir os serviços religiosos na Sinagoga da Abolição.

Ao iniciar trabalho, Diesendruck conseguiu, "pôr ordem na casa", depois das "exageradas liberalidades" do rabino Mazaltov e da informalidade dos *chazanim* da Sinagoga da Abolição. Religioso conservador de postura liberal e universal, era contra os "sectarismos religiosos judaicos". Para Diesendruck, ser judeu não significava apenas observar o *kashrut*, mas revelando-se também na "pureza, na retidão dos modos de pensar e agir em família, nos negócios e no trato com a coisa pública"[24].

O rabino Diesendruck, ladeado por líderes comunitários. São Paulo, 1954. Arquivo particular de Isaac Amar.

Diesendruck permaneceu como rabino na Abolição por dois anos. Seu contrato foi rompido pelo difícil entrosamento com a diretoria e por não comentar as rezas no vernáculo do país. Continuou, entretanto, a oficiar cerimônias e serviços na sinagoga aos que o procuravam. O rabino, de 1959 a 1964, serviu aos conservadores da CIP para depois passar a dirigir, a convite, o culto da Sinagoga Beit Yacov, fundada pelos imigrantes do Líbano e da Síria.

3.3 ALGUMAS TRADIÇÕES SEFARADIS

As festividades judaicas celebradas nas sinagogas tinham continuidade nos lares. Acender lamparinas no Shabat em casa e na sinagoga, lembrando entes queridos, comemorar o Purim, Pessach, Rosh Hashaná e Kipur, festas tradi-

---

23. Formado pela Escola Rabínica de Viena, Diesendruck transferiu-se para Lisboa em 1930 e serviu à comunidade da cidade. Em 1940, nomeado *Keyman* da Jewish Agency for Palestine, conseguiu salvar crianças dos campos de concentração nazista, dirigindo-as à Palestina. Arnold Diesendruck, "Redescobrindo o Rabino Diesendruck", *Resenha Judaica*, maio 1984, 2ª. quinzena.
24. Arnold Diesendruck, *Redescobrindo, op. cit.*

"Fadar uma menina", cerimônia oficiada por Elias Mizrahi. São Paulo, década de 60.

cionais judaicas, reforçavam os laços religiosos e a identidade da maioria dos judeus do Oriente Médio. Clara Hakim Kochen lembra que o *Pessach* era uma cerimônia conduzida na língua ladino e o matzá era "el pan de la afriisyon ke komyeram nuestros padres em tyeras de Ayifto"[25]. "Com este pan de afrisyon faziam-se asburekas de *matzá*[26], minas, manuras e outras iguarias...". No "Roshaná", num jantar caprichado e elegante, mensagens de otimismo, esperança e alegria eram passadas"[27]. Na sinagoga, os pais chamavam os filhos para a *Neilá*[28]. As crianças eram abençoadas sob um imenso *Talit*[29], cujo significado é o de estar *arrekojidos*. Ao som do *Shofar*[30] "sentia a vibração de alguma coisa inexplicável, terrível e sobre-humana, que a arrepiava e a amedrontava, para depois sobrevir uma sensação de santidade pelo perdão dos tão pequenos pecados cometidos, sensação essa que durava pouco, tão-somente até a próxima reinação". O ponto alto de todas as festividades judaicas na sinagoga era o dia de *Kipur*[31]. O *kapará*[32] era feito pelo *chazan* Mizrahi, que percorria as casas das famílias judaicas de Esmirna fazendo as "galinhas e frangos rodarem sobre as cabeças, degolando-as e as atirando no chão do jardim de nossa casa". Esta cerimônia marcou Clara e outras crianças da comunidade.

Para comemorar o nascimento de uma menina, uma cerimônia era preparada nas dependências da Sinagoga Sefaradi da Abolição, em geral realizada em um *shabat*. A festividade, comparada ao Berit Milá dos meninos, podia ser celebrada durante o primeiro ano de vida da criança. Como o nascimento de uma menina não se revestia com a mesma significação do de um menino, "fadar" uma menina ou a outorga do seu nome judaico, dando-lhe identidade,

---

25. *Pessach* é a celebração bíblica da libertação dos judeus da escravidão do Egito. Em ladino: o pão da aflição que comeram nossos pais em terras do Egito. Com ele faziam-se burekas, minas e manuras, pratos típicos da culinária sefaradi.
26. *Matzá*, o pão ázimo, consumido por ocasião do *Pessach*, como lembrança da passagem dos judeus pelo deserto, conduzidos por Moysés, o Legislador.
27. *Rosh Hashaná*: ano novo do calendário judaico.
28. *Neilá*: Serviço das preces do *Yom Kipur*.
29. *Talit*: Xale de oração. No texto, a expressão em ladino é atribuída ao nascimento do Estado de Israel: agora os "djudios estaram arrekojidos" ou os judeus estarão protegidos.
30. *Shofar*: Corno de carneiro, acionado no *Rosh Hashaná* e ao terminar a penitência de *Yom Kipur*.
31. *Kipur*: Dia do Perdão.
32. *Kapará*: expiação. Veja no Glossário, informações sobre o costume.

Primeiro Bat-Mitzvá de São Paulo, oficiado pelo rabino Jacob Mazaltov. 1939. AHJB/SP.

proteção e sorte tinha significado familiar festivo. A criança, sobre uma almofada adornada, vestida com camisola longa, era apresentada aos convidados. Sete familiares mais próximos ainda hoje pronunciam desejos de sorte à menina, como fazem as fadas. A mãe entrega a preciosa carga a uma madrinha que conduz para o *chaham,* que reza invocando proteção das quatro mães judias, Sarah, Rebeca, Rachel e Léia. Com as sete velas ou *Siete Candelas* acesas, *almendrikas, mogadôs (marzipan),* bombons e outros doces eram servidos para *adulzar* a todos os convidados.

Uma inovação do rabino Jacob Mazaltov foi institucionalizar na Sinagoga da Abolição uma cerimônia comum nas comunidades sefaradis: o Bat-Mitzvá, Como a mulher não mantém ligação direta com os rituais na sinagoga, pelo Bat-Mitzvá oficializa-se seu aprendizado. A festividade, hoje comum nas escolas e sinagogas brasileiras, era comemorada por judeus da Turquia, Egito e Itália, e organizada pelo Rabino Mazaltov e sua esposa Dora, a "rubiça".

Embora os judeu-orientais não tenham o hábito de comemorar o Bar-Mitzvá, em 1939 na Sinagoga da Abolição a festa solene foi realizada porque reuniu, excepcionalmente, meninas sefaradis e as da Mooca, sob condução do rabino Jacob Mazaltov. Gabriel Kibrit, amigo do rabino e líder comunitário dos judeu-orientais conseguiu envolver algumas famílias da Mooca na cerimônia. Suas filhas Mary, Rosina e Bela Kibrit e as amigas Raquel Cohen, Simita Zaide, Linda Beniste, Dina Halali e Pola Nigri, entre outras, prepararam-se,

ACIMA
Bat-Mitzvá de Rachel Sidi. No verso da foto: "Ofereço aos meus tios como lembrança da minha primeira comunhão". São Paulo, 1942.

À DIREITA
Certificado de iniciação religiosa de Judith Simantob, assinado pelo rabino Jacob Mazaltov. São Paulo, 28 de maio de 1939.

formalmente, para a cerimônia. Vestidas de branco, com uma vela na mão, acompanhadas pelos meninos ao som de um coral, o grupo passava pelos convidados. O rabino todo paramentado de branco conduziu a cerimônia em um pomposo e solene ritual. Depois das orações e preleções, Mazaltov ofereceu às participantes um diploma e um livro de rezas e das festas judaicas. A cerimônia surpreendeu os judeu-orientais e os asquenazis, porque lembrava a cerimônia católica da Primeira Comunhão.

Uma das maiores preocupações das famílias judias do Oriente Médio era com o casamento de seus filhos, em geral, programado em família e, às vezes, quando ainda eram crianças. A composição de grandes famílias possibilitou uniões endogâmicas. Era costume, quando uma moça casava, levar bens. O dote – levado pela noiva como trato de casamento, costume trazido do Oriente Médio e, discutido pelas famílias envolvidas –, foi prática relativamente aceita entre os judeu-orientais. Na comunidade de São Paulo, negociações mal conduzidas provocavam distúrbios sociais e familiares. Após a construção da sinagoga, os casamentos passaram a ser solenemente celebrados. Celebrava-se o *shabat del novio* seguido de uma *seúda*[33] festiva, com a tradicional quebra do copo, num estojo de madeira. Para tal ação, que lembrava a tristeza da destruição do Templo, usava-se um pequeno martelo.

3.4 O COTIDIANO DAS FAMÍLIAS DE ESMIRNA

Os sefaradis tinham orgulho da origem comum ibérica. Freqüentemente reportavam-se aos locais de origem e aos famosos cabalistas da Espanha. Os imigrantes sefaradis que se instalaram em São Paulo eram originários de Esmirna. A cidade diferenciava-se de Istambul pelo conservadorismo e *las hijicas* não eram "fuidas de la cuerda e guercas"[34].

Em 1930, os imigrantes de Esmirna, conhecidos como "turquinos", não atingiam meia centena de famílias. A maioria embarcou em navios cargueiros ou em vapores de passageiros, sem qualquer apoio governamental, contando apenas com a ajuda de suas famílias. Depois de dez dias de viagem, as embarcações atingiam os portos de Gênova ou Marselha e daí dois a três meses atingiam os primeiros portos da América do Sul, no Brasil. Embora a maioria buscasse o Uruguai e a Argentina, impulsos levaram alguns a permanecer no Brasil. O porto de Santos secundou o Rio de Janeiro na absorção dos primeiros imigrantes sefaradis.

Os objetivos comuns dos jovens do Oriente Médio eram fazer a vida, ganhar dinheiro e voltar para suas famílias no Oriente. Instalando-se no Rio de Janeiro, em Santos ou em São Paulo, os judeus de Esmirna buscavam moradia e trabalho. A proximidade do ladino, língua materna, com o português, permitiu relacionamentos imediatos com os nacionais. Passados poucos anos, recepcionaram novos imigrantes da cidade de origem, aliviando-os das dificuldades iniciais. Alguns, de posições sociais médias, trouxeram bens para garantir o sustento inicial. O sucesso dos primeiros imigrantes e as perspectivas de trabalho em São Paulo animavam os que chegavam.

A animação do porto de Santos nas primeiras décadas do século XX fez com que parte dos sefaradis escolhesse viver na cidade. Campinas, Rio Claro, São José do Rio Preto e outras cidades do interior de São Paulo também foram procuradas por esses imigrantes. Nos anos 30, São Paulo apresentando perspectivas de progresso e modernidade, passou a gozar da preferência

---

33. *Seúda*: A terceira refeição do *Shabat*, na sinagoga.
34. Expressão em ladino: "as filhas não eram fúteis ou livres do controle". Relatos de Anabela Sereno e de Vanessa Libman a RM. São Paulo, 1999.

do grupo imigrante judeu, conforme registro das listas de passageiros do Arquivo da Hospedaria dos Imigrantes de São Paulo. Os que portavam as "cartas de chamada" eram recepcionados por familiares e amigos no porto de Santos.

Entre os primeiros sefaradis que se instalaram em São Paulo apontamos os Hasson, provenientes de Rodes, pequena ilha mediterrânea. Ao emigrar, além dos países europeus, os Hasson dividiram-se entre Argentina, Chile, Uruguai e Brasil[35].

Nos primeiros anos do século XX, Alexandre Hasson advogado e juiz de Direito, estabeleceu-se em São Paulo e, seis meses depois, aos 28 anos, voltou à terra de origem para casar-se com Catarina Capouya. Ao retornar com a esposa, trouxe Salvador e Felipe, dois de seus irmãos. Em Santos iniciou negócios com o café e depois voltou ao tradicional ramo da família: o comércio de tecidos. Em 1918, Salvador Hasson, faleceu em São Paulo, de Gripe Espanhola.

Na década de 30, Alexandre, deixando seus negócios aos cuidados do irmão Felipe, reuniu-se aos primos, seus sócios em Paris. A família mantinha casas de comércio na Suíça, Alemanha e Congo Belga[36]. Aurélio, filho de Alexandre Hasson, nascido na cidade de Santos em 1912, completou estudos universitários em Paris, iniciados na Escola Mackenzie de São Paulo. No mesmo período, a prima Doretta Hasson, de Rodes, estudava também em Paris. Em 1939, quando a ilha foi tomada pelos nazistas, os Hasson decidiram voltar ao Brasil[37]. Doretta, por não ser brasileira, atravessou a pé toda a França e chegou ao Brasil por Portugal. As propriedades e lojas de tecidos Hasson na França foram saqueadas pelos nazistas. A família de Aurélio Hasson voltou ao Brasil na mesma embarcação do embaixador Luiz Martins de Souza Dantas que, em Paris, concedia visto de entrada a judeus apátridas[38].

A guerra, impossibilitando a importação de rendas e tecidos, levou Aurélio Hasson a fundar a Tecelagem Lionesa, cuja produção substituiu os produtos franceses, atendendo a clientela brasileira.

---

35. Relatos de Aurélio Hasson e de Doretta Hasson Gottschalk a RM. São Paulo, 1997 e fevereiro de 2000.
36. Elza Hasson casou-se com Ben-Atar, na Alemanha. Relato de Doretta Hasson Gottschalk a RM. São Paulo, fevereiro de 2000.
37. Em São Paulo, Aurélio colaborou com o embaixador na ajuda aos refugiados europeus do período. Relato de Aurélio Hasson para RM. São Paulo, 1997. Maria Luiza Tucci Carneiro, em *O Anti-semitismo na Era Vargas*, estudou o desempenho de Souza Dantas em Paris. Fábio Koifman compôs uma relação de judeus-apátridas, protegidos pelo embaixador brasileiro, *Morashá* da CBSP, São Paulo, junho de 1998.
38. Maria Luíza Tucci Carneiro, *O Brasil Diante da Questão dos Refugiados Judeus (1933-1948)*. Tese de Livre-Docência apresentada à FFLCH da USP. Em Rodes, Rubens, irmão de Doretta, fugiu a nado até a Anatólia, na Turquia. Victor e Elza Hasson, sobreviventes de Auschwitz, hoje residem em Genebra, na Suíça.

Além dos Hasson, os Levy, Salém, Crispim, Carmona, Algranti, Couriel, Sidi, Nahum e Vaena e outros se instalaram em São Paulo ainda antes da Primeira Guerra Mundial. Na década de 20, os Lereah, os Hanna, os Dentes, os Calderon, os Nefussi, os Donio, os Sereno, os Fortes, os Bohhor-Hakim, os Campeas e Raphael Ascher fixaram-se em locais próximos ao templo e em bairros residenciais, adjacentes à Bela Vista.

A urbanidade e os contatos próximos com ocidentais fizeram com que as famílias judias das cosmopolitas cidades de Esmirna e Istambul cuidassem da educação formal dos filhos e filhas. Algumas moças sefaradis freqüentavam boas escolas e complementavam estudos em Paris.

Dispensadas das aulas de religião, as moças judias, em especial das famílias Barki, Ascher, Algranti e Politi matriculadas em colégios como o Sacre Coeur de Marie, das Madres de Sion passavam por experiências interessantes. Aimée Politi, cuja família emigrou para São Paulo em 1933, afirmou que "essas escolas objetivavam influenciar suas alunas judias e convertê-las ao catolicismo"[39].

A maior parte das escolas européias do Oriente Médio ministrava aulas em francês. O domínio deste idioma facilitou a colocação dos ismirlis nas cidades do Rio de Janeiro e São Paulo em negócios sofisticados, entrosando-se facilmente com os imigrantes judeus da Alsácia-Lorena estabelecidos nessas cidades desde 1870.

Embora alguns imigrantes sefaradis vivessem do comércio ambulante e prestamista, boa parte deles instalou-se em pontos estratégicos de São Paulo, atendendo a uma clientela sofisticada e exigente por importados como tapetes orientais e tecidos finos.

Além da atividade comercial, o grupo assumiu profissões e atividades comuns aos brasileiros de média e alta posição social. Vários deles ligaram-se à importação e exportação de produtos como seda, cereais, frutas, à comercialização de pedras brasileiras, minérios (mica) em Governador Valadares, cidade mineira, a seguros e à construção civil. Dedicaram-se também à torrefação e corretagem de café.

O centro, desvalorizado como local de moradia, levou os sefaradis a buscar residir na Consolação e Jardim Paulista, no período, bairros, chácaras. No alto, a Avenida Paulista dividia bairros com as arquitetônicas residências dos Barões do Café. As escolas tradicionais da elite paulistana como Ofélia Fonseca, Elvira Brandão, Mackenzie e Rio Branco eram procuradas pelas famílias sefaradis moradoras nas proximidades dessas escolas.

---

39. Assim que chegou a São Paulo, uma das filhas dos Politi, Maria Adonai, tornou-se missionária franciscana. Vive hoje em Manaus, cidade do norte brasileiro, cuidando de crianças carentes.

Simon Fausto, associado aos Salém. São José do Rio Preto, década de 1920. Boris Fausto. Negócios e Ócios, *São Paulo, Companhia das Letras, 1997.*

As escolas judaicas, distantes das residências dos sefaradis, levaram a que os pais contratassem professores asquenazis para o ensino do hebraico e das tradições. O rabino Mazaltov, Isaac Hayon e Elias Mizrahi preparavam meninos para o cerimonial do *Bar-Mitzvá*.

Entre os participantes da Sinagoga da Abolição, citamos o rodesli Alberto Levy e os irmãos José e Isaac Salém, de Ourlá, povoado próximo a Esmirna. Esses sefaradis, sócios no beneficiamento de café e cereais em Santos e São José do Rio Preto, resolveram instalar um escritório no Rio de Janeiro, atestando a prosperidade da Levi & Salem. Em São José do Rio Preto, o asquenazi Simon Fausto, convidado a participar da sociedade, acabou por casar-se com Eva Salém. A prosperidade dos Salém, no período em que se programava a construção da sinagoga sefaradi, levou-os a intermediar e financiar a compra do terreno para o templo[40].

Em 1911, David Nahoum, de origem ismirli, chegou a São Paulo proveniente do Cairo. Trabalhava na famosa cadeia de lojas do Egito, a Cicurel Department Stores. No transcurso da viagem, conheceu os Nahamias que

---

40. Atas da Sinagoga da Abolição de 1925. Arquivo do T.I.O.B.Y.

David e Perla Nahoum. São Paulo, década de 1920.

emigravam para a Argentina. Apaixonado por Perla, filha dos Nahamias, David, ao casar-se com ela, conseguiu trazer da Argentina toda a família da esposa. A vivacidade, o domínio de vários idiomas como o turco, grego, árabe e, naturalmente, o ladino, transformaram David Nahoum em intermediário entre os imigrantes de diversas origens e os brasileiros. Dedicava-se à corretagem de café e mantinha, na região central da cidade, duas torrefações, uma delas a "Juca Pato"[41]. Benemérito, Nahum tornou-se figura popular na comunidade judaica paulistana; respeitava suas tradições e pôde juntar-se aos diretores da Sinagoga da Abolição, lutando, desde sua chegada, por causas comunitárias e sionistas.

Moisés Sereno emigrou de Esmirna com a família, no ano de 1924; na cidade turca, morava em Caratach, bairro residencial judaico. Em São Paulo, dedicou-se à importação de tapetes Gobelin e tecidos finos para decoração, conseguindo rápido sucesso comercial. Em 1931, fixou residência na Rua Suíça, no Jardim Europa e participou do lançamento da pedra fundamental da Comunidade Israelita Sephardim de São Paulo.

---

41. Juca Pato, personagem careca, de fraque, polainas e gravata borboleta, foi uma charge criada em 1925 por Benedito Carneiro Bastos Barreto. Representava um cidadão de classe média – por todos e tudo massacrado, até pelas obras públicas, principalmente as da Light. A figura virou nome de cavalo de corrida, de água sanitária e do "inesquecível Bar Juca Pato", no centro da cidade (*Memória da Eletropaulo,* São Paulo, Fundação do Patrimônio Histórico da Energia de São Paulo, 1996, nº. 23).

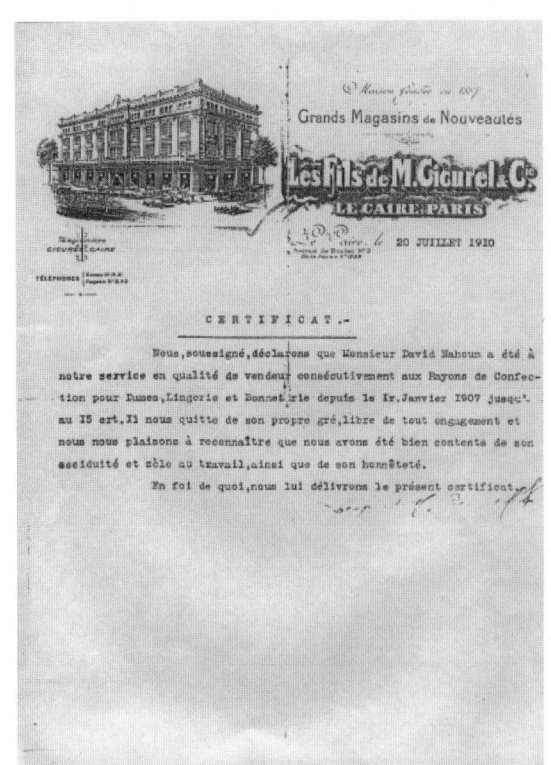

"O Inimigo da Light"

Certificado de recomendação do "Grands Magasins de Nouveautés, les fils de M. Cicurel & Cie." a David Nahoum. Cairo, 1910.

Caricatura do Juca Pato. Mônica Violante Schoneborn, "Um cartunista atravessa a Light", São Paulo, n°. 23, 1959, pp. 8 e s.

Alexandre e Alberto Nahoum, no Juca Pato. São Paulo, 1942-1952.

Família Carmona, São Paulo, década de 40. AHJB/SP.

Os irmãos Alberto, Jacob e Moisés Carmona emigraram de Esmirna à Argentina antes da Primeira Guerra Mundial[42] e, após poucos meses, transferiram-se para São Paulo. Iniciando como mascate, Alberto abriu uma confecção de roupas de cama e mesa no Bom Retiro. Foi um dos primeiros comerciantes da José Paulino, rua para onde confluíam imigrantes asquenazis. Com o sucesso de seu negócio, Alberto Carmona empregou seus irmãos e amigos de Esmirna, fornecendo-lhes mercadorias para revenda no interior de São Paulo. Moisés, que negociava em Botucatu e São Manoel, decidiu fixar-se também no comércio lojista. Tornou-se proprietário de duas lojas de tecidos no Brás e na Praça da República. Ativo participante da sinagoga sefaradi e observante das tradições judaicas, Moisés transformou sua loja da Praça da República em ponto de encontro, onde os diretores discutiam os problemas da sinagoga e os destinos da comunidade em São Paulo. Casou-se com Luna Bertrand, judia de origem francesa. Na década de 50, de diretor financeiro tornou-se Presidente da Sinagoga.

42. Veja no CD genealogia da família Carmona.

Alberto e Rosa Leréah, São Paulo, 1912.

Após a Primeira Guerra Mundial, Samuel Leréah, primo dos Carmona, veio de Esmirna, onde havia testemunhado a entrada de Kemal Pashá, o "pai dos turcos", acompanhado por druzos, na cidade[43]. Kemal Atatürk libertou a cidade em 1919, ocupada pelos gregos, tradicionais inimigos dos turcos. Samuel Leréah viu a cidade ser incendiada, saqueada e presenciou atrocidades. Conseguiu escapar, porque um ministro de Kemal, de origem judaica, favoreceu-o, depois de "atestada" fisicamente sua origem. Em São Paulo, casou-se com Vitória Alegra Carmona, nascida na cidade em 1914. Em pouco tempo, transformou-se em um homem de sucesso no ramo imobiliário de São Paulo.

Alexandre Algranti foi um dos primeiros sefaradis a chegar a São Paulo. No ano de 1889, embora se dirigisse a Argentina, resolveu fixar-se no Brasil, quando seu navio ficou retido no porto em 15 de novembro: a República Brasileira estava sendo proclamada. No início de 1920, o pai Nissim chegou trazendo a esposa Mazaltov (Matilde) e os oito filhos. Alexandre mantinha um escritório de importação de tecidos de casimira inglesa no centro da cidade.

Jaime Algranti instalou-se, por algum tempo no Rio de Janeiro, trabalhando com minerais, mica, cristais e águas marinhas da região mineira de Caparaó e as revendendo-as em São Paulo. Na Segunda Guerra Mundial, os negócios ampliaram-se e pediu ajuda aos irmãos e cunhado; os Algranti exportavam mica para a indústria bélica dos Estados Unidos pelo porto de Santos. Em 1937, José e Raphael Algranti, associados, fundaram a Cia. Brasileira de Mica, na futura Governador Valadares, em Minas Gerais[44].

Raphael Algranti casou-se, em 1933, com Aimée Politi, moça culta, que havia estudado em Paris. Os pais de Aimée eram livres pensadores, viviam em Esmirna em alto estilo. Aimée veio ao encontro do noivo em São Paulo. Ao chegar, estranhou, como todos os ismirlis, o clima e o provincialismo dos costumes brasileiros. José Algranti, ao visitar sua irmã Luíza em Montevidéu, conheceu Mathilde Levy em um baile da comunidade judaica local e

---

43. Relato de Vitória Alegra Leréah a RM. São Paulo, janeiro de 2000.
44. Relato de René Algranti Franco, maio de 2001 e "Relação com os EUA Começou com a Mineração", *O Estado de S. Paulo*, 23.7.2001. Veja no CD genealogia dos Algranti.

com ela se casou. Ao ficar viúva, Luíza Algranti, casou-se em segundas núpcias com Yoshua Benbassati, natural de Istambul e *expert* em tapetes orientais. Ao se transferir do Uruguai para São Paulo, Benbassati fundou a Galeria Oriental na Rua Barão de Itapetininga, grande revendedora de tapetes orientais, Benbassati era, com os Alalu, o "papa dos tapetes orientais" do circuito comercial que envolvia as cidades do Rio de Janeiro e São Paulo.

Além dos Benbassati e Alalu, os Sereno, os Valero e os Stamati, sobrinhos do rabino Mazaltov, estavam ligados ao comércio de tapetes orientais. A importação desses e de outros produtos fez com que os sefaradis entrassem em contato com o mercado europeu, buscando atender os interesses de sofisticados clientes brasileiros.

Alexandre Algranti, ao substituir, em 1924, o Presidente Amadeu Toledano que fixara residência no Rio de Janeiro, permaneceu interinamente no cargo por vários anos. Algranti, intelectual e sionista, manteve relações de amizade com o editor David José Pérez, do Rio de Janeiro[45].

Família Politi, avós de Aimée Algranti. Esmirna, 1890.

Em vista dos negócios, os Algranti relacionavam-se com gente de expressão política brasileira. José Algranti mantinha contatos com Horácio Lafer, Ministro da Fazenda de Getúlio Vargas e os expressivos industriais de São Paulo Salo Waissmann, Romeu Mindlin e Leon Feffer[46].

Descendentes de famoso cabalista de Toledo, os Ascher foram co-fundadores da Sinagoga de Esmirna[47], parentes dos Algranti, exerciam excelente posição na sociedade judaica ismirli, como ativos colaboradores da B'nei Britt, organização benemérita internacional. A crise mundial de 1929 afetou os Ascher que trabalhavam no comércio atacadista de tecidos[48]. Raphael Ascher

---

45. Alexandre Algranti escreveu artigo sionista no *A Columna*, "veículo judaico mais amplo para a sociedade brasileira". Nachman Falbel, "Os Sefaraditas e o Início da Imprensa Judaica no Brasil", *Shalom*, dez. 1977, pp. 45 e s.
46. O grupo representou no Brasil, no final da Segunda Guerra Mundial, os interesses da JOINT, entidade americana de resgate de vítimas da perseguição nazista. Relato de Renée Franco a RM, junho de 2001.
47. Relato de Raphael Ascher a RM. São Paulo, 1996.
48. A expressividade social dos Ascher é atestada pela participação da B'nei B'ritt, de Esmirna. Fundada em 1843 (Nova York), a B'nei Britt é a mais antiga instituição beneficente judaica. No Oriente Médio, a instituição buscou sócios que

Casamento de José Algranti com Elaine Levy. Sinagoga da Comunidade Israelita Sefaradi de São Paulo, 1928.

Casamento de Raphael Ascher com Alegra Algranti. São Paulo, 1932.

resolveu vir em busca de sua noiva Alegra Algranti em São Paulo e com ela se casou. Associado à família da esposa, passou a participar dos negócios com minérios. Freqüentando à sinagoga, tornou-se ativista comunitário, ocupando cargos de importância na diretoria do templo.

Em 1922, Moisés Hakim resolveu emigrar para o Brasil a chamado do tio materno, Joseph Aliman, que vivia no Rio de Janeiro. Na cidade, Moisés iniciou-se no comércio ambulante, percorrendo longas distâncias. Estabeleceu-se depois em São Paulo no Ao Movelheiro, casa especializada no comércio de móveis e artigos de escritório. Moisés Hakim casou-se com a brasileira Elísia Roffé Sarraf, natural de Belém do Pará. Os Roffé, antigos moradores da cidade, doaram o terreno utilizado como cemitério, lugar-santo da comunidade judaica radicada no norte brasileiro. Em 1925, Moisés Hakim trouxe do Egito, o pai Alexandre Bakhor Hakim, nascido em Esmirna. Dedicado à cozinha sefaradi, Moisés, a pedido do pai, montou-lhe uma pensão.

prestassem assistência social, "numa visão pluralista, de tolerância e harmônica convivência entre todos os homens". A. I. Hirschberg, *Desafio e Resposta. A História da Congregação Israelita Paulista,* São Paulo, CIP, 1976, p. 216.

A diretoria e o Conselho da Sinagoga Israelita Brasileira do Rito Português. São Paulo, década de 50. Arquivo particular de Jayme Dentes.

Na década de 20, os Donio, os Fortes, os Hanna, os Sarfaty chegaram a São Paulo e passaram a viver do comércio ambulante de gêneros diversos. Os Fortes trabalhavam com frutas importadas. Abraham Hanna, testemunha do ato de fundação da sinagoga, responsável pela conservação do templo, casou-se com Regina, filha de Moisés Dentes e Behora Carmona. Anos depois, Hanna, amigo do *chazan* Elias Mizrahi, preocupou-se em lhe transmitir o ritmo das rezas das sinagogas de Esmirna e ensinou-o a falar o ladino. Chilibi Dônio, Abraham Hanna e Elias Mizrahi responsabilizaram-se nos enterros pelo cerimonial sefaradi na Sociedade Cemitério, o Chevrá Kadishá.

Poucas eram as famílias de Esmirna que moravam na Mooca: os Campeas, os Dentes e os Calderon fixaram-se juntos aos judeu-orientais. Estes, conservadores, estranhavam o espírito aberto e liberal dos judeus sefaradis.

Jayme Dentes funcionário da filial paulista da Lutz Ferrando, casou-se com Sara Cohen, filha de Marcos Martins Lopes, nome abrasileirado de Marcos Cohen, natural de Istambul. A tecelagem de Martins Lopes, localizada no

Rafael Donio, um dos participantes da fundação da Sinagoga da Abolição. São Paulo, década de 30.

Alto da Mooca, foi comprada em torno de 1940 de Victor e David Nigri, irmãos de Nassim Nigri, presidente da Sinagoga Israelita Brasileira. Jayme, iniciando-se na política comunitária, foi ativo colaborador do Centro Israelita Brasileiro Amadeu Toledano, o CIBAT, fundado em 1933. Residindo em frente da sinagoga dos judeu-orientais e mantendo amizade com alguns deles, preocupou-se em integrar as duas comunidades, promovendo festas em conjunto.

O espírito aventureiro trouxe ao Brasil Arnaldo Danon, um sefaradi de Cassabá, cidade da Turquia. Depois de ter feito um curso de Comércio, em Paris, buscando o exótico, chegou ao Brasil antes da Primeira Grande Guerra. Embora aportasse no Rio de Janeiro, chegou a São Paulo, deixou-se fotografar na Praça da Luz e dirigiu-se ao Estado do Mato Grosso, iniciando negócios com reses. Conhecido como "Danão", Arnaldo, amante da fotografia, preocupou-se em registrar em imagens o casario regional, as fazendas de gado do interior do Mato Grosso, a expedição do sertanista Marechal Rondon e a construção da Estrada de Ferro Noroeste do Brasil. Casou-se com a irmã de um amigo do Cairo, Sarah Gabay, cujo pai veio, especialmente, trazê-la às núpcias. Arnaldo Danon viu-se obrigado a transferir-se para São Paulo, pois Sarah teve dificuldade em adaptar-se aos costumes e à alimentação regional mato-grossense. Em São Paulo, os Danon passaram a freqüentar a Sinagoga da Abolição. Arnaldo Danon, de espírito livre e culturalmente diferenciado, fundou no centro da cidade uma tabacaria e uma loja de artigos masculinos, a Casa Danon.

A agitação dos negócios impedia os ismirlis de freqüentarem diariamente os rituais da Sinagoga da Abolição. As primeiras atas da sinagoga revelam um templo já vazio de fiéis. Parte razoável dos sefaradis encaravam de forma leve as formais obrigações religiosas. Por ocasião dos festejos das cerimônias de *Rosh Hashaná* e *Yom Kipur,* a frequência na sinagoga era absoluta.

O trabalho, impedindo-os de participar da diretoria e do conselho do templo, não os afastava das obrigações sociais e, solicitados não se recusavam a fazer doações à manutenção da sinagoga e à Beneficência.

A dispersão dos sefaradis por vários bairros da cidade não os impedia de socialmente reunir-se aos encontros familiares. Poucas moças trabalhavam e, em suas comunidades de origem, suas aspirações eram, como as de seus pais, realizar um bom casamento. Os sefaradis preocupavam-se em ver seus filhos

Os Sarraf, os Sidi, os Abuhab, recebidos pelos Hakim, seus parentes. São Paulo, 1938.

Alexandre Bakhor e Kaden Hakim. Desenhos de Tarsila do Amaral, São Paulo, 1932-1933.

ACIMA

Família Danon. Diana à caminho. São Paulo, 1929.

Ponte Dr. Francisco de Sá, sobre o Rio Paraná, 1926. Foto de Arnaldo Danon.

casados com parceiros da mesma religião, não exclusivamente com elementos da mesma origem geográfica. Algumas famílias contataram parentes em Esmirna, pedindo referências de moças casadoiras e prontificando-se a enviar dinheiro à viagem das pretendentes. Os que permaneceram no Oriente Médio, preocupados com o futuro das filhas, acabaram também emigrando, diante do pequeno número de rapazes judeus em Esmirna.

As amizades e as relações endogâmicas estabeleceram fortes vínculos sociais, manifestos no cotidiano e em comunidade. As famílias, algumas abastadas, reuniam grupos de amigos em suas residências. Para as festividades religiosas, em especial, nas Grandes Festas, os Sereno, os Hakim, os Nahum, os Hasson, os Algranti, os Nifussi, os Alalu, entre outras famílias reuniam-se alternando as residências.

A acomodação sefaradi à realidade brasileira permitiu a retomada em São Paulo da vida agradável de Esmirna, anterior à Primeira Grande Guerra: passeios e piqueniques em recantos agradáveis da cidade como Horto Florestal, Cantareira e outros parques eram comuns. São Paulo, nos anos 30 e 40 do século passado, oferecia à massa imigrante recreação nos cinemas, teatros, passeios públicos e outros divertimentos. As festas populares brasileiras, em especial o carnaval, entusiasmavam o imigrante que se fantasiava e participava dos corsos, integrando-se à cultura nacional.

À ESQUERDA
Piquenique em Prinkipo. Istambul, 1922. Arquivo particular de Beni Calderon.

À DIREITA
Alexandre, Jacob, Isaac, Alberto e Esther, filhos do casal Nahoum. São Paulo, década de 30.

Espalhados pelas áreas residenciais e centrais, os sefaradis transformavam sua sinagoga em agradável centro comunitário. O espaço lateral, livre do edifício construído, ficou marcado na lembrança como lugar onde "se brincava com amigos de infância e, no decorrer dos anos, onde se conversava, namorava, tendo como pano de fundo o olhar complacente das mães e de suas amigas que vislumbravam alianças e parentescos que fortaleceriam a doce união das velhas amizades"[49].

Depois da fundação do Centro Recreativo – o Cibat –, casamentos intercomunitários tornaram-se comuns. Uniões com judeu-alemães e italianos, freqüentes no templo, tornaram-se comuns. Alexandre Calderon, que residia na Mooca, casou-se com Irene, filha do antigo *chazan* Habibe Memran, na sinagoga sefaradi, sob a condução cerimonial do rabino Fritz Pinkuss.

Universalistas, os sefaradis insistiam na união entre todos os judeus, independente das origens. As relações com os asquenazis-alemães ampliaram-se pela participação de jovens sefaradis em grupos da Rua Avanhandava, organizados pela CIP e outros, como o da organização sionista Wizo juvenil. Casamentos com os asquenazis, conhecidos como "russos" ou "gringos", eram vistos com naturalidade nos anos 50, facilitando a integração comunitária judaica de São Paulo. Casamentos "mistos" ou com "brasileiros", embora não desejados pelos pais conservadores sefaradis, eram rapidamente "digeridos", contrastando com a dramaticidade vivenciada pela maioria das famílias judias da Mooca.

49. Relato de Clara Hakim Kochen a RM. São Paulo, 1998.

Casamento de Alexandre Calderon e Irene Memram oficiado por Fritz Pinkuss na Sinagoga da Abolição. São Paulo, 1956.

3.5 A SINAGOGA DA ABOLIÇÃO: UMA CASA DE ORAÇÃO ABERTA A TODOS OS POVOS

Os sefaradis paulistanos e os do Rio de Janeiro abriram suas sinagogas a todos os judeus que os procuraram. A aspiração do Profeta Isaías que "minha casa seja a casa de oração de todos os povos", colocada à entrada do edifício da Sinagoga Beth-El do Rio de Janeiro expressa, literalmente, a receptividade sefaradi. Este comportamento contrastava com o regionalismo de outros imigrantes judeus das décadas de 40 e 50. Um exemplo do forte regionalismo dos imigrantes é o da Sinagoga B'nei Sidon do Rio de Janeiro: seus estatutos, ainda válidos, formalmente impedem a assunção dos cargos de direção e do conselho a judeus de outras origens.

A Sinagoga da Abolição constitui exemplo do espírito de tolerância que caracterizou os judeus sefaradis em São Paulo. Seguida a ela, só a Congregação

Israelita Paulista, dos judeus alemães, de linha liberal, iniciada pelo rabino Fritz Pinkuss.

Além dos judeu-alemães dos anos 30, a Sinagoga da Abolição recepcionou judeus procedentes da Itália, sefaradis e os de velha origem, os búlgaros e iugoslavos, refugiados de uma Europa agitada e conturbada pelo anti-semitismo da década de 40. Além dos sefaradis balcânicos, a sinagoga recebeu os imigrantes do Líbano, Síria, Egito e outros países árabes, quando suas comunidades desintegraram-se, pressionadas pelos nacionalismos e conflitos entre árabes e israelenses no Oriente Médio depois de 1948.

Entre os imigrantes que freqüentavam a Abolição estavam os Abuhab, naturais da Palestina[50]. Isaac Abuhab chegou do Líbano, no começo do século. Instalou-se em Santos, embora seu destino fosse Buenos Aires e passou a trabalhar com a importação de tecidos e outros artigos. Trouxe do Oriente um Sefer Torá e realizava cerimônias judaicas em sua residência, freqüentada por sefaradis e orientais, provenientes de diversas cidades do Oriente Médio, entre eles, os Kibudi e os Gamal, da Antióquia, os Couriel e os Sion, de Esmirna. Em São Paulo, os Abuhab dividiram-se entre as sinagogas da Mooca e Abolição.

Integrados na Península Itálica, vivendo sem interrupções nas antigas terras romanas, os judeus, debatendo-se entre a "assimilação e a integração", eram, na realidade, "italianos que não iam à missa"[51]. Instalados desde tempos remotos na tolerante região peninsular, os judeus assistiram a entrada, em diferentes momentos, dos sefaradis, expulsos da Espanha em 1492, os da região balcânica, os procedentes das terras turcas e os asquenazis austríacos, através de Trieste. Mobilizando-se por uma Itália descentralizada, os judeus não sentiram manifestações expressas do anti-semitismo, exceção feita ao "Caso Mortara", já mencionado, ocorrido em 1858, na cidade de Bolonha[52].

A pluralidade de origens e a filiação a correntes religiosas distintas – de tradicionalistas/conservadores das pequenas cidades aos liberais de Roma, Florença, Veneza, Milão e Trieste –, os judeus gozaram, com as conquistas napoleônicas, igualdade de direitos em toda a Itália[53]. A emancipação nacional

---

50. Simão, filho de Alberto e Anna Sarraf Abuhab, dedica-se a estudos genealógicos do nome Abuhab, reportando-se a Isaac Abuhab da Fonseca, rabino da primeira comunidade judaica de Recife, durante o domínio holandês (1630-1654).
51. Anna Rosa Campagnano, "Os Judeus Italianos e o Brasil", *Gerações Brasil: Boletim da Sociedade Genealógica Judaica do Brasil*, São Paulo, maio 2000, vol. 9 e Ariela Pardo Segre, *Imigração Judaico-Italiana*, Gênova, jan.1939, dissertação de Mestrado, mimeografada, FFLCH, USP, 2000.
52. A descrição do caso encontra-se no livro de David I. Kertzer, *O Seqüestro de Edgardo Mortara*, Rio de Janeiro, Rocco, 1998.
53. Em Trieste, predominava o judaísmo asquenazi, de linha liberal, cujos rituais eram acompanhados por instrumentos musicais e coro.

e social surgiu com a participação dos judeu-italianos nas lutas nacionalistas do rei Vitório Emanuel, em fins do século XIX.

A tardia unificação italiana contou com a participação de banqueiros judeus, identificados com os valores peninsulares. Durante séculos, uma antiga rede comercial constituída por comerciantes sefaradis, integrava as cidades mediterrâneas com regiões do Império turco. O declínio político-econômico otomano do século XVIII levou muitas famílias judias a transferirem-se à Itália, por laços de parentesco[54]. Depois de adotarem a cidadania italiana, os judeus da Líbia, Rodes e Egito transferiram-se para Milão e outras cidades da península.

Em 1922, ao ascender ao poder, Mussolini, protetor e "pai da Itália", era visto com respeito, até mesmo pelos judeus. A insegurança geral e a ilusão de trazer de volta a ordem, levaram judeus a participarem da política fascista. Muitos até faziam a saudação característica. Em 1939, quando as leis racistas foram sancionadas, viviam na Itália 33 000 judeus. Com a "declaração de raça", os judeus foram obrigados a deixar as universidades, os empregos públicos e as empresas particulares. Embora alguns pudessem contornar a lei, apelando ao Jus Sangüinis ou Direito de Sangue, que provava a origem antiga, boa parte dos judeus resolveu emigrar e muitos escolheram fixar-se em terras da América.

Entre os judeus italianos que emigraram à cidade de São Paulo, citamos os Faldini, os Anau, os Camerini, os Bolaffi, os Temin, os Levi, os Bondi, os Ventura, os Del Giglio, os Amar, os Orvietto, os Procaccia, os Barocas, os Reichhardt, os Pirani, os Milano e os Corinaldi.

Estas e outras famílias dividiram-se entre o culto tradicional da Sinagoga da Abolição e da Congregação Israelita Paulista (CIP) dos judeu-alemães. Bruno Levi, por exemplo, não se sentindo à vontade com o liberalismo da CIP, passou à Sinagoga da Abolição e, anos depois, freqüentou a sinagoga da Congregação e Beneficência Sefardi Paulista, construída em 1964 pela família Safra na Rua Bela Cintra.

Os judeu-italianos ao emigrarem em fins dos anos 30 fizeram parte da chamada "Colônia Mussolini", pois o líder deles havia sido a causa da emigração da maioria italiana, no período. Alguns foram perseguidos como cidadãos do Eixo, suspeitos de espionagem a serviço do eixo Berlim-Roma[55].

---

54. A família Barki é exemplo da projeção dos sefaradis no Mediterrâneo.
55. Maria Luiza Tucci Carneiro, *Livros Proibidos, Idéias Malditas. O Deops e as Minorias Silenciadas,* 2ª ed., São Paulo, Ateliê Editorial, 2002.

À ESQUERDA
Bruno Levi e sua irmã. Trieste, Itália, década de 30.

À DIREITA
Casamento de Nora Levi com Giuseppe Anau, na Sinagoga da Abolição, São Paulo, 1940.

A integração dos judeus, marcante na história italiana, levou Bruno Levi a declarar, na década de 40, que, somente em São Paulo, percebeu o quanto o termo "judeu" era pejorativo. Bruno, estudante da escola italiana paulista Dante Alighieri, conseguiu por intervenção de Raphael Mayer, amigo da família, não fazer a saudação fascista exigida pela direção. Quando o Brasil entrou na Guerra ao lado dos aliados, Bruno Levi precisou, como judeu, usar um salvo-conduto para conseguir autorização de ir a Santos e tomar um banho de mar. Ao transferir-se para uma escola estadual sentiu-se também discriminado por colegas e professores por ser judeu.

Raphael Mayer, procedente da Itália, fixou-se em São Paulo em 1926. Iniciou trabalho como *office-boy* e chegou a diretor superintendente do Banco Ítalo-Brasileiro. Em 1942, o banco passou a ser conhecido como Banco Nacional da Cidade de São Paulo. Raphael, bem posicionado, pôde recepcionar parentes e amigos que chegaram da Itália a partir de 1938, entre os quais seu irmão Mário Mayer, casado com a prima Ema Levi[56]. Raphael freqüentava a

---

56. Anna Rosa Campagnano, "O 'Conde' Raphael Mayer, um Benfeitor Quase Esquecido", *Gerações/Brasil. Boletim da*

Sinagoga da Abolição e colaborava para sua manutenção. Entre seus amigos estavam o jornalista Assis Chateubriand e o Presidente Getúlio Vargas. Não foi difícil para ele conseguir que Bruno Levi fosse liberado da saudação fascista da escola italiana de São Paulo.

Enzo Ventura e sua esposa, a musicista Fausta Samarini, ambos de Trieste, emigraram em 1939. Em São Paulo, Enzo conseguiu firmar-se em uma indústria têxtil, a Fábrica Americana de Meias, empresa que se projetou no cenário econômico brasileiro da década de 40. Assim que chegaram, os Ventura passaram a freqüentar o cerimonial da Sinagoga da Abolição, embora não apreciassem a condução dos rituais pelo rabino Mazaltov. Quando o rabino deixou a sinagoga, Enzo Ventura tornou-se "diretor de culto". No período, Diesendruck iniciava-se como rabino do templo.

Enzo Ventura estudou em colégio rabínico italiano e foi aluno do famoso rabino David Prato. Inspirado, compôs *A Bíblia em Versos*. Em São Paulo, depois de traduzir o conteúdo, editou-o em português. O Rabino Diesendruck avaliou o texto como produto de uma "alma poética e de íntegra religiosidade", pois livrou os "textos bíblicos e midrásticos de sua suposta rigidez e secura, cobrindo-os com um manto de lirismo florescente"[57].

A preocupação com a formação religiosa dos jovens levou Ventura a reuni-los todos os sábados. Conhecendo teoria musical e canto, organizou um coral e apresentava-o na Sinagoga da Abolição, acompanhado pela organista Ida Albahry. Estas iniciativas de Ventura não eram bem vistas pelos conservadores da sinagoga. Pouco depois, a "rigidez dos horários das rezas" levou os Ventura a freqüentar a sinagoga asquenazi Beth El.

Em 1939, os Orvietto/Procaccia, parentes da família Ventura, emigraram de Gênova para São Paulo embora o avô, Guido Orvietto, continuasse a prestar serviços religiosos aos judeus remanescentes da cidade italiana. No porto de Gênova, Guido Orvietto costumava ajudar passageiros judeus, imigrantes do Oriente Médio, fornecendo-lhes alimentos *kasher* e ajudando-os com as autoridades italianas. No início de 1950, quando resolveu reunir-se à família em São Paulo, ao embarcar, por sua religiosidade e abnegação, os judeus de Gênova prestaram-lhe carinhosas homenagens.

Guido Orvietto, freqüentando a Sinagoga da Abolição, não interferiu na condução religiosa de Jacob Mazaltov. O rabino, entretanto, permitiu-lhe que

---

Sociedade Genealógica Judaica do Brasil, São Paulo, jun. 2001, vol. 10. Relato de Fernanda Lustosa a RM. São Paulo, nov. de 2000.

57. *A Bíblia em Versos*, São Paulo, Pedagógica Brasileira. Esther Ascher Reichhadt relatou que "o último e mais lindo *Kol Nidrei*" (canto de *Kippur*) que ouviu na vida foi o de Enzo Ventura na Sinagoga da Abolição.

oficiasse o casamento do neto Danielle Procaccia com Ruth Abuhab, conforme o antigo rito judaico-italiano.

Poucos judeus de Triestre freqüentavam a Sinagoga da Abolição. Em 1941, Samuel Del Giglio, judeu italiano de Serajevo, e residente em Trieste, refugiou-se no Brasil. Sua irmã havia se casado no Rio de Janeiro com o ismirli Jácomo Bassan, proprietário de uma popular rede de lojas da cidade. O clima quente da cidade carioca trouxe Samuel à capital paulista, onde se posicionou no ramo imobiliário. Del Giglio conseguiu sucesso profissional em loteamentos de amplas áreas, próximas da cidade de São Paulo.

Del Giglio, depois de freqüentar a sinagoga dos judeus liberais, a CIP, passou para a Abolição e, em 1956, acabou eleito presidente do templo. Preocupado com o número e a dispersão dos novos imigrantes judeus do Oriente Médio, Del Giglio buscou solucionar o problema idealizando a Comunidade Israelita Sefaradi de São Paulo. Embora tenha recebido apoio de sinagogas e demais entidades, a organização teve curta duração[58].

Leonelo Abramo Morpurgo, de vasta experiência musical, foi *spalla* do Teatro Verdi de Trieste. Em São Paulo, sua família passou a freqüentar a CIP e a Abolição. Leonelo, quando emigrou trouxe consigo partituras originais ainda hoje usadas pelo coro da CIP, por ele criado. Sua irmã Nora Morpurgo casou-se com Carlos Alberto Levi, parente do banqueiro Raphael Mayer[59].

Ainda que o nome Reichhardt revele a origem asquenazi da cidade alemã de Mainz, a formação religiosa de Rodolfo ligava-o à antiga família dos Gentile. Seu pai, Juliano Reichhardt casara-se com Egle Gentile, do Piemonte. Desejando emigrar para o Brasil, Juliano Reichhardt foi impedido pelos governo Vargas. O presidente Getúlio Vargas, a partir de 1937, por uma série de circulares secretas, limitou a entrada de "imigrantes indesejáveis", a "raça semita"[60]. Autorizado a vir para a Bolívia, Juliano acabou desembarcando com a família em Santos. Para legalizar sua permanência no Brasil, conseguiu da firma em que trabalhara na Europa um depósito bancário que lhe garantiu a permanência no país, conforme exigências do Ministério das Relações Exteriores.

Os Reichhardt passaram a freqüentar em São Paulo o grupo religioso dos alemães conservadores. Ao preparar Rodolfo para o Bar-Mitzvá, o rabino Fritz Pinkuss percebeu que o menino expressava-se num ritual que des-

---

58. Ver cap. 3
59. Michel Laub, "A Saga de Vidas Belas dos Judeus Italianos no Brasil", *República*, São Paulo, abr. 1999, ano 3, nº. 30.
60. Maria Luiza Tucci Carneiro, *O Anti-semitismo na Era Vargas*, pp. 247 e s.

Dorina Giron Gentille, sentada rodeada pela família. São Paulo, 1958.

conhecia. Na realidade, o rapaz já havia se preparado com a avó materna na Itália, Dorina Ghiron Gentille, de Casale Monferrato, numa pronúncia hebraica muito antiga. Pinkuss encaminhou Rodolfo para Mazaltov que, ao ouvi-lo, encantou-se, porque lembrava o "canto antigo dos judeus da Turquia"[61]. Depois da cerimônia na Abolição, os Reichhardt passaram a freqüentar a sinagoga. Ao casar-se em 1955 com Esther, filha de Raphael Ascher, Rodolfo, participante da sinagoga, tornou-se "fiel da balança" para os judeus de várias procedências, do templo sefaradi.

Leone Barocas, de família italiana sefaradi de origem turca, havia lutado na Primeira Grande Guerra. Como muitos, foi receptivo ao governo fascista de Mussolini até que as leis anti-semitas levaram-no a emigrar com a família para o Brasil. Não conseguindo apelar para o *Jus Sangüinis* (direito à cidadania aos de antiga origem), na impossibilidade de colocar-se no mercado de trabalho e recusa da matrícula do filho em escola italiana, os Barocas emigraram. Em São Paulo, Leone empregou-se como representante de tecidos na indústria dos Faldini. A família passou a freqüentar a Sinagoga da Abolição e, de formação conservadora, discordava da condução liberal do ritual de Jacob Mazaltov. Ettore, filho de Leone, ao participar do grupo sionista Betar, conheceu e casou-se com Fany Kogan, enfrentando a resistência dos pais da namorada

---

61. Relato de Rodolfo Reichhardt a RM. São Paulo, 1998.

Leone Barocas (1897-1960) com companheiros do exército italiano da Primeira Guerra Mundial.

que duvidaram da origem judaica dos Barocas. Ettore não parecia judeu nem falava o *iídish*.

Rodolfo Temin, casado com a italiana Ana Bondi, era especialista na fabricação de chocolates. No Brasil, empregou-se como tutor e professor de esgrima aos filhos dos Matarazzo, conhecidos imigrantes italianos. Os Bondi eram familiares dos Anau, imigrantes que trabalhavam na exportação de café[62].

Antes e após a Segunda Guerra Mundial, centenas de sefaradis de diferentes nacionalidades, num intenso e contínuo movimento migratório, deixaram seus países de origem com destino a São Paulo. Judeus da antiga Iugoslávia, Bulgária, Grécia, Portugal e Espanha buscaram refúgio no Brasil, fugindo do anti-semitismo alemão das décadas de 30 e 40. Esses imigrantes dividiram-se pelas sinagogas de São Paulo. Os sefaradis, procedentes das antigas possessões otomanas da Europa Oriental e Balcânica, buscaram a Sinagoga da Abolição.

62. Apesar do conservadorismo familiar, Júlia Bondi não conseguiu evitar o casamento de seus filhos com moças católicas. Dizia: "tudo fiz para evitar casamentos de meus filhos com não judeus, mas todos se casaram com não judeus". A Sra. Cunha, mãe de uma de suas noras, respondia-lhe: "eu não fiz nada e todos meus filhos se casaram com judeus". Relato de Valéria Bondi a RM. Telaviv, abr. 1999. Valéria Bondi é guia-turística, em português e italiano, do Museu da Diáspora, Tel-Aviv (Israel).

*Haim e Mazal Behar.
Bulgária, 1910.*

Entre as famílias do grupo, citamos: os Franco, Rosen, Papo, Semo, Alcalai, Esquenazi, Mezan e os Arav, da Bulgária e os Ben Josif, os Rudi Mayer, os Levy, Altarac, Albahary e os Anaf, da Iugoslávia.

O multiculturalismo e a tolerância religiosa da Bulgária foram características absorvidas nos cinco séculos de domínio otomano. Os judeus desse país não eram discriminados, permitindo a Avraham Assá assumir o cargo de prefeito da cidade de Plovdiv, pólo econômico da Bulgária. Em 1920, casou-se em segundas núpcias com Mazal Behar e sua posição permitiu que proporcionasse à família uma vida em alto estilo. Residindo ao lado da casa real, Esther, filha de Mazal, guardou da Bulgária lembranças agradáveis de seus contatos com personalidades do mundo político e diplomático. Estudou em escolas oficiais, onde aprendeu turco, grego, francês, além do ladino, falado em família. Nesse período, casou-se com Jacques Franco, exportador e vice-presidente de um banco[63]. Em 1938, em viagem de negócios ao Brasil, estourou a guerra. Esther, que pretendia esperar o marido com os filhos Regina e Haim (Jaime) na Riviera Francesa, decidiu acompanhá-lo. Os Francos conseguiram, em pouco tempo, estabelecer-se em São Paulo e, depois, buscar toda a família da Bulgária, via Montevidéu, diante das restrições imigratórias de Getúlio Vargas. Ligando-se à indústria têxtil, Jacques trouxe da Itália Arnaldo Vigorelli, com o qual se associou na produção de máquinas operatri-

63. Os Franco, originários de Livorno, na Itália, transferiram-se para Magnésia, cidade próxima a Esmirna.

zes e de costura. A Vigorelli cresceu, chegando a empregar 5 000 operários na década de 60. Os Franco e os Behar perderam na Bulgária todos seus bens para os nazistas.

O posicionamento dos Franco no meio industrial brasileiro fez com que mantivessem contatos com personalidades expressivas do cenário político nacional. Esther Franco, esposa de Jacques Franco, recebia em sua residência de São Paulo políticos como Abreu Sodré, Carlos Lacerda, Juscelino Kubitschek e o Presidente Jânio Quadros e família. Observante da religião, Esther Franco semanalmente ia à Sinagoga da Abolição para acender lamparinas em homenagem aos amigos e parentes que permaneceram na Europa. Os Franco relacionavam-se com os Algranti, Alalu, Alhadef, Sereno, Stamati e os Mezan, famílias sefaradis de São Paulo.

Os búlgaros e os iugoslavos, compondo grupo de vinte famílias, mesmo freqüentando a Abolição, reuniam-se em residências particulares para lembrar o culto judaico da terra de origem. Vital Arav organizou a Sociedade Beneficente e Cultural Israelita Brasileira e Búlgara com a Associação dos Israelita-Iugoslavos. Em 1956 filiaram-se à Comunidade Israelita Sefaradi de São Paulo, sob a presidência de Samuel Del Giglio.

Antes de chegar a Israel, os Rosen, da Bulgária, terminada a Segunda Guerra, passaram pela Áustria e França. Grande parte dos 50 000 judeu-búlgaros espalhou-se por vários países. A família decidiu, em 1954, emigrar para o Brasil. Como falava fluentemente o hebraico, Laura Rosen lecionou durante vários anos em escolas judaicas da cidade. Sefaradis, expressando-se em ladino, os Rosen passaram a freqüentar a sinagoga da Rua da Abolição, pois se identificavam culturalmente com os ismirlis.

Judeus procedentes do Marrocos e originários das comunidades de Belém do Pará, Manaus e de pequenos lugarejos da região norte brasileira instalaram-se em São Paulo a partir dos anos 40 do século passado. Atuando há mais de um século na região amazônica, numerosos judeu-brasileiros transferiram-se para outras regiões, diante das dificuldades de conseguir alimentação *kasher*. Isaac Athias foi um de seus representantes na Sinagoga da Abolição. Sua participação na vida comunitária judaica de São Paulo fez com que assumisse cargo de secretário, na gestão de Moysés Carmona, e

Esther Franco mostra com orgulho a bandeira da Bulgária. São Paulo, 2001.

Família de Isaac Athias. Belém do Pará, 1922. Arquivo particular da família Kochen.

representante da Abolição na FISESP. Embora aceitasse o convite para participar de entidades asquenazis, como a Cooperativa de Crédito, Isaac Athias desistiu, por sentir-se isolado nas reuniões, pois os participantes asquenazis insistiam em falar em *iídish*, dificultando sua participação e de outros do Oriente Médio nos encontros.

No Pará, a família Athias mantinha-se no comércio de aviamentos a seringalistas da região. Casou-se com a médica Amélia Dimenstein, natural de Recife, Estado de Pernambuco. Parente de Elisia Sarraf Hakim, Athias associou-se a Moisés Hakim na Ao Movelheiro, distribuidora de máquinas e móveis para escritório.

Abraham Laredo, Presidente da Câmara do Comércio Internacional de Tânger, responsável pela comunidade judaica e inspetor de ensino das escolas judaicas da cidade, resolveu emigrar para o Brasil no início dos anos 50, apesar do alto posicionamento. Laredo temia que a expulsão dos judeu-egípcios repercutisse no Marrocos. Sua filha, Esther era casada com Elie

Ester Laredo na sua "Noite de Berberisca". Tânger (Marrocos) 16.6.1958.

Salim Chalom. Em São Paulo, a família passou a freqüentar a Sinagoga da Abolição[64].

Nos anos 50, a entrada dos imigrantes do Egito e da Síria, modificou diversos setores da Sinagoga da Abolição. Os novos participantes, pelo número e freqüência diária, redirigiram o canto do ritual na sinagoga conforme seus costumes. Os novos sócios, agora maioria contribuinte, estranhavam as dimensões e a simplicidade da sinagoga sefaradi. Acostumados a rigorosa ordem e silêncio nos templos, os sefaradis surpreenderam-se com os desejos dos freqüentadores por um templo luxuoso[65]. Os novos participantes, além de questionar as dimensões do templo, queixavam-se da lateral livre, em relação ao pequeno espaço interno, reforçando necessárias reformas. A velha sinagoga, nas gestões de Raphael Ascher e Moysés Carmona, havia passado por pequenas obras. Os esmirlis excluíam reformas modificadoras do antigo estilo; na realidade, os fundadores não queriam ver a sede original transformada.

Samuel Del Giglio, como presidente, chegou a idealizar um projeto de reconstrução, onde "700 pessoas poderiam se acomodar"[66]. Desentendimentos entre os diretores impediram que projetos como os de Del Giglio fossem concretizados. Ao reassumir a presidência, Moisés Carmona, embora resistisse

---

64. Esther Laredo Chalom, *Lembranças...Presente do Passado*, São Paulo, Smukler/Hebraica, 1996, p. 80.
65. No período, os Sereno foram os primeiros ismirlis a se transferir à CIP. Relato de Anabela Sereno a RM. São Paulo, 1999.
66. Estatutos da Comunidade Israelita Sefaradi de São Paulo. Veja anexo nº 13.

O antigo Templo da Comunidade Israelita Sefaradi de São Paulo, inaugurado em 1929.

a destruir o velho templo, construído dentro dos moldes de seus ancestrais de Esmirna, acabou cedendo. As obras de construção se iniciaram em 1959.

Moisés Carmona, Enzo Ventura e o rabino Diesendruck firmaram, em pergaminho, o lançamento da pedra fundamental para a reconstrução da sinagoga. Verbas adicionais conseguidas por Carmona, somadas às mensalidades dos sócios, permitiriam o início das obras.

Projetos foram solicitados a arquitetos da comunidade judaica de São Paulo, o de Nélson Benbassati foi aprovado. Em busca de um estilo arquitetônico adequado e expressivo, Benbassati pesquisou vários modelos de sinagogas sefaradis do Uruguai, mas não chegou a utilizá-los. O arquiteto idealizou um templo, cujo interior levasse os fiéis à concentração espiritual e à sobriedade ou uma sinagoga discreta, cujas *"vozes no interior não fossem escutadas de fora"*.

Embora aprovado, o projeto não foi, exatamente, seguido. Atendendo aos anseios dos imigrantes do Oriente Médio, a sinagoga ganhou amplitude, maior iluminação e luxo. Os efeitos desejados pela maioria dos freqüentadores exigiram alteração em vários itens, sobretudo nas instalações elétricas. Diante dos conflitos do Oriente Médio e possíveis repercussões em comunidades da diáspora, a segurança recomendou que a parte frontal do novo edifício fosse modificada, transformando o templo numa "fortaleza".

Interior do novo Templo Israelita Brasileiro Ohel Yaacov. São Paulo, década de 90. Foto de André Douek.

Fachada do Templo Israelita Brasileiro Ohel Yaacov. São Paulo, década de 90. Foto de André Douek.

Vitrais do Templo Israelita Brasileiro Ohel Yaacov. São Paulo, 2001. Arquivo da autora.

Internamente, a nova sinagoga é majestosa e sua maior beleza advém dos seus vitrais, que dão um colorido interno especial. O recuo da entrada foi eliminado. Clara Hakim Kochen externou sentimento da seguinte forma: "sem o livre espaço lateral, do jardim de frente e das escadas laterais, perdeu-se a 'aura da velha sinagoga'"[67].

No período da reconstrução, os fiéis faziam suas orações e cerimônias no espaço cedido pela Beth El na rua Martinico Prado, sinagoga não distante da

---

67. Relato de Clara Kochen a RM. São Paulo, 1999.

A comunidade reunida para o lançamento da "Pedra Fundamental" à reconstrução da Sinagoga Israelita Brasileira Schaar Hashamaim. São Paulo, 13 de setembro de 1959. Aos fundos, a velha sinagoga. Acervo da família Dônio.

rua da Abolição. A ansiedade por terminar era enorme, justificando as inúmeras inaugurações com o edifício ainda em obras. O templo foi solenemente inaugurada em 1963, sob a denominação Templo Israelita Brasileiro Ohel Yaacov, em homenagem à família Safra, que freqüentou e, financeiramente, ajudou a reconstrução.

Várias autoridades públicas e da comunidade judaica estiveram presentes na inauguração do templo. Na oportunidade, foram homenageados os fundadores e os seguintes diretores: Alexandre Hasson, David Nahoum, Moisés Carmona, Jacques Donio, Samuel Del Giglio, Salomão Levy, Isaac Alhadef, Alberto Hanna, Raphael Ascher, Jayme Dentes e Isaac Athias. Omitiram-se, entre os homenageados, nomes como o de Amadeu Toledano, da ilha de Malta, responsável direto pela construção da primeira sinagoga sefaradi de São Paulo.

Moisés Carmona discursando ao lado do rabino Diesendruck na cerimônia de inauguração do Templo Israelita Brasileiro Ohel Yaacov. São Paulo, 1963. Arquivo particular de Raphael Donio.

Em 1965, Moisés Carmona, percebendo que "as antigas placas com os nomes dos fundadores" da velha Sinagoga não mais se encontravam nas cadeiras, afastou-se da Presidência do templo. Este ato deu por finalizado o gerenciamento ismirli da sinagoga.

4 Os Judeu-orientais da Mooca

Cerimônia de inauguração da Sinagoga Israelita Brasileira. São Paulo, 1930. Acervo de Jamil Sayeg.

4.1 A MOOCA: UM BAIRRO DE IMIGRANTES

A ocupação urbana da Mooca iniciou-se por intermédio de um antigo caminho de tropeiros do século XVIII. O bairro nasceu dos loteamentos das chácaras existentes em torno do eixo limitado pelo Clube Paulistano de Corridas de Cavalos, utilizado pela aristocracia paulistana do período. A região era servida por uma linha de bonde de tração animal e pela estrada de ferro canadense São Paulo Railway, que partia da Estação da Luz. O traçado férreo, inaugurado em 1867, atravessava a terra paulista facilitando o escoamento do café das fazendas entre Jundiaí e Santos. Em 1877, a Central do Brasil incorporou a São Paulo Raiway. As chácaras de José Seabra e Bento Pires de Campos que atingiam as várzeas do rio Tamanduateí foram valorizadas e loteadas[1].

O projeto urbanístico de 1891, que pavimentou a Rua da Mooca, integrou a várzea ao centro da cidade. Em 1898, as obras de aterro e aprofundamento do leito do Tamanduateí desvalorizaram a região, favorecendo a implantação de mais ferrovias e fábricas, transformando a Mooca em parque industrial e operário da cidade de São Paulo.

A expansão da lavoura algodoeira no interior do Estado de São Paulo

---

1. Maria Vaz Rodrigues (coord.), *Memória e História,* São Paulo, Secretaria da Cultura do Município de São Paulo, Divisão de Iconografia e Museus, 1987.

Ponte sobre o rio Tamanduateí em direção ao Carmo e ao Cambuci. São Paulo, 1900. Arquivo da Eletropaulo, imagem n°. 072.

definiu as primeiras indústrias na Mooca: tecelagens. A mais expressiva, em 1897, foi a do Cotonifício Crespi. Ao lado das indústrias têxteis, a Cia. Antártica Paulista, a Calçados Clark (1905), a Lorenzetti (1923) e a Cia. União dos Refinadores (1929) instalaram-se no bairro. Residências simples e geminadas, construídas em torno das indústrias, foram as primeiras moradias, ocupadas por imigrantes italianos e espanhóis, trabalhadores dessas indústrias.

Em 1812, a população paulista era 31 885 e, em 1910, com a entrada dos imigrantes, passou a 375 439 habitantes. O crescimento populacional da Mooca tornou necessária a construção de pontes sobre o rio Tamanduateí (1872-1875), unindo os bairros do Cambuci e Ipiranga, separados pelo rio que seguia o traçado da ferrovia. No programa urbanístico regional, integrando a várzea do Carmo à cidade, havia uma área ajardinada – o Parque D. Pedro II.

Parte representativa do operariado de São Paulo residia no Brás e adjacências. De forma geral, os italianos concentravam-se nas tecelagens e os espanhóis distribuíam-se no comércio de ferro-velho.

As condições de vida e trabalho do imigrante-operário não eram boas, não existiam leis trabalhistas e muitos ficavam à mercê das arbitrariedades patronais. A labuta era de dezesseis horas diárias, o operário alimentava-se e dormia nas fábricas. A presença de mulheres e de crianças nas indústrias favorecia mecanismos de exploração e rebaixamento dos salários. Os imigrantes, que continuavam a chegar, instalavam-se em cortiços em péssimas condições de salubridade. As vilas operárias construídas pelos industriais, a do Condè Crespi, por exemplo, recebiam somente trabalhadores qualificados.

A partir de 1912, surgiram os primeiros movimentos operários, as greves reivindicando a redução da jornada de trabalho, a regulamentação do trabalho feminino, infantil e o aumento salarial.

Em 5 de julho de 1924, o general reformado Isidoro Dias Lopes, com vagos objetivos democráticos, aproveitando-se da insatisfação geral, liderou um movimento que alterou o cotidiano do Brás, Belém, Liberdade, Mooca e Cambuci. Alguns dos moradores desses bairros, sofrendo ataques das tropas legalistas transferiram-se para cidades próximas. A revolta, que não atingiu a massa popular, durou menos de um mês e as tropas rebeldes pressionadas pelo Governo procuraram refúgio no interior do Estado[2].

Na década de 50, o crescimento da população de São Paulo permitiu a aprovação de projetos de vias expressas na região leste. A atual Alcântara Machado, antiga Radial Leste, terminada em 1957, interligando bairros sem cruzar a área central da cidade, alterou o movimento direcional dos bairros. A rua Mem de Sá, dividida pela avenida, separou a Mooca do Brás.

4.2 A ORGANIZAÇÃO COMUNITÁRIA

O bairro da Mooca teve início nas zonas baixas e ribeirinhas do rio Tamanduateí, afluente do Tietê, nas redondezas das linhas férreas, perto da Hospedaria dos Imigrantes e das indústrias têxteis. A área era de lazer e recreação.

A instalação de indústrias e moradias, próximas ao Tamanduateí e suas enchentes contínuas (muito embora alguns trechos do rio fossem canalizados) trouxe, no decorrer do tempo, enormes aborrecimentos aos moradores, às indústrias, escolas e outros estabelecimentos. Nesta região, os judeus do Oriente Médio fixaram-se ao lado de uma maioria de imigrantes italianos e espanhóis.

A maior parte dos primeiros imigrantes judeus da Mooca procedia do Líbano e, os de Safed, Yafo e Jerusalém, cidades do atual Estado de Israel, que chegaram depois da Primeira Guerra Mundial, identificando-se pela religião e idioma com os primeiros, instalaram-se também, no bairro. A comunidade, em torno de 1940, não ultrapassava cinqüenta famílias[3].

---

2. Leôncio Basbaum, *História Sincera da República*, São Paulo, Alfa Omega, 1977, p. 231. Na rebelião, Gabriel Kibrit e José Simantob levaram suas famílias para Campinas. Relato de Marcos Simantob a RM. Rio de Janeiro, 1997.
3. Estimativa de Moysés Yedid, da Congregação Monte Sinai. São Paulo, 1998.

O pequeno número de imigrantes procedentes de comunidades ou *kehilot* diferenciadas não justificava a construção de duas sinagogas no bairro. Entretanto, o forte regionalismo das famílias originárias da cidade libanesa de Sidon, provocando certa divisão comunitária, levou a que, na mesma rua, duas sinagogas fossem construídas: a Sinagoga Israelita Brasileira e a União Israelita Paulista.

Da mesma forma que os imigrantes da cidade de Sidon, os judeus de Safed e de Jerusalém emigraram à revelia. O apego a essas cidades era igualmente profundo, ligado a fatores de ordem religiosa e emocional. Viver em terras citadas na Bíblia, lugares santos constituía um privilégio, ligado à concretização do ideal religioso dos judeus da diáspora. A saída dessas terras foi provocada por circunstâncias locais e de segurança familiar, diante das crescentes manifestações nacionalistas.

A crescente conturbação político-militar no Oriente Médio, assim terminada a Primeira Guerra, levou ao êxodo não só famílias judias, mas muçulmanas e cristãs[4]. Esses imigrantes, a partir dos anos 20 posicionaram-se em diversas cidades brasileiras.

Nos anos 30, São Paulo, apresentando dinamismo nos negócios comerciais e industriais, foi pólo de atração aos migrantes nacionais e imigrantes de todas as origens.

No Bom Retiro, próximo à Estação Sorocabana, viviam os imigrantes asquenazis. A "distância" com os da Mooca não era geográfica, mas cultural. Seus idiomas impediam os contatos, restringindo a auto-identificação. Os judeus da Mooca e os asquenazis do Bom Retiro desconheciam-se e estranhavam-se. Além das diferenças entre o *iídish* e o árabe, os costumes, as posturas e as visões de mundo dos grupos impediram-nos de formar uma única comunidade e partilhar do mesmo cotidiano. A dúvida da pertinência religiosa de cada um foi motivo das indisposições iniciais, somente superadas pelo tempo. Os judeus da Mooca chamavam os asquenazis de "gringos", termo atribuído pelos nacionais a qualquer estrangeiro, e os asquenazis, por outro lado, classificavam os do Oriente Médio como *turcos*, atribuindo-lhes, em geral, a categoria de "judeus de segunda classe".

Na Mooca, contatos próximos com nacionais e imigrantes de outras origens iniciaram-se quando os entraves dos idiomas foram superados. Os costumes, a religiosidade e o regionalismo marcaram a vida cotidiana dos

---

4. Além dos sefaradis e judeus orientais, contavam-se entre os imigrantes palestinos, famílias *asquenazis*, entre elas, os Kutner, os Neistein, os Berezin, os Averbach, o tipógrafo Frankenthal, Raphael Markman, os Erlich e Haim Aker. Relatos de Ione Neistein e Jayme Kuperman para RM. São Paulo, 1998.

judeu-orientais. O "saber religioso" transmitido oralmente, de pai a filho, de geração a geração permitiu que estes imigrantes se distinguissem como "bons de reza"[5], condição que os levou a dispensar a condução rabínica. Mantiveram-se, assim, na Mooca, por mais de cinco décadas.

Excluindo a religião, os judeus da Mooca aproximaram-se dos "sírio-libaneses", cristãos e muçulmanos e com eles mantinham negócios. O idioma comum, a estrutura patriarcal de suas famílias, a comida, a música e a dança foram fatores de identificação, gerados na milenar convivência, em terras árabes do Oriente Médio.

Do comércio ambulante-prestamista provinha a inicial subsistência da maioria dos judeus da Mooca. Os de certa escolaridade, não adaptados ao trabalho ambulante ou que se sentiam "envergonhados de carregar mercadorias nos ombros", enquadravam-se em outras ocupações, sobretudo as religiosas. A compra das mercadorias era feita na rua Oriente ou na 25 de Março, no Brás, onde cristão-maronitas e muçulmanos predominavam no comércio atacadista de diversos gêneros. Poucos procuravam mercadorias com os asquenazis do Bom Retiro; os que trouxeram algum capital aplicaram-no em pequenos estabelecimentos.

A dedicação, a tenacidade e a personalidade do imigrante permitiram as primeiras fortunas. Ambulantes judeus conseguiram em pouco tempo abrir pequenos estabelecimentos nas ruas do Brás, Oriente e 25 de março, vendendo armarinhos, tecidos e artigos religiosos católicos. O sucesso dos "sírio-libaneses" no setor têxtil estimulava empreendimentos de comerciantes judeus no mesmo ramo.

A entrada de novos imigrantes judeus do Oriente Médio fazia com que a comunidade, já estruturada, acolhesse e facilitasse sua acomodação na Mooca; tecidos e mercadorias, em consignação, eram-lhes oferecidos para início no comércio ambulante. Aos solteiros, providenciavam casamentos com moças da comunidade.

As histórias das famílias dos primeiros imigrantes de Beirute, Sidon, Safed e outras cidades do Oriente Médio permitiram não somente ilustrar a trajetória desses imigrantes na construção de suas vidas na cidade de São Paulo como também conhecer o emaranhado das relações sociais e comerciais que alicerçaram a comunidade judaica da Mooca, moldada pelas tradições e costumes das terras de origem.

José Simantob foi o primeiro judeu de Sidon que chegou ao Rio de Janeiro,

---

5. Expressão utilizada por Isaac Athias, diretor da Sinagoga da Abolição.

Licença de Trabalho Ambulante de Isaac Politi. São Paulo, 1936.

Casamento de José Simantob vom Habibe Hadid. Beirute, 1908.

em 1906. Aos 23 anos, depois de se desentender com um muçulmano de Sidon, emigrou para o Brasil, a conselho de seu pai Moisés, mensageiro-oficial da correspondência da cidade e Beirute. Colchoeiro de profissão, José empregou-se na Casa Nunes, loja de tapeçaria situada na Rua da Carioca. Dormindo no próprio local de trabalho, ampliou e aprimorou a técnica em acolchoados, os *el kaf*. A solidão, a saudade da vida familiar e o dinheiro conseguido com o trabalho fizeram com que comprasse uma passagem de retorno, dois anos depois. Em Sidon, ao casar-se com Habibe, filha de Mordoch Hadid, resolveu retornar ao Brasil em 1909, trazendo seus irmãos Salim e Carlos.

Em São Paulo, depois de trabalhar com os Klabin, José Simantob fixou-se na Mooca e empregou-se em uma loja da rua Florêncio de Abreu, comercializando imagens religiosas. Em sua residência, iniciaram-se as primeiras cerimônias religiosas para o pequeno grupo de imigrantes da mesma origem.

A experiência na Casa Nunes do Rio de Janeiro tornou José Simantob um especialista em acolchoados de luxo. O primoroso trabalho de seus *el kaf*, que equivaliam a três cobertores comuns, fez com que se relacionasse com os Jafet e os Calfat, abastadas famílias sírio-libanesas de São Paulo. Assim, tornou-se exemplo de sucesso para que os imigrantes da mesma origem se dedicassem à mesma profissão, considerada como segunda modalidade de sobrevivência dos judeus da Mooca[6].

Antes de eclodir a Primeira Guerra Mundial, Isaac Sayeg, jovem damasquino, emigrou de Beirute e instalou-se em São Paulo, na Mooca. A ele, juntaram-se Gabriel Kibrit e as famílias de Menahém Politis, Assilam Cohen, Peres, Adissy, Jacob Zeitune e filhos e os Idi, naturais de distintas *kehilot* do Oriente Médio.

---

6. Além dos Simantob, os Arazi, Moisés Tawil Cohen, Leon Rábia, Elias Mizrahi e outros trabalhavam na confecção dos populares acolchoados.

Para essas famílias, o cumprimento religioso era fundamental e a aglutinação do grupo foi necessária para conseguir o *miniam,* presença de dez homens maiores de treze anos, para concretizar cerimônias religiosas. Os *Sefarim* trazidos por Assilam Cohen e Menahém Politis foram utilizados nas primeiras cerimônias religiosas que se celebraram, na residência de Isaac Sayeg.

Isaac Sayeg[7] chegou a São Paulo antes do início da Primeira Guerra Mundial. Tinha 17 anos. Três anos depois, casou-se com Bahie, filha de Moisés Idi, natural do Egito. O casamento foi oficializado pelos religiosos Assilam Cohen e Menahém Politis. Após a Guerra e depois do nascimento dos dois primeiros filhos, Isaac Sayeg decidiu voltar com a família a Beirute. O amigo Jacob Zeitune acompanhou-o, pois foi buscar a mulher que lá ficara e, também, trazer esposas judias para seus filhos.

No Líbano, como filho mais velho, Isaac retomou os negócios do pai falecido, depois de anos escondido pela esposa Hasni para não ser obrigado ir a guerra. Em 1920, diante dos fracos negócios, Sayeg toma a decisão de retornar ao Brasil com toda a família. O "Provence"[8], que se dirige à América do Sul trazendo famílias de imigrantes do Oriente Médio, teve viagem agitada, o que fez com que Isaac Sayeg, assustado, se comprometesse a construir

À ESQUERDA
Escola de Corte-Costura. Beirute, 1918.

À DIREITA
Casamento de Badrie Politi com Jacob Zeitune. Beirute, 1920.

---

7. Sayeg, em árabe, significa ourives ou, aquele que negocia com ouro. Isaac Sayeg tem origem nos Antebe. Relato de Jamil Sayeg e de *Adélia Antebe Fuerte* a RM. São Paulo, 1998.
8. Ver Anexo 5.

uma *mikve*⁹ para uso de toda a comunidade da Mooca. O amigo Jacob Zeitune, diante da recusa da mulher em vir para o Brasil, decidiu também retornar, casando-se antes, aos 47 anos, com Badrie, jovem costureira de 16 anos de idade, que lhe fora apresentada pelos Abuhab.

Durante a guerra, Badrie viu sua família em Beirute dividir-se. Isaac Politi, o pai, fugiu para o Egito levando o irmão em idade de serviço militar. Após a guerra, a família reuniu-se. Badrie ajudava a família trabalhando como costureira. O precoce amadurecimento permitiu-lhe que assumisse em São Paulo a responsabilidade de uma família já formada. Teve forte presença na história da comunidade da Mooca. Depois que o marido adoeceu, sustentou toda a família, e, com a morte do companheiro, manteve a família num padrão de vida satisfatório. Trouxe seus pais e parentes de Beirute. Seu espírito era alegre e comunicativo: dançava, cantava e animava as reuniões sociais; mística, conhecia ervas medicinais e era procurada para aconselhamentos por um grande número de pessoas da Mooca, judeus e não judeus.

Isaac Sayeg assumiu a liderança comunitária, ajudava, orientava e encaminhava os recém-chegados no trabalho ambulante, iniciando-os no crediário por cartões. Em 1945, foi surpreendido com a sorte de um Primeiro Prêmio da Loteria Federal. Com este ampliou seus negócios, comprou vários terrenos e casas na Mooca e lançou-se na indústria têxtil, em sociedade com Carlos Hadid. Isaac, de personalidade forte, trabalhador incansável, transformou-se em exemplo para seus treze filhos. Orientou a vida de muita gente, além dos filhos e parentes. Programou o casamento da irmã Faride com David Cohen "homem sério e trabalhador"¹⁰. Deu educação rígida aos filhos, porque não queria que a boa situação financeira da família os tornasse irresponsáveis, e

ACIMA
Família Abuhab. Santos, 1920.

Badrie sentada, com irmã e sobrinha. São Paulo, década de 40.

9. *Mikve*: pequena piscina, destinada ao ritual de purificação.
10. Relato de Faride (Fardoce) Sayeg Cohen a RM. São Paulo, 1996.

Família de Isaac Sayeg. A mãe Hasni à esquerda; no centro, Fardoce com o casal e os filhos. São Paulo, 1924.

deixava que sentissem as "dificuldades na luta pela vida". Júlia, a filha mais velha, casou-se com o primo Nattan Peres; Salomão, o segundo filho, assediado pelas famílias, casou-se com Poline, filha de Nissim e Sarina Hadid Kalili, abastado casal. Os Sayeg, os Simantob, os Zeitune, os Kibrit, os Peres, os Politi, os Cohen e outros se tornaram alicerces numéricos das primeiras famílias judaicas do Oriente Médio, em São Paulo.

A preocupação em compor famílias judias era uma constante e, embora alguns já as tivessem constituído com "moças da terra", outros voltaram ao Oriente Médio para casar-se com jovens da mesma origem.

Gabriel Kibrit, natural de Beirute, chegou ao Rio de Janeiro antes da Primeira Guerra e transferiu-se para São Paulo. Havia estudado na famosa Alliance Israélite Universelle de Beirute. De personalidade forte, Gabriel fez parte do grupo de trabalhadores que construiu a ponte sobre o rio Tamanduateí, ligando a Mooca ao Cambuci. Em busca de trabalho, ocupou várias funções, entre as quais a de instrutor de natação de clubes recreativos. No

Alberto Kibrit com os filhos Isaac e Gabriel, noras e neto. São Paulo, 1921.

À DIREITA
Os Kibrit em piquenique na Serra da Cantareira. São Paulo, 1935.

interior de São Paulo, estabeleceu contatos com várias famílias asquenazis. Na cidade de Rio Claro, conheceu e casou-se com Dora, filha de Benjamin Golovaty, respeitável homem de negócios da cidade.

Depois de viver algum tempo no interior paulista, Gabriel instalou-se com a família na Mooca. Trouxe o pai do Oriente, colocando-o numa residência cedida por Isaac Sayeg, na rua Odorico Mendes, local onde a sinagoga foi construída. A origem comum, a formação intelectual, os contatos com os asquenazis e o conhecimento da língua portuguesa fizeram de Gabriel Kibrit, porta-voz dos judeu-orientais da Mooca.

Os Nigri, originários de Sidon, foram dos primeiros judeus do Oriente Médio a se instalar no Rio de Janeiro[11]. Desde a primeira década do século XX, Salim Muchi Nigri e os primos Júlio e Miguel Nigri ligaram-se ao ramo da tecelagem, na confecção de gravatas, produto que ganhava sofisticação na década de 20. A dificuldade de importar tecidos, no período de Guerra, fez Nassim Nigri estabelecer-se em São Paulo, intermediando negócios com

11. Veja no CD genealogia da família (Rio de Janeiro e São Paulo).

Família de Yussef e Léia Kelstein Balayla. Beirute, 1930.

tecelagens paulistas e ampliando, com a Nigri, Irmãos & Cia. instalada na Mooca, os negócios da família no Rio de Janeiro.

Em viagem ao Oriente Médio, Nassim conheceu Mary, filha de Yussef Balayla e Léia Kelstein, de origem asquenazi. Yussef era tesoureiro da sinagoga de Beirute, trabalhava com importação e exportação de tecidos, relacionava-se com expressivos elementos da comunidade judaica da cidade. Estudante da Alliance Israélite, Mary Balayla, ao se casar com Nassim, assumiu responsabilidades sociais na comunidade paulistana. Na década de 30, trabalhando pela Wizo, fez amizade com os Feffer, os Teperman, os Mindlin e os Camerini. Além de participar da assistência social, Mary, visando integrar a juventude de sua comunidade, promovia festas em sua casa. Incomodava-se com a endogamia comunitária, até mesmo com a de sua família. Na década de 50, trabalhou para a HIAS e a JOINT, recepcionando com o marido os novos imigrantes do Oriente Médio.

Carlos Hadid, de Sidon, era filho mais velho de uma família numerosa, o pai casou-se três vezes, tendo como irmãos inteiros: Habibe Simantob, Sarine Kalili, Tere Nigri, Isaac e Moisés. A família, ao emigrar para a América, dividiu-se entre o México e o Brasil. Na década de 20, Carlos transferiu-se do Rio de Janeiro para São Paulo. Iniciou vida como vendedor ambulante e chegou a montar, entre outros negócios, uma grande tecelagem, empregando parentes e gente da comunidade da Mooca. Sua inteligência e vivacidade fizeram nascer o mito de que "tudo que tocasse virava ouro". Apesar da pouca

A família Hadid na Sinagoga Israelita Brasileira. São Paulo, década de 50.

escolaridade, Carlos Hadid foi um empreendedor audacioso, comprou glebas de terras na região leste de São Paulo, valorizadas quando nelas se encontraram minérios. Suas propriedades estendiam-se em direção a Bertioga, Suzano, São Caetano, Praia Grande e Poá. Ao separar-se de Maria Ortega, casou-se com Margarida Fuerte, de Sidon. Estimulado pelas idéias sionistas dos Fuertes, Hadid, no início da década de 50, liquidou seus negócios em São Paulo e transferiu-se com a esposa para Israel. Deixou as propriedades e negócios, em procuração, aos cuidados dos cunhados Meyer J. Nigri e Assilam Kalili. Em Israel, refez fortuna em pouco tempo. Os rendimentos com a exportação dos cítricos de Pardès possibilitaram vida luxuosa e confortável ao casal. Na década de 60, amigos e familiares do Brasil visitaram-no em sua enorme e luxuosa casa em Tel Aviv.

No "Provence", navio que trouxe os Sayeg e os Zeitune, veio também a família Cohen. David e Isaac instalaram-se na Mooca. Na década de 50, embora tivessem transferido negócios para Santo André, cidade-satélite de São Paulo, os Cohen ainda freqüentavam a sinagoga da Mooca. Em 1931, David casou-se com Faride, irmã de Isaac Sayeg. "Bom, sério e honesto" eram os atributos do noivo, segundo Isaac Sayeg. Fardoce, como era conhecida, proporcionou ao marido e à sogra muita satisfação, porque "lhes deu muitos filhos homens".

Em 1925, os Mansur de Beirute chegaram a São Paulo; eram aparentados com a família de Badrie Politi Zeitune. Depois de enfrentar dificuldades iniciais, carregando "sacos de gêneros alimentícios às costas para vender nas feiras livres de São Paulo", Saad Mansur prosperou. Em 1947, comprou a Seida, estabelecimento comercial da família Nigri na rua 25 de Março. Os irmãos Elias, Raphael e Alberto, associados, prosperaram e situam-se expressivamente na vida comercial de São Paulo.

O crescimento numérico dos judeus da Mooca exigiu a construção de uma sinagoga, núcleo-básico comunitário. Isaac Sayeg, Gabriel Kibrit e Nassim Nigri apoiados pelos Cohen, os Politis, os Zeitune, os Peres e os Adissy decidiram trabalhar para levantar o templo. Em 1926, Jacob Adissi, Carlos Hadid e Salim Simantob procuraram os Klabin, que possuíam propriedades na Mooca, e com eles conseguiram um terreno na Odorico Mendes, rua próxima e paralela ao rio Tamanduateí.

As obras do templo iniciaram-se através de doações e mensalidades dos participantes comunitários. Em agosto de 1930, a Sinagoga Israelita Brasileira foi oficialmente inaugurada. Os documentos registram a presença dos irmãos Sayeg, Isaac, Marcos e Natan, José Peres e seus filhos, Benjamin e Natan, Carlos Hadid, David e Isaac Cohen, José, Jacob e Marcos Simantob, Menahem Politis e o filho Moisés, os Nigri, Nassim e Mair.

Entre as personalidades presentes na consagração do templo estavam, Mme Céline Levy, José Couriel e Maurício Sereno que, em comissão, representavam a Comunidade Israelita Sefaradi[12]. Ao assumir a Presidência da Sinagoga Israelita Brasileira, Nassim Nigri foi assessorado por Isaac Sayeg, tesoureiro do templo. Marcos Sayeg, Benjamin Peres e o sefaradi Moysés Oheb Sion eram os vogais e Carlos Hadid, Jacob Simantob e Isaac Cohen, conselheiros fiscais.

Preocupado com o isolamento religioso e social dos imigrantes judeu-orientais, Gabriel Kibrit atuou como elemento de ligação e integração de seu grupo à comunidade judaica geral de São Paulo.

Marcos e Rachel Sayeg. São Paulo, 1924.

PÁG. SEGUINTE
Inauguração da Sinagoga Israelita Brasileira. São Paulo, 1930. Acervo da Sinagoga Israelita Brasileira.

À DIREITA
Gabriel Kibrit com os Sayeg e os Nigri. São José dos Campos, 1935. Arquivo particular de Jamil Sayeg.

À ESQUERDA
Gabriel Kibrit, Mair Nigri e Isaac Sayeg. Poços de Caldas, década de 30. Arquivo particular de Jamil Sayeg.

---

12. Na oportunidade, os sefaradis não puderam atender a solicitação de empréstimo do *Sefer Torá*, pois o mesmo encontrava-se com os de Santos (Ata da Sinagoga da Abolição, de 1930. Arquivo do T.I.B.O.Y.).

LEMBRANÇA
POÇOS DE CALDAS

Os Judeu-orientais da Mooca

A maior parte dos judeu-orientais residia na Mooca ou nos bairros próximos, poucos sefaradis moravam ali. Embora não houvesse diferenças evidentes na condução dos rituais religiosos, específicas características culturais dificultavam a interação dos dois grupos.

Depois de construída a Sinagoga Israelita Brasileira, os imigrantes de Safed, incomodados com o regionalismo dos naturais de Sidon, afastaram-se, novamente passando a rezar em residências particulares. Um projeto de construção de outra sinagoga surgiu entre esses "descontentes"; a Sinagoga da União Israelita Paulista, sob a liderança de Mário Amar, foi inaugurada em 1935, em terreno também cedido pelos Klabin na Mooca, na mesma rua.

O número de imigrantes de Safed era pequeno, além dos Amar, os Hazan, os Halali, os Antebe, os Mizrahi, os Zaide, entre outros, cujas famílias saíram do Oriente Médio, quando os conflitos nacionalistas entre judeus e árabes intensificaram-se na década de 20.

Isaac Sayeg com o amigo Toufic Efraim. São Paulo, década de 1920. Arquivo de Jamil Sayeg.

David e Raphael Amar foram os primeiros imigrantes de origem oriental de Safed em São Paulo. A mãe Leila, de família marroquina, viúva de Ayush Amar, permaneceu na pequena cidade com os demais filhos. Os mandatários ingleses responsáveis pela ordem jurídica da Palestina tinham dificuldades em controlar as difíceis relações entre muçulmanos e judeus. Morad, irmão mais novo de David e Raphael, era participante da Brigada Judaica do Exército Britânico que, em 1924, indicado de fazer parte deste emergente e clandestino grupo sionista, emigrou para o Brasil, acompanhado de sua irmã Farha casada com Jacob Hazan. O casal conseguiu emigrar depois de vender as jóias da família.

Em São Paulo, Morad Amar instalou-se no Brás numa loja de móveis, a Casa Jerusalém; sua liderança e sionismo logo se evidenciaram entre os patrícios no bairro. Os Amar, orgulhosos da origem, emigraram contrariados e movidos pelas circunstâncias locais. Pretendiam retornar a Safed quando

Leila Amar, rodeada dos filhos, genros, noras e netos. São Paulo, década de 50.

as condições permitissem. Os contínuos conflitos na região impediram-nos de concretizar o ideal. Em 1948, instalado o Estado de Israel, no Oriente Médio, parte da família retornou à terra de origem, Leila Amar viveu em Israel até avançada idade.

Em pouco tempo, numa sala alugada na rua 25 de Março, Morad ou Mário Amar ajudava a comunidade providenciando documentação aos imigrantes por intermédio das "cartas-de-chamada", orientava-os no trabalho e procurava-lhes acomodação.

Casando-se com Faride, filha de Habibe Hadid e José Simantob, Mário Amar assumiu a liderança dos imigrantes de antigas cidades do atual Estado de Israel, era mais sionista que religioso, destacou-se pela oratória em português, língua que aprendeu rapidamente. Ao matricular seus filhos na Escola Israelita Luiz Fleitlich, tornou-se modelo para as famílias da comunidade da Mooca[13].

13. Veja no CD o gráfico da genealogia da família.

Um dos que freqüentavam o escritório de Mário Amar no Brás era o amigo Simon, filho do *hazan* Ezra Halali, de Safed. Em 1905, Simon, aos 14 anos, emigrou à Argentina. Pouco tempo depois, transferiu-se ao Rio Grande do Sul; casou-se no Rio de Janeiro com Nahie Baracat Tobe, de Beirute. Em 1933, fixou residência na Mooca e questionava o regionalismo dos judeus da cidade de Sidon. Simon Halabi incomodou-se com o "gueto" reproduzido em São Paulo e vivido em algumas *Kehlilot* do Oriente Médio.

Naturais de Safed, os Antebe tinham origem antiga; Chabetai Antebe, em meados do XIX, presenciou um terrível terremoto no Oriente Médio. Embora tenha perdido tudo que possuía, recompôs seus negócios com a anilina, produto usado no tingimento de tecidos. Ao enriquecer, estendeu suas atividades a diversos pontos comerciais do Oriente Médio, enviando seus nove filhos para Damasco, Alexandria, Cairo, Alepo e outras cidades do domínio britânico, a ponto de, no aniversário da Rainha Vitória, ousar presenteá-la com uma peça artesanal em ouro, "homenageando-a como responsável pela grandeza do Império Britânico". Corre na lembrança familiar que a rainha satisfeita outorgou aos Antebi um passaporte especial, com "livre entrada e saída por todo Império e o privilégio de assistência e proteção do governo britânico à família, por quatro gerações"[14].

Nos locais onde se instalaram, distinguiram-se como representantes comerciais. Raphael em Sidon e Ezra Antebe em Beirute trabalhavam com importação e exportação de tecidos. Ezra casou-se com Rebeca Cohen, cuja família era a segunda riqueza de Safed. Em 1925, emigrou para o Brasil, juntando-se à esposa que já se encontrava no Rio de Janeiro. No período, Zeev Acher Cohen era líder comunitário dos judeus de Safed na cidade. Em 1933, Adélia, filha de Ezra, casou-se aos 14 anos com Leon Fuerte e veio residir em São Paulo a convite da cunhada Margarida Hadid. O pai, aluno da Alliance Israélite Universelle, distinguiu-se por anos, na Mooca, como professor de jovens em idade de *Bar-Mitzvá*.

Casamento de Moysés Mayer Mizrahi e Rebecca Fardjoun. São Paulo, 1937.

Moysés Mayer Mizrahi aos 16 anos. Safed, 1927.

Em 1927, Moysés Mayer Mizrahi, com 17 anos, chegou de Safed a chamado do irmão Elias. Órfãos das lutas nacionalistas da Palestina, os Mizrahi

---

14. Relato de Adélia Fuerte à R.M. São Paulo, 1995.

À ESQUERDA
Casamento de José Memran e Rachel Tawil. São Paulo, 1936.

À DIREITA
Família Memran. São Paulo, década de 40.

passaram por enormes dificuldades. Isaac, o mais velho, permaneceu no Oriente Médio e desapareceu em circunstâncias trágicas. Elias consagrou-se como *chazan* para os sefaradis da Sinagoga da rua da Abolição. A vivacidade e a tenacidade fizeram de Moisés Mayer Mizrahi um homem de sucesso no ramo prestamista. A conselho do irmão Elias, casou-se com Rebecca Fardjoun, filha do *chazan* Moisés e Nazira Cohen Fardjoun, irmã do líder comunitário Zeev Sion ou Dib Ascher Cohen, proprietário das Casas de Calçados Queirós do Rio de Janeiro. Rebecca Fardjoun estudou na Maguen David e depois no Hebreu Brasileiro. Na sinagoga, como co-fundadores da União Israelita Paulista, os irmãos Mizrahi ganharam o privilégio de rezar o *Aneinu,* trecho marcante das rezas de *Kippur.*

Os irmãos Memran também fizeram parte do grupo dos fundadores da União Paulista. Em 1927, Faride Memran deixou Beirute trazendo seus três filhos Habibe, José e Vitória; esta, depois de uma trágica vida matrimonial, faleceu cedo. Habibe casou-se com Carolina Balaciano, do Rio de Janeiro; sua religiosidade e bonita voz levaram os sefaradis a contratá-lo na década de 40 como *chazan* da Sinagoga da Abolição. José distinguiu-se no comércio ambulante e casou-se com Rachel Tawil, uma atraente e jovem moça de Beirute.

Em São Paulo desde 1941, Haim Adissy pertencia a uma antiga família judaica de Beirute; casou-se com Sara, irmã de Assilam Cohen, primeiro *chochet* da comunidade e *chazan* da Sinagoga da Abolição. Desde o início, os irmãos Haim e Jacob Adissy mantinham-se das vendas de quadros religiosos

Lançamento da Pedra Fundamental da sinagoga União Israelita Paulista. Leon Feffer ao fundo. São Paulo, 1932. Arquivo particular de Farha Amar Hazan.

no Brás e, depois, do comércio de armarinhos. Carlos, o primogênito de Haim, casou-se com Marieta Kalili; Júlia uniu-se a Moisés Chatah, seu primo, e José com Salu Kibudi. Alberto, pouco apegado à religião, surpreendeu a colônia da Mooca casando-se com moça não judia, Antonia Bearzi, filha de imigrante italiano.

No Oriente, Moisés Chatah vivia em Uadek Arochin, bairro judaico de Beirute e decidiu emigrar em 1924; foi colega de estudos de Azur Azar/Lázaro Setton, na Alliance Israélite. Depois de trabalhar no comércio prestamista, instalou uma loja de armarinhos na Mooca. Embora beirutense e um dos co-fundadores da sinagoga do pessoal de Safed, mantinha amizades próximas com os de Sidon, recebendo-os para jogar cartas ao som de música árabe.

No início dos anos 20, Júlio Derviche e o irmão Isaac, jornalista do *L'Orion* de Beirute, que aportaram no Rio de Janeiro, transferiram-se para São Paulo. Júlio casou-se com Jamile, filha de Moisés e Nazle Efraim, amigos dos Derviche. Em 1926, a família reuniu-se em São Paulo, viajando no Nozarus, navio que permaneceu dez dias no porto de Nápoles. No mesmo navio, encontravam-se outras famílias judias do Líbano como a de Moisés Tawil Cohen.

Em 1918, no final da guerra, os irmãos Sawaya chegam de Beirute. Antes de se estabelecerem em São Paulo, Toufic Sawaya, curioso e aventureiro, passou por cidades como as de Santa Catarina e Garanhuns, no nordeste brasileiro. Ligou-se a Zarita Brandão, que lhe deu um filho, envolveu-se em brigas e retornou ao Líbano. Lá se uniu a Salma Dahan, que lhe deu doze filhos, registrados na embaixada brasileira. Como pai de brasileiro, recebeu autorização para tal. Em 1959, volta ao Brasil, concretizando seu maior sonho. As investidas militares de Israel no Líbano e o desconforto de aí viver fizeram Toufic trazer a família, que se adaptou facilmente à realidade da terra. A bela voz e a vivacidade de Alberto Sawaya, filho mais novo de Toufic, tornaram-no, aos sete anos de idade, popular entre os moradores da Mooca, por dominar o árabe e o português, e rezar bem. Sua família morava ao lado da Sinagoga Israelita Brasileira. Depois do *Bar-Mitzvá*, Alberto, compondo o *miniam* para as rezas, levava os amigos à sinagoga, ensinando-lhes a rezar.

Em junho de 1928, com a entrada de novas famílias do Oriente Médio, Mário Amar insistiu na formação de uma sociedade beneficente de ajuda aos novos imigrantes[15]. Habibe Memram foi secretário e Subhi Efraim e Alberto Adissy organizaram os estatutos da sociedade. Na casa de Júlio e Jamile Derviche, Mário Amar, Toufic Sawaya e outros elaboraram os planos de construção de uma sinagoga. Depois de angariar fundos, as obras iniciaram-se. Até, então, esses imigrantes reuniam-se em uma residência na rua Barão de Jaguara, próxima da Odorico Mendes.

Em julho de 1935, os Amar e os Zaide, os Hazan, os Halali, os Mizrahi com os beirutenses Derviche, Efraim, Adissy, Tawil Cohen, Sawaia, José e Habibe Menram e os Chatah, entre outros, inauguraram a sinagoga da União Israelita Paulista. David Amar foi aclamado Presidente e Mário, seu irmão, porta-voz e representante do templo inaugurado na rua Odorico Mendes. Os serviços religiosos eram conduzidos por Assilam Cohen, David Tawil Cohen e Jacob Hazan[16].

Apesar da existência de duas sinagogas na mesma rua, seus participantes viviam na mesma interação social. Alheios às contrariedades que levaram ao erguimento da sinagoga, os imigrantes freqüentavam de modo aleatório os

---

15. Veja Anexo 6.
16. Veja Anexos 7, 8 e 9.

À ESQUERDA
Júlio e Jamile Derviche com os filhos Elias e Moysés. São Paulo, 1935.

NO CENTRO
Nazle Efraim e filhos. Beirute, 1920.

À DIREITA
Casamento civil de Helena Serur e Alberto Efraim. São Paulo, 1930.

dois templos e socialmente mantinham contatos de amizade. Rebeca Simantob e David Cohen representam um bom exemplo: os Simantob, naturais de Sidon, participaram da fundação da Sinagoga Israelita Brasileira e Moysés Tawil, pai de David, da União Israelita Paulista. Rebeca, depois de casada com David, passou a freqüentar a sinagoga do marido, considerando-a "menos radical, mais liberal e menos ortodoxa".

Os negócios em comum, as amizades e o parentesco aproximavam as famílias dos judeus do Oriente Médio do Rio de Janeiro aos de São Paulo. Nos anos 30, São Paulo, ao superar o Rio de Janeiro no dinamismo dos negócios, fez com que várias famílias judias se transferissem da comunidade maior à capital paulista.

Carlos Hadid, participante dos trabalhos comunitários da Sinagoga Israelita Brasileira, convidou os cunhados Meyer Joseph Nigri e Nissim Kalili do Rio de Janeiro a instalarem-se em São Paulo, em vista da amplitude de seus negócios, na década de 30.

Com a chegada de famílias do Rio de Janeiro, a Sinagoga Israelita Brasileira não mais apresentava problemas ao *miniam* diário, pois as famílias de Meyer J. Nigri e de Nissim Kalili eram numerosas, tornando concorrida a condução da leitura dos livros sagrados, em especial, nas Grandes Festas de *Rosh Hashaná* e *Kippur*.

Meyer Yehouda Nigri casou-se com sua prima Esther Hadid, nascida em Sidon. Conhecida com Tere, Esther reforçou a religiosidade de sua família em São Paulo. Em 1934, Meyer J. Nigri, ao decidir transferir-se para São Paulo,

Família de Moysés Tawil Cohen. São Paulo, década de 1940.

deixou seus negócios no Rio de Janeiro com o irmão Salim. Até encontrar uma moradia, a família acomodou-se na residência de seu cunhado, José Simantob, na Mooca.

Os Setton de Beirute, originários da grande comunidade judaica de Alepo, emigraram, depois da Primeira Guerra, fixando-se no Brasil. Consuelo ("Hunsol") destacando-se pela "vivacidade", casou-se em São Paulo com Salim Kalili, passando a freqüentar a Sinagoga Israelita Brasileira. Nissim, irmão de Salim, casado com Sarine, irmã de Tere Nigri, sobressaiu-se no comércio de tecidos, através das Lojas Tango.

Toufic, irmão de Nissim e Salim Kalili, conheceu e apaixonou-se por Esther Dana, do Rio de Janeiro. Os Dana, de Beirute, desde que se instalaram na Paraíba do Norte, viviam do comércio de armarinhos. As dificuldades de seguir as tradições judaicas na região nordestina, aliadas a problemas de saúde, fizeram Saad Dana transferir-se com a família ao Rio de Janeiro. Casando-se com Toufic Kalili, Esther veio morar com a sogra Sarine Hadid Kalili no bairro do Ipiranga, onde os Nigri também haviam se fixado. O precoce falecimento do marido levou Esther, aos 49 anos, responsabilizar-se pela família, encaminhando os filhos nos negócios.

Rebecca Simantob, embora prometida ao primo Toufic Kalili, casou-se com Toufic Simantob. Rebecca tornou-se arrimo da família quando seu marido, cardíaco, deixou de trabalhar. A família fixou residência na Penha e passou a freqüentar a sinagoga asquenazi do bairro, só indo à Mooca para as

Noivado de Salomão Sayeg com Polina Kalili. São Paulo, 1948.

comemorações das Grandes Festas. Faride Simantob, sua irmã, casou-se com Mário Amar, líder comunitário e Ivete, outra irmã, surpreendeu a comunidade ao casar-se com um asquenazi.

Assilam, o primogênito de Meyer J. Nigri fez seu *Bar-Mitzvá* no Rio de Janeiro. Anos mais tarde, em viagem de núpcias ao Oriente Médio, pôde constatar a semelhança dos rituais das sinagogas fundadas na comunidade com as de Sidon. Jamile, sua esposa, era filha de Salim Moisés Nigri, conhecido como Salim Muchi, expressivo líder comunitário da cidade carioca. No Rio, Assilam colocou-se à frente das lojas de tecidos da sua família. Anos mais tarde, em São Paulo, como Presidente da Sinagoga Israelita Brasileira, embora não entendesse o significado das rezas, preocupou-se com a manutenção do canto original, chegando a reproduzi-lo, em fita, na mesma entonação original de Sidon[17].

Na ausência do irmão Assilam, estabelecido no Rio de Janeiro, Marco Nigri assumiu os negócios da tecelagem da família. Casou-se com Helena,

17. Relato de Assilam M. Nigri a RM. São Paulo, 1995.

Carlos Hadid, do México, homenageado pela família da irmã Habibe Hadid. São Paulo, 1947.

filha de Carlos e Esther Dana Nigri, convidando para padrinhos de casamento, o casal Júlio e Virginie Nigri, da Sinagoga B'nei Sidon, do Rio de Janeiro.

Quando Moysés, irmão mais novo de Carlos Hadid, chegou a São Paulo, instalou-se em casa da irmã Sarine Kalili; casou-se de forma aventurosa, com Habibe Hadid, uma prima do México, literalmente raptada quando desembarcou em Santos. Seu destino era a Argentina, pois estava prometida para casamento com um negociante de jóias, amigo do pai, o banqueiro mexicano Nessim Hadid. Contrariado com o casamento, o pai deserdou-a. Anos depois, o casal instalou-se no México. Voltando ao Brasil com família de quatro filhos, Moysés iniciou trabalho na tecelagem de seu irmão mais velho Carlos. Nessim Hadid, seu sogro, em visita a São Paulo, fez contatos com conhecidos financistas da capital; sua fortuna era enorme e superior a de qualquer membro da comunidade judaica brasileira do período. Em São Paulo, aconselhou Carlos Hadid a investir em terrenos.

Deixando a tecelagem, Moysés Hadid passou a viver em São Paulo com estilo, mantendo contatos com pessoas de alto nível social. Seu interesse pelos jogos-de-azar fez com que passasse pelos altos e baixos da vida. Em 1947, o cunhado Carlos Hadid, homônimo de seu irmão, em visita a São Paulo, discursou na sinagoga da Mooca. Bida Nigri, a tia, veio do Rio de Janeiro especialmente para vê-lo. Carlos, impressionado com as pequenas dimensões

Noivado de Vitória Siles com Jacques Sarraf. Safed, 1913.

da sinagoga, fez doação de um terreno no mesmo bairro da Mooca destinado a um templo futuro e maior.

Jacques e Vitória Siles Sarraf, moradores de Safed, decidiram embarcar para o Brasil em 1914. Natural de Marrocos, poliglota, extrovertido, ousado e comunicativo, Jacques Sarraf marcou história entre os *judeu-orientais* da Mooca. Iniciou-se no comércio ambulante e atingiu projeção comercial com Jacques Asquenazi, seu genro. Conseguiu da Rhodia, famosa empresa francesa, uma grande quota de fios Rayon, transformando-se em distribuidor do produto para as tecelagens dos Nigri e dos Sayeg, sediadas no Brás e Mooca. Nos anos 50, quando o algodão substituiu o Rayon, os negócios de Sarraf refluíram rapidamente, obrigando-o a reformular a vida. Mudou-se com a família para Santos e sobreviveu do comércio ambulante; quatro anos depois, a família retornou a São Paulo e Jacques abriu uma loja no Bom Retiro. Homem de religião, Sarraf freqüentava as duas sinagogas da Mooca e era um conciliador. Animava as crianças oferecendo-lhes balas, e levava-as a freqüentar os templos. Sua mulher Vitória Siles, verdadeira matriarca, promovia festas que se tornaram populares na colônia da Mooca. Jacques Sarraf tinha parentesco com os Hakim, da Sinagoga da Rua da Abolição.

Até a primeira metade do século XX, a maior parte dos judeu-sírios buscava, na América do Sul, a Argentina. Poucos se instalaram no Brasil. Originários da Antioquia, 20 km de Alepo, os irmãos Homsi, Samuel e Felipe, e o primo Aron Gamal emigraram em 1923 para o Brasil. Em Santos, Aron firmou-se em uma grande loja de móveis. Preocupado com o filho Salim, Gamal resolveu enviá-lo a São Paulo aos cuidados da tia Salu, casada com

Vitória e Jacques Sarraf e filhos. São Paulo, 1932.

José Adissy. Circunstâncias do acaso levaram Salim Gamal conhecer no bairro do Ipiranga a João Jaffet, filho do grande industrial da colônia sírio-libanesa. Tornaram-se amigos. Salim passou a conviver com os Jaffet e comumente freqüentava o Monte Líbano, clube elegante, fundado pela família. A origem judaica de Salim nada incomodava; Salim teve apoio dos Jaffet, quando resolveu se estabelecer no ramo da distribuição de tecidos. A Tecelagem Francesa nasceu, tornando-se, anos depois, matriz de catorze lojas de finos tecidos importados. Durante décadas, suas lojas serviram a uma classe sofisticada da sociedade paulistana e nas filiais do Rio de Janeiro, Santos e cidades do interior. Na tecelagem de Petrópolis, fundada por Gamal, cerca de trezentos operários produziam tecidos finos, restringindo, a partir da década de 60, a importação do produto. Salim Gamal, homem de visão, investiu durante a construção de Brasília em terras do Planalto Central, dedicando-se ao ramo imobiliário.

Os contatos comerciais com os Nigri levaram os Gamal a freqüentar a Sinagoga Israelita Brasileira, embora os Homsi, instalados em São Paulo, preferissem a União Israelita Paulista dos Amar, na mesma rua.

Em 1935, Isaac Kibudi chegou da Antioquia, era casado com Vitória Homsi. No Oriente, a família fornecia calçados de sua fabricação aos otomanos. Em Santos participaram da sinagoga, onde Elias Mizrahi, sob contrato, oficiava as cerimônias das Grandes Festas. Em 1944, Salim, filho de Isaac Kibudi, transferiu-se para São Paulo. Lançou-se na confecção de lingerie transformada, anos depois, na Têxtil de Rendas Acácia Ltda., indústria moderna e eletrônica.

Lázaro Cattan, judeu de Alepo, chegou a São Paulo em 1933, quando seus negócios do ramo hoteleiro desativaram-se na Síria. Ligado por casamento às famílias Adissy, Kalili, Sayeg e Campeas, os Cattan, além de freqüentar a Abolição, passaram a participar das sinagogas e da comunidade da Mooca.

Elias Moussa Haber, também originário da cidade síria, chegou ao Brasil antes da Primeira Guerra, fugindo do serviço militar, e casou-se com Sara Soriano, sefaradi do Egito. A família transferiu-se do Rio de Janeiro para São Paulo. Na Mooca, junto a judeu-orientais, de fala árabe, os Haber comunicavam-se em português pela origem sefaradi da mãe, Sara Soriano.

Os sefaradis, conhecidos como "espanhóis", intrigavam os judeus da Mooca porque não se comunicavam em árabe, mostrando costumes diferenciados e religiosidade liberal. Naturais de Esmirna, Leon e Regina Campeas, pais de quatro filhas, chegaram a São Paulo antes da Primeira Guerra e viviam do comércio ambulante. Emily e Gela, suas filhas mais velhas, nasceram na Mooca. Os Campeas, os Calderon, os Sidi, os Basrave e os Crespin freqüentaram a "sinagoga dos Amar".

O casal Cattan. São Paulo, década de 30.

4.3 "SOMOS TODOS RABINOS"

A religiosidade dos judeu-orientais da Mooca pode ser atestada pelos *Sefarim*[18] e outros objetos sagrados, alguns de origem antiga, trazidos quando saíram do Oriente Médio. Isaac Sayeg, Assilam Cohen, Menahem Politi e Haim Adissy guardavam os *Sefarim*, em suas residências e reuniam os imigrantes, realizando as primeiras cerimônias judaicas da Mooca.

"Bons nas rezas", os judeus da Mooca não se preocuparam em contratar

---

18. *Sefarim* (pl): Rolos da Torá.

Casamento de Isaac Calderon e Diamante Campeas na Sinagoga da Abolição, São Paulo, 1932.

rabinos, fato também verificado nas sinagogas asquenazis organizadas nas primeiras décadas do século XX. No *shabat*[19], um pequeno desjejum, o *seudá* atraia correligionários menos preocupados às rezas, conduzidas pelo *chazan*. Este mantinha a responsabilidade como bênção, uma *mitzvá*, parte da tradição das antigas comunidades do Oriente Médio.

Menahém Politis, ao discordar da orientação religiosa seguida pelos conterrâneos, conseguindo *minian*, passou a conduzir as rezas em sua própria residência. Rachel, sua esposa, era filha de Moysés Yedid Halevi, grande rabino do Oriente Médio que, em Sidon, vivia da importação de anilina para tingir tecidos. A impositiva personalidade de Menahém Politis fez com que Moisés, seu filho, deixasse a residência e fosse morar com a família de Nassim Nigri[20].

Moisés Politis, por méritos próprios, tornou-se profundo conhecedor da religião judaica; era praticante completo e íntegro do credo. Por conhecer o hebraico e manter-se em estudos "como um rabino", passou na década de 50 a ser referencial religioso da comunidade da Mooca. Muitas vezes, foi consultado por rabinos asquenazis. Era casado com Jamile Dana, do Rio de

---

19. *Shabat*: sétimo dia da semana, santificado ao descanso físico e espiritual, de acordo com os Dez Mandamentos Divinos.
20. Deixando de trabalhar aos sábados, Menahém problematizou a entrega de mercadorias compradas nas Tecelagens Matarazzo. Nassim Nigri, seu amigo, solucionou o problema com os fornecedores.

Bar-Mitzvá de Nissim, filho de Moysés Hadid, na Sinagoga Israelita Brasileira. Entre os presentes, na frente, Moysés Politis e Gabriel Kibrit. São Paulo, década de 60. Coleção de Mercedes Politi.

Janeiro, fabricava em casa seu próprio pão e os rabinos que chegavam de Israel, como Eliahu Pardés, hospedavam-se em sua casa.

Desde 1912, no Rio de Janeiro, Benjamin Cohen, natural de Yafo, tornou-se representante comercial de sua família em cidades do Nordeste. Depois de se casar com a prima Taman, Benjamin resolveu instalar-se em São Paulo com a família de Salim Mansur. Como os primos no Rio, Cohen colocou-se no serviço religioso da Sinagoga Israelita Brasileira e dividiu com Rahamin Nigri a função de *chazan* aos judeus de Sidon.

Nas Grandes Festas, por intermédio da "compra da Torá"[21], Marcos Simantob encarregava-se de dirigir os valores conseguidos à Beneficência e à manutenção da sinagoga.

Os dois templos, erguidos numa diferença de cinco anos, reforçaram a permanência da colônia judaica na Mooca, apesar das enchentes freqüentes do Tamanduateí. As sinagogas compunham-se para o *miniam* matutino. Jacques Sarraf, Habibe Memran e Leon Fuerte, entre outros, participavam dos dois templos; alguns contribuíam aos dois fundos sociais. Moisés Mizrahi, que se transferiu para a Sinagoga Israelita Brasileira, vivia em defesa de sua sinagoga de origem. Como religioso, sua máxima preocupação era a composição dos

---

21. Carregar a Torá, durante cerimônias da sinagoga é honra e demonstração de religiosidade.

"*miniam* das duas sinagogas", para isso, corria de uma para outra. Prestativo, Moysés conseguiu o privilégio de cantar o *Aneinu* no dia de *Yom Kippur*. Elias Mizrahi e Alberto Serur, da União Israelita Paulista, Marcos Setton e Marcos Simantob, da Sinagoga Israelita Brasileira, providenciavam junto ao *Chevrá Kadisha* todas as necessidades ao cerimonial funerário, conforme os costumes dos judeus do Oriente Médio[22].

O abate e o corte especial da carne bovina, aprovada por rabinos, era providenciado pelos asquenazis do Bom Retiro. Elias Mizrahi e Benjamin Cohen comprometiam-se a comprar alimentos *kasher*, encomendados pelas famílias da Mooca. Eram, também os *shochetim*[23], profissionais encarregados do abate de aves às famílias. Benjamin Cohen atendia ao pessoal de Sidon e Mizrahi aos de Safed, e ambos atendiam às famílias judias residentes na Mooca e bairros adjacentes, inclusive asquenazis.

Vários *chazanim* consagraram-se por orientar o cerimonial do *Bar-Mitzvá* nas sinagogas da Mooca. Além de Rahamin Nigri e Benjamin Cohen, Isaac Hayon, do Egito, o ismirli Jacques Crespim, Lázaro Setton, Ezra Antebe e Elias Mizrahi destacaram-se como instrutores. Isaac Hayon, ainda hoje, é lembrado com carinho pelos sefaradis e seus alunos da Mooca. Antebe mantinha uma sala de aula, uma *kitab*, no salão da sinagoga União Israelita Paulista. Esses religiosos complementavam o sustento familiar trabalhando no comércio-ambulante.

Rahamin Nigri, Assilam Cohen, Ezra Antebi, Moysés Politis, Elias Mizrahi e outros, dominando o hebraico, não se preocuparam em traduzir o significado literal do texto religioso aos jovens. Moisés Yedid justifica a postura pela "complexidade do sagrado, que inviabilizava explicações". A fé e a religiosidade levaram Assilam Nigri, emocionado, afirmar que, embora desconhecesse o significado das orações, sua fé era tanta que "chegou ao paraíso, sem nada entender".

O problema religioso começou a incomodar, com o tempo, a liderança e as novas gerações da Mooca. Gabriel Kibrit e Mário Amar insistiram na criação de escolas formais, ajudando a informalidade dos estudos, nas sinagogas. Presentes na Federação Israelita do Estado de São Paulo, os dois líderes solicitaram verbas da organização para contratar um professor. Entretanto, desentendimentos fizeram com que a classe organizada fosse desativada,

---

22. Ao completar trinta dias do falecimento de membro da família, a *Mishmará* rememora o fato em rezas e, após, roscas salgadas, as *kac*, azeitonas, verduras, frutas secas e frescas são oferecidas aos presentes.
23. *Shochetim*: forma hebraica plural de *shochet*, magarefe. A Lei Judaica proíbe, terminantemente, o consumo de sangue.

Bar-Mitzvá de Moysés Cohen na Sinagoga da União Israelita Paulista. São Paulo, década de 60. Arquivo da família Tawie Cohen.

dois anos depois. A maior parte dos pais da Mooca do período não mostrava interesse em matricular os filhos em escolas judaicas asquenazis[24].

Na década de 40, Youssef Zaitune, de Beirute, decidiu emigrar com a família para o Brasil, a chamado do cunhado Nassim Nigri. Era casado com Sarine Balayla, irmã de Mary Nigri e falava inglês, hebraico e o árabe literário. Assim que chegou, passou a integrar a Sinagoga Israelita Brasileira, a reordenar as rezas, ajudando também vários correligionários a traduzir as cartas que chegavam do Oriente Médio[25].

4.4 TRADIÇÕES E COSTUMES DOS JUDEU-ORIENTAIS

O *shabat,* dia consagrado ao descanso semanal, o *Pessach,* o *Purim,* o *Shavuot,* o *Sucot* e outros eram as cerimônias religiosas festejadas nos templos e nas residências dos judeus da Mooca. O *Rosh Hashaná* e *Yom Kippur* — as

---

24. Atas da Federação Israelita do Estado de São Paulo de 1948 e da Escola Israelita Brasileira Luiz Fleitlich, do acervo da AHJB/SP.
25. Na Mooca, Jamile Ginette Zaitoune informou que se sentia uma "estranha no ninho". São Paulo, jan. 2000.

Grandes Festas – eram, especialmente, comemorados. Levar óleo à sinagoga no *shabat,* agradecendo a Deus por ter conseguido um apelo ou resolvida alguma situação, era uma ação feminina comum nas duas congregações de judeus do Oriente Médio em São Paulo[26].

A identidade de um menino ao judaísmo efetivava-se com Yontob Zeitune, *mohel* para toda a comunidade[27]. Yontob Zeitune, estabelecido no Rio de Janeiro, substituiu na Mooca, a partir da década de 30, os asquenazis Pinchas e Moisés Singer, passando a providenciar as circuncisões para a maioria dos judeus do Oriente Médio. No ofício transmitido pelo avô, Yontob recebera a habilitação, outorgada por grão-rabinos de Beirute. O exercício voluntário da função era uma *mitzvá*, um dos mandamentos do Pentateuco[28]. Em 1926, ao chegar ao Brasil, Yontob Zeitune fez parte da "Operação Kasher", campanha da "população judaica do Rio de Janeiro para conseguir alimentação judaica apropriada".

Uma das interessantes cerimônias judaicas realizadas nas sinagogas era o *Pidyon Ha-Ben,* ou seja, a "redenção do filho primogênito", no 31º. dia após o nascimento. Segundo a Torá, Deus separou o primogênito de todas as espécies para Sua propriedade e a Seu serviço. Conforme a tradição, os primogênitos eram "oferecidos" a Aarão, irmão do legislador Moysés. Na Sinagoga Israelita Brasileira, o *chazan* Benjamin, como Cohen, oficiava a "compra do primogênito", o *Bircat Cohanim*, conforme a sistemática religiosa, utilizava-se de moedas próprias na "transação".

Em geral, os festejos de um casamento judaico da Mooca duravam duas semanas. Organizava-se uma semana antes, o *Fard-Ighaz*, a exposição do enxoval que a moça levava para o novo lar. Todas as peças eram expostas em salas ou alas da residência da família da noiva, vistas pela família do noivo, amigas e senhoras da comunidade. As peças de cama, banho e mesa eram doadas pelo noivo. Roupas ou *lingerie*, vestidos de noite, sapatos, bolsas e o vestido de noiva ficavam expostos à admiração dos presentes, uma verdadeira "exposição peças da moda", segundo opinião de muitos participantes. Na ocasião, os convidados participavam do canto, apreciando a dança da noiva sob a entoação de músicas árabes[29].

A *tibila* ou a *mikve,* o banho ritual da noiva, era parte importante da tradição religiosa judaica e mantida pelas famílias conservadoras da Mooca.

---

26. Ao proceder a reforma da sinagoga, Jamil Sayeg encontrou debaixo do feltro de proteção dos rolos de Torá, mensagens e amuletos deixados pelos fiéis.
27. Yontob Zeitune orgulha-se de ter feito, nos sessenta anos de trabalho aos judeus da Mooca e aos *sefaradis da Abolição*, mais de 3.000 circuncisões.
28. Yontob, quando solicitado, atendia aos muçulmanos para a circuncisão dos seus filhos, aos doze anos de idade.
29. Relato de Linda Nigri a RM. São Paulo, 1995.

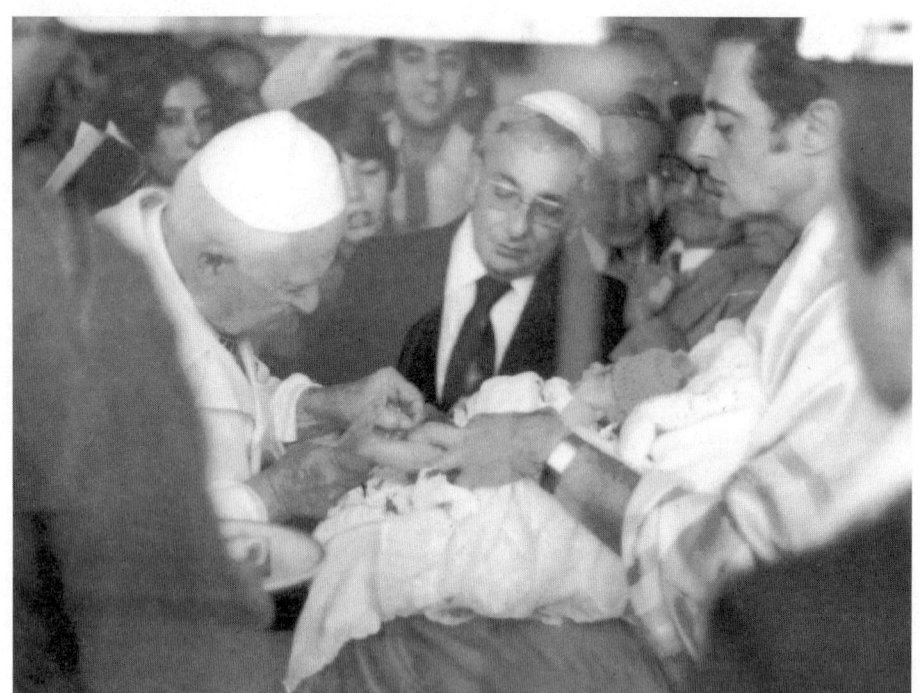

Yontob Zeitune no exercício da profissão de mohel. *São Paulo, década de 60. Arquivo de Alegria Nigri.*

Benjamin Cohen, Chazam da Sinagoga Israelita Brasileira, oficiando a cerimônia de um Brit-Milá junto ao mohel Yontob Zeitune. São Paulo, década de 60. Arquivo de Alegria Nigri.

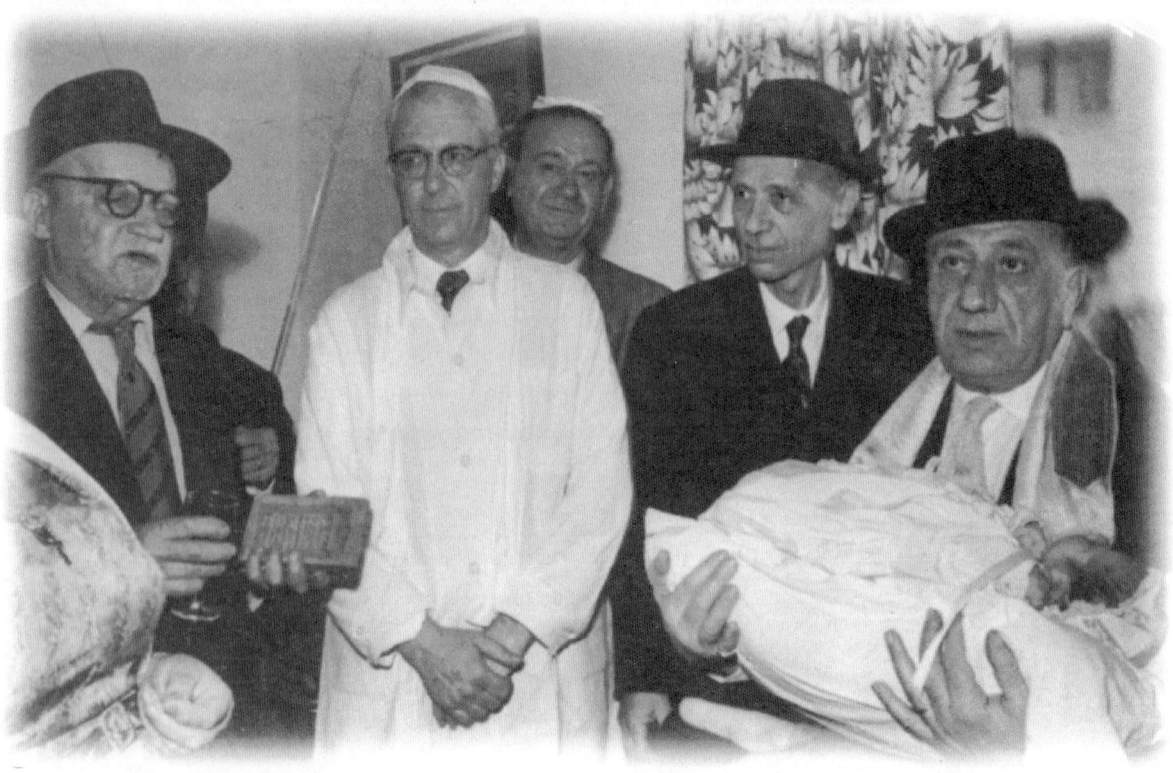

É o ritual de purificação. Reunidas em locais apropriados, a mãe e a sogra ajudavam a noiva a emergir numa piscina onde objetos de higiene como sabonete, talco, perfume, toalhas e roupão já estavam preparados. Com o tempo, as novas gerações deixaram de praticar esse costume trazido do Oriente Médio[30], especialmente porque o *Fard-Djaz* se transformou em cerimônia de visível ostentação da riqueza familiar, constrangendo as famílias de pequenos recursos[31].

4.5 O COTIDIANO E O "FANTASMA DOS CASAMENTOS MISTOS"

A acomodação dos judeus do Oriente na Mooca não foi um processo fácil. Nos primeiros anos, além das dificuldades de comunicação, a cultura e a religião complicavam a integração do grupo num bairro onde predominavam nacionais e imigrantes de origem latina e católica. Apesar das diferenças, as relações sociais estabelecidas entre os grupos envolvidos foram permeadas pelo respeito, compreensão e solidariedade.

Caracterizado como bairro operário, a Mooca atendia aos interesses de seus moradores. Embora o grande número de igrejas revelasse uma maioria de católicos, uma mesquita, duas sinagogas e centro-espíritas atendiam, no geral, às necessidades espirituais dos moradores. Na década de 30, escolas públicas e particulares (confessionais ou não) buscavam atender à demanda escolar do bairro. O Grupo Escolar Eduardo Carlos Pereira, o Oswaldo Cruz, o Instituto de Educação Antônio Firmino de Proença foram as escolas oficiais freqüentadas pelos filhos dos imigrantes do bairro.

Imigrantes de origens diversas acomodavam-se na "babilônia" de línguas e culturas nos arredores da Mooca, Brás, Cambuci e Liberdade. Quando a ponte sobre o Tamanduateí foi construída, as populações destes bairros passaram a entrar em contato com o exotismo do imigrante japonês que, conservando as tradições milenares, buscava também se enquadrar no bairro. Grupos de amizade, nascidos nos bancos escolares, estabeleceram relacionamentos sociais duradouros. As residências térreas e geminadas da Mooca favoreciam os contatos pelas janelas, onde receitas culinárias eram trocadas. Os encontros nas ruas, feiras e cinemas do bairro eram favorecidos pela segurança do período. Nas relações intersociais, naturais e espontâneas, o processo de aculturação

---

30. Esta tradicional cerimônia, comum aos imigrantes judeu-orientais da década de 50, foi descrita, detalhadamente, por Amnon Shamosh, "Minha Irmã, a Noiva", *Morashá. Revista da C.B.S.P*, São Paulo, jun. 1995.

31. Hoje, o costume é observado entre alguns imigrantes alepinos. É o *Sueni*, o *Shower* ou o "*Open House*". Relato de Fifine Sasson a RM. São Paulo, nov. 2001.

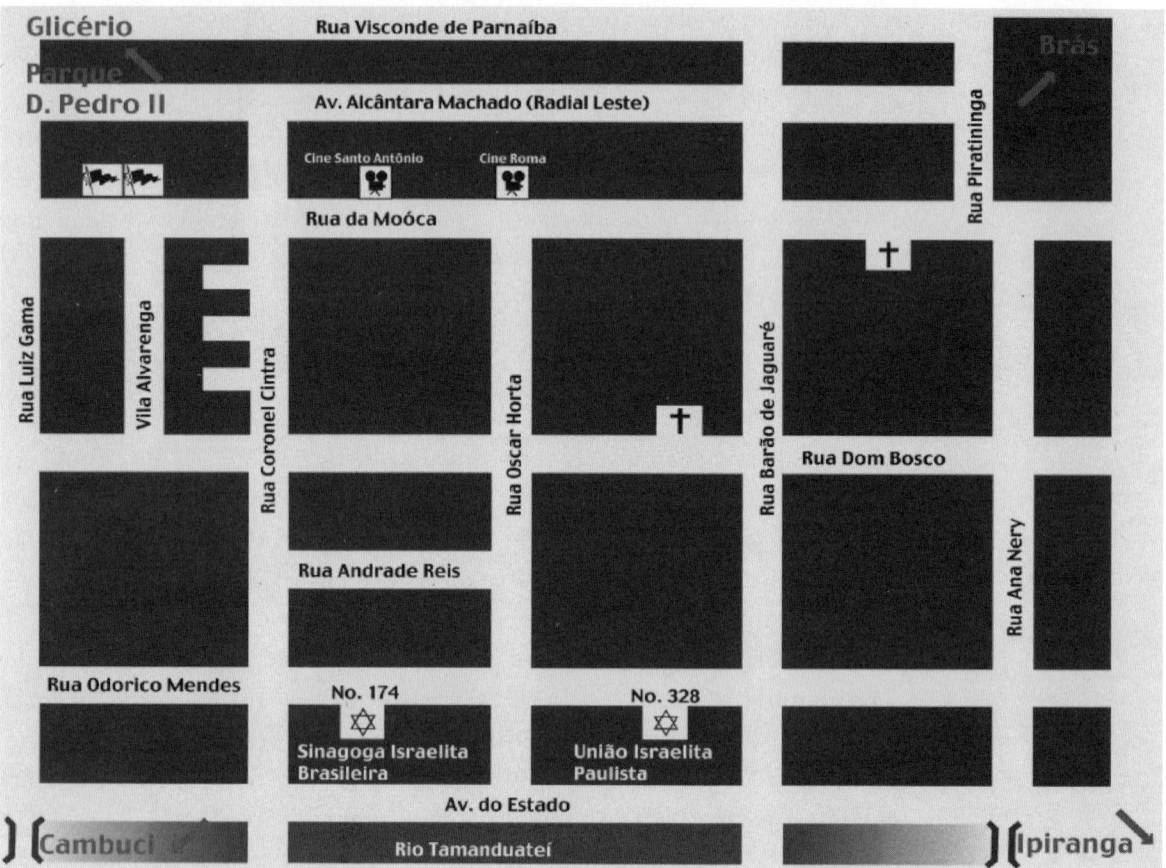

Planta parcial das ruas do bairro da Mooca, onde residia a maior parte dos imigrantes judeu-orientais.

se fazia. Amizades nascidas das brincadeiras infantis, na escola e nas ruas conduziam relacionamentos entre os pais. Os italianos, a maioria dos imigrantes, compunham a feição do bairro através do linguajar cantado e uso de expressões típicas, popularizadas como "macarrônicas" e divulgadas em trabalhos de Marcondes Machado, um dos intelectuais de São Paulo no período.

As crianças, colegas de escola, participavam de brincadeiras e peladas nos campos ou no meio das ruas, ainda tranqüilas. Muitas amizades nascidas na época são, até hoje, preservadas. Dos grupos de futebol, nasceram as primeiras associações esportivas do bairro. O Mooca Atlético Clube, do qual Elias Politi foi co-fundador, é um deles. Anos depois, formado em direito, Politi responsabilizou-se pela redação dos estatutos do clube. Apesar dos positivos contatos interétnicos, parte considerável dos judeus da Mooca vivia, religiosamente, num "gueto", em especial por ocasião das comemorações das tradições judaicas.

Judeus, muçulmanos e cristãos, naturais do Oriente Médio, identificados pela língua árabe, costumes, gosto pela mesma música e dança e pelos mesmos alimentos fizeram com que os nacionais e outros imigrantes, residentes do bairro, os reconhecessem como "turcos", apesar das diferenças religiosas.

Embora a maioria dos sírio-libaneses se fixasse no Brás e Ipiranga, os contatos com os judeus do Oriente Médio faziam-se em estabelecimentos comerciais das ruas Oriente e 25 de Março. Um exemplo positivo da integração, independente da religião, foi o preservado entre vários judeus da Mooca com o médico Abeid Adura que, desde 1945, mantinha um consultório no bairro. Nos anos 20, Nagib Adura, muçulmano natural de Safed, pai de Abeid, aos 15 anos, chegou a São Paulo. Emigrou, levado pelos mesmos motivos dos judeus: a fuga do serviço militar obrigatório e os conflitos regionais. A ascensão econômica e social dos Adura no ramo de tecidos permitiu a formação universitária dos filhos. Depois de formado, Abeid Adura instalou seu consultório na Mooca e, como conhecia o árabe, era procurado pelos membros da comunidade judaica. A identificação fez-se pela língua e costumes. Na realidade, apesar das diferenças religiosas, muçulmanos, cristãos e judeus do Oriente Médio participavam de uma mesma cultura. Abeid Adura, nascido no Brasil, viu o desgosto de seus pais quando se decidiu casar com moça italiana e católica e assistiu, também, ao sofrimento da irmã casada com um muçulmano, de formação patriarcal rígida. A identidade cultural fez com que Adura mantivesse amizade com os judeus da Mooca, considerada até os dias de hoje. Foi padrinho de casamento de Salim Zeitune com Sara Derviche; entre seus clientes encontravam-se os Nigri, os Politi, os Gamal, os Kalili, os Kibrit, os Mansur e os Hadid. Por freqüentar suas casas, Abeid Adura tornou-se testemunha da concórdia existente entre os imigrantes de várias origens no bairro e da convivência dos judeus com os sírio-libaneses, dando continuidade à tradicional e secular harmonia vivida no Oriente Médio, antes da Primeira Guerra.

Os judeus-orientais reproduziram na Mooca uma comunidade patriarcal; o milenar contato com árabes permititu o reforço do patriarcalismo judaico. A alta preferência por filhos homens era unânime, a notícia do nascimento de uma menina era retardada e recebida com certo desgosto. Em geral, as moças, quando se casavam, deixavam de ser motivo de preocupação dos pais e eram, praticamente, excluídas da herança familiar, conforme costume árabe tradicional.

A rigidez patriarcal impedia que a mulher trabalhasse, mesmo quando necessário. O exercício de uma profissão, mesmo a costura, era considerado vergonhoso e diminuía o conceito e o respeito da família perante a comunidade judaico-oriental da Mooca. Trabalhar de forma autônoma ou

Casamento de Linda Nigri e Victor Elias Nigri, São Paulo, 1944.

como empregada numa empresa evidenciava a pobreza familiar e atestava a incompetência do pai e dos filhos homens da família. Apesar disso, pudemos constatar o trabalho feminino em algumas famílias. A costureira Badrie Zeitune, por exemplo, confeccionava, por encomenda, roupa íntima feminina e a vendia nas lojas do centro da cidade e no pequeno estabelecimento comercial de seu marido, na Rua da Mooca.

O tempo permitiu ousadias de algumas senhoras da comunidade, como foi o caso de Adélia Antebi Fuerte. Sua habilidade na costura de finos vestidos de festa, com bordados e pedraria permitiu que ganhasse clientela na sociedade paulistana dos anos 40. O reconhecimento do seu primoroso trabalho efetivou-se na colônia da Mooca, quando as senhoras da família Nigri a contrataram[32]. O sucesso de Adélia Fuerte permitiu que criasse uma Escola Profissional

---

32. Adélia Fuerte, diplomada em "Corte e Costura" pela Escola Profissional de São Paulo, além de costurar para Mary

de Corte e Costura, freqüentada por alunas devidamente uniformizadas. Entre suas discípulas, encontravam-se várias moças da comunidade como Rebeca e Judith Simantob, Málake Behar e Sarina Mansur. Depois a costura, valorizada como atividade feminina, levou a maioria dos pais a insistir no aprendizado exclusivo de "corte e costura" às filhas, depois da formação escolar elementar. Formalmente este estudo era suficiente até que se casassem. O grande número de profissionais na confecção dos acolchoados, *el kaf*, permitiu o trabalho feminino familiar, visto que o exercício da profissão, no período, era caseiro[33].

As tecelagens e estamparias de Nassim Nigri & irmãos na Odorico Mendes, a de Meyer J. Nigri na Luiz Gama e a produção da seda dos irmãos Hadid e do sócio Arão Fuerte na Oscar Horta empregavam parentes como a sobrinha Rebeca Simantob Cohen, que chegou a ocupar o cargo de gerente geral da fábrica de Carlos Hadid.

Os judeu-orientais com tempo e perseverança fizeram as primeiras fortunas; Isaac Sayeg foi surpreendido pela sorte: ganhou, logo depois da Segunda Guerra o grande prêmio da Loteria Federal, Salim Kalili também foi favorecido pela mesma sorte.

Isaac Sayeg, como líder comunitário, mantinha sob sua responsabilidade financeira uma casa onde se realizaram as primeiras reuniões sociais e recreativas precursoras do Grêmio Sinai. Quando Nassim Nigri transferiu-se para São Paulo, em 1925, dividiu com Sayeg as responsabilidades da comunidade. O altruísmo de Nassim Nigri, um "mão aberta", ajudando a quem o procurasse, alimentou, na comunidade judaica da Mooca, o *slogan* "todos devem um pouco a Nassim Nigri".

Depois de tempos na Mooca, parte dos familiares dos Nigri, os Kalili, os Hadid e outros procuraram viver com mais conforto, longe das enchentes. Assim, transferiram-se ao Ipiranga, bairro nobre e residencial, um dos locais de residência dos imigrantes e descendentes dos sírio-libaneses bem posicionados. A maioria dos participantes judeus continuou na Mooca, transformada em base comunitária porque, aos religiosos, era fundamental estar próximo das sinagogas.

A origem comum, os laços de amizade e solidariedade reforçaram a integração comunitária, alguns dos entrevistados se emocionaram e manifes-

---

e Fortunée Nigri, mantinha uma clientela da elite de famílias paulistanas, entre as quais os Vidigal, Albuquerque, Cintra e Chagas de Oliveira. Adélia conheceu estas clientes, na famosa loja do Largo do Arouche de São Paulo, a "Rosa de Maio". Relato de Adélia Fuerte para RM. São Paulo, 1996.

33. A arte de confeccionar os *él kaf* foi trazida de Sidon e aprimorada por José Simantob. Relato de Marcos Simantob a RM. Rio de Janeiro, 1998.

Instalações da fábrica de Isaac Sayeg, sede do Grêmio Sinai, na Mooca. São Paulo, década de 60.

A família Sayeg, nas Bodas de Ouro dos pais. São Paulo, 25 de fevereiro de 1965.

taram saudosismo. Lembravam as reuniões em família, em comemorações religiosas e sociais, nas quais se ajudavam para fazer doces e salgados típicos. As alegres e extrovertidas senhoras Mary Haski Mizrahi e Rachel Tawil Memran reuniam as amigas no final das tardes de sábado para conversar, fumar e cantar. Juntando as famílias, programavam passeios e piqueniques em lugares agradáveis como a Serra da Cantareira e Vila Galvão. O casal Sarine e David

Jacob e Reina Simantob nas Bodas de Ouro, rodeado pelos filhos. São Paulo, década de 70.

Télio, residentes ao lado da sinagoga, antes do início das orações, recebia amigos que vinham conversar e comer as *kac*, típicas rosquinhas da culinária judaico-oriental. Muitos se conheciam das terras de origem ou emigraram para o Brasil nas mesmas embarcações.

Detalhes da dissidência entre os fundadores dos dois templos não eram conhecidos pela maioria dos participantes comunitários. Leon Rábia atribui o nascimento das duas sinagogas aos "ciúmes, diferenças de riqueza e desavenças originárias do orgulho". Solidários e unidos, a maioria reunia-se depois do *shabat*, para beber, fumar e jogar, revezando-se nas casas. Moisés Chatah, por exemplo, recebia Assilam Kalili, Victor Nigri, Moisés Simantob, Salim Peres e outros. Rodinhas de gamão, promovidas por Yontob Zeitune, Nassim Nigri, Salim Mansur e Elias Simantob eram comuns, ao som da comida e música árabe, na residência de Jacob e Badrie Zeitune.

Durante as comemorações religiosas e das festas sociais, muitas senhoras colocavam-se à disposição para fazer os doces e salgados, mostrando a habilidade culinária familiar. Na década de 40, Badrie Politi, Raquel Sayeg e Rachel Memran foram mães que se propunham com os pais a levar moças a cinemas, teatros, bailes e empreendimentos recreativos.

A ausência de mulheres israelitas preocupava o grupo imigrante. No Oriente Médio, o problema era inverso: avós e pais idosos mandavam filhas

Elias e Maria Mizrahi, filhos, genro e neto. São Paulo, década de 1960.

e netas, sob responsabilidade de amigos que emigravam, pois na terra havia restritas possibilidades de casamento.

As mães, preocupadas, compunham o casamento dos filhos ainda crianças com os primos e outros parentes. Intermediárias ou "casamenteiras", encarregavam-se a formar pares. Badrie Zeitune, Jamile Derviche e a sefaradi Matilde Campeas concretizaram muitas uniões. Das visitas aos parentes e amigos ao Rio de Janeiro, muitos casamentos foram realizados entre os jovens das duas cidades.

Amigos que cresceram juntos na comunidade da Mooca acabaram na década de 50, companheiros no exército, participantes de uma mesma turma: Nessim Benjamin Cohen, Isaac Mizrahi, David Halali, Leon Zaide, Salim Peres, Maurício Politi, Isaac Politi, Elias Zeitune, Rahamin Zeitune e David Abuhab. Joseph Nigri, por ser universitário, serviu o CPOR, grupo especial de serviço militar.

Os judeu-orientais formaram famílias numerosas. Essas famílias permitiram a manutenção da endogamia comunitária da Mooca. Marcos, pai de Carlos Hadid foi casado várias vezes no Rio de Janeiro, completou, com a última esposa, a jovem Simha Salum uma família de dezesseis filhos. Em São Paulo, Isaac e Bahie Sayeg eram pais de treze filhos; Salim Mansur, de dez; Nissim Kalili, de nove; Meyer J. Nigri e Elias Mizrahi de oito. Faride Sayeg Cohen, Júlia Sayeg Peres, Sarina Peres e Reina Simantob eram "campeãs"

Casamento de Elias Zeitune com Esther Abuab. São Paulo, 1947.

em filhos homens. Um casamento muito lembrado na Sinagoga Israelita Brasileira foi o do casal Elias Zeitune e Esther Abuab em 1947. A cerimônia coincidiu com a aceitação da proposta da ONU em favor do estabelecimento dos Estados judaico e árabe na Palestina (o alvoroço na hora do ato foi tal que os músicos contratados para a festa foram dispensados). Depois da cerimônia religiosa, os convidados dirigiram-se à Avenida Paulista para celebrar o evento em corso.

Os imigrantes judeus, marcados pelo conservadorismo, não cogitaram no casamento dos filhos com pessoas de outras origens religiosas. No início, incomodavam-se com casamentos com asquenazis, conhecidos como "gringos". Ivete Simantob, casada com Israel Rosemberg e Sarine Mansur com Jaime Szajubok sentiram-se rejeitadas pela comunidade, pois, depois desses casamentos, não mais eram convidadas às festas da comunidade. Foram simplesmente "cortadas" das listas de convidados.

O "fantasma dos casamentos mistos" incomodava a colônia como um todo; a pressão familiar e comunitária sobre o sexo feminino era maior. O namoro de uma moça judia com um rapaz não judeu trazia desconforto social à família. Se a união fosse concretizada, a *vergonha dos pais* era absoluta, externada pela aparência desleixada, barba crescida, "em luto", pela "perda da filha". A união não formal de um rapaz era vista pela comunidade como "passageira e coisa de homem". A possibilidade de conversão da companheira não judia era excluída pelos imigrantes e filhos, primeira geração de brasileiros. Alguns "casamentos mistos" foram concretizados às escondidas, provocando na comunidade verdadeira comoção social. Rabinos asquenazis, religiosos e líderes da comunidade como Mário Amar e Gabriel Kibrit eram chamados para dissuadir os jovens envolvidos, tentando demovê-los da união indesejável. Concretizadas as uniões, não se admitia a freqüência desses "dissidentes" nas sinagogas e reuniões sociais da comunidade.

Os pais providenciavam, para que os casamentos de suas filhas fossem cedo realizados, temendo possíveis relacionamentos fora do grupo. Algumas se casaram no início da puberdade aos 13 e 14 anos. A maioria das jovens pouco conhecia do futuro companheiro.

Casar-se com membros da própria *kehilá* era o maior desejo dos pais. Alguns, mais drásticos, chegaram a limitar o rol de amigos dos filhos, impedindo-os de freqüentar reuniões sociais ou bailes organizados, mesmo por asquenazis. Gabriel Kibrit, embora casado com senhora asquenazi, não ficou feliz com o casamento de seu filho Abrahão, com jovem da mesma origem. A "ousadia" de Abrão de levar Anita Hamer à uma festa da colônia, foi comentada sob a alegação de "não faltar moças na comunidade, não se justificando que se interessasse por alguém de fora".

Um dos primeiros casos de uniões "mistas" foi o de Alberto, filho de Haim e Amélia Adissy; assimilado e integrado na comunidade nacional, não se sentia à vontade quando convidado para ir ao Círculo Israelita, clube asquenazi, freqüentado pela maioria dos judeus paulistanos do período. Alberto casou-se com Antônia Bearzi, de origem italiana. A união foi um dos primeiros "casamentos mistos" realizados às escondidas, revelando o conflito de identidade de Alberto na comunidade judaica da Mooca. Por ocasião das bodas, Alberto mandou imprimir dois convites: um aos amigos e outro à colônia. Depois de casado afastou-se da comunidade de origem. Por dominar o árabe, passou a freqüentar a comunidade sírio-libanesa do Clube Homs, na qual sua origem judaica não era questionada. Em casa, objetos decorativos atestam valores católicos, sua mãe, Amélia Cohen Adissy, viúva, aceitou seu casamento e relacionou-se bem com a nora Antônia.

O conservadorismo dos costumes e da religião marcaram muitas famílias na Mooca. A força do patriarcalismo levou a que mães e filhos vivessem temerosos, diante da rigidez e agressividade dos pais e maridos. As mães, sem condições de se posicionar, acabavam assumindo as posturas patriarcais da origem, não interferindo no processo educacional dos filhos. Atitudes de rebeldia, embora não comuns na primeira geração de imigrantes, aconteciam e consternavam os responsáveis pela direção comunitária. O alheamento dos pais na formação educacional, em especial das meninas, permitiu comportamentos de rebeldia[34].

4.6 A FAMÍLIA PORTO: UM CASO DE CONVERSÃO

A ortodoxia dos judeu-orientais, além de não aceitar os "casamentos mistos", rejeitava possíveis conversões. Somente uma identificação real e de natural interesse justificavam-na, fato incomum no período. As conversões são

---

34. Amélia Chatah chegou a fazer a "Primeira Comunhão" na escola de freiras que freqüentava. Ao apaixonar-se por Waldomiro, um vizinho, Amélia, à revelia do pai e dos líderes comunitários, casou-se com ele numa igreja católica. Mais tarde Amélia voltou ao judaísmo e freqüenta hoje a Bet-Sar-Shalom, Casa Príncipe da Paz, ou a Comunidade Judaica Messiânica que adota um cerimonial judaico aceitando Jesus como Messias.

O Rabino Baruch Rabinovich, o Munkatcher Rebbe. São Paulo, Shalom, *julho 1963.*

prerrogativas somente atribuídas a rabinos, conforme condições e etapas comprobatórias e de real interesse do postulante à conversão. Nossa pesquisa registrou na Mooca, um único caso de conversão: o da família de Geraldo Porto.

Geraldo, filho de português com italiana, desde jovem, sensibilizava-se com o povo e a cultura judaica. Católico praticante, lia tudo o que se referia ao "povo eleito". Na década de 50, o acaso fez com que encontrasse Jacques Sarraf em Santos. Conversando, por várias vezes, com ele decidiu-se: queria fazer parte do povo judeu. Em São Paulo, ainda em contato com Jacques Sarraf, pediu-lhe que o ajudasse na conversão. A insistência no propósito levou Sarraf apresentá-lo ao rabino Baruch Rabinovich, conhecido como Munkatcher Rebbe, residente no Bom Retiro[35]. Este religioso compunha com o rabino Valt o quadro do rabinato conservador da comunidade judaica de São Paulo. Dentro das normas religiosas, Munkatcher tentou, por várias vezes, dissuadi-lo do propósito. Em uma das visitas ao rabino, Geraldo levou toda a família e esperou no Jardim da Luz. Por horas, permaneceu na praça para ser atendido e sua persistência fez com que o rabino se convencesse de sua fé e do seu verdadeiro interesse pela religião.

O processo da conversão de Geraldo Porto e família iniciou-se depois de cinco anos. Convencido de sua vontade de se tornar judeu, o rabino instruiu-o, bem como mulher e filhos nos princípios da religião mosaica. Geraldo e os filhos foram circuncidados e sua a mulher passou pela *Tibila*, o banho ritual de purificação. As crianças freqüentaram a escola religiosa Beith Chinuh; depois da conversão, Geraldo Porto participou da União Israelita Paulista, a "sinagoga dos Amar", na Mooca. Hoje, passadas décadas de sua conversão, Porto é um religioso responsável pela administração e manutenção da sinagoga para judeus remanescentes na Mooca. Os filhos casaram-se com Raquel Siles e Neusa Baracat, moças judias do Rio de Janeiro. Raquel Siles é filha de Moisés Halali, um dos fundadores de sua sinagoga. O terceiro casou-se com moça católica que se converteu ao judaísmo pelo rabino Henry Sobel da CIP.

Geraldo impressionou-nos como verdadeiro homem de fé. Atualmente, responsabiliza-se pela sinagoga que o acolheu, e, segundo as próprias palavras, sua conversão foi "inspiração divina".

---

35. Geraldo Porto chamava-o de "Mucati". O conceituado rabino, de origem polonesa, chegou ao Brasil em 1947, procedente de Israel. Em 1963, deixou São Paulo para exercer a função de rabino-chefe de Holon, cidade próxima a Tel-Aviv, *Shalom*, São Paulo, jul. 1977.

5. Os Novos Imigrantes do Oriente Médio em São Paulo

PÁG. ANTERIOR
A Grande Sinagoga da Congregação e Beneficência Sefaradi Paulista, São Paulo, 1997.

5.1 O SIONISMO E OS CONFLITOS ENTRE ÁRABES E JUDEUS NA PALESTINA

Terminada a Primeira Guerra, as nações européias, vencedoras do grande conflito, dividiram entre si o espólio territorial e político otomano[1]. A Palestina, área aproximada de 27 000 km², foi particularmente reclamada. Em 1920, a ingerência britânica na região levou a França decretar o Estado do Grande Líbano, fundindo o Monte Líbano a Trípoli, Sidon, Tiro, Akhar e o Vale de Beca. A cidade de Beirute, com 150 000 habitantes, passou a sediar o Alto Comissariado francês[2]. Em 1922, a Liga das Nações confiou à Inglaterra o Mandato sobre a Palestina.

Até meados do século XIX, a maioria da população judaica palestina era sefaradi e oriental. Em cidades como Jerusalém e Safed, judeus e muçulmanos, partilhando do mesmo espaço, viviam em relações próximas. Judeus procedentes da Europa Oriental e da Rússia chegaram ao Oriente Médio depois da Guerra da Criméia (1853-1856)[3]. Além da guerra, o anti-semitismo, em especial o de 1881, provocou a sucessiva entrada de asquenazis na Palestina.

---

1. De todo o Império Otomano, somente a Turquia e o Irã, países não árabes, conseguiram escapar da tutela do Ocidente. Após a guerra greco-turca (1918-1923), a Grécia reconheceu a independência da Turquia. A ilha de Rodes foi cedida à Itália.
2. Ofício de Fortunato Sellan, cônsul de Beirute, ao Dr. J. A. Pacheco, Ministro de Estado das Relações Exteriores, Beirute, 22 de junho de 1925, doc. 459, vol. 238/1/7, AHI/RJ.
3. A Turquia, a Rússia, a Inglaterra e a França, nações envolvidas no conflito, pretendiam o controle dos lugares santos da Palestina.

Participantes da Primeira Aliá. Da esquerda para a direita: Yaacov Shertok, Eliezer Ben-Yehuda, Zeev Dubnov, irmão do historiador Simon Dubnow (Yigal Lossin, Pillar of Fire. The Rebirth of Israel – a Visual History, Israel, Shikmona, 1983, p. 22).

Arthur James Balfour (1848-1930). Postal.

Embora culturalmente diferenciados, os judeus da Palestina identificavam-se na concretização do ideal milenar de estar presente na terra dos antepassados, expresso inclusive nas preces. A integração dos grupos judaicos permitiu, de modo geral, que asquenazis falassem o árabe e judeu-orientais conhecessem o *iídish*. Em pouco tempo, o expressivo número de idealistas asquenazis na região levou muitos deles assumirem as diretrizes políticas das comunidades judaicas palestinas.

Numerosas famílias de judeus da Palestina impedidas, pela Guerra, de receber recursos enviados da diáspora, vendo ampliar-se o estado de pobreza, fome e não conseguindo manter os antigos vínculos com os árabes, passando a sofrer manifestações de nacionalismos e anti-semitismo, tomaram a decisão,

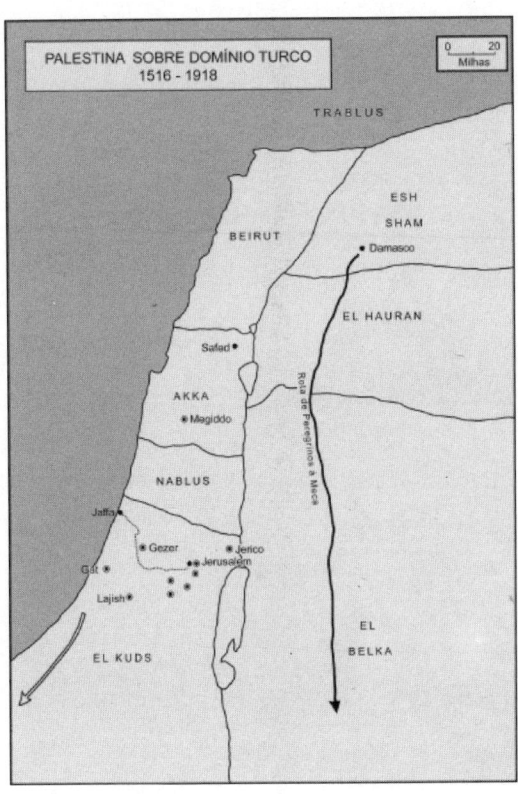

A Palestina sob domínio turco: 1516-1918. Martin Gilbert, Atlas de la Historia Judía, *Israel, La Semana, p. 69.*

mesmo a contragosto, de emigrar para outras terras[4]. Em contrapartida, o apoio de Lord Balfour às aspirações dos judeus a um lar nacional, em 1917, favoreceu a entrada de refugiados na Palestina.

Os responsáveis pelo Mandato Britânico, diante da complexa sociedade de maioria árabe-muçulmana, controlavam a região, legislando segundo interesses políticos próprios. Árabes e judeus, em campos opostos, favorecidos pela política americana de autodeterminação, apressaram agressivamente o delineamento de seus futuros Estados.

O sionismo, movimento ideal de retorno do povo judeu à terra de origem, nascido na Europa no final do século XIX, não envolvia os judeus do Oriente Médio. Sob os otomanos, próximos às origens e em uma estrutura social pluralista, os judeus viviam em comunidades religiosas autônomas.

Historicamente, o movimento sionista teve precursores sefaradis. Em meados do século XVI, o diplomata e negociante Joseph Nassi e sua tia Grácia Mendes tentaram reativar na Palestina, em Tibérias, uma colônia judaica. Além dos Mendes, Hayim Abuláfia, em 1740, ocupou-se com o povoamento dos judeus na mesma região. O verdadeiro precursor do sionismo foi o sefaradi Yehuda Alkalai, de Serajevo, por decidir publicar em hebraico o *Shemá Israel*[5], defendendo a criação de colônias judaicas na terra de Israel. Sensibilizado com o Caso Damasco (1840), Alkalai idealizou um projeto de reconstrução da Terra de Israel para a redenção do povo judeu[6].

O sionismo como ideologia política foi especialmente repassado aos judeus palestinos nos *kibutzim,* colônias cooperativas agrícolas, criadas pelos judeus russos e romenos. Desde meados do século XIX, propostas de solidariedade humana foram conseguidas no Oriente Médio pelas escolas da Alliance Israélite Universelle. Seus educadores, graduados na França, trabalharam pela difusão humanística e da cultura hebraica ocidental aos alunos nas cidades onde se instalaram[7].

---

4. Calcula-se que cerca de 20 000 judeus saíram da Palestina, no período.
5. Tradução literal: Ouça Israel. Expressão em hebraico.
6. Marc Angel, "Voices in Exile", *Morashá*, São Paulo, Ktav – Sephardic House, abr. 1975.
7. Ocidentalizados e culturalmente diferenciados, os alunos da Alliance posicionaram-se como sionistas e líderes comunitários nos países para onde emigraram.

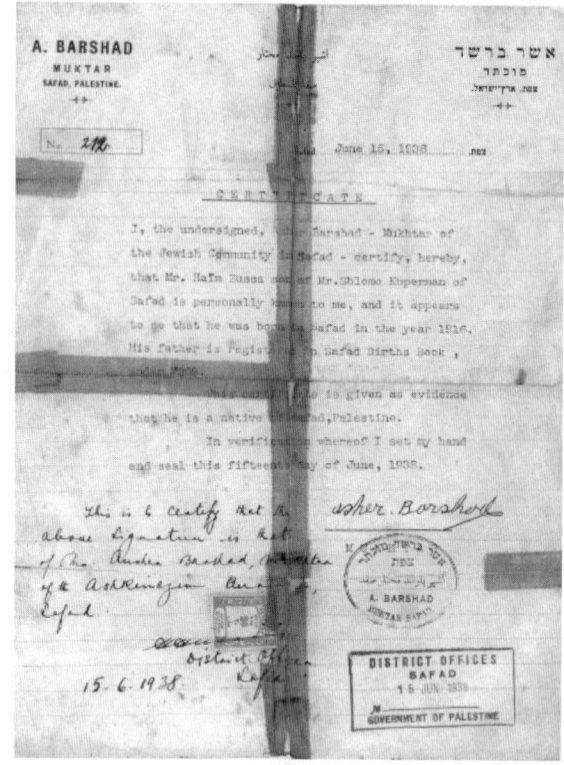

ACIMA

Deganya, *"mãe dos Kibutzim", Palestina*, 1909, *Yigal Lossin*, Pillar of Fire, *p. 44*.

PÁG. ANTERIOR

Ana e o filho Jayme Kuperman, asquenazis de Safed. Belo Horizonte, 1929.

Certificado comprovando a origem de Haim (Jayme) Kuperman, de Safed. Palestina, 15.6.1938. Arquivo de Jayme Kuperman.

Lembranças de Fortunée Norsa e Victorine Mamane à família residente em Alexandria. Palestina, 1932.

Embora não houvesse terras demarcadas na Palestina, os nacionalistas árabes, no período pós-guerra, passaram a exigir dos mandatários ingleses controle de entrada de judeus na região e posicionamento político favorável[8]. Em setembro de 1947, diante das dificuldades e dos contínuos conflitos entre árabes e judeus, os ingleses comunicaram às Nações Unidas a decisão de abandonar a Palestina.

Na ONU, o apoio soviético ao plano da divisão da Palestina em dois Estados acelerou a resolução sobre o Oriente Médio. Em 14 de maio de 1948, o Estado de Israel e o Estado Palestino foram oficializados. Apesar da determinação, o Estado Árabe-Palestino não chegou a sair do papel, pois os países árabes que não aceitaram a partilha, declararam guerra a Israel, obrigando 630 000 palestinos a transferirem-se para países próximos. Israel, em ação militar, anexa áreas palestinas ao seu território, problematizando um conflito que se estende aos dias de hoje[9].

8. Toda vez que ocorriam distúrbios entre judeus e árabes na Palestina, os ingleses estudavam a situação através da publicação de "Livro Branco". Rifka Berezin (org.), *Caminhos do Povo Judeu*, São Paulo, vol. IV, p. 161.

9. No período, os árabe-palestinos passaram por domínio otomano e britânico, sem chegar à independência nacional.

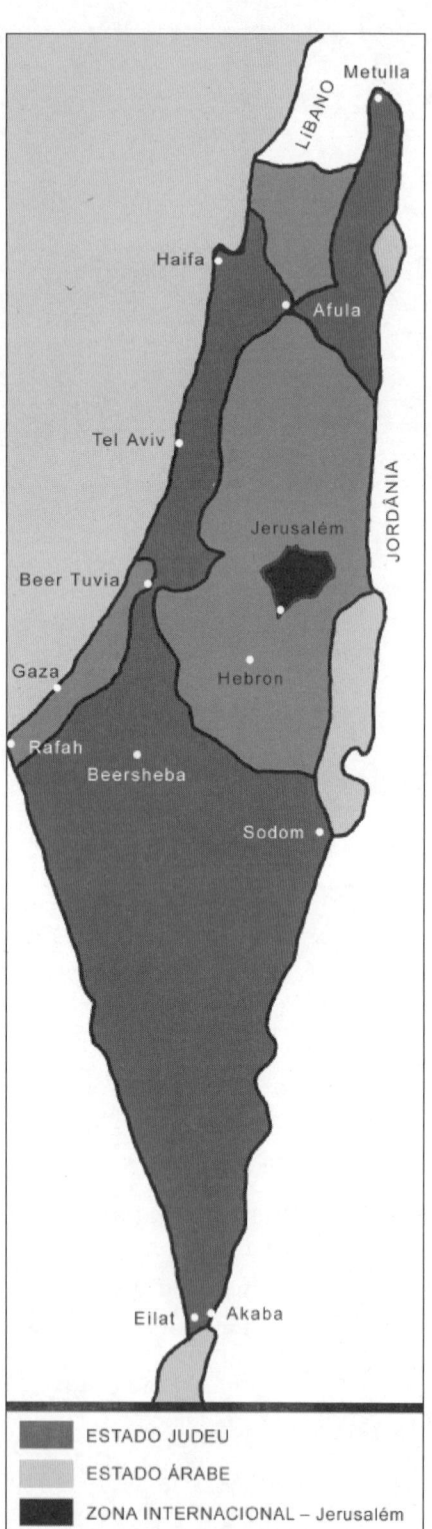

À ESQUERDA

A partilha da Palestina, recomendada pelo Comitê da Organização das Nações Unidas, em 1947, Yigal Lossin, Pillar of Fire, *p. 481.*

O banqueiro sefaradi Haim Valero, responsável pela fundação do primeiro banco na Palestina, Jaffa, em 1848, Yigal Lossin, Pillar of Fire, *p. 21.*

ABAIXO

O fim dos 30 anos do Mandato Britânico. O último alto-comissário deixa a Palestina, Yigal Lossin, Pillar of Fire, *p. 542.*

Oswaldo Aranha, à direita, Presidente da Assembléia Geral, Trygve Lie, à esquerda, secretário geral da ONU e Herschel Johnson, embaixador americano, Yigal Lossin, Pillar of Fire, *p. 488.*

Instalando-se no Líbano, líderes dos 170 000 refugiados palestinos fundaram a Organização de Libertação da Palestina (OLP). Os que permaneceram em Israel posicionaram-se na Cisjordânia e em Gaza, reforçando a identidade e a consciência separatista[10].

Os infindáveis conflitos, numa região de importância petrolífera, levaram à intervenção internacional no Oriente Médio. Apesar dos altos e baixos das tentativas de conciliação, e ainda que os conflitos nacionalistas estejam em cena, os milenares e positivos contatos entre judeus e muçulmanos, prevalecentes até o final da Primeira Guerra, não devem ser esquecidos e podem ser resgatados[11].

---

10. Helena Salem, *Entre Árabes e Judeus*, Brasiliense, 1991, p. 96.
11. Em 1979 foi possível o acordo de paz entre Israel e Egito. Menahém Begin e Anuar Sadat renovaram os laços de amizade entre israelenses e egípcios.

5.2 ALEPO: FIM DE UMA ANTIGA COMUNIDADE

Terminada a Primeira Guerra Mundial, as relações entre muçulmanos e judeus nos países árabes passaram a ser particularmente difíceis. Os judeus, acusados de sionistas e de apoiar o "inimigo", sentindo-se ameaçados e vendo frustradas todas as tentativas de paz, buscaram emigrar.

A partilha da Palestina, determinada pela ONU, intensificou nos países árabes posturas nacionalistas. Sancionada a decisão, a Grande Sinagoga de Alepo, na Síria, foi incendiada, fato que chocou muitos, pois na sinagoga, possivelmente a mais antiga do mundo judaico, guardavam-se documentos religiosos importantes[12]. A partir de 1947, as autoridades sírias passaram a controlar todos os 24 000 judeus, impedindo-os, inclusive, de emigrar para Israel. Negociantes judeus que precisavam viajar poucos quilômetros de suas residências deveriam, obrigatoriamente, apresentar-se à polícia e depositar um valor em dinheiro, só restituído no retorno. As restrições que se ampliavam levaram agentes operacionais israelenses a resgatar famílias judias, através do Líbano e da Turquia, e conduzi-las a Israel[13]. Essas operações, realizadas em momentos diferentes, dividiram as famílias judias por diferentes continentes.

A instabilidade política internacional, decorrente da Guerra Fria na Europa e na Coréia, levou os negociantes judeus do Oriente Médio a investir nas

Oficiais sírios no Golan, na conquista do Norte da Palestina, 1948, Yigal Lossin, Pillar of Fire, p. 536.

---

12. O *Códice de Alepo*, o *Keter*, o "guardião da cidade", com perda parcial, foi levado ao Instituto BenZvi, em Israel (Rifka Berezin, "Coletânea de Lembranças de Alepo", *Morashá*, abr.1997).
13. Em 1948, o Líbano, não apresentando hostilidade a Israel, teve sua população judaica (cerca de 5 000 pessoas) dobrada. Em 1956, na Guerra do Sinai, a maioria dos judeus-libaneses buscou o Estado de Israel e terras na América.

Crianças uniformizadas da Alliance Israélite Universelle, Beirute, 1957. Arquivo particular de Fifine Sasson.

Família dos dez irmãos Sasson, naturais de Alepo, reunidos em Bat Yam. Israel, 1996.

possibilidades econômicas dos países da América. Embora a maioria buscasse a América do Norte, algumas famílias da Síria, do Líbano e do Egito decidiram-se, no início da década de 50, pelas cidades de Buenos Aires e São Paulo.

5.3 PROSPERIDADE E DECADÊNCIA DAS COMUNIDADES JUDAICAS EGÍPCIAS

No Egito vivia a maior comunidade judaica do Oriente Médio. Em 1948, cerca de 70 000 judeus viviam em antigas, prósperas e integradas comunidades. Instalado Israel, perto de 20 000 judeus saíram do Egito, refugiando-se no novo Estado, até que as leis antiemigratórias fossem promulgadas[14].

Dados estatísticos da população egípcia. Juifs D'Egypte. Images et textes, *Paris, Editions du Sucre, 1984.*

	1897	1907	1917
População total	9 734 137	11 189 772	12 709 441
Muçulmanos	8 977 702	10 269 445	11 623 745
Coptas	609 511	706 322	834 474
Outros cristãos	121 724	175 370	191 641
Judeus	25 200	38 635	59 581

Os judeus, responsáveis pelo incremento comercial, industrial e bancário egípcio, fizeram parte dos grupos que alicerçaram a moderna economia do país. Ocuparam, até 1948, importantes cargos da organização político-administrativa do Egito, conseguindo posições no Senado e na Câmara dos Deputados. Alguns mantinham ligações próximas com a aristocracia egípcia muçulmana. O rabino Haim Nahum Effendi, por exemplo, era secretário de Kataui Pashá, Ministro das Finanças de Ahmed Fouad I (1922 a 1936). Natural de Magnésia, cidade turca, o grão-rabino consultava livros na enorme biblioteca do palácio real. Depois de graduar-se no Seminário Rabínico de Paris, freqüentou o curso de Direito em Istambul. Na cidade, participante do movimento dos Jovens Turcos, foi nomeado *Chaham Bashi,* representante religioso comunitário. Ao lecionar na Escola Imperial da Artilharia da cidade, teve como alunos generais do Estado Maior da Turquia. Em 1925, transferindo-se para o Egito, Haim Nahum Effendi foi nomeado rabino-mor das comunidades do Egito e Sudão. A cidadania egípcia, conseguida em 1929, levou a que ocupasse, em 1931, uma cadeira do Senado e, em 1933, pertenceu à Academia de Língua Árabe, no Cairo[15].

14. René Decol, *Imigrações Urbanas para o Brasil: o Caso dos Judeus*, p. 76.
15. *Juifs D'Egypte. Images et textes*, Paris, Editions du Sucre, 1984, p. 229.

À DIREITA
Os Elhay, família de judeu-egípcio, Cairo, 1920. Arquivo de Célia Valente.

ABAIXO
Moussa Isaac Mamam e empregados na colheita do algodão. Egito, década de 1920.

O senador, rabino Haim Nahum Effendi, 2º da esquerda para a direita, no enterro do rei Fouad, 1934, Juifs D'Egypte. Images et textes, *Paris, Editions du Sucre, 1984, p. 237.*

Dados estatísticos da população egípcia. Juifs D'Egypte. Images et textes, *Paris, Editions du Sucre, 1984.*

	1897	1907	1917
Cairo	8 819	20 281	29 207
Alexandria	9 831	14 475	24 858
Tantah	883	1 104	1 183
Port Saïd	400	378	594
Mansourah	508	522	586
Suez	120	74	157
Ismaïlia	39	11	95
Outros	4 600	1 790	2 901
TOTAL	25 200	38 635	59 581

Além da plataforma fascista, os nacionalistas egípcios assumiram a campanha anti-sionista. Em julho de 1947, as leis estipularam que 75% dos empregos burocráticos e 90% de operários de qualquer empresa no Egito deveriam estar em mãos de cidadãos egípcios. Quando a determinação entrou em vigor, Moisés Nahaissi, por exemplo, foi demitido, deixando o cargo de Diretor de Departamento do Nacional Bank of Egypt depois de trabalhar 28 anos na instituição[16].

16. Seu cunhado, Felix Saadia, residente em Alexandria, ajudava aos refugiados judeus, encaminhando-os para Israel ("Lembranças... Presente do passado. História de Liza Nahaissi", p. 142). Relato de Liza Nahaissi a RM. São Paulo, 1995.

O general Naguib em visita à Grande Sinagoga do Cairo, no Dia de Kipur, Egito, 1952, Juifs D'Egypte, *p.238.*

Em 1952, Gamal Abdel Nasser, ao derrotar o general Naguid, tornou-se único detentor do poder no Egito. Dirigindo a Liga Árabe, Nasser conseguiu a direta oposição de todos os países árabes à "política expansionista" de Israel.

Nacionalizado o Canal de Suez, em 1956, Nasser levou a que Inglaterra, França e Israel atacassem o Egito. As perseguições contra os judeus no país intensificaram-se. Líderes comunitários, detidos em campos de concentração pela "segurança do país em época de guerra", tiveram suas propriedades confiscadas. Processos de espionagem para Israel foram abertos, consternando e colocando todos os judeus do Egito em alerta. Os advogados constituídos pelas famílias nada podiam fazer, pois nem tinham acesso a tais processos.

Estimativas assumem que, de novembro de 1956 a março de 1957, 500 empresas pertencentes a judeus tenham sido desapropriadas, e os bens de outras 800 foram congelados[17]. Poucos judeus conseguiram levar bens e valores quando saíram do Egito[18].

17. "A Perda dos Bens do Dia para a Noite", *Semana Judaica*, São Paulo, abr. 2001.
18. Relatos de Anna B. Bigio e Maurice Harari a RM. São Paulo, ago. 2001.

Registro Civil do Grande-Rabinato de Alexandria. Egito, 1957

5.4 REFUGIADOS DO ORIENTE MÉDIO NO BRASIL

Impedidos de emigrar para Israel, industriais e financistas judeus do Egito dividiram-se pela França, Inglaterra, Itália e outros países europeus e da América do Norte. Numerosas famílias judias, integradas no cotidiano egípcio, resistiram à decisão de sair do país.

Dos países sul-americanos, o Brasil apresentava-se como opção desejável para muitos refugiados judeus. Além de possuir grandes extensões de terra não ocupadas, o país estava em fase de expansão econômica, não apresentando, como a Argentina, histórias de anti-semitismo. Imigrantes de várias origens, como árabes e judeus, viviam no Brasil em harmonia, e muitos ocupavam cargos na administração pública, sem que a etnia e a crença religiosa fossem lembradas ou questionadas.

A partir de 1952, cerca de 1 500 famílias judias emigraram do Egito para o Brasil, número que pode ser considerado "massivo", no conjunto geral da população judaica brasileira, pois nunca tão grande número de judeus, em curto espaço de tempo, havia emigrado ao Brasil.

No período, o chefe do Departamento de Imigração do Ministério da Justiça brasileira, ao ser consultado sobre a admissão dos refugiados judeus do Oriente Médio, de forma surpreendente exigiu, para cada visto de entrada, "valor em dólares, por cabeça"[19]. Israel Klabin, industrial judeu do Rio de Janeiro, quando soube do fato, aconselhado pelo intelectual Augusto Frederico Schmidt, procurou o presidente Juscelino Kubitschek, que liberou a entrada dos judeu-egípcios e substituiu o funcionário.

O presidente do Egito Gamal A. Nasser não se opôs à emigração. A partir de 1956, a negociação entre os dirigentes egípcios e os rabinos Haim Nahum Effendi e Aron Angel levou com que a saída fosse, gradual e tranqüila. O grão-rabino Haim Effendi, aos 84 anos, buscou regularizar a documentação das famílias e apresentá-las aos dirigentes comunitários das nações receptoras.

A organização judaica de ajuda ao imigrante, a Hebrew Immigrant Aid Society (HIAS) considerou a terra brasileira como local ideal de asilo aos imigrantes judeus. A instituição mantinha em Roma um centro de triagem para orientar os imigrantes em viagem marítima ao Brasil[20].

A maior parte dos judeus do Oriente Médio da década de 50 fixou-se em São Paulo, cidade que apresentava condições, rápidas e fáceis para absor-

---

19. O funcionário era ligado ao político brasileiro Filinto Müller, do Partido Integralista.
20. Maurice Harari, ao emigrar, em 1956, chegou a pagar US$ 1.000,00 por cada familiar a intermediários egípcios.

Período	Religião						Total	
	Católica	(%)	Judaica	(%)	Outras	(%)		(%)
Até 1919	0	0	0	0	5	0,7	5	0,1
1920 - 1924	0	0	0	0	0	0	0	0
1925 - 1929	15	1,0	53	3,7	0	0	68	1,8
1930 - 1934	90	5,8	58	4,0	0	0	148	3,9
1935 - 1939	43	2,8	8	0,6	39	5,2	90	2,4
1940 - 1944	25	1,6	34	2,3	14	1,9	73	1,9
1945 - 1949	82	5,3	57	3,9	21	2,8	160	4,3
1950 - 1954	160	10,3	168	11,6	89	11,8	417	11,1
1955 - 1959	531	34,3	654	45,1	177	38,8	1.462	39,0
1960 - 1964	334	21,6	228	15,7	185	24,6	747	19,9
1965 - 1969	71	4,6	72	5,0	36	4,8	179	4,8
1970 - 1974	27	1,7	31	2,1	33	4,4	91	3,4
1975 - 1979	94	6,1	38	2,6	21	2,8	153	4,1
1980 - 1991	74	4,8	50	3,4	32	4,3	156	4,2
Total	1.546	100	1.451	100	752	100	3.749	100
% do Total	41,2		38,7		20,1		100,0	

Naturais do Egito, por data de chegada e religião, residentes na Região Sudeste. IBGE, censo de 1991. Processamento especial Redatam.

Período	Religião								Total	
	Católica	(%)	Judaica	(%)	Islamismo	(%)	Outras	(%)		(%)
Até 1919	358	5,4	15	0,5	55	2,9	0	0	428	3,4
1920 - 1924	570	8,6	28	0,8	57	3,0	38	4,8	693	5,5
1925 - 1929	629	9,5	31	0,9	202	10,6	18	2,3	880	7,0
1930 - 1934	381	5,7	53	1,6	79	4,1	23	2,9	536	4,2
1935 - 1939	336	5,1	145	4,4	96	5,0	0	0	577	4,6
1940 - 1944	264	4,0	103	3,1	13	0,7	26	3,3	406	3,2
1945 - 1949	426	6,4	85	2,6	168	8,8	38	4,8	717	5,7
1950 - 1954	1.242	18,7	597	18,1	451	23,6	68	8,7	2.358	18,7
1955 - 1959	815	12,3	510	15,5	147	7,7	189	24,1	1.661	13,1
1960 - 1964	504	7,6	357	10,8	210	11,0	78	9,9	1.149	9,1
1965 - 1969	170	2,6	344	10,4	98	5,1	90	11,5	702	5,6
1970 - 1974	214	3,2	245	7,4	196	10,3	112	14,3	767	6,1
1975 - 1979	361	5,4	316	9,6	36	1,9	67	8,5	780	6,2
1980 - 1991	367	5,5	471	14,3	102	5,3	38	4,8	978	7,7
Total	6.637	100	3.300	100	1.910	100	785	100	12.632	100
% do Total	52,5		26,1		15,1		6,2		100,0	

Naturais do Líbano, por data de chegada e religião residentes na região sudeste. IBGE, censo de 1991. Processamento especial Redatam.

América Latina	Pop.total	Judeus	Sefaradis
Argentina	25.000.000	350.000	75.000
Brasil	120.000.000	170.000	35.000
Chile	12.000.000	40.000	8.000
Colômbia	30.000.000	12.000	2.500
Cuba	8.000.000	1.500	500
México	40.000.000	40.000	15.000
Peru	16.000.000	7.000	1.200
Uruguai	3.000.000	40.000	10.000
Venezuela	12.000.000	20.000	6.000
Outros	30.000.000	7.000	1.500
TOTAL	296.000.000	687.500	154.700

População sefaradi — Dados comparativos na América Latina. Década de 60. Nessim Elnecavé, Los hijos de Ibero-Franconia, Buenos Aires, La Luz, 1981, p. 862.

ver imigrantes. A experiência em negócios, a formação acadêmica de muitos e o domínio de línguas estrangeiras fizeram com que judeus, libaneses, alepinos e egípcios, em pouco tempo, se posicionassem em empresas próprias ou multinacionais, abertas a profissionais especializados e bilíngües[21].

O Rio de Janeiro, porto de mar e capital do país, atraiu, principalmente, os imigrantes da cidade de Alexandria, que buscaram os bairros próximos das praias. A Congregação Religiosa Beth-El, junto ao CIB, clube recreativo judaico de Copacabana, fundado pelos sefaradis, recepcionou os novos imigrantes do Oriente Médio. Hoje, a maioria dos freqüentadores das sinagogas é de origem egípcia. Como em São Paulo, a liderança religiosa da Congregação Beth El aderiu ao movimento religioso do Beit Chabad[22].

5.5 A SINAGOGA DA ABOLIÇÃO E OS IMIGRANTES JUDEU-ORIENTAIS

Estabelecidos em São Paulo, a maioria dos imigrantes judeus da Síria, Líbano e Egito passou a freqüentar a Shaar Hashamaim, nome da Sinagoga da Abolição, na Bela Vista.

Samuel Del Giglio, presidente da Comunidade Israelita Sefaradi foi convidado pela HIAS e JOINT a recepcionar e apresentar os imigrantes à comunidade. No período, o rabino Diesendruck e o *chazan* Elias Mizrahi, que conhecia o árabe, coordenavam o ritual religioso da Sinagoga da Abolição. A partir da entrada de grande número de imigrantes, a sinagoga transformou-se e ganhou novo ânimo, pois os novos imigrantes destacavam-se pela religiosidade[23].

No final dos anos 60, o gibraltino Isaac Levy iniciava-se no cargo de Presidente da Sinagoga da Abolição. Em Portugal, Levy havia recebido orientação

---

21. Além dos sírios, libaneses e egípcios, judeus do Iraque e de outros países árabes transferiram-se para São Paulo.
22. Movimento religioso hassídico, liderado nos Estados Unidos pelo Rabi Yossef Yitschac Scheerson, ao falecer em 1950, foi sucedido pelo genro Menachem Mendel Scheerson, notabilizado pela erudição, grandeza e humildade. Em 1994, Schneerson, o Rebe tinha simpatizantes em numerosos países.
23. A distância das residências, as dimensões das sinagogas e o regionalismo dos judeus de Sidon restringiram o interesse dos novos imigrantes em participar dessa sinagoga, na Mooca.

religiosa do rabino Diesendruck. Ao emigrar para São Paulo, no começo dos anos 50, o sefaradi ressentiu-se da condução do rito da Sinagoga da Abolição. A religiosidade do imigrante Davide Douek foi logo percebida por Isaac Levy, que pouco depois o nomeou para "diretor de culto".

O industrial Davide Douek, judeu observante não sionista, de cidadania italiana, emigrou do Cairo somente em 1962, quando percebeu que os "egípcios não nos queriam mais". Em São Paulo, estabeleceu-se na Bela Vista, nas imediações da Sinagoga da Abolição, em obras finais de reconstrução. Seu pai, Cohanin de Alepo, da família Gamal, fixou-se no Egito em 1900, fugindo do serviço militar exigido pelos otomanos.

A maioria egípcia da Sinagoga da Abolição, agora Templo Israelita Brasileiro Ohel Iaccov, determinou a direção e entonação das rezas na sinagoga. David Succar foi chamado para conduzir os rituais como *chazan*. Os dois *Sefarim* que Davide Douek havia trazido do Egito passaram a ser utilizados na sinagoga.

A linha adotada por Douek, levou a que o coral, organizado por Enzo Ventura, fosse substituído pelo "canto dos correligionários"[24]. Davide Douek aproximou-se do grupo Beit Chabad, de linha religiosa ortodoxa. Ely Mizrahi, participante do mesmo grupo, foi contratado para *chazan* e ocupou, por dois anos, a posição do avô Elias.

Respeitando a origem da sinagoga, David Douek buscou mantê-la receptiva a todos os judeus que a procurassem, independente da origem e "privilégios de riqueza": da mesma forma que os ismirlis, a atual diretoria não privilegia a ocupação dos assentos no interior da sinagoga. Reforçando a beneficência, os diretores da Sinagoga Ohel Yaacov mantêm assistência a 45 famílias da comunidade judaica de São Paulo, em especial, nas Grandes Festas.

Hoje, a Sinagoga da Abolição, embora tenha sido templo de abrigo de judeus de várias origens, distante das residências dos associados, apresenta-se vazia de fiéis. A maioria passou a rezar nos templos próximos às residências. Embora Davide Douek, "inspirado por Deus", idealizasse a sinagoga no centro de uma praça, permitindo a afluência de carros e pessoas, recentemente, o Presidente Isaac Levy, contando com o apoio unânime dos 148 sócios do templo, decidiram pela permuta do terreno da sinagoga por outro, próximo de suas residências, na região dos Jardins, onde um moderno templo será construído pelo empresário sefaradi, Señor Abravanel mais conhecido como Sílvio Santos[25].

---

24. Relato de Davide Douek a RM. São Paulo, 1997.
25. O empresário, com apoio oficial, pretende construir na área um edifício com escritórios, salas de teatro, cinema e, no topo, um restaurante giratório.

5.6 A CONGREGAÇÃO E BENEFICÊNCIA SEFARADI PAULISTA

Alepo, além de importante centro religioso, evidenciou-se pelo dinamismo comercial e expressividade de banqueiros e financistas de origem judaica. Das famílias de Alepo, citamos os Safra[26], que se destacaram, em fins do século XIX, por criar os fundamentos da moderna atividade bancária do Oriente Médio, baseados no aprofundamento de informações e intercâmbio entre cidades. A Safra Frères & Cie. tornou-se famosa e respeitada pela reputação firmada junto a grandes e criteriosos financistas internacionais.

A habilidade em lidar com números e, de memória, fazer a conversão de diferentes moedas, levou Jacob E. Safra a distinguir-se nos negócios bancários da família, em Alepo. No início do século XX, aos 23 anos, estabeleceu em Beirute a Jacob E. Safra Maison de Banque. Anos depois, Edmond, seu terceiro filho, aos 16 anos, instalou-se na Itália e Suíça, lançando alternativas de negócios da família. Em 1953, com o recrudescimento dos conflitos no Oriente Médio, Jacob Safra, aos 62 anos, tomou a decisão de transferir-se com a família para o Brasil[27]. Os filhos Moise e Joseph, após completar estudos na Inglaterra, estagiavam em empresas financeiras e bancárias dos Estados Unidos.

Em São Paulo, assumindo a carta patente de uma antiga financeira, Jacob Safra passou a trabalhar em negócios de importação[28]. No período, as perspectivas de crescimento econômico do Brasil evidenciavam-se: Brasília, a futura capital do país, estava em construção. A parceria dos irmãos Moise e Joseph Safra em negócios financeiros e investimentos em setores como o da produção de celulose, somados aos negócios da Europa, Estados Unidos e em outras regiões, acentuaram a projeção da família no mundo financeiro internacional[29]. Em Genebra, antes do falecimento do pai, em 1963, Edmond Safra decidiu passar seus interesses financeiros no Brasil a seus irmãos.

Na década de 1950, além da família Safra, transferiram-se para São Paulo os Safdié, os Nasser, os Michaan, os Menashé, os Chalom, os Chalem, os Shayo[31], os Jamous e os Dayan.

---

26. *Safra*, em árabe, significa amarelo. No Oriente Médio, as transações financeiras eram comumente negociadas em ouro.
27. Hoje o Banco Safra S.A. classifica-se entre os maiores bancos privados do Brasil.
28. Jacob E. Safra nasceu em 1891. Depois do falecimento de Eliahu, seu pai, passou a viver com o tio Ezra, um dos fundadores do Safra Frères & Cie. de Alepo, respeitável casa bancária com escritórios em Alexandria (Egito), Istambul (Turquia) e Beirute, no Líbano.
29. A frase "se escolher navegar os mares do sistema bancário, construa seu banco como construiria seu barco: sólido para enfrentar, com segurança, qualquer tempestade", é de Jacob E. Safra.
30. Os Shayo na Síria estavam ligados ao comércio internacional de tecidos e fios. Seus negócios os levaram às cidades da Índia, China e Japão. Relato de Rahmo Shayo a RM. São Paulo, set.2001.

Interior da Sinagoga da Beit Yaacob da Congregação e Beneficência Paulista. São Paulo, 1997.

Edmond Safdié transferiu-se de Alepo para o Brasil em 1965. Estabelecendo-se em São Paulo, fundou o Banco Cidade. Nos anos 70, seus negócios passaram a ser dirigidos pelos filhos Gabriel e Helena, através do Multi Commercial Bank e da corretora CBNY Investments Commercial Bank. O banco no Brasil e o de Nova York foram vendidos em 2002.

Os novos imigrantes do Oriente Médio, sírios e libaneses, assim que se estabeleceram em São Paulo, passaram a participar do culto da Sinagoga da Abolição, localizada no centro da cidade. As diferenças na condução das rezas, a entonação e costumes específicos levaram a que fossem autorizados a manter seus rituais diários no salão, no andar inferior do templo.

Preocupados com a integração comunitária e formação religiosa dos seus filhos, os novos imigrantes propuseram-se em construir uma sinagoga e uma escola religiosa. Em outubro de 1959, nas dependências da Abolição, na Bela Vista, Rahmo Shayo, Moise Safra, Ram Dayan, Zaki Safdié, Zaji Harari, Abdo Joseph Horn, Joseph Safra, Ralph Michaan Chalam, Moisés Dwek, Moise Isaac Setton, Dr. Rahmo Nasser Shayo, Raffael Nassim Chalom, Breno Raffoul Chalom, Isac Raffoul Shammash, Moise S. Chammah, Zaki Selim Michaan, Albert Safdié, Ezra Nasser, Edmon Dwek e Ibrahim Dwek constituíram a Congregação e Beneficência Sefardi Paulista[31]. A educação religiosa foi possível pela fundação da Escola Talmud Torá, supervisionada por religiosos e *chazanim* da comunidade sírio-alepina e libanesa.

---

31. Primeira Ata da C.B.S.P. Arquivo da sinagoga.

Interior da Sinagoga Beit Yaacob.

ABAIXO
Cerimônia de Pidion Ha Ben na grande sinagoga e Beneficência Sefardi Paulista. São Paulo, década de 90.

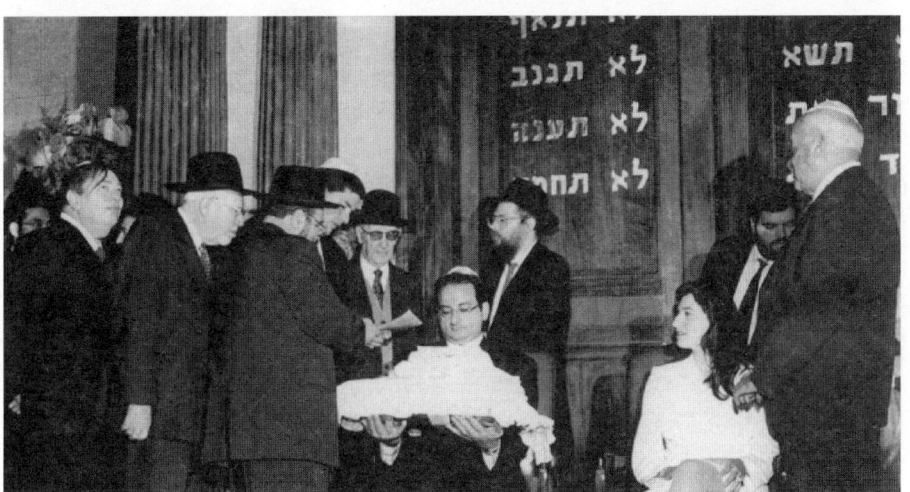

Em 1959, em terreno da rua Bela Cintra, no bairro de Cerqueira César, foram iniciadas as obras da sinagoga. Jacob E. Safra, grande incentivador da construção, presidiu o lançamento da pedra fundamental do templo no mês de dezembro de 1961. Sua família assegurou a construção doando integralmente os recursos necessários. Hoje, a sinagoga é mantida pela contribuição mensal de cada participante maior de 21 anos, de acordo com as próprias disponibilidades. Os estatutos da Congregação foram sancionados pouco tempo depois.

A Congregação e Beneficência Sefardi Paulista, inaugurada no *Rosh Hashaná* de 1964, contou com a presença de Isaac Dayan, rabino da Congregação Mekor Haim. O edifício, em estilo moderno, além da Grande Sinagoga, possui salas de reza, estudos, biblioteca e dependências administrativas. O grande contribuinte Jacob E. Safra falecera, pouco antes, em 27 de maio de 1963.

A preocupação de Rahmo Haim Shayo com os destinos comunitários fez com que permanecesse presidente da Congregação por catorze anos. Shayo contou, no período, com o apoio dos *chazanin* Kamal Eskinazi e Salomão Bussidan.

Buscando um rabino da mesma origem, Marcos Farhi e Albert Safdié contataram religiosos nas cidades de Jerusalém, Beirute e Paris. Em abril de 1964, Mendel Diesendruck, deixando a CIP, acabou contratado para rabino da Congregação e responsável pela educação religiosa das crianças na Escola Talmud Torá. O rabino conduziu a Congregação até 1974, ano de seu falecimento.

O crescimento numérico de famílias judias, sírias e libanesas, no bairro de Higienópolis, região oeste de São Paulo, constituiu motivo para a Congregação projetar a construção de um novo templo, em dimensões maiores, na rua Veiga Filho. Hoje, a Congregação e Beneficência Sefardi Paulista, com dois templos, conta com a participação de mais de quatrocentas famílias[32], que recebem orientação religiosa de vários rabinos, entre os quais, Chahoud Chreim, Efraim Laniado e David Weitman, do Beit Chabad. David Sasson, conhecedor das tradições judaicas alepinas, ajuda a conduzir os rituais da sinagoga em Higienópolis e Joseph, seu irmão, é *chazan* do templo da rua Bela Cintra[33].

A expressividade da Congregação e Beneficência Sefardi Paulista pode ser acompanhada pelas publicações da revista *Morashá*, fundada por Vichy Safra, e pelo trabalho pedagógico da Escola Infantil Beit Yaacov, fundada no início de 2001, na rua Brasílio Machado, em Higienópolis e que se transferiu para endereço definitivo no bairro da Barra Funda. Registre-se também o trabalho de Netzah Israel, movimento juvenil educativo, fundado em 1974, mantido pela comunidade, que visa à preservação dos ideais do judaísmo e à promoção de ações para combater as injustiças humanas.

---

32. *Nascente*, jul. 1993.
33. De 1923 a 1976, a escola Talmud Torá de Alepo foi dirigida por Faraj Sasson, pai de David, Ezra e Joseph.

Sinagoga da Congregação Mekor Haim, São Paulo, Nascente, 1997.

5.7 A CONGREGAÇÃO MEKOR HAIM

A maioria dos imigrantes judeus do Egito, grupo composto por experientes profissionais – engenheiros, farmacêuticos, diretores de bancos, contadores, professores, fotógrafos, vendedores, técnicos de tecelagem, tabaco, chá e outras especialidades –, instalou-se no centro da cidade de São Paulo, contando com o apoio da HIAS, organização que acompanhou o processo de adaptação e atendimento médico às famílias imigrantes.

A proibição egípcia de transferir dinheiro e valores[34] levou a família Uziel ser criativa: inseriram jóias e valores em barras de sabão, produtos da linha de produção da própria indústria em Alexandria e no Cairo. Desta forma, a numerosa família Uziel pode enfrentar as dificuldades iniciais em São Paulo, cidade escolhida para moradia.

34. No período, a lei determinava que cada família poderia levar, ao sair do Egito, vinte libras egípcias, aproximadamente cem dólares.

No contexto, a história do sefaradi Benoit Baruch Benveniste, diplomado em Ciências Econômicas, é também interessante. No Egito, durante os dissabores, não querendo valer-se da ajuda de instituições beneficentes judaicas, os Benveniste passaram da luxuosa vida no famoso balneário de Alexandria à simplicidade da Hospedaria dos Imigrantes, em São Paulo. Para sair do Egito em 1956, a família precisou vender jóias e objetos de arte, conseguindo, desta forma, comprar passagens em embarcação de turismo. Ao chegar a São Paulo, o grupo familiar foi encaminhado à Hospedaria dos Imigrantes onde, em situação precária, nordestinos esperavam colocação de trabalho. Embora a família tenha se acomodado à nova realidade, eles próprios se surpreenderam com os altos e baixos por que passaram em tão curto espaço de tempo.

Conquanto só uma minoria dos imigrantes egípcios conseguisse revalidar seus diplomas[35], a instalação das indústrias automobilísticas, eletromecânicas, farmacêuticas e o funcionamento de conglomerados financeiros e bancários de São Paulo facilitaram aos profissionais egípcios cargos de diretoria, nos quais, além do conhecimento técnico, o domínio de línguas era fundamental.

Na década de 50, o judeu-egípcio Joe Edgar de Piccioto tornou-se um dos gerentes da Philco. Da mesma forma, Gastão Levi, ex-empregado da Gilette brasileira, é hoje coordenador mundial da empresa em Boston[36]. Além dessas organizações, a Matarazzo, a Sanbra, a Anderson Clayton e a Ford empregaram judeus do Oriente Médio em funções técnicas no quadro de suas indústrias.

Entre os técnicos egípcios contratados pela Matarazzo de São Paulo estava o engenheiro eletricista Vital Samuel Gomel. Formado pela Universidade de Charlesroi da Bélgica[37], Gomel só deixou o Egito quando não mais conseguia vender seus produtos[38]. Desgostoso, emigrou para São Paulo, dirigindo-se diretamente a um empregador brasileiro, pois do Egito enviava informações sobre os imigrantes, candidatos a empregos. Vital, assim que chegou, procurou a Matarazzo, que o empregou, imediatamente. A empresa, na época, buscava um engenheiro, "*controler* de vapor".

---

35. Alguns refugiados tiveram seus diplomas universitários rasgados pelas autoridades alfandegárias do Egito. Relato de Vital Samuel Gomel a RM. São Paulo, set. 2001.
36. Ruth Leftel, *A Comunidade Sefaradita Egípcia de São Paulo*, Tese de doutorado, mimeografada. FFLCH/USP, 1997, pp. 120-121.
37. A empresa Charlesroi, produtora de bondes, negociava o produto, no Brasil.
38. Os Nahoum também retardaram sua saída do Egito. A família embarcou em 1962, à chamado dos Balaciano, seus parentes, no Rio de Janeiro.

Bat-Mitzvá de Flore
Nahoum no Grande Templo
de Alexandria, Egito, 1959.

Entre os imigrantes egípcios, contavam-se profissionais da área religiosa. Um exemplo interessante é o do magarefe David Simhon, nascido no Cairo em 1907. O exercício da função religiosa permitiu-lhe amplo relacionamento social, inclusive com alguns membros da nobreza muçulmana. Além de circuncidar os filhos do rei e de algumas famílias da corte egípcia, conhecia políticos do nacionalismo egípcio, entre os quais Mahamad Naguid e Anuar Sadat[39].

Além da ajuda da HIAS, os judeu-egípcios contaram em São Paulo com os Comitês de Ajuda especialmente convocados pela FISESP. Os líderes das comunidades sefaradi e oriental, participantes da Federação, foram convidados a recepcionar seus patrícios, refugiados dos países árabes.

Provenientes de comunidades numericamente expressivas e diferenciados nos costumes, os imigrantes do Egito ressentiram-se das pequenas dimensões da Sinagoga da Abolição e dos modestos prédios das instituições, fundadas pelos primeiros imigrantes judeus de São Paulo. Seus imensos e iluminados templos, no Cairo e Alexandria, contrastavam com a simplicidade da sinagoga sefaradi. A falta de espaço ao número crescente de imigrantes foi primordial

---

39. Gaby Becker e Sarina Roemer, "David Simhon", *Boletim Informativo do AHJB de São Paulo*, nº. 21, nov. 2000.

para que o grupo de judeu-egípcios buscasse alternativas, como a de alugar salões e armazéns do centro para realização das cerimônias religiosas comunitárias.

Aproveitando a saída dos asquenazis da casa na rua Brigadeiro Galvão, utilizada no período de construção da CIP, grupos de famílias de judeu-egípcios decidiram ocupar o mesmo espaço até que pudessem construir seu próprio templo.

Sob a liderança de Joseph Farhi, um terreno de 700 m² foi conseguido no bairro de Higienópolis. Para a compra utilizou-se o valor da herança de Jacob Laniado, sob os cuidados de Edmond Safra. O apoio de mais participantes, permitiu a compra do terreno, destinado a um grande templo[40].

40. Jacob Laniado, ao falecer, doou à comunidade US$ 25.000.000, utilizados para início das obras. A sinagoga é mantida com a contribuição dos sócios.

Sinagoga da Congregação Mekor Haim. São Paulo, Nascente, 1997.

Em 1959, a pedra fundamental da futura Congregação Mekor Haim foi lançada e, em fins de 1967, os fiéis comemoraram o *Rosh Hashaná* inaugurando a sinagoga na rua São Vicente de Paula.

O nome Mekor Haim, atribuído à Congregação, foi homenagem prestada ao grão-rabino do Egito, Haim Nahum Effendi, responsável pela emissão dos documentos aos refugiados e a saída, relativamente tranqüila, da maior parte dos judeus do Egito.

Em 1971, os participantes da sinagoga solicitaram um rabino às autoridades religiosas de Israel. Moshe Dayan, de origem egípcia, que conduzia os serviços religiosos em sinagogas de Paris, aceitou a responsabilidade e, por nove anos, permaneceu como Grão-Rabino da Congregação Mekor Haim. A presença de um religioso, de formação rabínica reconhecida, atraiu grande número de judeus libaneses e alepinos, moradores nas cercanias do templo de Higienópolis.

No período, Moshe Dayan, associado aos rabinos Eliahu Valt e Menachém Diesendruck, fez parte do Tribunal Rabínico, o *Beit Din*, cujas deliberações eram reconhecidas pelo grão-rabino de Israel. Em 1982, ao falecer Dayan, Isaac Dichi passou a rabino da Mekor Haim, responsável pelo culto, o ensino da religião e das tradições judaicas[41].

Hoje, em uma área de 2 000 m², o edifício, além do amplo templo, possui sinagogas menores, biblioteca, salas de aulas e de estudos, um moderno centro de processamento de dados e dependências administrativas, constituindo-se em um dos maiores centros do judaísmo brasileiro. Preocupada com os valores judaicos, a Congregação Mekor Haim mantém aulas sobre religião e tradições para distintos grupos etários. O Centro Feminino de Estudos Judaicos é responsável pela instrução religiosa de mulheres solteiras e casadas. Uma escola, a Maguen Abraham, distribuída em diferentes unidades, assiste alunos do ensino fundamental.

A localização da Mekor Haim numa região de confluência de numerosas famílias judias levou a que um grande número de fiéis freqüentassem as rezas, matinais e vespertinas. Conduzida por rabinos que se comunicam com os participantes por meios eletrônicos, a sinagoga recebe grande número de jovens, carinhosamente conhecidos como *Dichi's boys*. O rabino Isaac Dichi Shelita e outros ministram cursos e palestras, divulgadas pela revista *Nascente*. Os grandes colaboradores Edmundo Safdié e Albert L. I. Dichy foram dignificados como presidentes honorários da sinagoga.

---

41. Apesar das amplas dimensões, a sinagoga não possui passarela adequada às noivas, levando seus associados a buscarem outras sinagogas para seus casamentos.

6 Os Judeus e a Força dos Regionalismos

PÁG. ANTERIOR
Composição de objetos religiosos judaicos. São Paulo, Morashé, set. 2001.

6.1 INSTITUIÇÕES E ORGANIZAÇÕES JUDAICAS DE SÃO PAULO

A dispersão dos judeus por diferentes espaços produziu, segundo o historiador chileno Mário Matus Gonzalez, um povo de dezesseis grupos culturais distintos[1]. No conjunto, os asquenazis constituem maioria, seguida pelos sefaradis e judeu-orientais.

No início do século XX, estes grupos ao emigrarem, passaram a viver nas cidades brasileiras em espaços abertos e livres para contatos. Isaías Raffalovitch, representante da ICA no Brasil, homem "experiente, de vasta cultura judaica e universal", buscando atrair imigrantes judeus, distribuiu panfletos na Europa Oriental, exaltando as virtudes do país. Seu entusiasmo pela terra levou-o a escrever o livro *Brasil: Uma Terra do Futuro para Imigrantes Judeus*[2].

No judaísmo, a oração e o estudo da Torá são os dois meios de ligação entre o ser humano e Deus. Não apresentando estrutura religiosa hierárquica, os judeus agregam-se de modo livre e em quaisquer espaços. A construção de sua sinagoga revela uma comunidade organizada e estruturada. Depois de construída, além de local de orações e estudos, a sinagoga transforma-se em núcleo central, onde a comunidade discute e toma decisões sobre os problemas que a afetam, entre as quais a manutenção do templo, sua preparação

---

1. Mario Matus Gonzalez, *Vivencia de los Sefaradíes en Chile*, Chile, Universidad de Chile e Comunidad Israelita Sefaradi de Chile, 1993, p. 21.
2. Isaias Raffalovitch, *Brasil: Uma Terra do Futuro para Imigrantes Judeus*, cf. Jeffrey Lesser, *op. cit.*, p. 84.

para as celebrações festivas e a ajuda aos necessitados e doentes. Depois da eleição do *Parnass* (Presidente) da Congregação e do *Gabay* (supervisor geral), os fiéis preocupam-se com o cumprimento das obrigações religiosas — as *Takanot* — e o *miniam*, a presença diária de um número mínimo de dez judeus circuncisos e que tenham feito o *Bar-Mitzvá*. O *shabat* ou o respeito e cumprimento do descanso semanal é fundamental.

Um dos preceitos básicos do judaísmo é o *kashrut* ou observância da alimentação apropriada, ou seja, a seleção dos alimentos puros e o cumprimento das regras de abate dos animais permitidos pela Lei e consumidos pelos observantes. As leis dietéticas judaicas não são higiênicas por natureza, mas são inseridas na tradição por motivos ético-religiosos.

A circuncisão, o *Brit Milá* – "*Briss*" em *iídish*, *Tehrur* em árabe e *Berit-milá* em ladino –, oficializada pelo *mohel*, o abate de aves e reses feita pelo *shochet* são atos religiosos, exercidos por profissionais ou voluntários de uma comunidade judaica organizada.

A especificidade cultural dos imigrantes judeus, levou-os a se organizarem de forma atomizada, segundo as comunidades ou *kehilot* de origem. Problemas comuns, como a compreensão das leis brasileiras, o envio das "cartas de chamada" aos parentes, o *kashrut* e contatos com a Sociedade Cemitério/Chevrá Kadishá demoravam a ser resolvidas porque os líderes comunitários (presidentes das sinagogas, diretores de entidades, rabinos e *chazanim*) raramente se encontravam[3].

No Rio de Janeiro, Isaías Raffalovitch, representante da ICA, era freqüentemente convidado a inaugurar sinagogas e órgãos de ajuda aos imigrantes de diversas comunidades brasileiras. Na década de 20, preocupado com a diversidade de origens e a difícil integração dos imigrantes, o rabino tentou, como autoridade central, integrá-los em uma *kehilá* central.

Em 1929, solicitado a inaugurar a sinagoga sefaradi de São Paulo, Raffalovitch propôs "a criação de um "templo central", em que todos os israelitas estivessem reunidos sob uma única chefia espiritual, fato que daria maior força ao judaísmo.

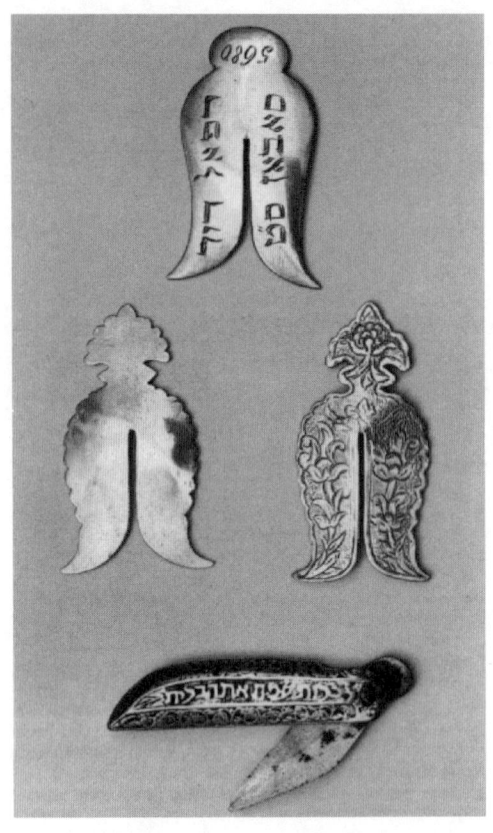

Instrumentos da circuncisão. Istambul, início do século XX. Coleção Museu de Israel. In, Sephardi Jews in The Ottoman Empire: Aspects of Material Culture. Esther Juhazsz, The Israel Museum, Jesuralém, 1990, p. 266.

---

3. Cf. Jeffrey Lesser, *O Brasil e a Questão Judaica*, p. 84.

Apesar de interessante, a idéia de Raffalovitch não foi aceita pelos diretores da Sinagoga da Abolição. Argumentaram os diretores que, como minoria, não viam vantagem na união, uma vez que o "cerimonial e o ritmo das rezas dos judeus eram diferentes". O projeto "grandioso e digno de apoio" poderia provocar atritos entre os participantes. Declararam que "somente o tempo traria a fusão completa dos rituais, formando uma verdadeira comunidade judaico-brasileira"[4].

A maior dificuldade de integração entre os grupos de imigrantes estava nas diferenças lingüísticas. Apesar das tentativas de Raffalovitch as reuniões entre os líderes comunitários inviabilizavam-se, em vista da intransigência da maioria asquenazi em usar o *iídish,* idioma incompreensível aos convidados judeus de outras origens, em especial, aos marroquinos e aos imigrantes do Oriente Médio[5].

Buscando recompor o tradicional estilo de vida judaica dos locais de origem, os asquenazis, procedentes de diversas regiões européias, diferenciados por alguns costumes, organizaram-se como os judeus do Oriente Médio, de forma particular. A rápida construção de suas sinagogas foi possível pela ajuda financeira de antigas famílias, entre as quais os Klabin, os Lafer, os Segall, os Teperman e os Mindlin, que se destacavam no meio sócio-econômico brasileiro. Em terrenos de suas propriedades, foram erguidas além das sinagogas, as primeiras instituições e organizações da comunidade judaica de São Paulo, inclusive as dos judeus provenientes do Oriente Médio[6]. Os imigrantes, contando com o apoio de Isaías Raffalovitch, tornaram-se responsáveis pela criação e manutenção das primeiras instituições e de assistência social como a Sociedade Israelita Amigos dos Pobres, a Ezra (1916), a Policlínica Linath Hatzedek, "depositárias e mantenedoras da milenar cultura judaica, religiosa e leiga". Reconhecendo suas dificuldades, o rabino incentivou a criação de Cooperativas de Crédito de Ajuda aos recém-chegados, com empréstimos a juros baixos e prazos longos. Em 1928, Raffalovitch presidiu a fundação da Cooperativa de Crédito de São Paulo, porque acreditava que o sistema permitiria aos imigrantes recém-chegados tornarem-se mais rapidamente independentes no próprio sustento.

---

4. Ata da Sinagoga da Abolição de 1926, p. 18, verso e seguintes. Arquivo da T.I.O.B.Y.
5. Isaac Athias, convidado a participar das reuniões de entidades asquenazis, acabou desistindo, porque nada entendia das conversações em *iídish*.
6. Em São Paulo, a Comunidade Israelita Kehilat\Israel, na Rua da Graça, construída em 1912, foi a primeira sinagoga dos judeus da Bessarábia.

O Bom Retiro, local de moradia de imigrantes de São Paulo, transformou-se em bairro judaico. A Chevrá Kadishá, a Sociedade Cemitério, foi organizada em 1923, em terreno cedido pela família Klabin na Vila Mariana[7]. Além da venda das campas, a instituição procedia ao atendimento religioso e beneficente a todos os judeus de São Paulo. Em 1926, a instalação do primeiro açougue *kasher* foi essencial aos que procuravam alimentos aprovados por rabinos.

Em 1922 foi levantado o Renascença, a primeira escola judaica do Bom Retiro. Os filhos dos imigrantes recebiam o certificado do Curso Primário com o de aprovação no idioma hebraico e em disciplinas da cultura judaica[8]. Em fins dos anos 30, outras escolas foram fundadas, visando a atender famílias judias de outros bairros.

No Oriente Médio, a proximidade da religião muçulmana a alguns preceitos judaicos possibilitou aos judeus o fácil cumprimento das suas tradições alimentares. Ao emigrarem, puderam manter a observância do *kashrut* trazendo alimentos para a longa travessia marítima. Reabasteciam-se em Nápoles, Gênova e Marselha, portos intermediários para terras sul-americanas.

Os primeiros contatos estabelecidos entre os diferentes grupos de imigrantes judeus não foram fáceis. Asquenazis e judeu-orientais falavam línguas distintas. O uso do *iídish* e do árabe "eternizava-se" pela entrada de novos conterrâneos, impedindo relações diretas e o reforço dos padrões culturais de origem. Os contatos provocavam estranhezas e rejeição mútua, só superadas nas gerações subseqüentes.

Além de estranhar os costumes dos judeus do Oriente Médio, grande número de asquenazis de São Paulo não os via como pertencentes ao mesmo credo e povo. As diferenças físicas, como a pele amorenada, e os costumes do cotidiano, que os identificavam à cultura árabe, impediam reconhecimento.

Além de solucionar os problemas com os preceitos alimentares, os judeus do Oriente Médio passaram a se valer das instituições e serviços prestados pelo *Chevrá Kadishá* contando para isso com a ajuda dos sefaradis Abraham Hanna e Tchilibi Dônio. Marcos Simantob, Alberto Serur e Elias Mizrahi, que cuidavam do cerimonial religioso das famílias enlutadas. O luto, iniciado a partir do sepultamento, exigia sete dias de resguardo, a *Shivá*.

---

7. A Chevrá Kadishá concede também apoio financeiro às áreas educacional, religiosa, hospitalar, cultural e esportiva. "Instituições Judaicas", *Shalom*, São Paulo, jun.-jul. 1985, e *FISESP, 50 Anos*, São Paulo, 1996.
8. R. Cytrynowicz e J. Zuquim, *Renascença 75 Anos – 1922-1997*, São Paulo, 1997.

Escola Israelita Brasileira Luiz Fleitlich. Desfile cívico na Avenida São João. São Paulo, década de 50. AHJB/SP.

Em fins de 1940, embora o crescimento numérico judaico da Mooca exigisse a organização da Irmandade Santa[9] em São Paulo ou "uma câmara ardente para concorrer e dar sepulturas aos israelitas necessitados, ministrando a todos o ritual judaico", as propostas de Salomão Sayeg, David Elias Nigri, Alberto Cohen, Nissim Benjamin Cohen, Salim Mansur e Marcos Simantob não foram concretizadas. Na Mooca, os *melandim* (professores) e os *chazanim* (condutores do canto) responsabilizaram-se pelo ensino das rezas, em hebraico, aos jovens próximos da maioridade religiosa. As aulas eram ministradas na *quitab* (sala de aula) da sinagoga. Algumas famílias contratavam professores particulares.

Em 1937, a Escola Israelita Brasileira Luiz Fleitlich passou a atender as crianças do Brás e Mooca. O líder sionista Mário Amar, da Sinagoga União Israelita Paulista, ao matricular seus filhos na escola, transformou-se em exemplo comunitário. Os Politi, os Sayeg, os Memram e os Mizrahi, entre outros, também fizeram como ele[10]. Embora a Cooperativa de Crédito no Bom Retiro atendesse a um maior número de asquenazis, alguns participantes da comunidade da Mooca buscaram-na para superar problemas financeiros[11].

---

9. Esta sociedade foi registrada sob o número 1.428, no *Diário Oficial de São Paulo*, de 2.9.1948.
10. Livros de matrícula dos alunos da Escola Israelita Brasileira Luiz Fleitlich. AHJB/SP.
11. A organização atendeu a Moisés Simantob (1935), Abrahão Amar (1937) e às famílias de Jacob Hazan, Chebabo, Kamaji, Serur, Mizrahi, Arazi, Romano, Sidi, Cohen, Hazan, Cadosh, entre outros. Para aprovar auxílios, a organi-

Para coordenar as entidades de assistência social judaica em São Paulo e a intermitente entrada de imigrantes, a Federação Israelita do Estado de São Paulo (FISESP) foi criada em abril de 1946.

A exemplo da HIAS, JOINT e do Fundo dos Refugiados da Liga das Nações, a FISESP, através dos Comitês de Emergência, depois da Segunda Grande Guerra e da instalação do Estado de Israel buscou assistir aos sobreviventes do Holocausto e aos refugiados dos países árabes ajudando-os na procura de moradia, emprego e indicando a assistência escolar aos filhos menores. Instalada no Centro Hebreu Brasileiro, no Bom Retiro, a FISESP iniciou campanha solicitando a ajuda de todos os diretores das sinagogas e instituições judaicas de São Paulo. Moisés Carmona, David Nahoum, Isaac Athias, Gabriel Kibrit, Mário Amar e Jacques Sarraf foram designados para recepcionar os refugiados judeus dos países árabes em São Paulo. Jacques Sarraf chegou a recepcioná-los em sua residência na Mooca em uma festividade religiosa[12].

Mário Amar, presidente da União Israelita Paulista, foi nomeado supervisor do Comitê de Colocação de Imigrantes; ao apresentar o relatório anual (1957-1958) relacionou os serviços sociais prestados a judeus de várias origens. Preocupado com a integração dos imigrantes, recomendou à direção da FISESP a "preparação e assistência psicológica dos recém-chegados", antes da colocação empregatícia[13].

Os problemas apresentados pelas comunidades judaicas brasileiras e a entrada de imigrantes-refugiados exigiram a formação da Confederação das Sociedades Israelitas do Brasil, a CONIB, organização que, a partir de 1948, passou a representar os interesses judaicos brasileiros no Congresso Judaico Mundial. A FISESP, como as outras organizações judaico-estaduais, filiou-se a CONIB.

Em 1955, Samuel Del Giglio, italiano de origem judaica, ao assumir a presidência da Sinagoga da Abolição em substituição a Moisés Carmona, diante da crescente entrada de novos imigrantes no templo, buscou reorganizar a estrutura comunitária. Respeitando a autonomia de cada sinagoga e entidade, Del Giglio fundou a Comunidade Israelita Sefaradi que, oficializada, em 1956, objetivou:

---

zação solicitou informações adicionais a Nassim Nigri e Mário Amar, dirigentes comunitários (*Livros de Matrícula da Cooperativa de Crédito do Bom Retiro,* AHJB/SP).

12. Por ocasião do *Pessach,* Jacques Sarraf recepcionou 36 egípcios em sua residência. Relato de Raquel e Elisa Sarraf a RM. São Paulo, jan. 2000.
13. Veja Anexos 17 e 18.

Raphael Ascher, Samuel Del Giglio, rabino Diesendruck, Mário Amar, Jacob Hazan e esposas. São Paulo, 1956. Arquivo particular de Isaac Amar.

— Manter e fomentar valores judaicos.
— Cultivar as relações com todos os setores do judaísmo, estimulando e fortalecendo a união comunitária.
— Fundar e manter escolas, ministrando o ensino laico e religioso, a assistência social, a irmandade *Chevrá Kadishá*.
— Manter os serviços religiosos sefaradis nas cerimônias.

Estas propostas foram apoiadas pelas seguintes sinagogas e organizações: o Templo Israelita do Rito Português, a Sinagoga Israelita Brasileira, a União Israelita Paulista, o Centro Israelita Brasileiro Amadeo Toledano, a Associação dos Israelitas da Yugoslávia, o Grêmio Sinai, a Sociedade Beneficente e Cultural de Israelitas Brasileiros e Búlgaros e o Centro Recreativo Hebreu-Brasileiro[14].

Embora a proposta de Samuel Del Giglio tenha conseguido o apoio das antigas sinagogas orientais e sefaradis, os novos imigrantes do Oriente Médio não apoiaram a idéia de uma grande sinagoga, onde 1500 famílias pudessem se acomodar em uma única Congregação. Os novos imigrantes pretendiam a construção de seus próprios templos.

14. Estiveram presentes na reunião os senhores Marcos Frankenthal, presidente da Organização Sionista Unificada de São Paulo, Nassim Nigri, presidente da Sinagoga Israelita Brasileira, Gdali Suchovitsky, do Governo de Israel, Samuel Del Giglio, Presidente do Templo Israelita do Rito Português e Mário Amar da Sinagoga União Israelita Paulista. Relato de Rosina Kibrit a RM. São Paulo, 1998.

Fachada da Sinagoga Israelita Brasileira. São Paulo, 2000. AHJB, SP.

Em vista do pequeno apoio às propostas integrativas, a Comunidade Israelita Sefaradi teve curta existência. O regionalismo dos participantes, a distância entre os templos já construídos, o retardo na adesão de líderes da Sinagoga Israelita Brasileira e o posicionamento dos novos imigrantes impediram que a organização, criada por Del Giglio, se firmasse na comunidade judaica de São Paulo⁵.

6.2 A SINAGOGA ISRAELITA BRASILEIRA E A UNIÃO ISRAELITA PAULISTA: DUAS SINAGOGAS, UMA COMUNIDADE

A história da comunidade judaica da Mooca pode ser sistematizada em três fases. De 1910 a 1920: acomodação na região leste de São Paulo; de 1920 a 1940: estruturação comunitária, pela construção de duas sinagogas e o funcionamento da beneficência; de 1942 a 1971: integração comunitária. Nesta última, três etapas podem ser consideradas. De 1942 a 1952: funcionamento dos grêmios recreativos e o encaminhamento dos filhos à educação judaica formal; de 1952 a 1968: progressiva assimilação, configurada pelo número de "casamentos mistos"; e, do período que se segue a 1968: dispersão comunitária até a fundação, em 1971, da Congregação Monte Sinai, em Higienópolis.

15. Veja Anexo 13.

Na Mooca, o funcionamento dos dois templos na Odorico Mendes não dividiu a comunidade dos primeiros imigrantes do Oriente Médio de São Paulo. Embora testemunhas afirmem que Mário Amar e Nassim Nigri trocassem de calçadas quando se encontravam nas ruas do bairro, a discordância entre eles nada significou para os participantes das sinagogas. Desconhecendo os motivos de desentendimentos, muitos freqüentavam com indiferença as duas sinagogas. As diferenças eram reveladas pelas personalidades de seus líderes: a Israelita Brasileira era conhecida como a "sinagoga dos Nigri" ou "dos de Siadne", nome árabe da cidade de Sidon; e a União Israelita Paulista como a "dos Amar ou dos de Safadie", nome árabe da cidade de Safed. Quando os Nigri e os Kalili, famílias do Rio de Janeiro aparentadas entre si, transferiram-se para São Paulo, a Sinagoga Israelita Brasileira juntou uma maioria de fiéis da Mooca e, originárias de Sidon, passaram, na década de 50, à liderança comunitária, pela religiosidade e melhor posição econômica.

A União Israelita Paulista, fundada por uma maioria de judeus de Safed, pautou pela preservação das tradições e receptividade a imigrantes de várias *kehilot* do Oriente Médio: judeus de Jerusalém, os "espanhóis" (sefaradis) de cidades otomanas, os marroquinos, os egípcios e os beirutenses sentiam-se unidos na "Sinagoga dos Amar", embora proviessem de comunidades "diferentes"[16].

O crescimento da população judaica da Mooca foi notável para templos construídos em pequenas dimensões. Na década de 50, quando famílias do Oriente Médio buscaram seus patrícios, estes não puderam bem recebê-los. O presidente Mário Amar da União Israelita Paulista empreendeu reformas no antigo templo, buscando acolher os poucos que se instalaram no bairro[17].

A partir de 1967, por motivos de saúde, Mário Amar deixou a Presidência da União Israelita Paulista. Seu filho, Isaac Amar, professor e Livre-Docente da Faculdade de Medicina da Universidade de São Paulo, manteve-se por duas décadas no cargo, conservando como o pai a visão humanista e universal em relação ao judaísmo e às questões sociais.

No início dos anos 50, Nassim Nigri, deixando a Presidência da Sinagoga Israelita Brasileira, foi substituído por Assilam Meyer Nigri, filho de Meyer J. Nigri. Mantendo Gabriel Kibrit como porta-voz e representante da sinagoga

---

16. Na década de 50, Jacques Eskinazi, de Beirute, revelou sentir-se mais à vontade na "Sinagoga dos Amar" do que na "dos Nigri".
17. Isaac Athias, diretor da Sinagoga da Abolição, em visita à União Israelita Paulista, propôs que se incentivasse a freqüência de jovens na sinagoga. Atas da U.I.P. Acervo de Dr. Isaac Amar.

Entrada da Sinagoga da União Israelita Paulista, na rua Odorico Mendes. São Paulo, 1990. AHJB/SP.

na Federação, Assilam iniciou gestão, contando com o apoio dos Kalili, Sayeg, Peres, Moisés Politis e outros. Nesta gestão, o mexicano Nissim Hadid, primo e cunhado de Moysés Hadid, em visita a São Paulo, acertou a compra de um terreno destinado a um templo maior. As pequenas dimensões da sinagoga, a ausência de um salão para congregar jovens no ensino religioso e recreação contribuíram para que um projeto de ampliação do templo ganhasse força. Pretendia-se a construção de uma sinagoga para quatrocentas pessoas, com dois pavimentos.

O biênio de 1961-1963 foi marcado pela eleição do presidente Joseph Meyer Nigri. A diretoria foi composta pelos seguintes amigos: Elias Politi, Nissim Benjamin Cohen, Victor Salim Nigri e Elias Sayeg. No conselho fiscal estavam Salim Mansur, Salomão Sayeg, Salim Peres, Elias Zitune e Assilan Meyer Nigri. Na gestão seguinte, o pedido de demissão do presidente eleito Moisés Dana levou a que o engenheiro Joseph Nigri voltasse ao cargo[18].

As enchentes do rio Tamanduateí que, ano a ano, tornaram-se catastróficas, efetivaram a transferência de muitas famílias judias da Mooca para outros bairros; algumas buscaram instalar-se em Higienópolis, região oeste da cidade, bairro onde se concentrou grande número de famílias judias do Bom Retiro e imigrantes judeus do Egito, Líbano e Síria.

18. Seus diretores foram: Elias Mansur, Elias Meyer Nigri, Isaac Kamaji, Jacob S. Kalili, Jamil Sayeg, Jacques Adissy, Moysés Dana, Salim Peres, e Victor Nigri. O Conselho era composto por Asslam Kalili, Asslam Meyer Nigri, Elias Zitune e Nissim Benjamin Cohen. Ata da Sinagoga de 1963. Arquivo de Jamil Sayeg. Veja Anexo 14.

Grupo dos dez contribuintes no lançamento da pedra fundamental da Sinagoga da Congregação Monte Sinai. São Paulo, 1971. Arquivo da Sinagoga.

No final da década de 60, apesar da compra do terreno na Mooca, evidenciava-se aos dirigentes da Sinagoga Israelita Brasileira que um novo templo não seria erguido no bairro. A transferência das famílias para outras regiões e a possível participação dos filhos resultantes de "casamentos mistos" nas cerimônias da sinagoga incomodavam aos religiosos e ao grupo dirigente. Projetos de construção de uma sinagoga em Higienópolis ganhou apoio da maioria dos participantes.

6.3 A CONGREGAÇÃO MONTE SINAI

O grupo idealizador do projeto de transferência da sinagoga, constituído por vinte pessoas, foi reduzido a dez. Em julho de 1971, concretizou-se a compra de um terreno na rua Piauí. Assilam, Marco, Joseph e Alberto, filhos de Meyer J. Nigri, chamaram os irmãos David e Marco Cohen que residiam em Santo André, os Kalili, Assilam, Esther, viúva de Toufic Kalili, Elias Politi e Salim Zeitune para cada um colaborar com 10% do valor total do terreno da futura sinagoga, a Congregação Monte Sinai. Em reuniões semanais, na Rua Itambé, elaboraram-se os Estatutos da Congregação[19].

---

19. Os Estatutos foram elaborados pelos advogados Alberto Meyer Nigri, Elias Politi, Emanuel Cohen, Jamil Sayeg, Beno Milnistky e Nessim Benjamin Cohen.

Depois da posse do terreno, o grupo diretivo mobilizou-se para arrecadar fundos para o início das obras e jantares-jogo foram programados. Esther Dana Kalili ofereceu-se em várias oportunidades para a realização dos mesmos. As obras iniciaram-se com os fundos conseguidos pela comissão dos dez líderes, somados à contribuição mensal das famílias da comunidade da Mooca. Entre os contribuintes incluíam-se elementos da sinagoga da União Israelita Paulista como Moysés Mayer Mizrahi, José Menram e Alexandre Calderon. No lançamento da pedra fundamental do templo, embora muitos religiosos e dirigentes estivessem presentes, o empresário Leon Feffer estranhou a ausência de Nassim Nigri e demais fundadores da sinagoga-mãe da Mooca.

Em abril de 1974, ainda em obras, nos festejos de *Pessach,* foi inaugurada uma sinagoga ampla e moderna. As orações foram oficiadas com os *Sefarim* e livros religiosos emprestados pelo Templo Israelita Ohel Yaacov. Aproveitando a viagem de Jacoube Cohen a Israel, os diretores encomendaram-lhe um *Sefer-Torá* à Congregação.

Em novembro de 1982, depois de dez anos na direção da congregação, os fundadores, preocupados com o futuro comunitário, propuseram a seus filhos, já casados, a condução dos trabalhos diretivos da sinagoga Monte Sinai.

Meyer Assilam Nigri, Gabriel Elias Zitune, Nessim Assilam Kalili, Meyer Joseph Nigri, Edgard Politi, Clemente Samuel Nigri e Elias Victor Nigri, apoiados por Clemente Moisés Nigri, Alberto Divan, Meyer Joseph Nigri, Rafael Mansur, Luiz Simantob, Jacques Zeitune e Victor Peres formaram o grupo diretivo da Congregação Monte Sinai. Em julho de 1984, os novos estatutos foram aprovados, Meyer Yehuda Nigri assume a presidência e Luiz Simantob, a secretaria[20]. A sinagoga contou com os *chazanim* Jacoube Cohen e Lázaro Setton (agora remunerado) para a condução religiosa do templo.

Ao transferir-se em 1967 para Higienópolis, Jacoube Cohen passou a rezar na Sinagoga Mekor Haim, levantada pelos judeu-egípcios. Quando seus amigos da Mooca acabaram de construir a sinagoga em Higienópolis, Jacoube Cohen foi chamado para fazer parte do quadro associativo. A condução alepina da Mekor Haim, reforçando a religiosidade de Jacoube Cohen, levou a que se tornasse no novo templo seu "alicerce religioso".

Lázaro Setton, chazan *da Sinagoga da Congregação Monte Sinai. São Paulo, 1975.*

---

20. Primeiras atas do Conselho da Congregação Monte Sinai, Arquivo da Sinagoga.

Sinagoga da Congregação Monte Sinai. São Paulo, 1973. AHJB/SP.

No período, Assilam Nigri, tentando retornar às velhas tradições judaicas da Mooca, procurou Alberto Savóia, dono de bonita e potente voz, para ajudar na condução das rezas na sinagoga[21]. O receio de que o velho canto religioso de Sidon se perdesse fez Assilam gravar, em fita, todo o ritual das rezas aprendido na infância.

Apesar dos esforços, os novos dirigentes da Congregação, de formação universitária, conscientizaram-se da necessidade de um rabino profissional. Reconhecidos rabinos foram contatados, mas divergências impediam o acerto. Na realidade, a ortodoxia dos rabinos de São Paulo assustava aos judeu-orientais, quase setenta anos no Brasil. Os rabinos, ao chegarem à sinagoga, não aceitavam, logo de início, o posicionamento das cadeiras das mulheres no mesmo piso dos homens.

Os dirigentes da sinagoga perceberam que, se quisessem uma sinagoga fundada em princípios conservadores, mudanças deveriam ser feitas no novo templo. Em junho de 1985, Isaac Michaan, de origem síria, nascido em São Paulo, aceitou o cargo de chefe espiritual da Congregação Monte Sinai.

Os Michaan, naturais da cidade de Alepo, emigraram em 1965. Estudante da Escola Judaica Beit Chinuh, ligado ao movimento *Chabad*, Isaac Michaan formou-se na primeira turma da *Yeshivá* de Petrópolis no Rio de Janeiro, centro pioneiro brasileiro na formação rabínica. Os contatos de Michaan

---

21. A objetivo de Assilam Nigri não foi concretizado: Alberto Savóia casou-se com moça não judia.

com colegas asquenazis em Buenos Aires e Estados Unidos fizeram com que aprendesse o *iídish*. Suas tradições orientais, somadas a novos valores, levaram Michaan reconhecer que as diferenças dos costumes judaicos, além de curiosas, são estimulantes.

Ao ser procurado pela direção da Congregação Monte Sinai, Michaan contatou nos Estados Unidos o "Rebe" Lubavitch, que aconselhou-o a aceitar a responsabilidade. Assumindo a direção, o rabino detectou um problema fundamental: o ritual litúrgico apresentado pelos judeus da Mooca mostrava desvios do judaísmo ortodoxo clássico. A direção das rezas era confusa e, por pura falta de conhecimento, seguida por simples "osmose"[22]. Detectou a inversão de valores religiosos, nas leis e nos costumes. Aspectos sagrados eram vistos como secundários, evidenciando influências externas; superstições e apego a minúcias prevaleciam nos rituais. Os descendentes dos fundadores da Sinagoga Israelita Brasileira monstravam-se confusos em atos religiosos simples como o uso do vinho nas cerimônias, a disposição das cadeiras na sinagoga, as regras do *kasher,* o uso de microfones, etc.

Ao tentar colocar em prática suas diretrizes religiosas, o rabino Isaac Michaan percebeu não ser possível a absorção das mesmas, em especial, pelos participantes idosos. O intenso saudosismo desses fiéis fez Isaac Michaan, sem impor, com vagar e bom senso, conseguir em poucos anos, resultados compensadores. As diretrizes seguidas por Michaan tiveram apoio total de seus pares. A inflexibilidade da velha liderança de bases conservadoras, numa comunidade com mais de sessenta anos de existência e sem qualquer orientação rabínica, impressionou Isaac Michaan.

Ao iniciar o trabalho na Congregação, Michaan concordou com os dirigentes que o processo diretivo seria gradual e paciente. Propôs aos participantes da sinagoga o ensino sistemático da Torá. Preocupando-se com os jovens, comprou livros para estudos básicos da religião visando compreensão do texto das rezas. Criou organismos culturais para a divulgação de palestras por meio de fitas, organizou cursos de formação religiosa no Centro de Estudos Judaicos[23]. As palestras organizadas por Michaan na sinagoga também foram assistidas por grande número de moradores de Higienópolis.

Aos poucos , embora saudosos "dos tempos da Mooca", os participantes do templo acabaram aceitando as diretrizes de Michaan. O trabalho feito por ele provocou a "inversão do processo assimilatório", desejado pelos antigos

---

22. Relato do rabino Isaac Michaan a RM. São Paulo, 1997.
23. A Colel Torat Temimá do Brasil, hoje Colel Torat Menachem, fundada em 1986, é centro de difusão do judaísmo à comunidade de São Paulo.

Entrega de Torá oferecida por Mahlouf Sarraf à Sinagoga da Congregação Monte Sinai. São Paulo, 1997.

diretores que se transferiram para Higienópolis[24]. Isaac Michaan acredita que a passagem do bastão diretivo da sinagoga para uma geração mais nova, de formação universitária e aberta aos anseios religiosos tradicionais facilitou seu trabalho.

Michaan preocupava-se com a imagem da sinagoga em um bairro de expressividade numérica judaica. A "marginalidade" do templo em Higienópolis poderia ocorrer, pois no bairro estavam presentes religiosos de linha ortodoxa. Pacientemente, não visando à igualdade, Michaan, reconhecendo as diferenças, persistiu no propósito da execução gradual de seu labor religioso; eliminou bloqueios e passou a ser respeitado por todos aqueles que o acompanharam no processo. Comparando-se a proposta da Congregação Monte Sinai com a Sinagoga B'nei Sidon do Rio de Janeiro, observou-se que os judeus de São Paulo puseram-se à frente, pois a sinagoga goza de conceito e importância em Higienópolis, além de atingir grande número de moradores judeus de outras origens. As famílias Nigri, Kalili, Politi, Zeitune, Cohen entre outras, há trinta anos no exercício diretivo da Congregação Monte Sinai, sentem-se satisfeitas e orgulhosas pelo trabalho realizado. A sinagoga é a "única da América Latina que não se deixou quebrar e que voltou às bases religiosas dos primeiros fundadores"[25].

---

24. A aceitação do religioso na sinagoga não era unânime. Alguns criticavam a "exagerada" ortodoxia de Isaac Michaan. Hoje, a Congregação é dirigida por David Azulay, também participante do Beit Chabad.
25. Elias Victor Nigri, *Opúsculo Comemorativo dos Dez anos da Instalação da Sinagoga da Congregação Monte Sinai,* Publicação da Congregação, 1973.

Esta satisfação não é, entretanto, partilhada por todos. Quando foi lançada a Pedra Fundamental da futura Congregação Monte Sinai, em novembro de 1971, Jamil Sayeg, embora convidado, não compareceu à cerimônia. Para Sayeg, a Congregação Monte Sinai, ao adotar outro nome, rompeu os laços com a sinagoga-mãe. Inconformado, chegou a enviar carta de protesto aos dirigentes. À conselho de Leon Feffer e Raphael Marco, presidentes da FISESP, decidiu permanecer à frente do antigo templo, fundado por Isaac Sayeg, seu pai.

As antigas sinagogas da Odorico Mendes, ainda em atividade, são freqüentadas por velhos seguidores ainda moradores e os que vêm ao bairro durante o *shabat* e nas Grandes Festas. O objetivo dos atuais participantes consiste em manter os templos ativados, impedindo que se fechem. As duas sinagogas ainda estão separadas. A fusão da União Israelita Paulista com a Sinagoga Israelita Brasileira, sugerida por Isaac Amar em 1985, sofreu rejeição de velhos participantes.

Em 1987, buscando cumprir o serviço religioso de forma conservadora, Jamil Sayeg convidou Maurício Fortes para *chazan* do templo. Orgulhoso por ocupar a função do avô Benjamin Cohen, Maurício passou a oficiar cerimônias às famílias Mansur, Sayeg, Jack Nigri, Marcos Kalili, os Duek, entre outros. Fortes, ligado ao movimento Beit-Chabad quando ainda estudante do Colégio Renascença, permaneceu na função por quase dez anos, deixando o cargo, em 1996, à revelia de Jamil Sayeg. O jovem *chazan* passou a ter dificuldades em manter o ritual para participantes não declaradamente judeus, pois suas mães, não havendo passado pelo apropriado rito da conversão, não eram judias.

Na presidência da Sinagoga Israelita Brasileira, Jamil Sayeg recebe participantes interessados no culto judaico, independente de suas origens e casamentos. No afã de preservar a sinagoga, Jamil tem buscado judeus afastados da comunidade ou "perdidos" pelos "casamentos mistos", na tentativa de reconduzi-los ao culto judaico. Sayeg tem ainda recebido no templo os que se acreditam judeus, pela origem cristã-nova[26].

Depois do afastamento de Isaac Amar da direção da União Israelita Paulista, Alberto Serur, o antigo tesoureiro, assumiu a Presidência. Hoje, a sinagoga é freqüentada por alguns dos descendentes dos fundadores, entre os quais os Menram, os Calderon, os filhos de Moisés Chatah, os filhos de Jamile Derviche e Abraham (Geraldo) Porto. Dificuldades para manutenção do templo levaram Serur a solicitar ajuda da família Safra, da Congregação e

---

26. Hélio Daniel Cordeiro, cristão-novo e editor de revista paulista *Judaísmo e Cultura* tem visitado a Sinagoga Israelita Brasileira, presidida por Jamil Sayeg.

Beneficência Sefardi Paulista. Reparos foram feitos na antiga sinagoga e um chazan foi contratado. Hoje, a Organização Beneficente Safra subvenciona a vinda de Edmundo Gazali, religioso do Rio de Janeiro, que às sextas-feiras oficia o ritual aos participantes da União Israelita Paulista. O recente falecimento de Alberto Serur e a impossibilidade de seu filho seguir com o trabalho diretivo-administrativo levaram a que o templo, hoje, seja cuidado por Abrahan Porto.

6.4 GRÊMIOS RECREATIVOS

Os imigrantes do Oriente Médio preocupavam-se com a integração dos jovens na comunidade, restringindo desse modo o processo assimilatório. De início, as famílias dos dirigentes, melhor posicionadas, ofereciam salões de suas residências para que seus filhos e amigos organizassem encontros recreativos e festivos.

Os sefaradis da Abolição, previdentes, dispunham de um salão, situado no plano inferior do templo, onde se realizaram os "primeiros encontros literários e recreativos" da comunidade judaica de São Paulo. Em 1933, visando a uma maior integração comunitária, os ismirlis fundaram o Centro Israelita Brasileiro Amadeu Toledano – o CIBAT. O empenho dos organizadores do CIBAT fez que, em pouco tempo, o Centro fosse procurado pelos jovens judeus. Amadeo Toledano, um dos fundadores da sinagoga, residente no Rio de Janeiro, veio para a inauguração do Grêmio que o homenageava[27].

Embora Isaac Sayeg oferecesse o espaço de sua fábrica, o primeiro grêmio judaico recreativo na Mooca foi criado na rua Piratininga. A exemplo do Macabeus, no Rio de Janeiro, os jovens da Sinagoga Israelita Brasileira organizaram, em junho de 1942, o Grêmio Sinai. Os diretores programaram eventos, congregando jovens a partir dos catorze anos de idade. Carteirinhas sociais foram providenciadas. O primeiro presidente do Sinai, sócio número um, era Elias Nassim Nigri, e as reuniões aconteciam todas as terças, quintas e sábados.

O Sinai, por meio das partidas de futebol, jogos de pingue-pongue e piqueniques no Tremembé, Vila Galvão, Cantareira, Santos e São Vicente, integrava esportiva e socialmente a juventude da Mooca. Nessim B. Cohen cuidava da área administrativa. Um jornal passou a ser editado com o apoio de Marcos Kertzman e de Américo (Emerich) Feher, atuantes asquenazis da Abolição[28].

27. Atas do CIBAT, Arquivo do T.I.B.O.Y., 1933.
28. Localizamos um exemplar, incompleto, da coleção do jornal. Veja Anexo 16.

Equipe de futebol do Grêmio Sinai no Macabi. São Paulo, 1949. Arquivo particular de Jamil Sayeg.

Mary Nigri oferecia sua residência para discussão do programa das festividades do Sinai. Os freqüentadores mais assíduos foram Assilam, Marco, Joseph, filhos de Mayer J. Nigri, Linda Nigri, Salim Zeitune, os Kalili, os Sayeg, os Simantob e os Politi. Elias Politi, formado em Direito, ajudou Nessim Cohen a organizar os estatutos da agremiação, cujas programações envolveram a comunidade durante dez anos (1942 até 1951). O Sinai ficou marcado pela presença dos filhos dos fundadores da sinagoga.

O entusiasmo dos participantes do Grêmio Sinai levou a que também fosse criado o Centro Recreativo Hebreu Brasileiro. David Cohen, filho do beirutense Moysés Cohen, elegeu-se Presidente e Isaac Amar, Alberto Fuerte, Isaac Mizrahi, David Halali, Leon Zaide e Alberto Serur sobressaíram-se como seus diretores. Alberto Serur, destacando-se na área administrativa do Hebreu, acabou convidado por Mário Amar para diretor da Sinagoga União Israelita Paulista. Anos depois, em 1985, passou a Presidente da Sinagoga, com o afastamento de Amar do cargo.

Os dois grêmios abriram-se à indistinta participação de toda a colônia da Mooca, alheia às diferenças entre Nassim Nigri e Mário Amar. Nas atividades programadas, amigos asquenazis eram convidados a participar.

Identificadas pela origem e ligações familiares, as diretorias do Grêmio Sinai e a dos Macabeus do Rio de Janeiro programaram atividades conjuntas. Em setembro de 1947, a Copa Sion, encontro cultural-esportivo, foi realizada, coroando o aniversário da Sinagoga Israelita Brasileira de São Paulo.

Representantes do Grêmio Sinai no Alto da Boa Vista. Rio de Janeiro, março de 1946. Arquivo particular de Jamil Sayeg.

Depois de uma sessão cinematográfica, seguiu-se uma partida de futebol entre as duas agremiações. Os esportistas do Rio de Janeiro acomodaram-se na residência de seus parentes paulistas. Planejando a continuidade dos encontros esportivos, o Macabeus recepcionou o Sinai, pouco depois, para uma partida de futebol no Rio de Janeiro[29].

Os diretores do Sinai faziam freqüentes reuniões para coletar fundos para subsidiar as atividades esportivas e recreativas. Em 1948, programou-se a Semana de Aniversário da fundação da Sinagoga com uma solene festa na Maison Suisse, espaço elegante de São Paulo. Américo Feher, da Sinagoga da Abolição, aceitou ser mestre-de-cerimônias na homenagem às organizações juvenis judaico-paulistas[30].

Os organizadores do Amadeu Toledano contratavam orquestras e bufês nos bailes, buscando melhor integração comunitária. Sefaradis de Esmirna, da Itália, Bulgária e Iugoslávia, judeu-orientais do Líbano e da antiga Palestina, asquenazis, de origem alemã, polonesa e russa encontravam-se. Desses encontros, muitos casamentos se concretizaram: Simantob com Dônio; Cohen com Fortes, Proccacia com Abuab, Ascher com Reichhardt, entre outros. Boris Fausto, um dos diretores do CIBAT, propôs a retirada da palavra "sefaradi" dos documentos e da entidade porque o "clube deveria pertencer a todo *ishuv*

---

29. Em vista do empate, Marco Nigri, presidente do Sinai, "chorou a noite toda". Relato de Elias Zeitune a RM. São Paulo, 1996.
30. Artistas famosos como Walter Foster, Homero Silva, Antonio Augusto de Campos e Vida Alves, "a mais linda artista do cinema e do rádio brasileiro", foram convidados (*Jornal do Grêmio Sinai*, nº. 27, set. 1948).

Líderes comunitários reunidos. São Paulo, 1952. AHJB/SP.

de São Paulo"[31]. Sua sugestão foi aprovada por unanimidade pela diretoria da Sinagoga da Abolição. O espaço do CIBAT era alugado para festas e casamentos, permitindo a superação de dificuldades financeiras da sinagoga[32].

As difíceis condições financeiras e a não renovação do quadro associativo desativavam os pequenos grêmios recreativos de São Paulo levando a FISESP, em 1946, a organizar a federação dos grupos juvenis de São Paulo. Os pequenos clubes, em número de doze, passaram a se reunir na sede da Federação Israelita no Edifício Trocadeiro, atrás do Teatro Municipal. O objetivo inicial era programar atividades não coincidentes. Juntos organizaram festas em amplos salões alugados e distribuíam convites aos participantes jovens. Nessim Cohen e Leon Rábia foram os representantes da Mooca na Federação, local de junção da liderança juvenil asquenazi, sefaradi e oriental de São Paulo.

Nos anos 50, jovens da Mooca passaram a freqüentar o Círculo Israelita. A instalação do Círculo, primeira sede da FISESP no centro, colaborou para que se tornasse, no período, o centro recreativo judaico de São Paulo. Juntos, judeus asquenazis do Bom Retiro, Brás, Bela Vista, Consolação e outros bairros, os sefaradis e os judeu-orientais, participando dos bailes programados, passaram a fazer parte do processo integrativo da comunidade judaica de São Paulo.

---

31. Primeiras atas do CIBAT, de 1933. Alexandre Algranti, Moisés Algranti, Dreyfus, Cattan, Santos Lereah, Alexandre Nahum, Jacques Donio e Jayme Dentes eram os diretores do período. Arquivo T.I.B.O.Y.
32. Atas do CIBAT da década de 50. Arquivo do T.I.B.O.Y.

Baile do Círculo Israelita. São Paulo, 1932. Arquivo particular da família Kochen.

No período, as moças da Mooca freqüentavam esses bailes, acompanhadas pelas mães ou senhoras que se responsabilizavam por elas com os pais. Rachel Memran, Badrie Zeitune, Adélia Fuerte e outras senhoras prontificavam-se para a tarefa.

* * *

Na cidade de Lima, capital do Peru, o sefaradi Nissim Farhi defendia a união das comunidades judaico-sefaradis e orientais do continente[33]. Em outubro de 1972, a Federação Sefaradi Latino-Americana, a FESELA, como a congênere européia, passou a fazer parte do Congresso Sionista Mundial.

Pretendendo posicionamento e difusão de assuntos comuns, a FESELA propunha-se a centralizar e solucionar questões pertinentes à religião e à cultura judaica sefaradi. Além de incentivar a divulgação do rico acervo sefaradi, seus organizadores objetivavam prover de rabinos e instrutores às comunidades isoladas em especial e manter intercâmbios e seminários educacionais em Israel[34].

O sefaradi Alexandre Calderon, nascido na Mooca, convidado a participar da FESELA em 1981, juntou-se a Cláudio Leon e Alberto Dichy, participantes da Congregação da Mekor Haim, visando melhor entrosamento dos judeus do

---

33. Discurso de Nissim Farhi de outubro de 1972. Arquivo particular de Alexandre Calderon.
34. No Brasil, líderes comunitários fundaram, no Rio de Janeiro, a FESEBRA, Federação Sefardi Brasileira, associada à FESELA.

Oriente Médio em São Paulo. Residindo em Higienópolis, Calderon passou a freqüentar a Congregação Monte Sinai, a convite do presidente Elias Victor Nigri, elegendo-se diretor.

Na década de 70, o interesse da Congregação era garantir participantes às rezas diárias, em um bairro onde se construíram várias sinagogas. Alexandre Calderon, diretor da Federação Israelita, passou a divulgar as atividades religiosas e sociais da Monte Sinai no jornal *Resenha Judaica*, editado pela CIP.

Nos três anos que ocupou o cargo, Calderon, preocupado com as novas gerações e o afastamento de muitas famílias da comunidade da Mooca, buscou soluções. A diretoria da Monte Sinai aprovou a fundação do Grêmio Recreativo e Cultural Monte Sinai. De família ismirli, casado com Irene Memran, Calderon iniciou participação na liderança comunitária resolvendo problemas administrativos da Luiz Fleitlich, escola de seus filhos. Impressionada com seu empenho, a presidência da FISESP convidou-o a fazer parte da organização. Nas reuniões, Calderon percebeu o quanto a cultura sefaradi era desconhecida e, incomodado com uma certa marginalização de seu grupo de origem, passou a trabalhar visando a maior entrosamento entre os judeus de São Paulo. O Novo Grêmio Recreativo Cultural Monte Sinai, independente da área religiosa, conseguiu reunir em programação atraente a quarta geração de jovens da comunidade da Mooca.

Como vice-presidente da FESELA, Alexandre Calderon, buscando sensibilizar a comunidade judaica, organizou, em 1981, exposições, palestras e um festival de música e dança sefaradi em espaços culturais de São Paulo e Guarujá. No evento fizeram-se representar delegações da Argentina, Chile, Colômbia, México, Panamá, Peru, Uruguai e Venezuela. Calderon homenageou, na oportunidade, todos os dirigentes das primeiras comunidades sefaradis e dos judeu-orientais de São Paulo[35].

Na década de 50, quando os novos imigrantes do Oriente Médio instalavam-se em São Paulo, o projeto de um clube esportivo e recreativo, idealizado por jovens e com o apoio tático e financeiro de industriais como Leon Feffer, efetivou-se na comunidade judaica de São Paulo[36].

A Associação Brasileira "A Hebraica", criada em 1953, surgiu em local e momento oportunos, transformando-se, em pouco tempo, em centro integrativo de toda a comunidade judaica de São Paulo, seja asquenazi como

---

35. Os homenageados foram Moisés Politis, Marcos Simantob, Yontob Zeitune, Meyer Yehuda Nigri, Nassin Nigri, Moisés Yedid, Vidal Benadiba, Jacoube Cohen, Samy Samuel e Lázaro Setton. Documento da coleção de Irene Calderon.
36. Rachel Mizrahi (org.), *Lembranças... Presente do Passado. Histórias de Vida*, pp. 24 e ss.

A Associação Brasileira "A Hebraica" de São Paulo, 1993.

sefaradi e oriental. Nos atuais quadros da associação, judeus de todas as origens culturais e tendências religiosas mostram-se presentes, em especial nas festas de *Rosh Hashaná* e *Yom Kippur* organizadas pelo clube. Nas Grandes Festas, associados e não sócios podem escolher, em diferentes espaços, a sinagoga em que desejem acompanhar as rezas e, até mesmo, a linha filosófica, seja conservadora, liberal ou reformista.

Ao lado do Círculo Esportivo Israelita Brasileiro Macabi, fundado em 1927, a Hebraica, transformada em centro de integração, oferece variada programação, além das esportivas. Buscando reforçar a identidade judaica, seus diretores promovem uma intensa programação cultural e artística através de palestras, peças teatrais, exposições artísticas, festivais de cinema judaico, de dança e da música israeli. O número de seus associados, cerca de 40 000, transformou a agremiação em caso único da diáspora e, segundo Ettore Barocas, é onde "a integração de judeus de diversas origens geográficas e culturais tem sido processada de forma satisfatória".

6.5 A BENEFICÊNCIA: UMA TRADIÇÃO JUDAICA

A beneficência constitui preocupação básica do judaísmo e prescrita nos livros sagrados. A fundação da Sociedade Beneficente das Damas Israelitas – a Ofidas, em 1915, e a da Sociedade Israelita, Amigos dos Pobres – a Ezra, em 1916, foram essenciais. Suas histórias confundem-se com o crescimento da própria comunidade, porque integraram e fortaleceram os laços de coesão e solidariedade entre os judeus de São Paulo. Os objetivos da Ezra, delineados em ata, eram os de "auxiliar aos pobres, doentes, arranjar serviço aos que não têm e ajuda material, quando necessária, no prazo máximo de 24 horas"[37].

A existência dos menos afortunados levou sefaradis e judeu-orientais a sistematizar a ajuda beneficente. Os empreendimentos iniciaram-se desde o início da organização comunitária, antes mesmo da construção da sinagoga.

A beneficência sefaradi, o Rofé Holim[38], foi marcada pela presença de Céline Levy, esposa de Sylvain Levy, de origem alsaciana que, em 1919, havia chegado ao Rio de Janeiro procedente da França. Ao se transferir, no mesmo ano, para São Paulo, Levy ligou-se a negócios de exportação e corretagem de açúcar.

Guardando as tradições religiosas e culturais judaicas, os Levy, bem posicionados na sociedade paulistana, identificaram-se com os sefaradis que falavam o francês. Céline, Ort de solteira, além do francês, conhecia o idioma alemão.

Os Levy colaboraram com as necessidades financeiras da sinagoga. As amizades mantidas pela família em sociedade foram úteis. Os empresários paulistanos ajudaram Céline em suas obras de caridade e trabalhos beneficentes. Modesta, altruísta, ajudando e visitando doentes, levando-lhes carinho e atenção, foram qualidade que tornaram Céline Lévy conhecida na comunidade judaica de São Paulo. Seu marido e o cunhado Berty Levy ajudavam-na, arrumando empregos aos imigrantes recém-chegados e desprovidos de recursos.

A elegante presença de Céline era solicitada em cerimônias e festividades judaicas de São Paulo. Acompanhada por diretores como Elias Elba, passou a representar os sefaradis em cerimônias públicas da coletividade. Para angariar fundos, promovia chás em salões elegantes da cidade, acompanhados por saraus literários, artísticos e musicais atendendo à programação do Centro Israelita Lítero-Musical Brasileiro Amadeu Toledano, o CIBAT, fundado em 1933.

---

37. O acervo documental destas instituições encontra-se no Arquivo Histórico Judaico-Brasileiro, de São Paulo.
38. Ata da Sinagoga da Abolição, 22.1.1928. Arquivo da T.I.B.O.Y.

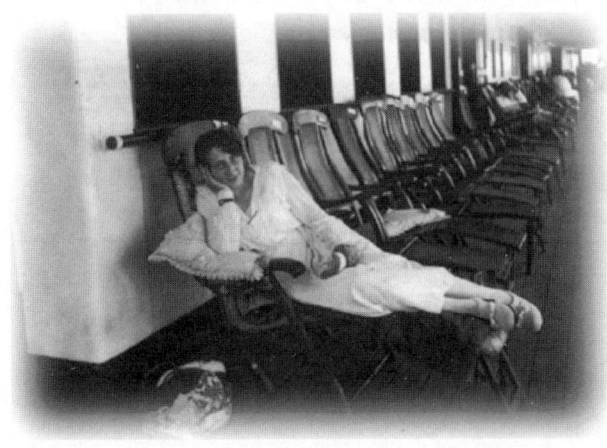

A benemérita Céline Levy, a bordo do navio que a trouxe ao Brasil, em 1919.

Céline Levy ajudou a recepcionar imigrantes asquenazis que chegaram da Alemanha nazista. Dos 40 000 judeu-alemães da década de 30, quase a metade escolheu residir em São Paulo. O grupo era constituído por profissionáis liberais e homens de negócios, pertencentes às classes média e alta alemã. A maioria, falando o alemão, contou com Céline para intérprete. Percebendo a dificuldade desses refugiados nas sinagogas asquenazis, de linha conservadora, Céline providenciou o salão da Sinagoga da Abolição para os primeiros serviços religiosos oficiados pelo Rabino Fritz Pinkuss em São Paulo. Despreocupada com as origens culturais, os matizes e as diretrizes filosóficas dos imigrantes alemães, Céline trabalhou para aproximar os rabinos Jacob Mazaltov e Fritz Pinkuss.

Céline, também intérprete dos imigrantes alemães conservadores, conseguiu-lhes o empréstimo de uma Torá com os diretores da Abolição, permitindo que o grupo, em 1937, se organizasse, independentes dos liberais.

Já dominando o português, o rabino Fritz Pinkuss inaugurou, ainda na década de 30, a Congregação Israelita Paulista, a CIP, apoiado pelas antigas famílias asquenazis: os Mindlin, os Teperman, os Lafer, os Klabin e os Grinberg. Em 1934, foi criada a Comissão de Assistência aos Refugiados Israelitas da Alemanha (CARIA).

A convite de Pinkus, Céline Lévy ocupou a diretoria da Comissão Feminina da Assistência Social[39]. Ao preocupar-se com as mulheres imigrantes recém-chegadas, dava-lhes orientação no trabalho, instrução e organização nas atividades domésticas e vestuário (que, em decorrência das condições climáticas brasileiras, deveriam ser reformulados), alertava-as sobre os costumes brasileiros e seus alimentos, cuidava dos enfermos e esclarecia as mais jovens nas profissões escolhidas[40].

A partir do trabalho voluntário de Mme Levy e de outras voluntárias, fundaram-se instituições como o Hospital Israelita Albert Einstein e o Lar dos Velhos, hoje, Golda Meir, para onde Céline, aos 67 anos, transferiu-se para melhor ajudar aos mais idosos. Roger Levy, um de seus dois filhos, participou

---

39. A. I. Hirschberg, *op. cit.*, p. 49.
40. Fritz Pinkuss, *Estudar. Ensinar. Ajudar: Seis Décadas de um Rabino em Dois Continentes*, Livraria Culltura, 1989, p. 51.

da Associação da Mocidade Israelita (AMI) que, em 1953, programou a Associação Brasileira "A Hebraica".

No período, os Levy e algumas famílias, naturais de Esmirna, passaram a freqüentar a Congregação Israelita Paulista. Os jovens sefaradis integraram-se em projetos idealizados pela CIP, como grupo de escotismo da rua da Avanhandava[41].

Os primeiros anos na Mooca foram marcados pela pobreza e dificuldades da maioria dos imigrantes judeus. Os já acomodados procuravam ajudar, conseguindo moradia e orientação no trabalho para os recém-chegados.

Na década de 30, Mari Nigri, Bahie Sayeg, Naíme Simantob, Badrie Zeitune e demais esposas dos líderes da Sinagoga Israelita Brasileira organizaram a beneficência, através da Sociedade das Damas Israelitas, dentro do princípio de que "nenhum judeu pode festejar as tradições com alegria, sabendo que seu irmão não possui o mínimo para sobreviver". Pouco antes do *Pessach*, as senhoras distribuíam caixas de *Matzá*, açúcar, batata, arroz, óleo, vinho, farinha e algum valor em moeda. Para não humilhar os beneficiários, a entidade não divulgava a quem destinava a doação.

Na década de 60, quando melhoraram as condições de vida para a maioria dos imigrantes judeus, as voluntárias passaram a atender famílias não judias da Mooca.

Em 1946, a Wizo, precisando ampliar o âmbito de ação no socorro aos sobreviventes do nazismo refugiados em São Paulo, solicitou ajuda à comunidade da Mooca. Mary Nigri encarregou-se de formar um grupo de senhoras, associando-se a Clara Kirjner, Anna Cosoy e Amália Epstein, moradoras do Brás. Mary Nigri reunia-se com o apoio de Suzana Cohen, Rebeca Cohen, Laura Nigri, Badrie P. Zeitune, Virginie Polite, Nazira Adissi, Maria Mizrahi, Mathilde Campeas, Rachel C. Zaide e Júlia Peres[42]. Ao grupo, juntaram-se depois Faride Amar e Cila Grobman, do executivo da Wizo na ajuda aos refugiados do Oriente Médio. Necessitando de mais fundos, o grupo feminino organizou um leilão de objetos e um bazar de produtos artesanais. Rebeca Simantob Cohen conseguiu de seu empregador, Carlos Hadid, colaboração à beneficência.

Céline Lévy com os netos. São Paulo, década de 50.

---

41. *60 Anos de Escotismo e Judaísmo. 1938-1998. A Construção de um Projeto para a Juventude*, Avanhandava, São Paulo, CIP, 1999.
42. Atas da Sociedade Beneficente, de 1948. Coleção de Sara Zeitune.

As Damas Israelitas da comunidade da Mooca. Sentadas: Sarine Mansur, ..., Mary Nigri e Badrie Zeitune. De pé, da esquerda para a direita: Jamile Canhaji, Júlia Peres, Jamile Derviche, Laura Nigri e Matilde Campeas. São Paulo, década de 50. Arquivo particular de Linda Nigri.

No início dos anos 50, Jamile Derviche elegeu-se Presidente da Sociedade das Damas Israelitas e, por décadas, exerceu trabalho social e voluntário. Era auxiliada por Laura Nigri, Badrie P. Zeitune, Júlia Sayeg Peres, Matilde Campeas, Nazira Adissy, Sofia Mansur e Linda Nigri.

Jamile Derviche, viúva aos trinta anos, mantinha o sustento dos filhos, Júlio, seu marido fora um dos fundadores da Sinagoga da União Israelita Paulista e o ato de fundação deu-se em sua casa. A loja de armarinhos de Jamile foi transformada em ponto de encontro da comunidade; por seus conhecimentos de enfermagem, oferecia assistência direta aos mais carentes,

Antonietta Feffer na beneficência dos judeu-orientais. São Paulo, década de 80. Arquivo particular de Jamile Derviche.

transformando-se em referência comunitária. Orgulhosa de ter participado da fundação da sinagoga, era comum ouvi-la citar, "enquanto for viva, nunca se fechará a sinagoga fundada por meu marido"[43]. Sob sua Presidência, ficou claro que, embora existissem dois templos, a comunidade era uma só, porque a Beneficência atendia, indistintamente, aos necessitados das duas sinagogas.

Para conseguir recursos, as voluntárias programavam atividades sociais em grandes residências da comunidade: jogos de cartas e leilões de objetos artísticos doados. Nas sinagogas, a "compra da Torá" era parte necessária dos recursos arrecadados pela tesoureira Linda Nigri e encaminhados à Beneficência.

Na década de 60, depois de um período quase inativo, a Sociedade Beneficente das Damas Israelitas retomou o trabalho. Joseph Meyer Nigri, eleito Presidente da Sinagoga Israelita Brasileira, chamou Jamile Derviche para prosseguir com o trabalho beneficente.

Quando as obras da sinagoga em Higienópolis se aceleraram, Jamile Derviche inquietou-se. A Sociedade Beneficente englobava participantes dos dois templos e a presidente agora estava ligada à Sinagoga Israelita Brasileira, pelo casamento dos filhos. Dividida entre as sinagogas da Mooca e a nova, em Higienópolis, Jamile várias vezes solicitou demissão, todas recusadas. Em vista disto, manteve continuidade no trabalho aos que solicitassem. O aten-

---

43. Relato gravado por Jaqueline Hirchfeld. São Paulo, 1995.

dimento dobrara, dada a dispersão comunitária, conforme revela o cadastro da entidade[44].

Depois da inauguração do Monte Sinai, as reuniões femininas passaram a ser feitas nas residências da nova presidente Linda Nigri e da secretária Irene Calderon. Jamile Derviche e outras voluntárias mantinham a distribuição de doces e presentes de *Purim* às crianças das sinagogas da Mooca, ajudadas pela diretoria da União Israelita Paulista [45].

Os novos imigrantes judeus do Oriente Médio, alepinos, libaneses e egípcios, antes mesmo da construção de seus templos, congregaram-se para atender necessitados, entre os quais as viúvas, os órfãos e os doentes. Mais tarde, a Congregação Mekor Haim e a Congregação e Beneficência Sefardi Paulista generalizaram o trabalho de assistência social à comunidade judaica feito pelas diretorias das sinagogas e suas organizações beneficentes.

Posicionados na área financeira, os imigrantes judeus da segunda metade do século XX, procedentes de diversas cidades do Oriente Médio, em São Paulo, participam ativamente da beneficência, colaborando na construção de hospitais e instituições assistenciais comunitárias e gerais, não só no Brasil, mas em diversos países do mundo[46]. Através de fundações culturais e assistenciais, os irmãos Moise e Joseph Safra contribuem com diversas obras de amparo a crianças e idosos. A Fundação Safra, por exemplo, sob a orientação de Joseph Safra, participou da construção de instituições modelo, como os hospitais Albert Einstein, Sírio Libanês, Instituto de Oncologia Pediátrica, Fundação Antônio Prudente, Associação de Pais e Amigos dos Excepcionais (APAE), Associação de Ajuda à Criança Defeituosa (AACD), Associação para Crianças e Adolescentes com Tumor Cerebral (TUCCA), Fundação para Cegos Dorina Nowill e da construção de creches para crianças carentes da periferia na região metropolitana de São Paulo. Participam, igualmente, da manutenção e crescimento dessas instituições. Projeto de fôlego, que também teve o apoio dos Safra, foi o da pesquisa arqueológica e restauração da primeira sinagoga das Américas, a Kahal Kadosh zur Israel – Santa Comunidade Rochedo de Israel – que funcionou em Recife na época da colonização holandesa (1630-1654).

---

44. Cadastro das Contribuintes. Arquivo particular de Linda Nigri.
45. As atas de 7.8.1972 e de 1973 registram os falecimentos das colaboradoras Sofia Mansur e da sefaradi Mathilde Campeas.
46. Nos Estados Unidos, Edmond Safra criou a Fundação Internacional para a Educação Sefaradita. Participou do grupo de apoio a universidades, museus, corporações médicas e centros de investigações científicas. Pela Fundação Safra, foram estabelecidos em Israel trezentos centros de estudos religiosos e reformas de sinagogas em vários países.

7

Imigração e Identidade

PÁG. ANTERIOR
Encontro sionista na Escola Caetano de Campos. São Paulo, início da década de 1950. Acervo particular de Isaac Amar.

7.1 O ANTI-SEMITISMO NO BRASIL

No século XIX, princípios ficcionais e oportunistas caracterizavam os grupos humanos em raças distintas. Embora a ciência rejeite a classificação do gênero humano em raças, dada a enorme variedade de tipos, têm prevalecido, ainda hoje, critérios de catalogação do gênero humano. O judeu não constitui uma "raça" e o povo é prova física, contestadora das teorias classificatórias. Na Europa e em terras do Oriente Médio, os judeus não são fisicamente percebidos, mas identificados só pela religião e por outros traços culturais.

A expansão do islamismo e do cristianismo na Europa, África e Oriente levaram cristãos e muçulmanos a posicionarem-se em campos opostos e inimigos. Nesses domínios, o povo judeu era discriminado pelos cristãos, que o viam como "encarnação do mal, do pecado", um deícida e, pelos muçulmanos, "aquele que não aceitou Alá, revelado a Maomé pelo Corão". Ainda que muitos se convertessem, forçados ou não, a maioria manteve-se obstinada na fé judaica.

A fé, somada a uma complexa filosofia, levou o judeu na terra de origem – desligado do jogo do poder político – a concentrar-se de forma determinada na estruturação de sua religião. Dispersos, absorveram valores que, amoldados às tradições e à antiga fé, internamente cristalizada, tornaram-nos povo. Discriminados, fecharam-se. Estudos religiosos profundos levaram à preservação do judaísmo e das tradições que, reforçadas em comunidade, transformaram-se em fatores constitutivos de identidade.

Como minoria, os judeus posicionaram-se nos domínios cristãos e muçulmanos de forma oportuna e proveitosa: nos reinos cristãos, facilitaram a política das grandes conversões, pois foram prova viva da existência e sofrimento de Cristo; nos domínios árabes, como *dhimmis* (minoria), constituíram fontes adicionais de renda obtida pelo pagamento das taxas obrigatórias, além das vantagens de intermediação no comércio internacional. Os otomanos, sucedendo aos árabes, protegeram e mantiveram os judeus nas mesmas posições de intermediários nas relações internacionais.

Encontrados tanto nas grandes como nas pequenas cidades do Ocidente e do Oriente, vivendo em comunidades autônomas, por opção ou imposição das autoridades constituídas, os judeus tornaram-se familiares às populações e, ao mesmo tempo, diferentes e misteriosos. Pelo olhar cristão, haviam "matado Cristo" e mereciam ser objeto de infindável suspeitas e freqüentes castigos, portanto, potenciais suspeitos[1].

A discriminação e a perseguição aos judeus em sermões proferidos por padres fanáticos nas igrejas católicas, desde tempos medievais e em sermões dos autos-de-fé da Inquisição sedimentaram na Europa o anti-semitismo, transformado em mito.

As amarras das comunidades judaico-européias foram secionadas pelas forças liberalizantes do século XVIII. Emancipados como cidadãos, os judeus puderam usufruir direitos civis e políticos, conseguindo acesso à educação pública, ao voto nos organismos da sociedade civil, ao serviço público, à prática das profissões liberais e à entrada nas universidades. O período é referencial à tomada de consciência da identidade judaica. Ao sair dos *guetos* e das *juderías*, embora ocupassem posições de destaque, os judeus mantiveram-se ligados à religião e às fortes tradições ancestrais. Não completamente aceitos pela sociedade maior, em decorrência dos mitos anti-semitas, o judeu, agora homem do mundo, colocou-se atento e em posição de defesa, prevenido contra quaisquer manifestações racistas. Não querendo romper completamente com seu passado histórico, o judeu vive em dois mundos, duas culturas, duas sociedades que não se interpenetram e nem se fundem[2]. Para ser aceito de forma integral, grande número de asquenazis converteu-se ao protestantismo ou ao catolicismo, mesmo sem convicção interior, mantendo-se, grande parte, agnóstica ou num judaísmo comportamental e ético.

---

1. G. R. Elton, "O Rito da Morte Ritual", *O Estado de S. Paulo*, 20.1.1990.
2. Everett V. Stonequist, *O Homem Marginal: Estudo da Personalidade e Conflito Cultural*, São Paulo, Martins, Biblioteca de Ciências Sociais, Introdução, 1948.

Em muitas partes, as perseguições decorrentes do anti-semitismo levam a que os judeus estejam presentes em todos os movimentos migratórios intercontinentais e as diásporas sejam uma constante na história do povo. Nos deslocamentos contínuos, número apreciável de judeus instalou-se nos Estados Unidos, compondo respeitável presença no conjunto geral da população americana.

Inserido na "raça" branca, independente de sua origem geográfica e cultural, o judeu continua sofrendo discriminações de todo gênero.

O Brasil, depois de um período de livre e de aleatória entrada de imigrantes de quaisquer origens, passou a classificar o judeu, diferenciando-o pelo biótipo. As autoridades responsáveis pelo controle imigratório brasileiro desde 1921 mostraram-se contrárias à entrada de judeus no país, definidos como elementos, "sabidamente, parasytários e inassimiláveis". "Pertencentes a um povo inassimilável e incapaz de trabalho agrícola", os judeus tiveram, em 1937, entrada cerceada por circulares secretas[3]. A política imigratória restritiva do governo brasileiro, no período, foi "nitidamente caracterizada por diretrizes eugênicas". Os judeus eram, genericamente, provenientes de uma "raça" (semita) e passaram a compor a lista dos elementos "nocivos do ponto de vista racial, étnico, político, social e moral", segundo a historiadora Maria Luiza Tucci Carneiro. No período, mitos anti-semitas foram restaurados e revitalizados e, ao lado do perigo amarelo, aparece o perigo vermelho e, com ele, o perigo semita.

No plano das instituições políticas, o anti-semitismo no Brasil processou-se alimentando o debate nas esferas do poder central, e os intelectuais, por mais liberais que fossem, viram-se envolvidos pelos estereótipos correntes na época. Estes sentimentos estavam vinculados, na década de 30 do século passado, ao panorama político-econômico da Europa, delineado pelas investidas do Nacional-Socialismo alemão[4].

O anti-semitismo alemão de 1935, antes e depois das Leis de Nuremberg, e o de Mussolini, em 1939, trouxe levas de refugiados europeus à América. No grupo, além de alemães e judeu-europeus, incluíam-se sefaradis, procedentes da Itália, França, Grécia, Bulgária, da Ilha de Rodes e da antiga Iugoslávia, que se refugiaram no Brasil. Dos judeus que emigraram nos anos

---

3. Ofício de Dulphe Pinheiro Machado, diretor do Serviço de Povoamento do Ministério da Agricultura, Indústria e Comércio ao cônsul de Galatz, Rio de Janeiro, 18 de out. de 1921, doc. 2941, vol. 293/3/4, AHI/RJ.
4. Maria Luiza Tucci Carneiro. "A Comunidade Judaica sob a Vigilância do DEOPS (1930 a 1950)", em Maria Luiza Tucci Carneiro (org.), *Minorias Silenciadas*, São Paulo, Edusp/Fapesp 2002; Jeffrey Lesser, *O Brasil e a Questão Judaica*; Avraham Milgran, *Os Judeus do Vaticano*, Rio de Janeiro, Imago, 1994.

Estimativa da população judia em terras americanas (1992).

PAÍS	POPULAÇÃO TOTAL	POPULAÇÃO JUDIA	% DE JUDEUS NA POPULAÇÃO
EUA	257 840 000	5 620 000	2,0
Argentina	33 487 000	211 000	6,4
Uruguai	3 149 000	23 800	7,7
Brasil	156 578 000	100 000	0,6
Total da América	751 684 000	6 409 700	8,5
Total da América do Sul	309 574 000	382 000	1,3
Israel	5 195 000	4 242 000	82,0

40 para nosso país, cerca de 1 000 eram portadores de passaportes expedidos pelo Vaticano, declarando-os convertidos ao catolicismo[5].

Parte dos sobreviventes judeus da Segunda Guerra Mundial chegaram ao Brasil com o apoio da HIAS e da JOINT, organizações judaicas internacionais de ajuda. Apesar da política restritiva e racista do governo, as organizações conseguiram a entrada de judeus em várias cidades brasileiras.

Como representante da ICA no país, Isaías Raffalovitch reagiu, frontalmente, aos confrontos anti-semitas. Em março de 1933, participou de uma manifestação pública "contra o tratamento tirânico recebido pelos judeualemães" no Rio de Janeiro, cuja entrada foi facilitada pelo empenho de várias personalidades. Em 1934, manifestações contrárias aos judeus foram promovidas por integralistas, apoiados por Filinto Müller, chefe da polícia federal[6]. Tentando amenizar as idéias racistas vigentes na época, Raffalovitch fez com que a ICA patrocinasse, no mesmo ano, a publicação do *Porque Ser Anti-semita*, inquérito de intelectuais do país[7].

Da mesma forma, os sefaradis de São Paulo – depois de analisarem as notícias sobre os conflitos anti-semitas, manifestadas por policiais do período e publicadas pela imprensa paulista em outubro de 1930 –, organizaram uma comissão de repúdio, enviando comunicado aos diretores dos jornais[8].

No início da década de 40, os judeus de origem italiana e alemã radicados no país, acusados de geradores dos conflitos interétnicos em seus países, viram-se, na maioria das capitais brasileiras, confundidos e duplamente discriminados[9]. As tendências fascistas do Colégio Dante Alighieri de São Paulo, atestadas pelo aluno judeu-italiano Bruno Levi, foram registradas no DEOPS

---

5. Avraham Milgran, *Os Judeus no Vaticano*, Rio de Janeiro, Imago, 1994.
6. J. Lesser, *O Brasil e a Questão Judaica*, pp. 114 e s.
7. Pacheco e Silva (org.), *Porque Ser Anti-Semita*, Rio de Janeiro, Civilização Brasileira, 1933.
8. Ata da Sinagoga da Abolição de 9.11.1930, pp. 98 e s. Arquivo do T.I.B.O.Y.
9. *Inventários DEOPS/Alemanha*, organizado pela Profa. Maria L. Tucci Carneiro, São Paulo, Arquivo do Estado, 1997.

de São Paulo que, após 1942, havia colocado sob suspeita a maioria das instituições italianas. Em 1943, o Dante Alighieri sofreu intervenção policial e foi caracterizado como um dos principais redutos de doutrinação fascista à juventude ítalo-brasileira[10].

A despeito do caráter integrador e cordial do brasileiro, estudos empreendidos por sociólogos têm revelado que a ideologia de integração das "raças" mascara uma realidade de profundas diferenças. A "democracia racial" constitui-se, ainda, um mito a ser superado, atestado pelo negro brasileiro, ainda relegado aos extratos mais pobres e com pequenas oportunidades de ascensão socioeconômica.

O cientista social Roberto DaMatta define a sociedade brasileira como "profundamente hierárquica e sustentada na desigualdade entre as pessoas". Para ele, na hierarquia social, ao mesmo tempo que se "permite uma sociabilidade fundada na intimidade, confiança e consideração, desconhecem-se os valores individualistas e igualitários". Conclui DaMatta que a proverbial cordialidade brasileira "é fruto da desigualdade produzida pela sociedade hierárquica"[11].

Em um contexto em que predominam o sincretismo religioso e a generalizada idéia da "religiosidade de verniz" brasileira, sentimentos anti-semitas, que a Igreja alimentou até recentemente, diluem-se. A identidade no país deve ser compreendida como fruto do regionalismo e da diversidade, em que peso menor deve ser dado à dimensão religiosa ou étnica.

A imagem idealizada do "Brasil, País do Futuro", atualizou-se nos anos 1950 pela ascensão de segmentos das classes médias gerados pela modernização. No período, a valorização do branqueamento manteve-se, mas seu discurso de sustentação ideológica deixou de ser legítimo. Nos anos 1980 e 1990, diante do processo de estagnação econômica, desemprego crônico e aumento dos índices de criminalidade, começaram a surgir, ainda que marginalmente, expressões em discursos racistas, dirigidas a nordestinos, negros e judeus.

Os imigrantes sefaradis e judeu-orientais, livres das manifestações frontais de rejeição e do anti-semitismo em suas comunidades de origem, questionados sobre o tema, definiram a cordialidade geral predominante nas terras brasileiras. Em São Paulo, a maioria afirmou não sentir, mesmo nos anos 1930, período da crítica jornalística pelas charges e caricaturas, sentimentos de rejeição por parte do povo brasileiro. Na Mooca, bairro de maioria católica, alguns revelaram discriminações verbais; outros argumentaram

---

10. Viviane Terezinha dos Santos, *Os Italianos Fascistas em São Paulo (1938-1945)*, Coleção Inventário Deops, São Paulo, Arquivo do Estado, 2000.
11. R. DaMatta, *Relativizando: Uma Introdução à Antropologia Social*, Petrópolis, Vozes, 1989.

ter a identidade questionada somente no período da Semana Santa, quando as procissões organizadas pelas igrejas do bairro saíam pelas ruas. A pouca informação, levava a que jovens da comunidade judaica da Mooca se sentissem intimidados com o aparato religioso da cerimônia. Apesar da proibição dos pais, as crianças judias assistiam e participavam da Malhação de Judas, em que bonecos de panos, recheados de palha, representando a figura de Judas eram presos nos postes da rede elétrica e depois, malhados e queimados[12].

Os sefaradis – que desconheciam expressões equivalentes ao *goi* e *goim*, o não judeu (singular e plural), termos em *iídish*, expressos por asquenazis e jovens estudantes –, surpreenderam-se com o significado da palavra em São Paulo com os colegas asquenazis.

Na sociedade pluralista otomana, onde as diferenças eram institucionalizadas por lei, a prática da repressão ativa foi rara e atípica. Entretanto, é temerário afirmar que manifestações discriminantes não ocorressem, mesmo que cristãos, judeus e outras minorias não fossem perseguidas pela fé nem submetidos a restrições ocupacionais e territoriais relevantes[13]. Uma vez cumpridas as limitações sociais simbólicas, cristãos e judeus viveram satisfatoriamente na sociedade muçulmana e otomana.

Até o fim da Primeira Guerra, no Oriente Médio, onde a religião assume fundamental importância, relações de amizade entre judeus e muçulmanos foram comuns[14]. Em Safed, o companheirismo de Simon Cohen Halali com colegas árabes, por exemplo, fez com que os acompanhasse em peregrinação a Meca, Cidade Santa muçulmana. Quando o grupo retornou da viagem, suas famílias festejaram em conjunto a volta dos filhos. Da mesma forma, os árabes acompanhavam seus amigos judeus às sinagogas e nas festas, como a de *Simchá Torá*.

Na pesquisa empreendida com imigrantes do Oriente Médio em São Paulo, poucas animosidades entre judeus e outros grupos foram registradas. José Simantob foi, na primeira década do século XX, aconselhado a sair de Sidon, cidade do Líbano, depois de brigar com um muçulmano. Sua família temia represálias; Badrie Politi Zeitune informou que lhe deram um nome árabe, porque a avó relutava em dar o seu a uma primeira neta mulher,

---

12. Nas sentenças finais do Tribunal de Inquisição de Lisboa, um cristão novo judaizante poderia ser condenado à fogueira em praça pública.
13. Segundo o israeli Nissim Rejwan, as explosões otomanas de intolerância e de fanatismo não foram dirigidas somente aos judeus, mas a todos os habitantes, até mesmo muçulmanos (Arnold Ages, *Herança Judaica: Os Judeus e o Islã*, São Paulo, abr. 2001).
14. A proximidade entre muçulmanos e judeus deve-se a traços culturais comuns, entre os quais, o idioma, a circuncisão e as regras alimentares.

Rica Barki comentou que o nome Abdulah foi dado ao tio paterno, para agradar a um amigo árabe da família e "salvar as aparências". Em família, o tio era conhecido por Obadias, seu nome judaico. Estas observações, embora denotem diferenças, constituem-se fatos do cotidiano das relações sociais.

7.2 OS JUDEUS DO ORIENTE MÉDIO E O SIONISMO

A partir de 1948, depois da instalação do Estado de Israel no Oriente Médio, grupos de judeus de diversos países da diáspora participaram dos movimentos de retorno à terra de origem.

Na América do Sul, concretizado o ideal sionista, na região palestina houve quem pensasse na filiação e saída de numerosos judeus da diáspora em direção a Israel. Na Argentina, a política anti-semita de Juan D. Perón levou muitos judeu-argentinos a transferirem-se ao novo Estado. No Brasil, a maior parte, feliz pela efetivação do Estado judaico, embora oferecesse apoio moral e material, não se transferiu a Israel[15]. Dos 120 000 latino-americanos, somente 10 000 brasileiros partiram para Israel a partir de 1948, embora numericamente os judeus brasileiros estejam colocados em segundo lugar na América do Sul[16].

No Brasil, o movimento sionista ganhou certa relevância quando foram divulgados os pareceres do I Congresso Mundial Judaico, na cidade da Basiléia (Suíça), em 1897, sob a liderança de Theodor Herzl. O tema, abordado pela liderança comunitária da época, foi discutido em artigos do jornal *A Coluna* de David José Pérez, em 1916.

Em 1921, no Rio de Janeiro, foi fundada a Sociedade Sionista Herzl, pelos sefaradis Felix Acher Hasson, Emmanuel Galano, Levy, Hazan e o editor David José Pérez[17]. O movimento ampliou-se, permitindo a organização em 1922 do Primeiro Congresso Sionista Brasileiro[18].

No período, a maioria dos judeus do Oriente Médio, preocupada com a construção de suas sinagogas no Rio de Janeiro e São Paulo, mostrou-se alheia ao movimento e, convidados a participar de encontros onde o tema seria discutido, poucos apareciam.

---

15. O demógrafo israelense, Prof. Sérgio Della Pergola, indica a existência de 100.000 judeu-brasileiros, dos quais mais da metade reside em São Paulo (*A População Judia Mundial: Tendências e Políticas,* Instituto do Judaísmo Contemporâneo, Israel, Universidade Hebraica de Jerusalém, 1992).
16. Dado fornecido pelo jornal *Alef*, Rio de Janeiro, 26.7.2001.
17. Anos mais tarde, em 1947, Pérez foi um dos representantes brasileiros na Assembléia das Nações Unidas que decidiu a partilha entre árabes e judeus.
18. Veja Anexo 7.

Gabriel Kibrit discursando num encontro sionista na Escola Caetano de Campos. São Paulo, início dos anos 50. Arquivo particular de Isaac Amar.

Em São Paulo, Alexandre Algranti, David Nahoum, Gabriel Kibrit e Mário Amar, líderes comunitários, apoiavam o ideal sionista[19]. Ao lado deles, antigos alunos da Alliance Israélite Universelle, entre os quais Lázaro Setton e Ezra Antebe, juntando-se aos Mizrahi, Halali, Fuerte, Zaide, Cadosh, naturais de Safed, apoiavam a causa. Adélia Antebe Fuerte, Mary Balayla Nigri, Consuelo Setton Kalili e Rachel Yedid, esposa de Menahém Politis, também estudantes da Alliance, participaram das campanhas de ajuda feminina da Wizo.

Poucas famílias da Mooca concretizaram o ideal sionista: os Cadosh, os Amar, os Halali, os Fuerte e o casal Carlos e Margarida Fuerte Hadid. Carlos Hadid, considerado "o mais rico homem da colônia", passou ao novo Estado em 1952. Os sionistas Gabriel Kibrit, Mário Amar, Moisés Mayer Mizrahi e outros não conseguindo concretizar o ideal, a proposta manteve-se latente.

O sionismo, trabalhado em movimentos juvenis paulistas de origem asquenazi, era visto com desconfiança por judeu-orientais. Quando os jovens

19. Ver Anexo 10.

líderes procuravam a comunidade em busca de participantes, eram mal vistos e, alguns chegaram a proibir a freqüência dos filhos em reuniões sionistas.

Embora Mário Amar e Gabriel Kibrit incentivassem seus patrícios com discursos sionistas, poucos aderiram à causa[20]. Mantendo contato com ideólogos, Kibrit trazia conferencistas para discursarem nas sinagogas. Em 1948, na FISESP, Kibrit presidiu uma reunião onde discursou Joseph Tchornitsky, representante de Israel para a América Latina. Organizado no auditório da tradicional escola Caetano de Campos, o evento contou com a presença de todos os líderes comunitários judeu-orientais e sefaradis.

A intensa atividade de Gabriel Kibrit na vida comunitária de São Paulo levou-o a co-fundador de várias entidades judaicas, como os fundos Kerem Kayemet e Kerem Hayessot[21]. Kibrit participou também das campanhas de auxílio aos sobreviventes do Holocausto.

Os judeus de Esmirna, conquanto liberais em matéria religiosa, tinham profundo sentimento de pertinência à cultura judaica. Embora o referencial sefaradi fosse a República da Turquia, onde muitos de seus parentes ainda residiam, em São Paulo insistiram na participação dos filhos em movimentos e grupos juvenis sionistas[22].

7.3 "A MINORIA DA MINORIA"[23] E OS CONFLITOS DE LEALDADE

No início do século XX, conquanto a curiosidade de conhecer e enfrentar o desconhecido fossem comuns, a decisão de emigrar para terras distantes foi traumática[24]. Nos jovens imigrantes, sentimentos de culpa e perdas persistiam, impedindo a integração ao novo meio, dificultando a aprendizagem do idioma e incorporação de novos costumes e valores. O encontro com o novo e com o "outro" provocava reações mescladas, de um lado, por sentimentos de ansiedade, tristeza, dor e nostalgia e, de outro, pelas ilusões e esperanças de dias melhores. Considerando que o "eu" do imigrante passou ou esteja

---

20. Ao falecer, em 1957, Gabriel Kibrit, ainda no leito, insistiu com os amigos na criação de uma escola para a comunidade. Relato de Rosina Kibrit para RM. São Paulo, 1996.
21. Kerem Kayemet Le Israel ou Fundo Nacional Judaico, fundado em 1905 por ocasião do V Congresso Sionista, tem por finalidade a compra de terras na Palestina para uso coletivo e recuperação pela irrigação e reflorestamento das mesmas por agricultores judeus; Kerem Hayessot ou Fundo de Reconstrução, criado na Inglaterra, em 1920, objetivou a ajuda financeira à reconstrução da Palestina (A. I. Hirschberg, *op. cit.*, p. 221).
22. Adalberto Corinaldi, sefaradi-italiano, foi o primeiro secretário da FISESP. Atas da FISESP de 1947.
23. Expressão de Joseph Papo, "Sephardim in Twentieth Century América", em Margalit Bejarano, *Latin America: An Agenda for Research*. Texto apresentado na IX FIEALC – Congresso de La Federación de Estudios de América Latina e el Caribe. Universidade de Tel-Aviv, Israel, 1999.
24. Leon e Rebeca Grimberg, *Psicoanálisis de la Migración y del Exilio,* Madrid, Alianza Editorial, 1984, p.12.

vivendo experiências traumáticas, custará a ele recuperar-se do estado de desorganização a que foi levado[25]. Se puder contar com a capacidade pessoal de (re)elaboração de valores, conseguirá recuperar-se, fazendo renascer e desenvolver seu potencial criativo. Diante das constatações, concordamos que a imigração é um fenômeno ou um "fato social completo", pois os imigrantes são envolvidos por uma complexidade de fatores de causas "endógenas" e efeitos "exógenos"[26].

A identidade judaica ou a consciência de "ser judeu" pode ser explícita num indivíduo por vários aspectos. De maneira comum, o *iídish,* idioma falado pela maioria asquenazi, o ladino e o árabe pelos judeus do Oriente Médio, ao lado do hebraico litúrgico, prestam-se como fatores de identificação das comunidades judaicas originárias dos velhos continentes. Não somente a fé judaica identifica um judeu, mas também sua participação em uma comunidade, onde as pessoas têm a mesma origem, costumes e tradições comuns. O reconhecimento dessas características é essencial para que se estabeleça a distinção entre *judeu* e *não judeu*, assim vista pelos membros da sociedade geral. Diferenciados pela língua, pelos costumes alimentares e outros traços culturais, a fé judaica é, por princípio, fator geral de agregação e identificação dos judeus.

Não necessitando de templos nem de sacerdotes para a prática religiosa, a família é tradicionalmente a responsável primeira pela transmissão dos valores e da identidade judaica. Todas as comemorações religiosas nas sinagogas têm continuidade em família, são didáticas e especialmente dirigidas às crianças. Pelo *Brith Milá*, os meninos tornam-se judeus e é pelo registro do nome de uma menina na sinagoga que sua identidade se projeta na comunidade. A herança judaica processada desde o nascimento torna a absorção dos valores fenômenos naturais. Nasce-se judeu por cerimoniais há séculos reconhecidos. O *Bar-Mitzvá* torna o menino um judeu com total participação nos cerimoniais da sinagoga e da comunidade. Depois da família, os núcleos operadores das vivências pessoais, a sinagoga e as instituições educacionais complementam o processo de construção da identidade.

Num país como o Brasil, onde as identidades comumente se diluem, a origem judaica dos imigrantes não se desfaz. As causas podem ser buscadas em fatores históricos e psicossociais. Parte significativa dos descendentes dos

---

25. G. Pollock, em Grimberg, *op. cit.*, p. 24; Christopher Lasch, *O Mínimo Eu: Sobrevivência Psíquica em Tempos Difíceis,* 5ª ed., São Paulo, Brasiliense, 1986.

26. Abdelmalek Sayad, *A Imigração ou os Paradoxos da Alteridade*, São Paulo, Edusp, 1998, p.16; Anita Brumer, *A Identidade Judaica em Questão,* Porto Alegre, Federação Israelita do Rio Grande do Sul, 1994.

imigrantes judeus está inserida na sociedade brasileira como judeu-brasileiros. Não obstante as especificidades da cultura brasileira determinem um perfil particular do judeu, a ascensão econômico-social do grupo mostra-se similar em outras regiões do mundo. Em um mundo globalizado onde, freqüentemente, as identidades se diluem, qualquer pessoa pode escolher entre *"ser* ou *não judeu"* e, se for judeu, optar pelo tipo de judaísmo com o qual se identifique melhor.

A literatura é setor importante que possibilita a análise e apreensão das condições de atração e repulsão, de integração e marginalidade dos judeus. A professora Regina Igel, ao levantar a produção de escritores judeu-brasileiros, constatou que os temas escolhidos pelos asquenazis são, em geral, o sionismo, o anti-semitismo, a marginalidade e as lembranças do Holocausto[27]. Verificou também que, na produção literária judaico-brasileira, há um tema comum: a crise de valores na busca da identidade. O escritor Samuel Rawet, conscientizando-se das dificuldades e complexidades de ajustamento dos grupos judaicos nas sociedades, abordou em seus trabalhos dramas da incompreensão humana, enfatizando a incomunicabilidade e a marginalidade das personagens, às vezes, na posição de vítimas. Rawet, em suas análises, concluiu que a integração do judeu não se faz jamais[28].

Na linha de discussão, o filósofo e psicanalista paulista Renato Mezan concluiu que a separação do judeu de sua comunidade, quebrando os mecanismos de reprodução e socialização e, ao mesmo tempo, preservando-se como judeu, não constitui tarefa fácil e "é estar em oposição e com tenacidade"[29].

Em São Paulo, não conseguimos registrar trabalhos literários sobre os temas citados e que fossem abordados pelos imigrantes judeus do Oriente Médio. O rabino Jacob Mazaltov, preocupado com a juventude, produziu estudos sobre as tradições judaicas, utilizados por judeus brasileiros. Além dessa obra de caráter religioso, os versos bíblicos de Enzo Ventura, editados pelo autor em língua portuguesa, foram inspirados em sua vivência judaica na Itália. O livro *Negócios e Ócios – Histórias da Imigração,* produto de memória familiar do cientista-social paulista Boris Fausto é significativo, pois trouxe ao público, pela primeira vez, a trajetória de uma família sefaradi, os Salém, em São Paulo. O relato pessoal e crítico do cotidiano sefaradi expresso pelo especialista em estudos sobre a imigração foi significativo para nós[30].

De forma geral, a autonomia e a segurança das *Millets*, propiciadas pelos

---

27. Regina Igel, *Imigrantes Judeus, Escritores Brasileiros,* São Paulo, Perspectiva, 1997.
28. Gilda Salem Szklo, "Encontro de Escritores Judeus", *Herança Judaica* nº. 78, São Paulo, 1990, pp. 5 e s.
29. Renato Mezan, *Psicanálise e Judaísmo: Ressonâncias*, São Paulo, Escuta, 1987.
30. Boris Fausto, *Negócios e Ócios.*

otomanos, levaram cada grupo minoritário do Império a identificar-se com sua região de origem, fator que marcará o regionalismo das comunidades judaicas nos países que os receberam. Assim, ao se posicionarem em São Paulo e Rio de Janeiro, os primeiros imigrantes judeus do Oriente Médio, procedentes de uma ampla região, organizaram-se de forma particular, tomando como matrizes suas comunidades de origem – fator de preservação do tradicional esquema religioso-cultural.

Ainda que esses imigrantes buscassem fielmente reproduzir as tradições herdadas, verificamos que, construídas as sinagogas e organizadas suas comunidades, foi-se processando a gradual assimilação na sociedade brasileira.

Parte representativa dos sefaradis em São Paulo e Rio de Janeiro era pertencente às classes médias estabilizadas e ligadas às atividades financeiras e comerciais otomanas. A proximidade, a escolaridade, a progressiva ocidentalização otomana dos costumes e o menor apego à religião eram posturas que os separavam os sefaradis dos judeu-orientais no Oriente Médio.

O Guia da Juventude Israelita *do rabino Jacob Mazaltov, editado em São Paulo pela Editora Jerusalém, de Frankenthal, 1937.*

Das diferenças apontadas, a comunicação fácil, dada a semelhança do ladino ao português, aproximou rapidamente os sefaradis aos brasileiros[31]. O conhecimento do francês possibilitou que atuassem em profissões sofisticadas dos nacionais de média e alta condição.

Não encontrando rabinos e habituados a ser dirigidos em suas sinagogas por religiosos, formados por *yeshivot* nas terras de origem, os sefaradis buscaram religiosos judeu-orientais, com os quais mais se identificavam, profissionalizando-os como *chazanim*. Em 1937, os sefaradis conseguiram contratar para a Sinagoga da Abolição o istambuli Jacob Mazaltov. Assim que iniciou trabalho, o rabino retomou os velhos hábitos e a pompa das sinagogas de Istambul e Esmirna. Sua preocupação em traduzir e explicar as rezas e festividades em português foi fundamental para que os participantes, especialmente os da nova geração, acompanhassem os rituais e as festividades da sinagoga.

A exemplo de pais e avós, os imigrantes sefaradis de São Paulo e do Rio de Janeiro estimularam a educação judaica dos filhos, independente do

---

31. Algumas expressões em ladino estão no Glossário.

sexo. Suas condições financeiras permitiram que contratassem professores particulares para o aprendizado do hebraico e das tradições judaicas, em vista da distância de suas residências às escolas asquenazis, localizadas no Bom Retiro e bairros periféricos.

O padrão menos rígido das famílias sefaradis fazia com que, em geral, o nascimento e a educação de uma menina fossem prestigiados[32]. A cerimônia de *fadar* uma menina ainda é mantida pelos que preservam as tradições. O *Bat-Mitzvá*, cerimônia hoje comum da maior parte das sinagogas e escolas judaicas brasileiras, tem origem sefaradi.

Ainda que as uniões desejadas fossem com elementos da origem, casamentos com judeu-orientais, asquenazis e com não judeus iniciaram-se a partir do grupo imigrante. Mesmo não desejados, os "casamentos mistos" passaram a ser aceitos pelos sefaradis, contrastando com os conflitos que atingiram, praticamente, toda a comunidade da Mooca.

Os que viviam no Rio de Janeiro e São Paulo, na ausência de um visual exterior identificador, viveram nas duas cidades de forma imperceptível, e a perpetuação da cultura judaica dependeu de cada núcleo familiar. A paulistana Anabela Sereno, por exemplo, ao perder seus pais, reforçou o interesse pelo ladino e pela cultura de origem. Vanessa, sua filha, mostra-se interessada pela cultura materna e é uma das poucas descendentes jovens que conhece palavras e expressões em ladino. O mesmo acontece com Clara Hakim Kochen, que mantém em família a língua e as tradições judaicas sefaradis, com o apoio de Meyer Chil, seu marido asquenazi. Os Sereno, os Nahum, os Hakim e mais famílias de São Paulo e os Barki do Rio de Janeiro são exemplos de integração sem perda da cultura original. Rica Barki projetou-se, em 1992, com *A Cozinha Sem Mistério da Tia Rica Barki*, livro de culinária sefaradi[33]. A pronúncia em ladino do repertório da cantora Fortuna Safdié, procedente da cultura judaico-oriental, foi-lhe passada por senhoras sefaradis de São Paulo.

Os judeu-orientais da Mooca, comumente identificados com os sírio-libaneses, eram reconhecidos pela culinária, música e dança árabe publicamente manifestas. A força da herança patriarcal revelava-se de várias maneiras: na ausência ou falecimento do pai, o filho mais velho, postergando anseios pessoais, assumia as responsabilidades da família e casamento das irmãs; o

---

32. Para a socióloga e jornalista carioca Helena Salém, a mulher sefaradi, vive uma ambigüidade generalizada. Como a muçulmana, usa o véu explícito, esconde o rosto, os cabelos e o corpo, a sefaradi usa o véu, "dentro da cabeça e do coração". Helena Salém, *Entre Árabes e Judeus. Uma Reportagem de Vida*, São Paulo, Brasiliense, 1991, p. 90.
33. *Cozinha Sem Mistérios da Tia Rica Barki*, Rio de Janeiro, Codecri, 1982.

matrimônio – mecanismo de continuidade da comunidade – tinha por base a honra da origem comum; o ideal da família concretizava-se na união de uma jovem com alguém da origem e de melhor condição econômica. Um costume antigo, observado entre os primeiros imigrantes judeu-orientais de São Paulo e do Rio de Janeiro, foi a "prova da virgindade" de uma moça ao casar-se. Nos primeiros sete dias de casados, o marido deveria mostrar à sua mãe, o lençol manchado, comprovante da "boa origem" da esposa[34].

A preferência dos judeu-orientais por filho varão era semelhante à demonstrada por árabe-muçulmanos. Presentes e jóias valiosas à mãe anunciavam a chegada de um filho varão. As mulheres "produtoras de filhos homens" davam satisfação e orgulho aos maridos[35]. Na comunidade judaica da Mooca, o nascimento de meninos era motivo de vaidade e orgulho familiar e amplamente festejado nas cerimônias do *Brit-Milá*, do *Pidion Haben* e do *Bar-Mitzvá*.

Os casamentos, combinados em família ainda na infância dos pares, permitiram a concentração de riqueza. O "dote" era comum e proporcional à riqueza das famílias envolvidas. Poucos foram os filhos dos imigrantes judeus da Mooca a contrariar os desejos dos pais casando-se com parceiras não judias. Se a união fosse consumada, pais e familiares eximiam-se de manter contato com o casal "transgressor". Embora alguns "digerissem" estas uniões, a "aprovação" realizava-se somente com a conversão do par não-judeu. Esta circunstância fez com que alguns jovens não assumissem, perante a família e a comunidade, suas ligações afetivas. A composição das genealogias familiares mostrou elevado índice de celibatários, melhor dizendo, "falsos celibatários" da comunidade da Mooca[36].

Instalados num bairro onde diferenças culturais emergiam, os judeus da Mooca posicionavam-se resguardando e preservando a identidade original do grupo e negando-se ao processo integrativo. A rigidez de posturas levou numerosas famílias judias a vivenciarem conflitos familiares frente ao autoritarismo dos pais, alguns agressivos.

Considerando o judaísmo matriz importante de suas vidas, os judeu-orientais preocuparam-se, essencialmente, com a preservação dos rituais

---

34. Hélène Gutkowski, *Erase una Vez...Sefarad*, Buenos Aires, Lúmen, 1999, pp. 303 e s. Relato de Rebecca F. Mizrahi a RM. São Paulo, 1995.
35. Sentimentos como "meu pai demorou muito para me registrar e reagiu com violência ao meu nascimento; não me deram o nome de minha avó, porque ela não quis seu nome para uma mulher primeira neta, então, deram-me um nome muçulmano; dei muita alegria ao meu marido, porque lhe dei muitos filhos homens", foram comuns, em relatos femininos.
36. Na comunidade judaica da Mooca, enquanto as moças permaneceram solteiras, os rapazes, às escondidas, mantinham relacionamentos e famílias marginais.

e das tradições, assim que construíram suas sinagogas. Conduzidos pelos "bons de reza", despreocuparam-se e não cuidaram seriamente da formação religiosa de suas filhas. Assim permaneceram por mais de cinqüenta anos.

Apesar das duas sinagogas, os judeus da Mooca formaram uma única comunidade. O enriquecimento, somado ao orgulho de pertinência a Sidon, levou a que as famílias, originárias da antiga e mítica cidade, posicionarem-se em São Paulo e Rio de Janeiro, de forma aristocrata. Em contrapartida, as sinagogas fundadas por judeus de Safed atraíram judeus de diversas comunidades do Oriente Médio. Sionistas, eram permeáveis às mudanças e à integração de judeus, independentes da origem.

Hoje, as duas sinagogas continuam em funcionamento, mas ainda separadas. Certa rigidez diferencial foi cristalizada, seus freqüentadores são remanescentes idosos e fiéis, resultantes de "casamentos mistos". Nas Grandes Festas – *Rosh Hashaná* e *Yom Kippur* – as duas sinagogas da Mooca recebem poucos descendentes dos imigrantes, residentes em outros bairros.

Alberto e Simão Serur, pai e filho, preocuparam-se em manter a sinagoga da União Israelita Paulista em funcionamento. O *chazan* Edmond Gazalli, do Rio de Janeiro, contratado pela Fundação Safra e Avraham (Geraldo) Porto prosseguem com os trabalhos administrativos e serviços religiosos a um pequeno número de fiéis. A família Amar continua ligada à pequena sinagoga, freqüentando-a nas Grandes Festas.

A Sinagoga Israelita Brasileira sob a liderança de Jamil Sayeg, filho do damasquino Isaac Sayeg, conduzida em ritos tradicionais, adotou linha liberal. Sayeg, apoiado pela Federação Israelita do Estado de São Paulo, atende aos que procuram a sinagoga, independente da origem e filiação ideológica.

A decisão de construir uma nova sinagoga – a Congregação Monte Sinai – em Higienópolis foi iniciativa de Joseph Nigri, presidente da Sinagoga Israelita Brasileira, em finais da década de 60, e foi seguida pela maior parte dos membros da diretoria e do conselho. Para o rabino Isaac Michaan, o motivo essencial da construção de novo templo foi a passagem do limite ou da "linha vermelha da tolerância" pela sinagoga-mãe e o comprometimento da religião e da sinagoga com a crescente participação de filiados resultantes de "casamentos mistos".

Para Jamil Sayeg, a construção do templo em outro local, à revelia de algumas famílias ainda moradoras na Mooca, quebrou a unidade comunitária. Na verdade, o tempo, as enchentes e a progressiva assimilação dos participantes, transformando os padrões de comportamento, precipitaram a cisão.

A Diretoria e o Conselho da sinagoga da Congregação Monte Sinai são, estatutariamente, compostos por descendentes das antigas famílias da Mooca. Os participantes da sinagoga União Israelita Paulista residentes em Higienópolis foram convidados a freqüentar o novo templo e, mensalmente, colaboraram para as obras de construção.

A dispersão comunitária, a existência das antigas sinagogas e a ortodoxia, linha religiosa adotada pela nova Congregação, impedem maior participação de fiéis da antiga comunidade no novo templo. Nas Grandes Festas – *Rosh Hashaná* e *Kippur* –, nos nascimentos, casamentos e cerimônias, como a Mismará, é possível encontrar apreciável número de judeus da Mooca na Congregação Monte Sinai.

Dos depoimentos colhidos entre os imigrantes idosos e seus filhos, percebemos enorme nostalgia dos tempos antigos. Para a maioria, a imigração não foi fácil, e muitos se realizaram vendo construídas as sinagogas. Tentando compreender a ruptura comunitária, apontamos que o processo, embora iniciado com as enchentes do Tamanduateí, ampliou-se quando as famílias judias, em processo de assimilação, transferiram-se para outros bairros, afastando-se das sinagogas e do cotidiano comunitário. Na Mooca, as crianças, envolvidas em brincadeiras em um bairro de forte tradição católica, assistiam missas com amigos da escola ou dos folguedos da rua, ouviam sermões dos padres e participavam das procissões que saíam das igrejas, sem o conhecimento dos pais.

Embora a maioria dos judeus da Mooca não se deixasse influenciar pelos imigrantes católicos do bairro, a despreocupação com o futuro religioso dos filhos e da comunidade, junto a problemas familiares, levaram seus descendentes, frente a impasses existenciais, tornarem-se permeáveis ao espiritismo e às religiões cristãs, entre as quais, o grupo Pró-Vida e a Associação Cristã do Brasil[37].

Hoje, questionando a identidade do grupo, nossas conclusões são díspares: de posicionamentos agnósticos à pertinência a grupos ortodoxos judaicos. A insegurança e a não observância da religião e das tradições revelam-se mesmo naqueles que permaneceram em comunidade[38].

Ainda que os contatos interculturais produzam inevitável perda de valores, a religião judaica – constituída em base comunitária –, as posturas conservadoras e a adoção de rígidos padrões de controle fizeram com que os

---

37. A família de Salim Homsi freqüenta o grupo Pró-Vida e Vitória Menram Adissy é pastora da Associação Cristã do Brasil, em São Paulo.
38. Um exemplo digno de nota é o do casal Efraim. Residindo no Brooklin, Simon e Betty freqüentavam, com os filhos, a sinagoga próxima da residência, apesar de não se identificarem com a postura religiosa do templo.

descendentes dos judeus da Mooca atingissem a "integração" de forma desgastante. Oscilando entre duas culturas, as novas gerações viram-se envolvidas num conflito mental, identificado por Everett Stonequist como *conflito de lealdade*. O desgaste resultante da difícil integração levou parte representativa da antiga comunidade a assumir um "comportamento marginal", porque "oscila na incerteza psicológica entre dois ou mais mundos sociais, refletidos pelos desacordos e harmonias, das repulsões e as atrações desses dois mundos"[39].

7.4 A REVITALIZAÇÃO DO JUDAÍSMO EM SÃO PAULO

A Federação Israelita do Estado de São Paulo, a FISESP, fundada em 1946, em busca da representatividade comunitária, organizou e ampliou contatos entre os imigrantes de São Paulo, permitindo que as "intransponíveis" diferenças entre os grupos culturais fossem gradualmente superadas.

Passados mais de cem anos da imigração, estudos demográficos revelam que o judeu, como grupo étnico, está em processo de desaparecimento. A baixa fecundidade, a estrutura etária envelhecida, a secularização dos costumes e o elevado índice de "casamentos mistos" num país onde fluxos imigratórios declinam, problematizam a existência judaica brasileira[40].

Ainda que a comunidade de São Paulo não escape ao declínio numérico, seu índice elevou-se na segunda metade do século passado, pela entrada pontual de refugiados do Oriente Médio e de países latino-americanos, sobretudo da Argentina. Judeus de outros estados brasileiros têm buscado a cidade por sua expressividade comunitária.

Preocupados com os dados estatísticos, líderes comunitários, reunidos pela CONIB, têm buscado discutir com demógrafos, cientistas sociais, religiosos e filósofos a problemática existencial do povo judeu no Brasil e em países da diáspora. Alguns chegam a advogar uma radical separação sóciocultural como única alternativa para assegurar a sobrevivência do judaísmo; outros afirmam ser difícil resistir, restando aceitar o destino e acomodar-se à inevitabilidade da assimilação.

No Brasil, como em outros países da diáspora, grupos religiosos têm buscado intervir no processo. O Beit-Chabad, definido como "entidade judaica beneficente e apolítica", filiada ao movimento Chabad Lubavitch,

---

39. Everett V. Stonequist, *O Homem Marginal*, p. 94.
40. René Daniel Decol, *Imigrações Urbanas para o Brasil*.

dedicando-se às atividades culturais, sociais e de assistência tem buscado atender as comunidades, abrindo oportunidades para que judeus, de todos os níveis, "descubram e ampliem seu conhecimento na busca de sua herança genuína: a Torá – o verdadeiro e imutável guia de vida".

A atuação expressiva do grupo iniciou-se em 1961, quando o rabino americano Shabsi Alpern chegou a São Paulo. Rabinos e religiosos do movimento hassídico, em sinagogas próprias, têm conseguido chamar a atenção de várias congregações judaicas da cidade. Por convites e mensagens na internet, o Beit Chabad informa à comunidade sua programação de palestras e atividades culturais, visando a integrá-la na vida religiosa e comunitária. Preocupando-se com a assimilação e o desinteresse das famílias em conduzir a educação dos filhos, os rabinos têm buscado atrair crianças e jovens aos estudos da Torá.

Menachem Mendel Scheerson, o Rebe de Lubavitch.

Além da tarefa educativa, os religiosos do Beit Chabad na "guerra contra a assimilação" procuram integrar os jovens em casamentos com pares da mesma origem. Embora o judaísmo admita a conversão, esses religiosos, baseados em experiências e pesquisas, acreditam que os filhos resultantes de "casamentos mistos" perdem, no decorrer do tempo, a identidade religiosa e cultural judaica.

O trabalho dos religiosos nas sinagogas e em atividades culturais externas transformou a comunidade judaica de São Paulo. Formados em *yeshivot* de sólidas bases financeiras, os rabinos do movimento têm conseguido integrar judeus de diversas origens culturais e filiá-los aos propósitos de reforço da religião e das tradições judaicas. Seus objetivos identificam-se com os propósitos dos imigrantes judeu-orientais da década de 50, provenientes das antigas e conservadoras comunidades do Oriente Médio.

O brasileiro Isaac Michaan, de origem alepina, exemplifica bem a assertiva acima. Estudante nas *yeshivot* do Beit Chabad no Brasil, Argentina e Estados Unidos, assumiu a liderança religiosa da sinagoga da Congregação Monte Sinai, construída pelos judeus da Mooca. No trabalho de mais de vinte anos, Michaan foi conquistando o interesse dos descendentes, trazendo-os à sinagoga. Ao ser contratado pela liderança da sinagoga, o rabino buscou equacionar o novo templo nos parâmetros religiosos do Beit Chabad. Por falar o *iídish*,

Da esquerda para a direita, os rabinos: Efraim Laniado, Jacob Garçon, Yitschac David Horowits, Isaac Dichi, Meshulam Zussia Beer e Mordechai Fisher, rabinos do Beit Din. São Paulo, Nascente, 1993.

o rabino atraiu asquenazis, moradores das proximidades da sinagoga[41]. Sua origem atraiu os *kalabies* (alepinos) e os libaneses, hoje maioria na sinagoga da Congregação Monte Sinai.

Além do templo Sinai, a Congregação e Beneficência Sefardi Paulista – o Beit Yaacov da rua Bela Cintra e o Grande Templo na rua Veiga Filho – e a Congregação Mekor Haim apresentam uma maioria dos fiéis originários da cidade síria de Alepo, alguns identificados com os princípios do *Beit Chabad*.

Atualmente, os responsáveis religiosos das sinagogas, entre os quais Jacob Garçon (Templo Israelita Brasileiro Ohel Yaacov), Efraim Laniado, Isaac Michaan, Isaac Dichi com os rabinos Eliahu Valt, Shabsi Alpern, David Weitman, Yitschac David Horowits e outros, de origem asquenazi, fazem parte do colegiado que presta serviços e integra em propósitos religiosos os judeus de São Paulo[42].

7.5 AS MARCAS PONTUAIS DOS JUDEUS DO ORIENTE MÉDIO NO RIO DE JANEIRO E EM SÃO PAULO

Embora o número de imigrantes judeus no Brasil seja relativamente pequeno, os procedentes do Oriente Médio posicionaram-se no sudeste, onde a expansão econômica, atrelada ao desenvolvimento industrial, foi acelerada depois da Segunda Guerra Mundial. Na década de 90, em um número próximo a cem mil judeu-brasileiros, os sefaradis e os judeu-orientais de São Paulo e Rio de Janeiro, embora minoria do grupo, posicionam-se com representatividade na sociedade brasileira[43].

---

41. Cumpre esclarecer que a ortodoxia dos judeu-orientais é diferente da dos ortodoxos asquenazis. Os judeus do Oriente Médio mantêm-se em um judaísmo pragmático e costumes modernos.
42. Revista *Nascente*, São Paulo, Congregação Mekor Haim, maio/julho 1993.
43. Os dados estatísticos sobre a população de judeu-brasileiros são variáveis. A CONIB, apoiada pelas Federadas Estaduais, faz o recadastramento das comunidades judaicas brasileiras.

Judeus (%) por regiões do Brasil, nas datas dos censos.

REGIÃO	1940	1950	1960	1980	1991
Sudeste	78,2	79,2	72,9	82,2	82,1
Sul	14,0	13,6	11,8	12	12,3
Nordeste	3,9	4,4	2,7	2,8	2,0
Norte	2,8	2,6	1,4	1,5	2,7
Centro-Oeste	0,1	0,2	0,6	1,4	1,0
TOTAL	100	100	100	100	100

Número expressivo de sefaradis das primeiras décadas do século passado destacou-se no comércio e torrefação do café. O corretor Vital Sion, ponte entre o comissário e o exportador, foi "rei do café" em Santos; os Couriel, junto de Moise Hazan, primo e sócio de Vidal Sion, partilharam do mesmo sucesso na cidade santista e no Rio de Janeiro; Isaac Vaena, além do café, negociava diversos produtos na Bolsa de Mercadorias de São Paulo, em escritórios situados no triângulo formado pelas São Bento, Direita e 15 de Novembro, ruas do centro antigo da cidade.

No Largo do Café, popularmente conhecido como o Beco dos Turcos, muitos imigrantes do Oriente Médio encontravam-se para fazer negócios e saber das novidades políticas e comunitárias. Neste espaço, o ladino, o francês, o turco e o grego, além do português misturavam-se num verdadeiro mundo sem fronteiras. David Nahoum, que falava várias línguas, transformou-se em excelente intermediário dos negócios e amizades. Seu Bar e Café Juca Pato era freqüentado por eminentes intelectuais da sociedade paulistana dos anos 40 e 50. No período, Diana Dorothèa Danon iniciava-se como desenhista e, antes registrando edifícios antigos da arquitetura paulistana, projeta-se hoje documentando no desenho as obras de construção do metrô paulistano.

Além dos altos negócios do café, os sefaradis ligaram-se a diversos empreendimentos comerciais. Estabelecidos em lojas de importação de rendas, tecidos finos e tapetes orientais, os imigrantes tiveram oportunidade de conhecer e relacionar-se com empresários e expressivos políticos. Participantes de clubes exclusivos e elegantes do Rio de Janeiro, os Menaché, os Mussafir, os Chuek e os Cherem investiram no setor imobiliário, responsável pelos belos edifícios de Copacabana e Ipanema, bairros nobres da cidade. Interessante apontar que a liberalidade ou a imperceptível identidade religiosa desses sefaradis levou a antropóloga carioca Vivian Flanzer considerá-los "um grupo invisível", no qual a religião não se confundia com o social[44].

---

44. Vivian Flanzer, "Muros Invisíveis em Copacabana. Uma Etnografia dos Rodeslis na Cidade do Rio de Janeiro nos Anos 20 e 30", *Judaísmo, Memória e Identidade,* UERJ, vol. 1, pp. 81-90.

Recepção às "misses" da Turquia e Espanha no CIB. Rio de Janeiro, 29 de setembro de 1930. Arquivo particular de Beni Calderon.

Os Hasson, os Alalu, os Sereno, os Benbassati e os Stamati, da mesma forma, proporcionaram à elite paulistana o luxo e a beleza dos tapetes orientais e dos tecidos finos. Na área de exploração e beneficiamento de minerais na cidade mineira de Governador Valadares, Jaime Algranti foi um dos pioneiros regionais na exportação da mica para os Estados Unidos. Associado aos irmãos Raphael e José, a família projetou-se também pela exploração da caseína.

Ao lado da Sinagoga Sefaradi Beth El, no amplo espaço social da CIB, em Copacabana, realizaram-se peças teatrais com atores hoje famosos. No meio jornalístico, destacaram-se os sefaradis Rubens Amaral, Isaac Ruben Israel e o paulista Narciso Kalili; José Esquinazi, especialista em Direito Internacional, na direção da revista *Comentário*, foi fonte de informação dos meios universitários brasileiros na década de 1960. Hoje, nos meios de comunicação, destaca-se a figura de Sílvio Santos ou Señor Abravanel, filho dos sefaradis Rebeca Caro e Alberto Abravanel, de Salônica, que, de vendedor ambulante, transformou-se em uma das mais consagradas personalidades da televisão brasileira.

Embora, a maioria dos imigrantes da Mooca tenha se dedicado ao comércio ambulante, as famílias Nigri e Sayeg iniciaram-se na indústria têxtil. Investiram, também, no setor imobiliário e em empresas de engenharia e arquitetura. A Tecnisa, a Coni, a Construtora Elias Victor Nigri, a dos Zitune e a Terepins e Kalili constituem hoje organizações de expressão. Na indústria e comércio têxtil, a P. Sayeg (hoje desativada) Tecelagem Francesa, a Têxtil de Rendas Acácia e a Padronagem destacam-se como distribuidoras de seus produtos em São Paulo.

Os descendentes dos primeiros imigrantes judeus do Oriente Médio colocam-se com realce em organizações e instituições beneficentes. Os casais Alegria e Alberto Nigri, Jamule e Assilam Nigri, Alexandre e Irene Calderon, Elias Victor e Tereza Nigri destacam-se ao lado de Gabriel Zitune na UNIBES, Mercedes K. Politi, na Wizo, Meyer Yehuda Nigri, do Fundo Comunitário, Léia Sayeg Hecht, da N'Amat Pioneiras (organização voluntária de assistência à mulher trabalhadora) e Moisés Cohen, ortopedista de renome, na Sociedade Brasileira dos Amigos da Universidade Hebraica de Jerusalém.

Nos meios artísticos do Rio de Janeiro, destacam-se consagrados concertistas, descendentes de imigrantes do Oriente Médio, entre os quais Arnaldo Cohen, Eduardo Hazan e Roberto Sion; em São Paulo, a pianista Esther Fuerte Wajman. Miriam Nigri Scheirer projeta-se nas artes plásticas.

Entre os imigrantes que se fixaram em São Paulo em meados do século passado, destacamos Jacob Safra, cujos filhos se tornaram personalidades das mais expressivas nos meios fincanceiros do país. Nos duzentos anos dedicados ao setor bancário – espinha dorsal da família –, Edmond, Joseph e Moise, filhos de Jacob Safra, apoiados em bases sólidas e em princípios conservadores além de elevados ativos particulares, desenvolveram parcerias com multinacionais estabelecidas no Brasil e no exterior[45].

A família de Edmond Safdié, com um conglomerado financeiro composto de um banco comercial – o Banco Cidade –, corretora de valores imobiliários e outras atividades, tem desde 1965 colaborado com o engrandecimento econômico nacional. Em junho de 2002 o banco foi incorporado pelo Bradesco.

Ligadas a Empresas de Terceiro Setor e às Fundações Culturais, os Safra, e outras famílias têm dado apoio a numerosos projetos[46]. No Brasil, colaboram na restauração de edifícios históricos, museus e no resgate de obras históricas e artísticas, divulgando em espaços próprios e públicos a arte brasileira e internacional, compondo o núcleo de patrocinadores dos grandes eventos culturais do país.

---

45. Hoje, o Banco Safra tem o controle de bancos nos Estados Unidos, Europa, Oriente Médio e América Latina.
46. Pelo Projeto Cultural Safra publica-se o acervo dos principais museus brasileiros. Em 1997, na 17ª edição e 234 mil exemplares, Joseph Safra foi agraciado pela Presidência da República com a Medalha da Ordem do Mérito Cultural, a mais alta distinção concedida pelo governo brasileiro. Joseph Safra mantém na Universidade de Stanford, nos Estados Unidos, a cátedra especializada em Problemas Brasileiros.

Eminentes intelectuais sefaradis e judeu-orientais projetam-se nos cenários cultural e universitário brasileiro. Destacamos do conjunto o professor Dr. Isaac Amar na Faculdade de Medicina da Universidade de São Paulo; a pesquisadora Ida Hasson Voloch no Instituto Manguinhos, do Rio de Janeiro; o cientista social Boris Fausto na Faculdade de Filosofia, Letras e Ciências Humanas da Universidade de São Paulo e Jacques Marcovitch, que ocupou o cargo de Reitor da mesma universidade, no período de 1997 a 2001. Aos dezesseis anos, Marcovitch chegou com a família, procedente do Egito. Como aluno e professor conseguiu tão bem se posicionar no meio intelectual brasileiro, que hoje não passa pela cabeça de ninguém perguntar-lhe se é brasileiro. De professor titular da Faculdade de Economia, Administração e Contabilidade (1997-2001), além de ter passado por diversas posições acadêmicas – entre elas a de Coordenador da Área de Assuntos Internacionais do Instituto de Estudos Avançados da USP (1993-1997) – foi Reitor da Universidade de São Paulo (1997-2001) e Secretário de Planejamento do governo do Estado de São Paulo (2001-2002). Recebeu diversos prêmios e distinções nacionais e internacionais e publicou vários livros e artigos em revistas científicas no Brasil e no exterior[47].

---

47. Henrique Rattner (org.), *Brasil no Limiar do Século XXI. Alternativas para a Construção de uma Sociedade Sustentável*, São Paulo, EDUSP e FAPESP, 2001, p. 366.

Considerações Finais

Desconsiderando o sentimento de terror das guerras catastróficas e da pobreza, o século XX foi maravilhoso pelas grandes transformações tecnológicas que, favorecidas pela globalização, fizeram a humanidade tomar consciência de que somos, todos, um povo. No alvorecer do século XX, quando uma massa humana se transferiu dos velhos aos novos continentes, os contínuos contatos entre povos de diferentes origens se iniciaram.

Se houve um povo de imigrantes, poucas vezes voluntário, este foi o judeu que, com maior freqüência que qualquer outra etnia, precisou sempre recomeçar, circunstância que lhe deixou marcas profundas. Apesar do Holocausto, o anti-semitismo subsiste entre as populações, comprovado pela rapidez de seu resgate. Não obstante os judeus tentem estabelecer-se entre os povos, a história recusa-se a lhes conceder descanso e as diásporas parecem não ter fim e constituem movimentos de sobrevivência física e espiritual do povo.

As discriminações e os nacionalismos desenvolvidos no Oriente Médio no início do século passado, geraram comportamentos e ideologias que destruíram o tradicional pluralismo cultural otomano que permitia a existência de diferentes grupos étnicos. Terminada a Primeira Grande Guerra, a Inglaterra e a França, posicionadas em terras valorizadas pelo petróleo, assistiram o desenrolar dos conflitos que se estendem aos dias de hoje.

A pesquisa sobre os imigrantes judeus do Oriente Médio em São Paulo e no Rio de Janeiro nos permite arrolar as seguintes considerações:

- As contínuas e históricas diásporas do povo judeu pelo espaço geográfico fizeram nascer, em geral, personalidades complexas e divididas. Além das diferenças culturais, os judeus que se estabeleceram no Brasil apresentam níveis distintos de instrução, de devoção religiosa, de postura política e de visão de mundo. Estas circunstâncias determinaram as características e o posicionamento desses imigrantes nas terras onde se instalaram e sua forte ligação às origens étnico-religiosas, às sinagogas e suas instituições culturais.
- O forte e histórico regionalismo levou à "atomização" das comunidades e ao desproporcional número de sinagogas fundadas pelos imigrantes judeus no Brasil. O ideal de um núcleo comunitário, numa Grande Sinagoga Central, proposto por Raffalovitch é possível, apesar de as diferenças religiosas e ideológicas serem enriquecedoras e parte da cultura humana e do povo judeu em particular.
- No Império Otomano, ideologicamente não-segregados, os sefaradis e os judeu-orientais preservaram a religião e os valores judaicos, mostrando-se porosos aos costumes árabe-otomanos.
- Conquanto acredite-se que a preservação étnica e cultural gere desconfortos, a tolerância e o respeito pelas diferenças na pluralista sociedade brasileira permitem a grupos como o dos judeus enquadrarem-se livremente no meio social, de acordo com suas próprias características.
- Cosmopolitas e europeizados, os sefaradis retomaram no Rio de Janeiro e São Paulo as mesmas posições sociais das cidades turcas. Ao aproximarem-se dos nacionais pelo idioma, escolaridade e condição econômica, a integração foi possível. O esquema religioso judaico do grupo, não confundido com a nacionalidade, diluiu-se no social.
- A língua árabe dos judeu-orientais, como o *iídish* dos asquenazis, restringiu os contatos entre os imigrantes judeus no Brasil, apesar da identificação religiosa. Muito embora de curta existência, *A Columna* (do sefaradi José David Pérez, editada em português, a partir de 1916), foi responsável pela divulgação de notícias, especialmente às novas gerações, que não dominavam o *iídish* e o árabe.
- A forte tradição oral judaico-oriental levou a que os imigrantes de Sidon e Safed mostrassem em suas comunidades de São Paulo e Rio de Janeiro, uma religiosidade de forma antiga. Isolados, mantiveram-se por décadas alheios à complexidade do judaísmo e aos estudos que se faziam nas *yeshivot* e outros centros de estudos do Oriente Médio, Europa e Estados Unidos.

– A identidade dos judeus filhos de comunidades antigas do Oriente Médio tem sido dirigida no Brasil por dois processos que correm juntos e, ao mesmo tempo, se defrontam: o da "assimilação sem absorção completa" e o do sectarismo cultural, no esforço extremo de manter a coesão dos diferentes grupos que compõem a comunidade judaica brasileira. As arraigadas tradições religiosas que os imigrantes trouxeram das comunidades de origem, somadas às suas condições históricas e psicossociais, impedem a integração completa.

Anexos

ANEXO 1. *Relatório expedido por Dulphe Pinheiro Machado diretor do Ministério da Agricultura, Indústria e Comércio ao Cônsul de Galatz sobre imigrantes judeus. Rio de Janeiro, 18 de outubro de 1921. AHI/RJ. Doc. 2941, vol. 293/3/4.*

MINISTERIO DA AGRICULTURA, INDUSTRIA E COMMERCIO
Directoria do Serviço de Povoamento

3ª Secção
N. 2.941

Rio de Janeiro, 18 de Outubro de 1921

Sr.Director Geral dos Negocios Commerciaes e Consulares.

Em resposta ao vosso officio nº 13, de 30 de setembro ultimo, recebido a 6 do corrente, cumpre-me dizer-vos o seguinte:

Ha tempos, o Governo Federal recebeu uma proposta para a introducção, em grande escala, de immigrantes russos, de origem israelita, proposta essa que vinha patrocionada pelo então Governo moscovita, aqui representado pelo Ministro Maximoff.

Era objecto principal, segundo se dizia, o estabelecimento do intercambio maritimo directo, entre os portos russos do Mar Negro e o Brasil, mas essa tentativa visava, sobretudo, conforme se soube depois, descongestionar o ex-imperio russo de fortes nucleos de população judaica, elemento, sabidamente, parasytario e inassimilavel, causa de constantes e sangrentos conflictos, motivados por odios de raça e de religião.

O Governo Federal, naquella epocha, recusou a proposta, não por temer conflictos, devido á questões ethnicas ou religiosas, inexistentes entre nós, e, tão pouco pelo receio de propaganda de idéas subversivas, o que, neste momento, não deve ser desprezado. Visou o nosso Governo, especialmente, a incapacidade atavica daquella raça, para o trabalho agricola, ao qual é de todo avessa, chegando ao extremo de julgal-o humilhante.

É bem verdade que o paiz necessita de immigrantes, mas essa necessidade se restringe á classe dos agricultores <u>de verdade</u>, e a entrada de judeus não virá, por certo, contribuir para o incremento da actividade agricola. Na melhor hypothese, ella importará num impulso ao <u>urbanismo</u> como succedeu com o ingresso em nosso paiz de immigrantes turcos, syrios e arabes.

Estamos com as nossas attenções voltadas para a Italia, Allemanha e Polonia, que nos poderão fornecer elementos de trabalho, da maior valia e em consideravel abundancia. Não nos convém, portanto, procurar attrahir outras correntes emigratorias, cujos resultados são, pelo menos, duvidosos.

Saude e Fraternidade

[assinatura]

Director

A 1609.

Europa. Expediente
Camff 22.out.21.

Sr. Cesar Mesquita
Communicar esta resposta ao
Consulado em Galatz em add°
ao exp.te ja feito.
Gregorio Pecegueiro
29-10-1921.

ANEXO 2. *Ofício de Fortunato Sellan, cônsul do Brasil em Beirute ao Ministro de Estado das Relações Exteriores, expondo problemas para emissão de passaportes, inclusive de brasileiros. Beirute, 15 de dezembro de 1928. Vol. 238/1/17. AHI/RJ.*

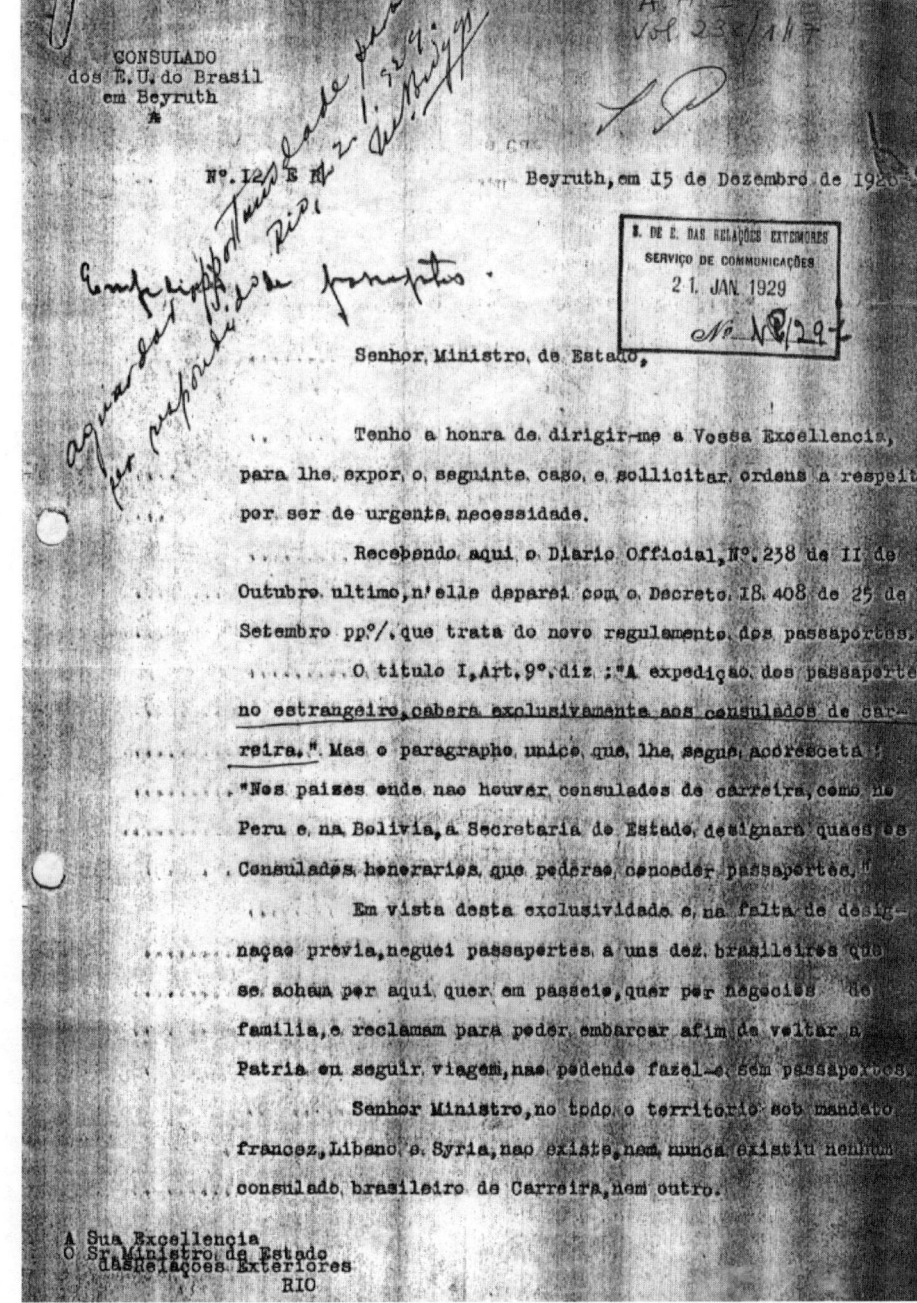

Senhor Ministro de Estado,

Tenho a honra de dirigir-me a Vossa Excellencia, para lhe expor o seguinte caso e sollicitar ordens a respeito por ser de urgente necessidade.

Recebendo aqui o Diario Official, N°. 238 de 11 de Outubro ultimo, n'elle deparei com o Decreto 18.408 de 25 de Setembro pp°./. que trata do novo regulamento dos passaportes.

O titulo I, Art. 9°. diz: "A expedição dos passaportes no estrangeiro caberá exclusivamente aos consulados de carreira.". Mas o paragrapho unico, que lhe segue, accrescenta: "Nos paizes onde não houver consulados de carreira, como no Peru e na Bolivia, a Secretaria de Estado designará quaes os Consulados honorarios, que poderão conceder passaportes."

Em vista desta exclusividade e na falta de designação previa, neguei passaportes a uns dez brasileiros que se acham por aqui, quer em passeio, quer por negocios de familia, e reclamam para poder embarcar afim de voltar à Patria ou seguir viagem, não podendo fazel-o sem passaportes.

Senhor Ministro, no todo o territorio sob mandato francez, Libano e Syria, não existe, nem nunca existiu nenhum consulado brasileiro de Carreira, nem outro

A Sua Excellencia
O Sr. Ministro de Estado
das Relações Exteriores
RIO

II

Bth, 15/12/28

  Para o fim de attender a situação penosa d'essas pessoas, que seriam condemnadas a immobilidade, soffrendo prejuizos, peço a Vossa Excellencia se digne autorisar este consulado de conceder passaportes e visas precisos, por serem de necessidade ineluctavel.

  Pela mesma occasião, peço venia para chamar a attenção de Vossa Excellencia para a excepção, incluida no mesmo decreto, titulo III, art. 23, onde depois de determinar que " SO podem visar passaportes estrangeiros a Secretaria do Estado e os consules de Carreira,..." accrescenta porém "Excepto os que, por estarem situados em paizes em que não houver consulados de carreira, forem a isso expressamente autorisados pela Secretaria de Estado."

  Aberta assim esta excepção e existindo precedente, sollicito de Vossa Excellencia o favor de uma autorisação expressa n'este sentido, afim de attender a uma necessidade da emigração, e mormente afim que a representação d'uma grande Nação tal como a Nação Brasileira não esteja por aqui n'uma posição inferior a das simples agencias consulares das menores potencias aqui acreditadas.

  Esperando ser attendido por haver interesse de serviço;

  Aproveite o ensejo para reiterar a Vossa Excellencia os protestos de minha respeitosa consideração.

O Consul

Fortunato Lellan

ANEXO 3. *Ofício de J. Mesquita Barros, intendente (interino) da Diretoria do Serviço de Povoamento no porto do Rio de Janeiro do Ministério da Agricultura, Indústria e Comércio a Raul A. de Campos, diretor Geral dos Negócios Comerciais e Consulares. Rio de Janeiro, 26 de setembro de 1923. Doc. nº. 69. Vol. 293/3/4. AHI/RJ.*

MINISTERIO DA AGRICULTURA, INDUSTRIA E COMMERCIO

N. 69

INTENDENCIA DE IMMIGRAÇÃO DO PORTO DO RIO DE JANEIRO

Directoria do Serviço de Povoamento

Em 26 de Setembro de 1923

volume 293/3/4

ARQUIVO HISTÓRICO ITAMARATY

Snr. Director Geral

SECRETARIA DAS RELAÇÕES EXTERIORES
DIRECTORIA GERAL DOS NEGOCIOS COMMERCIAES E CONSULARES
N. 4.158 ENTR 27-9-23

Satisfazendo o pedido de V.S. por officio nº 3.761/383, de 25 do corrente, envio a V.S. 10 exemplares dos folhetos juntos e 2 quadros do movimento de immigrantes no periodo de 15 annos, de 1908 a 1922, por não estar incluido no folheto acima referido o anno de 1922. Em tempo, farei chegar ás mãos de V.S. outros exemplares do quadro a que já me referi, visto como não dispõe, neste momento, este Serviço de outros.

Apresento a V.S. os protestos de alta estima e consideração.

Intendente de Immigração, interino-

J. Mesquita Barros

ANEXO 4. *Nacionalidade dos imigrantes entrados em diversos portos do Brasil, durante os anos de 1908 a 1922. Ministério da Agricultura, Indústria e Comércio. AHI / RJ.*

ANEXO 5. *Lista de passageiros, procedentes do Oriente Médio do "Provence", maio de 1921. Arquivo da Hospedaria de São Paulo.*

ANEXO 6. *Ata da primeira reunião da Sociedade Beneficente em 31.5.1927. São Paulo. Acervo particular de Isaac Amar.*

ANEXO 7. *Lista dos presentes ao lançamento da pedra fundamental da sinagoga da Sociedade União Israelita Paulista. São Paulo, 7 de julho de 1935. Acervo particular de Isaac Amar.*

ANEXO 8. *Lista de presença na inauguração da União Israelita Paulista. São Paulo, 29 de março de 1936. Arquivo da Sinagoga.*

ANEXO 9. *Lista de presença dos sócios da Sociedade Israelita Paulista para reforma dos Estatutos Sociais. São Paulo, 26.1.1940.*

COMITÉ AUXILIAR DO Joint

SALVEMOS OS SOBREVIVENTES · RUA MARTIM FRANCISCO, 59 · SÃO PAULO · FONE: 5-5998

São Paulo, 24 de Dezembro de 1946

Ilmo. Sr.
David Nahum
Rua Atlantica, 448
Capital

Prezado Senhor,

    Fomos distinguidos por parte de V.S. com uma subscrição no valor de Cr.$ 4:000,00 em pról da nossa Campanha S.O.S. de 1946.

    Queira V.S. aceitar os nossos mais sinceros agradecimentos pelo seu donativo que capacitará o JOINT de aliviar a tremenda miséria que assola centenas de milhares de judeus infelizes na Europa.

Atenciosamente,

COMITÉ AUXILIAR DO JOINT DE SÃO PAULO

Anexo 10. *Carta de agradecimento enviada pelo Comitê Auxiliar da JOINT ao Sr. David Nahum. São Paulo, 24.12.1946. Acervo da família.*

DISCRIMINAÇÃO DOS SERVIÇOS PRESTADOS PELOS PAÍSES DE ORIGEM

PERÍODO: 1º de Novembro de 1958 a 31 de Outubro 1959

MÊS	EGÍPCIOS	HUNGAROS	N.AFRICANOS	SIRIOS E LIBANESES	OUTROS EUROPEUS	RUMENOS	POLONEZES	ISRAEL	OUTROS	TOTAL
Novembro 1958	291.595,00	38.299,00		11.717,00	12.329,00		112.909,30	161.588,00	4.500,00	628.437,30
Dezembro 1958	325.658,00	7.558,00		8.000,00	20.322,00		41.440,00	121.464,00	4.500,00	528.942,00
Janeiro 1959	261.586,00	14.221,00	1.586,00	9.360,00	14.823,00		17.430,00	178.840,00		497.846,90
Fevereiro 1959	248.887,50	7.820,00	23.080,00		24.926,00		53.511,00	125.607,00		483.831,50
Março 1959	264.349,50	17.372,00	31.400,00		31.286,00		50.649,50	65.187,00		460.244,00
Abril 1959	193.788,10	7.000,00	60.550,00	14.000,00	40.705,00		73.100,00	28.990,00		452.224,10
Maio 1959	252.510,00	8.300,00	2.500,00	8.271,00	43.746,00		86.071,00	163.818,00		545.216,00
Junho 1959	319.271,00	500,00		5.568,00	29.500,00		98.172,50	32.750,00		485.761,50
Julho 1959	391.789,50	28.000,00	7.656,00	102.010,50	43.618,00		157.422,50	124.021,00		854.517,50
Agôsto 1959	331.263,00	4.000,00	2.370,00	131.724,40	11.983,00		197.905,10	101.826,00		781.071,50
Setembro 1959	376.045,20	4.000,00		56.916,00	8.000,00	6.000,00	74.240,00	62.860,00		588.061,20
Outubro 1959	472.059,00	16.000,00	6.000,00	41.632,00	9.172,00	10.847,00	69.706,50	90.498,00		670.914,50
	3.663.801,80	152.070,00	135.142,00	389.198,90	290.410,00	16.847,00	1.032.557,40	1.257.449,90	4.500,00	6.977.068,00
Subvenção especial às Escolas	1.234.000,00	112.000,00		56.000,00		14.000,00	70.000,00	14.000,00		1.500.000,00
	4.897.801,80	264.070,00	135.142,00	445.198,90	290.410,00	30.847,00	1.102.557,40	1.271.449,90	4.500,00	8.477.068,00

ANEXO 11. *Discriminação dos serviços prestados pela FISESP aos imigrantes, segundo países de origem, de 1.11.1958 a 31.10.1959. AHJB/SP.*

ANEXO 12. *Serviço Social de Imigrantes: Discriminação dos serviços prestados. FISESP: Mário Amar, 1958-1959.*

SERVIÇO SOCIAL DE IMIGRANTES

Discriminação dos Serviços prestados

Natureza do Serviço	Em 1958 (de 1/11/57 a 31/10/58)	Em 1959 (de 1/11/58 a 31/10/59)
1) Recepção em Santos (incl. Direitos alfandegários, etc.)	Cr$ 316.752,00	Cr$ 560.171,10
2) Hospedagem	Cr$ 168.520,00	Cr$ 800.980,00
3) Transporte de imigrantes e respectivas bagagens	Cr$ 145.775,20	Cr$ 42.698,50
4) Depósitos	Cr$ 120.900,00	Cr$ 131.400,00
5) Alugueres incl. despesas de contrato	Cr$ 1.044.374,00	Cr$ 806.115,90
6) Manutenção	Cr$ 1.826.164,70	Cr$ 2.260.579,90
7) Moveis	Cr$ 245.690,00	Cr$ 300.700,00
8) Legalizações	Cr$ 518.642,50	Cr$ 328.786,00
9) Educação (incl. aulas de portugues)	Cr$ 404.885,50	Cr$ 186.150,00
10) Assistência Médica e Hospitalar (inc. medicamentos)	Cr$ 1.085.417,10	Cr$ 1.299.486,60
11) Colonia de Férias e Campos de Recreação		Cr$ 260.000,00
TOTAL	Cr$ 5.877.121,20	Cr$ 6.977.068,00

ESTATUTOS
— DA —
Comunidade Israelita Sefardi
— DE —
SÃO PAULO
1956

DIRETORIA

Presidente:	Dr. Samuel Del Giglio
Vice-Presidente:	Sr. Mário Amar
Primeiro Secretário:	Sr. Rodolfo Reichhardt
Segundo Secretário:	Sr. Marcel Kalef
Primeiro Tesoureiro:	Sr. Moysés Carmona
Segundo Tesoureiro:	Sr. David Elias Nigri
Vogais Conselheiros:	Sr. Jacques Saraf
	Sr. Alberto Efraim
	Sr. Alberto Serur
	Sr. Jayme Dentes
	Sr. Vital Arav
	Sr. Salomão Altarac
	Sr. Micu Salaru
	Sr. Salomon Hassid
	Sr. Ayuch Amar
	Sr. Raphael Ascher
	Sr. Gabriel Kibrit
	Sr. Aesilan Carlos-Nigri
	Sr. Alberto Nigri
	Sr. Santos Lereah
	Sr. Samuel Lereah
Conselheiros Fiscais:	Sr. David Cohen Tauil
	Sr. Alexandre Algranti
	Sr. Haim Leão Fuerte

ESTATUTOS DA COMUNIDADE ISRAELITA SEFARDI DE SÃO PAULO

CAPITULO I

DA ORGANIZAÇÃO E SEUS FINS

Art. 1º — Fica fundada na cidade de São Paulo, Capital de São Paulo, Brasil, a Comunidade Israelita Sefardi de São Paulo, com séde em São Paulo.

Art. 2º — São fundadores desta Comunidade as oito entidades existentes e sediadas nesta Capital de São Paulo, todas Sefardim:
a) Templo Israelita do Rito Português;
b) Synagoga Israelita Brasileira;
c) União Israelita Paulista;
d) Centro Israelita Brasileiro Amadeu Toledano;
e) Benevolencia — Associação dos Israelitas de Yugoslavia;
f) Gremio Sinai;
g) Sociedade Beneficente e Cultural de Israelitas Brasileiros e Búlgaros;
h) Centro Recreativo Hebreu Brasileiro.

Art. 3º — Fazem parte desta Comunidade, além das entidades referidas no artigo segundo, todos os Israelitas do Rito Sefardi, maiores de 20 anos, de ambos os sexos.

Art. 4º — A Comunidade Israelita Sefardi de São Paulo, é uma Associação sem carter politico, que tem por finalidade:
a) Sistematizar as atividades das Sinagogas e entidades acima enumeradas, e outras do mesmo rito, que se lhe vierem posteriormente a filiar;
b) A autonomia administrativa de cada entidade será respeitada integralmente;
c) Representar os interesses Sefardim de ordem geral, onde, como e quando for necessário;
d) Manter e fomentar os valores da religião judaica, com atenção especial às tradições Sefardin;
e) Cultivar as relações com todos os ramos e setores do Judaismo, estimulando e fortalecimento e união, em tudo que lhes disser respeito;
f) Fundar e manter escolas infantis e juvenis, ministrando o ensino laico e religioso;
g) Estimular os serviços de beneficência e assistência social, para os necessitados, doentes, viúvas e órfãos;

— 1 —

h) Formar a Irmandade de CHEVRA KADISHÁ ou serviços a se prestarem post-mortem;
i) Manter os serviços religiosos Israelitas do Rito Sefardi para os casos de casamento, Bar-Mitzvot, etc.

CAPITULO II

ANEXO 13. *Estatutos da Comunidade Israelita Sefaradi.* São Paulo, 1956. Arquivo particular de Jayme Dentes.

ANEXO 14. *(Esta pág. e seguinte)* Lista de presença da Assembléia geral extraordinária da Sinagoga Israelita Brasileira. São Paulo, 31.8.1967. Arquivo da sinagoga.

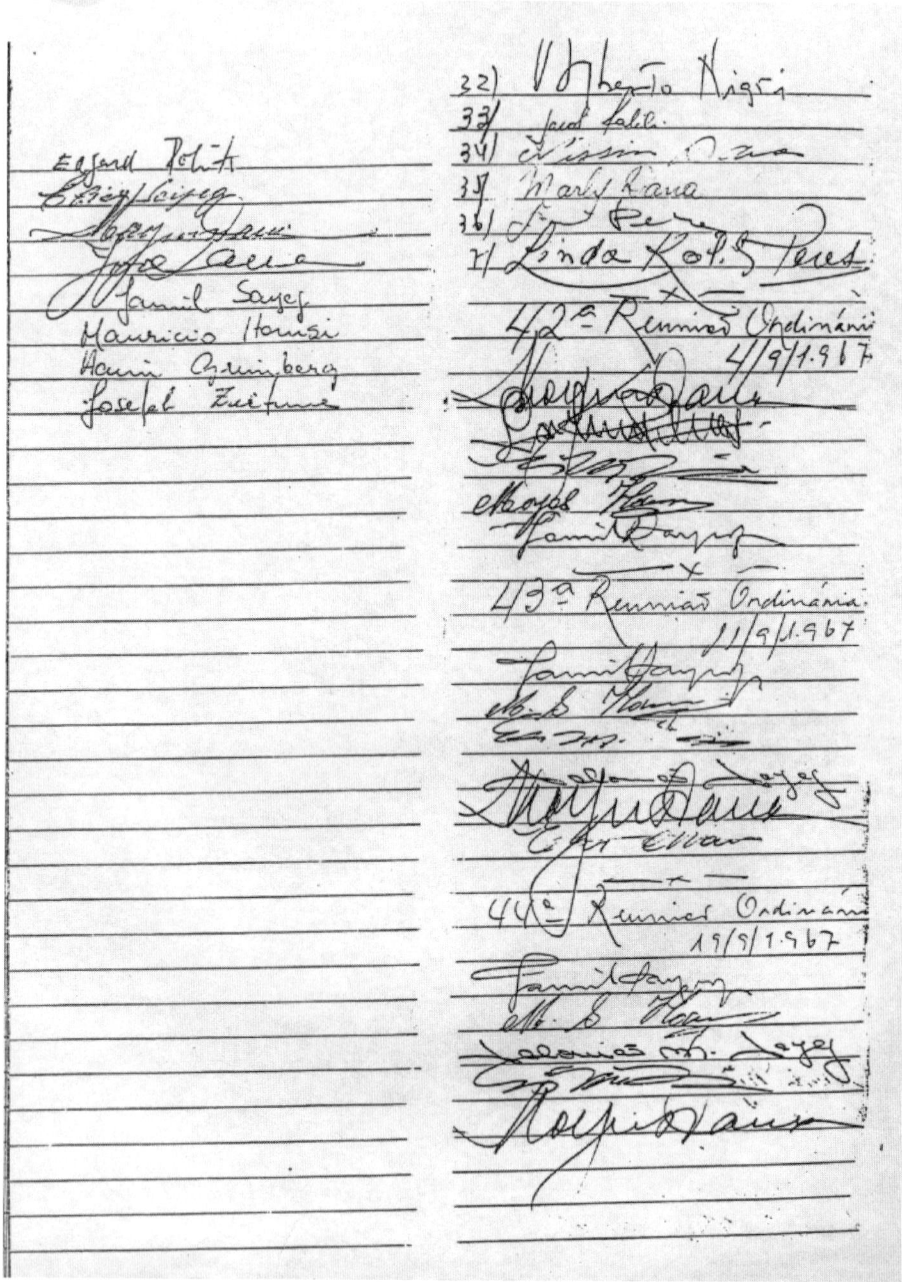

Edgard Politi
[signature]
[signature]
[signature]
Jamil Sayeg
Mauricio Harusi
Haim Gruenberg
Joseph Zaituna

32) Umberto Nigri
33) [illegible]
34) Nissim [illegible]
35) Marly Dana
36) [illegible]
37) Linda Rosa S. Peres

—— x ——
42ª Reunião Ordinária
4/9/1.967

[signatures]
Joseph [illegible]
Jamil Sayeg

—— x ——
43ª Reunião Ordinária
11/9/1.967

[signatures]

—— x ——
44ª Reunião Ordinária
19/9/1.967

[signatures]

ANEXO 15. Ata da reunião da Sociedade Sionista Bené Herzl, Rio de Janeiro, 15 de outubro de 1922. Arquivo da Sinagoga Beth El.

ANEXO 16. *(Esta pág. e seguintes)* Boletim nº. 27 do Grêmio Sinai. São Paulo, setembro de 1948. Coleção do Dr. Elias Politi.

GREMIO SINAI

FUNDADO EM 21-7-1942

RUA ODORICO MENDES, 174 ★ SÃO PAULO

FILIADO: A FEDERAÇÃO DAS ORG. JUVENIS JUDAICAS DE SÃO PAULO

BOLETIM MENSAL
(DISTRIBUIÇÃO INTERNA)

Direção: MARCOS KERTZMANN — NISSIM B. COHEN — EMERICH FEHER

N. 27 — SETEMBRO — 1948

«UM SONHO QUE SE CONVERTE EM REALIDADE»

O povo de Israel foi sempre um povo sonhador. A sua errante existência nos começos de sua formação, quando os patriarcas: Abraham, Isaac e Jacob e seus descendentes, caminhavam de uma região a outra, devia-se ao fato de desejarem assegurar uma existência de paz, de trabalho, longe de povos que viviam em permanente conflito.

Simples pastores acostumados à vida simples e sadia, sempre em contato com a natureza, sonhavam sempre com uma sociedade humana cimentada firmemente sobre o direito e a justiça social. Sociedade em que não devia existir exploradores e explorados; sociedade em que devia reinar a paz, à harmonia, a tolerancia e a compreensão mutua. E os nosos antepassados foram verdadeiros sonhadores, que tentaram introduzir fundamentais reformas na sociedade de antanho, mediante uma revolução radical que alterasse a situação de tirania e despotismo que imperavam então.

O milagre da sobrevivencia do povo de Israel se deve indubitavelmente ao seu carater de povo sonhador, e ao seu convencimento, que aquela caraterística inspirava, de que as injustiças que sofriam seriam pasageiras.

E pensando desta maneira é que o povo de Israel sobreviveu e não desapareceu como tantos outros da antiguidade.

Mesmo nos momentos em que foram expulsos de sua patria e despojados de todos os direitos de sêres humanos, os nossos antepassados conservaram a esperança de um porvir risonho e venturoso...

...E ao perder sua independência politica, lançou aos quatro ventos seu solene juramento de "nunca esquecer sua Jerusalem".

Bem sabemos que aquelas palavras não foram simples produto da exaltação do momento, destinadas a cair em esquecimento, logo mais.

A recordação da patria distante acompanhou o povo judeu através de sua vida de constante peregrinação.

Tudo suportou com resignação, sempre fiel à esperança de que breve seus males teriam fim e naquele ambiente repleto de odio sonhavam com uma vida melhor, em meio da paz e da concordia.

Quase dois mil anos são passados e a realidade de hoje nos mostra que aqueles sonhadores, tenazes e perseverantes, assistiram a concretização de seu aureo sonho. Os que trabalharam a realização desse sonho podem agora dizer: "Ao regressar a Sion nos pareceu viver um sonho, doce sonho acalentado através dos séculos".

Rosina Kibrit

VOCÊ,

Sinaiense, recorda-se do "V" da Vitória do tempo da guerra, formado pelas bandeiras das Nações Unidas com o dístico "UNIDOS VENCEREMOS"?

Pois bem. Colaboremos com este lema para o SHOW SINAI e UNIDOS MARCAREMOS MAIS UMA GLORIA DO NOSSO TÃO QUERIDO GREMIO SINAI.

SOCIAIS

ANIVERSARIOS:

Relacionamos abaixo os aniversariantes de Setembro, com os quais nos congratulamos, fazendo deste boletim o mágico transporte dos nossos sinceros votos de perene felicidades.

Dia 5 — Jacob Kibrit.
Dia 7 — Moysés Derwich e Abrão Kibrit.
Dia 13 — Carlos Mansur.
Dia 14 — Elias Kalili, atual competente do Conselho Superior.
Dia 15 — Clemente Zeitune.
Dia 22 — Luiz Simantob e Alberto Simantob.
Dia 24 — Leão Rabia, diretor esportivo, elemento batalhador pela causa sinaiense.
Dia 25 — Moysés M. Simantob.

EM FESTA O LAR DO CASAL ELIAS ZITUNE.

Foi presenteada pela "cegonha" no dia 31 de Agosto o casal Elias Zitune, com um lindo bebê que tomou o nome de Jaquinho, ao recem-nascido, os nossos sinceros votos de brilhante futuro e infindas felicidades.

AGRADECIMENTOS

Ao sr. Isaac J. Simantob, o "muito obrigado" do Gremio Sinai pelo oferecimento de um quadro na passagem do natalicio Sinaiense.

Aos srs. Arthur Gruman e Moysés M. Nigri, pelo oferecimento de diversos discos.

HOMENAGEM AO DEPARTAMENTO FEMININO

A Diretoria do Gremio Sinai fará realizar no próximo dia 18 uma reunião dansante em homenagem ao Dep. Feminino, que por sua laboriosa colaboração ao engrandecimento de nosso Gremio, tornou-se justo merecedor dos mais efusivos elogios.

DEPARTAMENTO FEMININO

Comunicamos aos nossos prezados associados que, em virtude do t'rmino do prazo da gestão do Departamento Feminino no dia 8 de Setembro, resolveu a Diretoria do Gremio prolongar a mesma por mais dois meses, conservando-se o referido Departamento igualmente constituido e com os mesmos poderes até o dia 8 de Novembro próximo.

COQUETEL DOS ARTISTAS

Comunicamos aos nossos associados que teremos ainda este mês em nossa séde social a presença dos principais artistas da PRG-2, PRF-3 e do film "QUASE NO CÉU", para um coquetel e uma mesa redonda, para os quais convidamos todos os Sinaienses.

A data será comunicada com antecedência.

O TEMPLO QUE CHOROU

No crepúsculo silencioso, escuto o suspiro lânguido do templo que chora.

* * *

Por um momento, um desses momentos que deixam um profundo marco na vida da gente, eu quiz acreditar na inaceitavel realidade infantil da Lâmpada Maravilhosa de Aladin e das varinhas de condão dos contos de fadas.

Sim. Estava eu preparando a sede do grêmio para uma conferência, quando, notando a falta de acomodações ao número total de convidados, subi à Sinagoga em busca de poltronas para dar término aos meus afazeres.

Qual não foi então o meu espanto quando pasmado ouvi, dentro daquele profundo silêncio, uma voz que balbuciava e soluçava, sentindo que a mim se dirigia.

Aquela voz era a voz do próprio templo, num lamento divino e compassado...

* * *

...Agora, diante da colônia, ele sentia-se um vácuo inutil; porque, como uma árvore que se dá ao céu, ele dera tudo de si à colônia.

Tudo. O seu seio acolhedor, como uma folhagem úmida envernizada de sól. E o seu justo e delicado culto, como uma florada moça e pura. E o gosto de sua oração, como um fruto novo e forte. E o seu corpo saudavel, como um tronco verde, ascencional firme na terra inconstante. E o seu carinho envolvente, como uma sombra macia e movel, cheia de bençãos. E o seu coração secreto e precioso, como um ninho escondido, palpitante de ternuras e harmonias. E os mais intimos e os mais frageis filamentos do seu sêr, como as fibras mínimas e as mínimas raizes, divinas na sua misteriosa invisibilidade...

Porque, como uma árvore que se dá toda ao céu, ele dera tudo de si à colônia. Por ela, porem, sentia-se esquecido, abandonado. Vinte anos haviam-se passado como a poeira que, pela patina, sublinha e valoriza os relevos, e a colônia não resolvera reconstrui-lo...

...Agora, diante da colônia, ele sentia-se um vácuo inutil.

Mas esse vácuo inutil, era a plenitude da felicidade.

Então ele começou a sofrer a felicidade.

A primeira lágrima apontou. E, no espelho convexo, pequenissimo da gota de cristal coube e refletiu-se inteira, a árvore toda do sentantes da Revista "Aonde Vamos?", "Nossa Voz", "Jornal Israelita", Drohr, na palavra do Sr. Bernardo Cimring, "Ami", na pessoa do Sr. Majer Botkovsky, Programa Mosaico, Casa da Juventude e tambem o nosso Diretor Esportivo, Sr| Leão Rabia, a quem devemos nossos sinceros agradecimentos pelos votos de progresso que nos desejaram.

Tambem aqui fica o nosso "muito obrigado" á Sociedade das Damas Israelitas pela corbellia que nos enviou e que ocupou o lugar de honra entre os troféus sinaienses.

Foi encerrada esta elegante reunião pelos sentimentais acordes do Hino Hatickva.

A sessão cinematográfica

O segundo item do programa da Semana de Aniversário foi á realização de uma sessão cinematográfica no dia 17, tambem em nossa séde social.

Foi esta realização o delírio de contentamento para a petizada sinaiense que compareceu em "peso", uma vez que lhes era dedicada aquela data.

Entre outros films, foi projetado o jogo de futebol realizado entre o Gremio Sinai e Macabeus.

Novamente se faz notar a presença do Departamento Feminino, a serviço da petizada, derivando-se daí a completa satisfação das crianças sinaienses.

Agradecemos aos Srs. Nissim B. Cohen, Assilan Carlos Nigri e Elias Politi, que dirigiram esta realização permitindo assim que ela marcasse mais uma vitória do Gremio Sinai.

A conferência do Sr. Joseph Tchornitsky

Na quinta-feira, dia 19, foi executado o 3.º item do programa das festividades de aniversário, que constou de uma conferência do Sr. Joseph Tchornitsky, representante de Israel para a América Latina, na Escola Caetano de Campos.

Iniciando a sessão ás 21,30 hs., presidiu a mesa o Sr. Gabriel Kibrit, personalidade altaneira que, como o cristal que guarda em seu seio a essência que lhe deu a vida, assim o Sr. Kibrit conserva em seu sangue a têmpera que herdou de seus antepassados.

O Sr. Kibrit apresentou nominalmente os componentes da mesa, anunciando respectivamente o Sr. Marcos Frankenthal, presidente da Organização Sionista Unificada de S. Paulo, Sr. Nassim Elias Nigri, presidente da Sinagoga Israelita Brasileira, Sr. Gdali Suchovitsky, do Governo de Israel, Sr. Joseph Tchornitsky, representante de Israel para a América Latina e Srs. presidentes do Templo Português e Sinagoga União Paulista.

Entre outros assuntos, o Sr. Kibrit abordou o da diferença entre Hachkinazim e Sefaradim, entregando finalmente a presidência da mesa ao Sr. Marcos Frankenthal.

Usando da palavra, o Sr. Frankenthal se referiu ao decreto de 29 de Novembro que tornou realidade o Estado de Israel, outrora um sonho. Temos hoje, disse ele, nosso país, governo e exército. No entanto, o povo luta para a consolidação de Eretz. Não que os nossos irmãos em Eretz vivessem com dificuldades. Pelo contrário, viviam até melhor que os judeus do Brasil ou da América do Norte. Os judeus de Eretz têm as suas industrias, suas riquezas, e si eles lutam, é em pról de seus irmãos espalhados pelos campos de concentração que ainda existem e em quantidade pelas diversas partes do mundo, e a quem querem dar o direito de se dirigirem para Eretz, o que motivou os conflitos já anteriores a guerra, com os árabes que com isso não concordaram. Disse ainda o Sr. Frankenthal que a batalha agora é de todos. Onde houvesse um judeu, este tomaria parte na guerra que não é só da Palestina mas do mundo inteiro. Disse mais, que a coletividade do Brasil está tambem mobilizada consequentemente, tanto Hanckinazim como Sefaradim. Tocando nesta diferença, afirmou o Sr. Frankenthal que os Hachkinazim nunca esquecera mos Sefaradim e si isto aconteceu, foi motivado exclusivamente pelos Sefaradim; embora compreenda que a maior dificuldade resida na questão do idioma "idish" usado pelos Hachkinazim, o que porém não oferece obstáculo algum pois o coração de um judeu fala ao de outro seja em "idish" ou em grego.

Terminando, o Sr. Marcos Frankenthal passa a palavra ao Sr. Gdali Suchovitsky, que, falando em francês, se refere aos Sefaradim da Palestina, dizendo mesmo que estes representam 30% de sua totalidade contando com um número de 7 comités. Disse tambem o Sr. Suchovitsky que uma vez ganha a causa da Palestina, cada um será feliz de ser judeu. Tterá segurança. E essa causa é a de cada judeu ou aquele que é considerado perante outro como judeu. Afirmou então que, dia virá em que reinará entre nós a profunda satisfação da glória de Israel.

Terminou sua brilhante oração dizendo: — Quero ver com vocês a glória de Israel!

Saudado com palmas pelos presentes, o Sr. Gdali Suchovitsky passou a palavra ao Sr. Joseph Tchornitsky.

Eloquente orador, este representante do governo judeu descreve com verdadeiro realismo a situação dos judeus no Estado de Israel, fazendo com que os que o escutam, se sintam, pelo tom de sua voz e pela cadência de suas palavras, transportados de momentos de tristeza para os de alegria, de satisfação...

Revivemos na oração de Tchornitsky a tristeza da fiel reprodução, como a de um film cinematográfico, dos três meses de guerra que o povo de Israel acaba de cumprir com supremo esforço contra cinco exércitos árabes, os "Sonei Israel"... Revivemos a alegria de saber que nossos jovens batalhadores, embora com grandes dificuldades, não cederam um palmo de suas posições... Revivemos a satisfação do povo judeu quando nos diz Tchornitsky: — "Pela primeira vez na História não correu o judeu, correu o outro"!

Falando da necessidade da colaboração nessa causa de todos os judeus do mundo, esclarece Tchornitsky que esta campanha não deve ser considerada como um apelo, mas sim, a lembrança de uma obrigação de cada judeu.

Encerrando o seu discurso, foi o Sr. Joseph Tchornitsky, mui merecidamente, bastante aplaudido pela assistência.

Falando por fim o Sr. Presidente do Templo Português, leu este senhor, um manifesto das Organizações Sefaradim de São Paulo, dizendo que, em face das palavras ouvidas dos Srs. Gdali Suchovitsky e Joseph Tchornitsky, resolvem cooperar o melhor possível na Campanha de Emergência de Eretz Israel.

Foi encerrada a sessão com o Hino Haticka.

O baile na "Maison Suisse"

Permitimo-nos a falta de modéstia em declararmos que mais uma vez o Gremio Sinai alcançou uma vitória no ponto final das festividades de sua "Semana de Aniversário".

E si assim atestamos, baseados estamos na opinião de nossos convidados que gentilmente, sem exceção, nos felicitaram por essa realização.

Incalculavel é a satisfação da Diretoria Sinaiense em face das impressões acima citadas, emanadas como foram das mais distintas personalidades da colônia israelita de São Paulo que nessa elegante noite dansante estiveram presentes, representadas pelas famílias Sr. Nassim Elias Nigri, Sr. Carlos Nigri, Sr. Gabriel Kibrit, Sr. Clemente Nigri, Sr. Alberto Zeitune, Sr. Moisés Simantob, Sr. Dr. Rodolfo Schraiber, Sr. Victor E. Nigri, Sr. David E. Nigri, Sr. Mauricio Kertzmann, Sr. Luís Carlos Schwartzmanni Sr. Elias Cohen, Sra. Fortune Nigri, representando a família que, na impossibilidade de comparecerem, se Sr. Mayer Nigri, Sra. René Simantob, Sra. Jamile Kamkaji, entre outras famílias fizeram representar por seus filhos.

Foram homenageadas neste baile as Organizações Juvenis Judáicas de São Paulo, Sinagoga Israelita Brasileira, Circulo Israelita de São Paulo, Sociedade Beneficente das Damas Israelitas, Irmandade Santa e Imprensa Israelita, as quais gentilmente nos enviaram seus representantes.

Contamos tambem com a grata presença dos artistas radio-teatrais da PRG-2 e PRF-3, como tambem do elenco do film "Quase no céu", salientando-se os Srs. Walter Forster, Homero Silva, Augusto Machado de Campos e exma. esposa e a Srta. Vida Alves que nos permitimos chamar de "a mais linda atriz do Cinema e do Rádio Brasileiro, os quais foram entrevistados pelo Sr. Emerich Fehr, componente da comissão de redação deste boletim.

Ao "cast" de PRG-2, PRF-3 e "Quase no Céu", nossos sinceros agradecimentos.

Enfeitaram os salões da "Maison Suisse" nesta nossa noite dansante as corbeilas que recebemos da Associação da Mocidade, Departamento Feminino do Gremio Sinai e dos Srs. Joseph M. Nigri, Elias Nassim Nigri, Elias Politi, Marcos Kertzmann, Nissim B. Cohen, Emerich Feher, Assilan Carlos Nigri, pelo que ficamos sinceramente agradecidos.

E' SABER QUE...

...Elias Politi, o melhor jogador do Sinai contra o Macabeus do Rio, em 1946, cometeu o penal em que resultou o empate da peleja.

...O Presidente da comitiva que viajou em 1946 e que chorou a noite toda após o jogo, foi o Sr. Marco Nigri.

...O capitão da equipe na peleja contra o Macabeus, no Rio, foi Zé Nigri, e ainda foi o autor de dois "goals".

...Os técnicos da equipe do Sinai que formaram o quadro para o jogo contra o Macabeus (Rio) foram os Srs. Elias Nigri e Marcos J. Simantob (este não viajou).

...Viajaram como jogadores reservas e não jogaram no Rio contra os Macabeus (devido ao calor) os Srs. Nissim B. Cohen e Elias Zitune.

...Os antigos jogadores do Sinai, isto é, de 1942-1945 e que residiam no Rio em 1946, Srs. José Cohen e Cirú, defenderam as nossas cores.

...O meia direita, Elias Nigri, de tanto fazer cera no jogo contra os Macabeus, no Rio, foi perseguido a pauladas por vários jogadores macabenses.

...O Sinai que em 1946 viajou ao Rio para disputar uma peleja contra seu irmão carioca (Macabeus) em disputa da "Copa Sion", **não perdeu e nem perderá. Esportista 100%**

ANEXO 17. *Programa da I Semana Sefaradi. São Paulo - Guarujá - Brasil. São Paulo, 29.10.1981 a 05.11.1981. Coleção de Irene Calderon.*

Glossário

Aron Há Kodesh ou Teivá – Arca Sagrada. Armário onde se guardam os rolos da Torá, os *Sefarim*, em geral, ricamente adornados.

Asquenazis – Nome atribuído aos judeus europeus, de idioma *iídish*, misto de palavras alemãs, eslavas, russas e hebraicas.

Bar-Mitzvá – Filho do Preceito. Cerimônia festiva em homenagem ao adolescente de treze anos que passa a participar das rezas e cerimônias da sinagoga como adulto, responsável pela prática dos 613 preceitos judaicos.

Bat-Mitzvá – Filha do Preceito. Cerimônia festiva de uma menina que, aos doze anos, busca manter o compromisso da prática das tradições judaicas.

Beit Din – Corte ou Tribunal Rabínico. Legisla matéria de direito civil e pessoal à comunidade judaica.

Bimá – Mesa na Sinagoga, onde o *Sefer Torá* é lido.

Bircat Cohanim – Bênção dos sacerdotes.

Brit-Milá – Pacto. Ato cerimonioso da circuncisão, realizado no oitavo dia de vida. Na cerimônia, é celebrado o pacto entre Deus e o povo judeu. O ato é oficiado pelo *mohel*, um perito em leis e técnicas de circuncisão. O termo em *iídish* é *Briss*, e, em ladino, Berit-Milá.

Cabala – Parte do misticismo judaico, desenvolvido na Espanha e no sudeste da França no século XII. No século XVI, em Safed, Isaac Luria, baseando-se na teoria cabalística, introduziu novas rezas, rituais e costumes e incorporou-os à liturgia judaica.

Cabalat Shabat – Recebimento do *Shabat*. Oração que inicia as celebrações do descanso semanal.

"Casamento misto" – Casamento entre um(a) judeu com uma gentia. Para os religiosos ortodoxos, esse tipo de união rompe a corrente da tradição, mantida por séculos.

Conversão – Na lei judaica, uma pessoa que deseje, realmente, converter-se, convence os responsáveis pela insistência. Só depois da terceira tentativa, sua decisão é aceita como verdadeira. O homem que se converte deve passar pela circuncisão, geralmente, feita em um hospital e assistida por corte rabínica de três membros. A imersão na *Mikve* tanto para homens como mulheres, significa a aceitação simultânea dos mandamentos. O rabino dá as instruções, determinando os textos que deverão ser lidos, somados com o aprendizado do hebraico para acompanhar as rezas.

CHAHAM – Sábio, doutor da Lei. Grande conhecedor da Lei Judaica. Entre os *sefaradis*, corresponde ao rabino, chefe religioso de uma Congregação.

CHAHAN-BASHI – Chefe da Congregação Judaica do Império Otomano.

CHANUKÁ – Inauguração. É conhecida como a "Festa das Luzes" que, celebra a vitória do exército judaico contra o invasor grego. A comemoração coincide com o término da inauguração do Tabernáculo. Durante oito dias acende-se, diariamente, uma vela, num candelabro especial, a *Chanukiá*. A cada dia acrescenta-se uma, somando o total de oito velas. A cerimônia lembra a recuperação do Primeiro Templo quando uma quantidade de óleo puro que deveria durar um dia, durou oito, para iluminar o Templo. Simboliza, também, a luta do povo judeu pela sua existência. A cerimônia é celebrada alegremente nos lares e pode ser considerada ponte entre o judaísmo antigo e o moderno.

CHASSID, CHASSIDIM (sing. e pl.) – Piedoso, devoto. Ligado ao movimento do Chassidismo.

CHASSIDISMO OU HASSIDISMO – Movimento religioso judaico que se caracteriza pelo fervor religioso, pela observância dos mandamentos com alegria, pela confiança em Deus e pelo amor a Torá e ao povo judeu. O movimento foi fundado em 1750, na Ucrânia, por Rabi Israel Ben Elieser, o Baal Schem Tov (Mestre do Bom Nome). Três fatos denunciam um hassid (o devoto): renúncia ascética às coisas deste mundo, absoluta serenidade da mente e altruísmo.

CHAZAN, CHAZANIM (sing. e pl.) – Cantor ou aquele que conduz as orações litúrgicas na sinagoga.

HEDER – Escola elementar judaica. O mesmo que Kitab.

CHEVRÁ KADISHÁ – Sociedade Sagrada. Instituição que cuida dos serviços fúnebres de uma comunidade judaica. O luto inicia-se a partir do sepultamento. Recita-se o *Kadish* na presença de dez homens, o *minian*, próximo ao túmulo. Na observância do luto inicial, é proibido o trabalho durante sete dias, a *shivá*.

CONGREGAÇÃO – Reunião dos fiéis que freqüentam a sinagoga de uma comunidade.

COHEN GADOL – O Sumo Sacerdote do Templo de Jerusalém.

ERETZ ISRAEL – A Terra de Israel.

EXILARCA OU RESH-GALUTA – Chefe ou líder da diáspora, no período pós-talmúdico.

GAON – Chefe da Academia de estudos religiosos, pós-talmúdica.

GÓI – Termo atribuído ao estrangeiro, não judeu. Citado na Torá como "Povo".

GUEMARÁ – Comentário e explicação da *Mishná*. A *Mishná* e *Guemará* compõem o *Talmud*.

HAGADÁ – Texto lido em *Pessach*. Relata o êxodo dos judeus do Egito.

HALACHÁ – Código de Leis Judaicas, preceitos e interdições, contidas no *Talmud,* derivados da *Torá*.

HARED-EL-YAHOUD – Quarteirão judaico dos domínios árabe-otomano, espontaneamente organizado.

HASKALÁ – Movimento da Ilustração ou do Iluminismo Judaico (1750-1880), iniciado por Moses Mendelsohn. Consiste na disseminação da cultura européia moderna entre os judeus. Sustentava que a emancipação impunha o ajustamento intelectual e social dos judeus à sociedade não judaica, através da modernização e ocidentalização da religião e dos costumes. A literatura judaica, a ciência do judaísmo e a reforma religioso-pedagógica derivaram do movimento, no predomínio da liberdade e razão, contra a rigidez dos costumes e da Lei.

Havdalá – Separação. Cerimônia realizada na sinagoga e no lar que marca o encerramento do *Shabat*.

Ishuv – Assentamento. Designa uma comunidade judaica em qualquer região onde existe vida comunitária regrada.

Ivrit – O idioma hebraico.

Iídish – Língua falada pela maior parte dos judeus asquenazis.

Judaísmo conservador – Defende a continuidade da Lei Judaica como parte da tradição em desenvolvimento. O culto judaico modifica-se para atender às necessidades modernas, sem atingir a essência das tradições.

Judaísmo liberal – Preserva o equilíbrio entre a tradição e a modernidade, moldando-se na prática da religião, sem minúcias.

Judaísmo ortodoxo – Baseia-se na imutabilidade da *Halachá*, a Lei Judaica. Fazem parte do grupo os *Haredim*, os *Chasidim* e os *Mitnagdim*, imbuídos na missão de proteger a *Torá* e levar ao povo a mensagem redentora. Os *Mizrahim* são religiosos sionistas.

Judaísmo reconstrucionista – Abordagem humanista da tradição judaica que redefine a idéia de Deus, em termos humanistas.

Judaísmo reformista – Enfatiza os valores proféticos do judaísmo e só aceita as práticas judaicas consideradas relevantes aos tempos atuais. A Lei modifica-se para atender às necessidades modernas. Homens e mulheres podem participar dos serviços religiosos, compartilhando das funções e assentos na sinagoga.

Juderias – Bairros judaicos da Península Ibérica.

Kadish – Santificação. Oração em louvor a Deus dirigida aos enlutados, durante os 11 meses seguintes da morte de um familiar.

Kahal – Público de uma comunidade judaica.

Kapará – Expiação. Por este antigo costume, os pecados de uma pessoa podem ser passados a uma ave no dia anterior ao Kipur. Cada ave sacrificada correspondente a um membro da família, expiando seus possíveis pecados. Costuma-se fazer um círculo em torno da cabeça de cada membro da família. Às mulheres, uma galinha e, um galo, de preferência branco, aos homens, com a seguinte prece: "Esta é a minha expiação, esta é a minha redenção, este é meu substituto, este frango vai ser morto, enquanto eu ingressarei numa vida longa, feliz e cheia de paz".

Kasher ou Kashrut – Adequado (adj.). Alimento apropriado pela *Halachá*. Refere-se às leis alimentares judaicas. Os judeus só devem consumir carne de animais de cascos fendidos e ruminantes, abatidos segundo as leis judaicas por um shochet. É vedado o consumo de sangue. A carne deve ficar na água fria por meia hora e no sal por uma hora, objetivando eliminar todo o sangue possível. A *Kashrut* inclui também o não consumo de alimentos combinados como a carne com o leite.

Kehila – Uma comunidade judaica; pl. Kehilot.

Ketubá – Escritura. Contrato ou compromisso matrimonial.

Kidush Hashem – Santificação do Nome de Deus.

Kniss – Termo em árabe, o mesmo que Knesset, em hebraico. Sinagoga.

Kol-Nidre – Expressão em hebraico: Todas as promessas. São as preces, proferidas na véspera de *Yom Kipur*.

Lamentações, Muro das – Lugar de preces e de peregrinação, núcleo central da cidade velha de Jerusalém. Parte remanescente do muro ocidental externo do Segundo Templo de Jerusalém, destruído pelos romanos no ano 70, da era comum.

Matsá, Matsot (sing. e pl.) – Pão ázimo, alimento sem fermento para consumo no *Pessach*.

Menorá – Candelabro de sete braços, existente no santuário do Templo, um dos símbolos do judaísmo.

Melamed – Instrutor, professor de ensino religioso.

Mezuzá – Recipiente onde estão dois parágrafos bíblicos, colocado no umbral direito de cada porta e nas dependências da casa.

Minian – Contagem, associação de 10 homens, maiores de 13 anos, número necessário para todo e qualquer cerimonial religioso judaico, de caráter coletivo.

Mikve ou Mikvá (hebraico) – Banho ritual, por imersão, destinado à purificação de homens e, mulheres. A construção da *Mikve* deve, segundo o *Talmud*, ser anterior à edificação de uma sinagoga.

Mishná – Repetição, Ensino. Ensino oral do judaísmo. A *Mishná* é comentada pela *Guemará*.

Mishmará – Guarda. Cerimônia religiosa, realizada depois dos 30 dias do falecimento de uma pessoa. Corresponde ao *Sheloshim* dos asquenazis. O termo em ladino é *Meldado* e *Yorstheit*, em *iídsih*.

Mitzvá, Mitzvot (sing. e pl.) – Preceito ou ordem da Torá.

Mohel – Profissional ou Especialista da cerimônia de circuncisão.

Narguile – Aparelho típico árabe, para consumo do tabaco.

Neilá – Trancamento. É o quinto e último serviço das preces do *Yom Kipur*.

Parashá – Parte do texto da Torá, cuja leitura se faz semanalmente na sinagoga.

Parnass – Presidente de uma congregação.

Parnassá – Sustento.

Pessach – Páscoa ou passagem. Celebra-se a libertação dos judeus da escravidão do Egito, ocorrida aproximadamente 1280 anos a. e. c. Estende-se por oito dias e assinala o começo da marcha dos judeus do Egito até a terra de Canaã.

Pidion Haben – Redenção ou resgate. Existem duas razões pelas quais o filho primogênito tem de ser redimido pelos *Cohanim*, sacerdotes do Templo. Em primeiro lugar, por instrução da *Torá*; em segundo, depois que Deus designou os levitas como assistentes do Templo, todos os primogênitos, animais e humanos, deverão ser entregues a Deus. Pelo cerimonial, realizado nas sinagogas, procede-se o resgate pelo pai. Os *Cohanim* foram designados por Deus a redimir o primogênito, através do *Pidion Haben*, no 40º. dia de vida. O dever é hereditário. Da mesma forma que os primeiros frutos de cada ano pertencem a Deus, o mesmo acontece com uma criança. O pai deve "comprá-la", de forma alegre, para que volte ao convívio familiar. O bebê fica nos braços de um Cohen, até o pai concretizar, simbolicamente, sua compra, usando moedas.

Povo Judeu – O povo de Israel é formado por tribos que descendem dos doze filhos de Jacob. Dessas, dez se perderam. A maioria dos judeus descende das tribos de Judá e de Benjamin. Todos os judeus do sexo masculino são Cohen, Levi ou Israel. Os *Cohanim*, sacerdotes oficiantes do Templo de Jerusalém, têm a função de abençoar a Congregação e, é o primeiro a ser chamado, quando a *Torá é,* publicamente lida, na sinagoga. O segundo homem a ser chamado a *Torá* é sempre um Levi. Todos os demais judeus são Israel.

PURIM – Sorte, festa de regozijo que comemora a salvação dos judeus por Esther, rainha escolhida pelo rei persa, Assuero. Em *Purim,* lê-se a *Meguilá* ou o "Livro de Esther". Comumente na festa realizam-se bailes de máscaras, onde é eleita, entre as jovens concorrentes, a mais bela, distinguida com o título, de "Rainha Esther".

RABINO – Depois de anos de estudos numa Academia, o rabino recebe um certificado ou *Shmichá.* Como profundo conhecedor da Lei Judaica atua numa congregação como juiz, em matéria referente à Lei e aos costumes judaicos.

ROSH HASHANÁ – Cabeça do ano. Primeiro dia do ano judaico. Festividade solene que marca o início do arrependimento de dez dias que terminam no *Yom Kippur.* São dias de exame da alma e arrependimento. É considerado o dia em que toda a humanidade é julgada no Tribunal Celestial.

SEDER – Ordem. Designa a cerimônia religiosa, doméstica ou comunitária, onde se comemoram as duas primeiras noites de *Pessach.*

SHABAT – Sétimo dia da semana. Dia santificado do descanso físico e espiritual, de acordo com os Dez Mandamentos e, no qual, Deus havia repousado depois de haver completado a obra de criação. Constitui o quarto Mandamento Divino. É comemorado na sinagoga e em casa.

SHABAT SHALOM – Shabat cheio de paz. Saudação usual do *Shabat.*

SHAMASH – Bedel, zelador ou assistente da sinagoga.

SHOCHET E SHOCHATIM (sing. e pl.) – Profissional que procede a matança de aves e reses, destinadas à alimentação de fiéis judeus. Magarefe.

SEFARADI – Nome dado aos judeus procedentes dos países ibéricos. O termo tem sido usado para designar os judeus dos domínios, árabe e otomano.

SEFER-TORÁ – Os cinco livros de Moisés – Gênese, Êxodo, Levítico, Números e Deuteronômio – são utilizados em importantes momentos da liturgia na sinagoga. Constituem pergaminhos, costurados de forma contínua e enrolados em dois rolos de madeira, conhecidos também como Pentateuco. A *Torá* é lida inteira durante um ano, sendo dividida em 54 porções, cada uma chamada *Sidrá. Sidrá* significa ordem e *Parashá* significa "pedaço" ou passagem.

SEUDÁ SHLISHIT – A terceira refeição do *Shabat,* efetuada pelos homens na sinagoga.

SHOFAR – Corno de carneiro, tocado na festa de *Rosh Hashaná* e ao terminar a penitência de *Yom Kippur.*

SIDUR – Livro judaico de orações diárias.

SINCHAT TORÁ – "Alegria da Lei". É o oitavo dia depois de *Sucot.* Corresponde ao encerramento e o reinício da leitura da *Torá.* Das festas judaicas, esta é uma das mais alegres e exuberantes. Canções são entoadas, carregando-se os rolos sagrados, dançando-se com eles. Tradicionalmente, os *Sefarim* são levados às ruas e com eles, se dança. Com a festa, encerra-se o ciclo de dias santos que começou com *Rosh Hashaná.* Nesta festa, é lida a última seção dos "Cincos Livros de Moisés", concluindo o ciclo de um ano, que é iniciado com a leitura do primeiro capítulo da Gênese. Este procedimento ratifica a idéia de que o estudo da *Torá* é infinito. Um dos aspectos que se sobressaem desta festa é a volta feita em redor da sinagoga por sete vezes, chamada *Hakafot.* Cada adulto da Congregação tem a honra de participar, carregando os rolos da *Torá,* seguido por crianças. É costume na festa, pegar a *Torá* e dançar com a mesma, ao redor da mesa, onde é lida. No judaísmo, o costume tem força de lei.

O significado da *Torá* não é só o seu estudo. Sua santidade advém da relação íntima entre a essência da *Torá* e a essência da alma. Um judeu, ao dançar com a *Torá*, submete-se totalmente à vontade de Deus, a tal ponto que não se considera, um ser independente.

SINAGOGA – Edifício para as orações públicas dos judeus. Lugar de prece, estudo e reunião. A sinagoga é projetada para que as pessoas rezem voltadas para a cidade de Jerusalém. Antes mesmo da destruição do Segundo Templo, a sinagoga tinha importância e, construída em lugar alto, fora da cidade. A sinagoga dá direito ao asilo de quem a procura. O estilo arquitetônico das sinagogas varia segundo a localidade. O termo em *iídish* é *Chill* e, *Kniss* para os judeu-orientais, e *Beit Knesset,* em hebraico.

SIONISMO – Movimento político de busca ao restabelecimento do Estado Judeu. Theodor Herzl (1860-1904) foi o fundador do movimento ao escrever o Judenstaat (O Estado Judeu), em 1896. Em 1897, os judeus reunidos no primeiro Congresso Sionista, na Basiléia, tentaram transformar a aspiração em realidade.

SUCOT – Cabanas. Durante sete dias, um judeu residindo numa cabana ou, numa moradia frágil, lembra a travessia de 40 anos do povo judeu pelo deserto de Sinai ao sair do Egito. *Sucot* é festa agrícola bíblica que marca o final da colheita.

TALMUD – Comentário rabínico do texto bíblico. Refere-se a *Torá Oral,* redigida no exílio da Babilônia para facilitar o estudo das leis da *Torá* no século III a IV. Compõe-se de duas partes, a *Mishná* e a *Guemará*.

TALMUD TORÁ – Estudo da Torá. Termo aplicado às escolas públicas religiosas judaicas em geral, menos elementares que o Heder.

TALIT – Manto. Xale de oração, de forma quadrada ou retangular de lã ou seda, com franjas, usadas pelos homens na sinagoga.

TEIVÁ – Púlpito situado no centro da sinagoga, onde fica o *Chazan* e/ou o rabino.

TEFILÁ – Oração.

TEFILIM OU FILACTÉRIOS – Par de caixinhas presas por tiras, feitas de couro, que contem parágrafos selecionados da *Torá*. Como preceito bíblico deve-se colocar, um na cabeça e outro no braço esquerdo, o "não inteligente", durante as rezas da manhã.

TIBILA (ÁRABE) OU TVILÁ – Mergulho. O mesmo que *mikve*.

TZEDACÁ – Beneficência. O ato de justiça da beneficência deve ser caracterizado, não pelo dar esmolas, mas na antecipação do auxílio, para que o necessitado não venha a ter de pedi-lo. A palavra denota um significado de justiça e é mais ampla que o termo "caridade", às vezes, utilizado para traduzi-la. O termo *Tzadik,* da mesma raiz, designa o homem justo, aquele que vive identificado com a religião.

TORÁ – Lei ou ensinamento. Designa o Pentateuco, os cinco livros de Moisés. Os rolos de pergaminho onde o Pentateuco foi escrito são chamados de *Sêfer Torá* ou *Sefer*. Divide-se em *Torá* escrita e *Torá* oral.

YESHIVÁ, YESHIVOT (sing. e pl.) – Escola tradicional judaica, dedicada principalmente ao estudo do *Talmud* e da literatura rabínica. Pode ser considerada uma continuidade direta das academias babilônicas e de Jerusalém do período talmúdico.

YOM KIPUR – Dia da Expiação, Dia do Perdão ou da remissão dos pecados. São 24 horas de jejum completo, onde o judeu faz penitência, purifica-se e reza a Deus. O *Yom Kippur* junto com *Rosh Hashaná,* são as mais solenes comemorações do calendário judaico, as Grandes Festas.

Expressões em Ladino[1]

Djugar y perder, todos savem azer: Jogar e perder, todos sabem fazer.
El ké se echa com perros, se levanta com pulgas: Quem dorme com cães, levanta-se com pulgas.
Lenyo torto no se enderecha: Pau torto não endireita.
Guardaste, y el Dio ke te guarde: Guarda-te, e Deus te guardará.
Salio de la Kashka al guevo: Saiu da casca do ovo.
Yo konosko las flores de mi guerta: Conheço as flores da minha horta.
Komer y araskar es solo empeza: Comer e coçar é só começar.
Ninguno conoze el fundo de la holla sino la cuchara ke la menea: Ninguém conhece o fundo da panela, senão a colher que a mexe.
Kuando el gato esta afuera, los ratos djuan: Quando o gato está fora, os ratos divertem-se.
Ago mi echo, al diablo el resto: Faço minhas obrigações, ao diabo o resto.
El tiempo todo kuvre ou todo deskuvre: O tempo tudo cobre ou tudo se descobre.
Ande hay amor, hay dolor: Onde há amor, há dor.
El ké no tiene la hermoza, beza la mokoza: Quem não tem a beleza, fica com a feiosa.
Al rico todos lo tienen por savio: Ao poderoso, todos o têm por sábio.
Kien en el cielo kuspe, en la kara le kaie: Quem cospe alto, na cara cai ou quem blasfema, paga.

Saudades de Rodes   *Isahar Avzaradel*

Oh, Rodes, Oh, Rodes, ilha maravilhosa
Das doze ilhas, és a rainha e a mais bonita
Não é por nada que te chamam a Ilha das Rosas
Eu nasci na juderia
Entre as bolas e os seixos eu cresci
Muito criança saí sem me cansar de ti
Tenho-te na minha memória e coração. Espera-me que venho te ver
Quarenta anos passaram, não enjoei das minhas recordações
Quando eu caminhava pela praça ao entardecer
Escutava cantos tristes e alegres até o amanhecer
Cantos de despedida que faziam chorar qualquer coração
Escutava cantos tristes e alegres até o amanhecer
Cantos que cantavam para os viajantes
Cantos de despedida que faziam chorar qualquer coração
Hoje estão cantando para a bonita Rebeca
Que amanhã viajará para a América
Chamada pelo seu noivo que lhe enviou o navio (a passagem)
E também cantos para Djuína

---

1. Fornecidas por Anabela Sereno, Anna Barki Bigio e Beni Calderon.

Que recebeu o navio para a Argentina
Lembro-me a bonita noitada
Comendo, cantando, dançando até a madrugada
Que ofereceram os amigos para Yai
Quando viajou para o Congo Belga, hoje Zaire
A juderia está se esvaziando
Da juventude que está deixando a pátria
Por que chorais pedras e seixos da Juderia?
Com certeza tendes saudades de toda esta juventude
E de todos aqueles que morreram sem ver alegria
Porém na minha memória todos vós estais presentes
Amigos, vizinhos e parentes
Orando para que suas almas descansem em paz
Para quê esta tragédia não vá acontecer nunca, nunca, nunca mais!!![2]

---

2. A tradução da poesia que abre o Capítulo 2 é de Anna Barki Bigio.

Índice de Ilustrações, Quadros e Gráficos

A velha cidade de Jerusalém, litografia de David Roberts (entrada do livro) 4/5
Detalhe de Jerusalém, litografia de David Roberts (1839) 25
A velha cidade de Jerusalém. São Paulo, *Morashá*, set. 1995............................ 26
Estimativa da população *sefaradi* nas terras mediterrâneas em meados
    do século XX.. 31
Movimentos migratórios dos judeus expulsos da Península Ibérica e locais
    de assentamento 32
Prece na sinagoga pelo sucesso da armada turca. Istambul, 1877 35
Casa no quarteirão de Gálata. Istambul, Turquia 36
Sinagoga de Ochrida no quarteirão de Balat. Istambul, Turquia 37
Sinagoga de Algazi, Esmirna. Turquia 38
Kemal Atatürk, no centro, com companheiros de luta na sepultura de sua mãe.
    Esmirna, Turquia 39
A Grande Sinagoga de Alepo, Síria 41
Planta da Grande Sinagoga de Alepo, Síria 42
Sinagoga dos Abuhab. Safed, Israel.. 43
Sidon, Líbano. Litografia de David Roberts (1839)... 44
Roteiro em direção à Terra Santa, a partir da cidade de Beirute....................... 45
Sinagoga Ben Abraham, Beirute.. 46
Sinagoga Ben Ezra, Cairo... 47
Escola da Alliance Israélite Universelle, de Edirne 50
Sultão Abdul Hamid II 52
Kemal Pachá, o Atatürk.. 53

Emigração dos judeus do Império Otomano (1912-1923) 53
Entrada do Porto da Ilha de Rodes 54
Migrações judaicas para além-mar: 1876-1926.. 56
Judeus (avô e neto) da região amazônica 57
Imigrantes turco-árabes em portos do Brasil, 1908-1922 62
O Cordillere, navio de passageiros, 1922 65
Rio de Janeiro no início do século XX 66
Boletim informativo da União Shel Guemilut Hassadim. Rio de Janeiro,
    abril de 1998 67
David José Perez 68
Estatuto da Congregação Religiosa Israelita Beth-El. Rio de Janeiro, 1970 69
Família Alalu. Istambul, 1925... 71
Vitali Barki com seus irmãos. Esmirna, 1927... 71
Casamento de Vitali e Rica Barki. Trípoli Italiana, 1927 72
Estatutos da Sociedade Israelita Syria. Rio de Janeiro, 1913 74
Sinagoga B'nei Sidon. Rio de Janeiro, 1998.. 74
Meyer Yehuda e Júlio Nigri. Rio de Janeiro, 1926 75
Rolo da *Torá*, antigos documentos e objetos religiosos de Sidon 76
Moysés Fardjoun. Rio de Janeiro, 1943.. 78
Nazira Cohen Fardjoun. Rio de Janeiro, 1975.. 78
Noivado de Moysés Mayer Mizrahi e Rebecca Fardjoun. Rio de Janeiro, 1937 79
A Comunidade Sefaradi de São Paulo, 1959 80
Lançamento da pedra fundamental da Sinagoga da Comunidade Sefaradi de
    São Paulo, 1924... 84
O rabino Isaías Raffalovitch com o cientista Albert Einstein. Rio de Janeiro, 1928 ... 85
Primeira diretoria da Comunidade Sefaradi de São Paulo, 1924 86
Assilam Cohen, *chazan* da Comunidade Sefaradi de São Paulo, 1949................ 86
Interior da Sinagoga da Abolição. São Paulo, 1929 87
Jacob Mazaltov, rabino da Congregação Israelita Sefaradi. São Paulo, 1937 88
Estatutos do Templo Israelita Brasileiro Schaar Hashamaim. São Paulo, 1959........ 89
Habibe Memran e família. São Paulo, 1939 91
Elias Mizrahi, *chazan* da Comunidade Sefaradi de São Paulo, 1960 91
O rabino Menahem Diesendruck, da Comunidade Sefaradi de São Paulo,
    década de 60 92
"Fadar uma menina", cerimônia sefaradi oficiada por Elias Mizrahi. São Paulo,
    década de 60 93
Primeiro *Bat-Mitzvá* em São Paulo, oficiado pelo rabino Jacob Mazaltov, 1939 94
Bat-Mitzvá de Rachel Sidi. São Paulo, 1942 95
Certificado de iniciação religiosa de Judith Simantob, emitido por Jacob
    Mazaltov. São Paulo, 28 de maio de 1939 95

Estabelecimento comercial Salém/Fausto. São José do Rio Preto, década de 1920 .. 99
David e Perla Nahoum. São Paulo, década de 20 100
Certificado de Recomendação do "Grands Magasins de Nouveautés, les
    Fils de M. Cicurel & Cie" a David Nahoum. Cairo, 1910 101
"Juca Pato" (cartum) 101
Alexandre e Alberto Nahoum no "Juca Pato". São Paulo, 1952........................101
Família Carmona. São Paulo, década de 40 102
Alberto e Rosa Leréah. São Paulo, 1912 103
Família Politi, avós maternos de Aimée Algranti. Esmirna, 1890......................104
Casamento de José Algranti com Elaine Levy na Sinagoga da Comunidade
    Israelita Sefaradi. São Paulo, 1928 105
Casamento de Raphael Ascher com Alegra Algranti na Sinagoga da
    Comunidade Israelita Sefaradi. São Paulo, 1932 105
Diretoria e Conselheiros da Sinagoga Israelita Brasileira do Rito Português.
    São Paulo, década de 50..106
Rafael Donio. São Paulo, década de 30 107
Alexandre Bakhor e Kaden Hakim. Desenhos de Tarsila do Amaral.
    São Paulo, 1932-1933 108
Os Sarraf, os Sidi, os Abuhab recebidos pelos Hakim. São Paulo, 1938 108
Senhoras das famílias Sarraf, Abuhab, recebidos pelos Hakim. São Paulo, 1938 108
Família Danon. São Paulo, 1929 109
A ponte Dr. Francisco de Sá, sobre o Rio Paraná. Foto de Arnaldo Danon.
    Mato Grosso, 1926 109
Piquenique em Prinkipo. Istambul, 1922..110
Alexandre, Jacob, Isaac, Alberto e Esther, filhos do casal Nahoum.
    São Paulo, carnaval da década de 30 110
Casamento de Alexandre Calderon com Irene Memran, oficiado por
    Fritz Pinkuss na Sinagoga da Abolição. São Paulo, 1956 111
Bruno Levi e sua irmã. Trieste, década de 30 114
Casamento de Nora Levi com Giuseppe Anau na Sinagoga da Abolição.
    São Paulo, 1940..114
Dorina Giron Gentille e família. São Paulo, 1958 117
Leone Barocas (1897-1960) com companheiros do exército italiano da
    Primeira Grande Guerra 118
Haim e Mazal Behar. Bulgária, 1910 119
Esther Franco. São Paulo, 2001 120
Família de Isaac Athias. Belém do Pará, 1922 121
Esther Laredo na sua "Noite de Berberisca". Tanger (Marrocos), 16.6.1958.........122
O antigo templo da Comunidade Israelita Sefaradi. São Paulo, 1929....................123
Fachada do Templo Israelita Brasileiro Ohel Yaacov. São Paulo, década de 90 124

Templo Israelita Brasileiro Ohel Yaacov. São Paulo, década de 90 124
Vitrais do Templo Israelita Brasileiro Ohel Yaacov. São Paulo, 2001 125
A comunidade sefaradi reunida. São Paulo, 1959 126
Moysés Carmona e o rabino Menahem Diesendruck na cerimônia
    de inauguração do Templo Israelita Brasileiro Ohel Yaacov. São Paulo, 1963 127
Cerimônia de inauguração da Sinagoga Israelita Brasileira. São Paulo, 1930 128
Ponte sobre o Rio Tamanduateí em direção ao Carmo e ao Cambuci.
    São Paulo, 1900..130
Licença de Trabalho Ambulante de Isaac Politi. São Paulo, 1936 134
Enlace de José Simantob com Habibe Hadid. Beirute, 1908 135
Escola de Costura. Beirute, 1918 136
Casamento de Badrie Politi com Jacob Zeitune. Beirute, 1920 136
Badrie com irmã e sobrinha. São Paulo, década de 40 137
A família Abuhab. Santos, 1920 137
Família Sayeg. São Paulo, 1924 138
Família Kibrit. São Paulo, 1921 139
Os Kibrit em piquenique na Serra da Cantareira. São Paulo, 1935 139
Família de Yussef e Léia Kelstein Balayla. Beirute, 1930 140
Os Hadid na Sinagoga Israelita Brasileira. São Paulo, década de 50 141
Casamento de Marcos e Rachel Sayeg. São Paulo, 1924 142
Inauguração da Sinagoga Israelita Brasileira. São Paulo, 1930..........................143
Gabriel Kibrit, Mair Nigri e Isaac Sayeg. Poços de Caldas, década de 30 143
Gabriel Kibrit com os Sayeg e os Nigri. São José dos Campos, 1935..................143
Os amigos, Isaac Sayeg e Toufic Efraim. São Paulo, década de 20......................144
Leila Amar, rodeada dos filhos, genros, noras e netos. São Paulo,
    década de 50 145
Casamento de Moysés Mayer Mizrahi e Rebecca Fardjoun. São Paulo, 1937 146
Moysés Mayer Mizrahi aos 16 anos. Safed, 1927..146
Casamento de José Memran e Rachel Tawil. São Paulo, 1936 147
Família Memran. São Paulo, década de 40 147
Lançamento da pedra fundamental da sinagoga União Israelita Paulista.
    São Paulo, 1932..148
Nazle Efraim e filhos. Beirute, 1920 150
Júlio e Jamile Derviche com os filhos Elias e Moysés. São Paulo, 1935 150
Casamento civil de Helena Serur com Alberto Efraim. São Paulo, 1930 150
Família de Moysés Tawil Cohen. São Paulo, década de 40 151
Noivado de Salomão Sayeg com Polina Kalili. São Paulo, 1948.......................152
O mexicano Carlos Hadid, homenageado pela família da irmã Habibe Hadid. São
    Paulo, 1947..153
Noivado de Vitória Siles com Jacques Sarraf. Safed, década de 20 154

Vitória e Jacques Sarraf com os filhos. São Paulo, 1932 155
O casal Cattan. São Paulo, década de 30 156
Casamento de Isaac Calderon com Diamante Campeas na Sinagoga
   da Abolição. São Paulo, 1932 157
Bar-Mitzvá de Nissim Hadid na Sinagoga Israelita Brasileira. São Paulo,
   década de 60 158
Bar-Mitzvá de Moysés Cohen, oficiado por Jacob Zaide e Elias Mizrahi
   na sinagoga da União Israelita Paulista. São Paulo, década de 60 160
Yontob Zeitune no exercício da profissão de *mohel*. São Paulo, década de 60 162
Benjamin Cohen, *chazan* da Sinagoga Israelita Brasileira e o *mohel* Yontob
   Zeitune. São Paulo, década de 60 162
Mooca: planta parcial das ruas do bairro 164
Casamento de Linda Nigri e Victor Elias Nigri. São Paulo, 1944 166
Fábrica de Isaac Sayeg, na Mooca. São Paulo, década de 60 168
Bodas de Ouro de Isaac e Bahie Sayeg. São Paulo, 25 de fevereiro de 1965 168
Bodas de Ouro de Jacob e Reina Simantob. São Paulo, década de 70 169
Família de Elias e Mary Mizrahi. São Paulo, década de 60 170
Casamento de Elias Zeitune e Esther Abuab. São Paulo, 1947 171
Rabino Baruch Rabinovich, o Munkatcher Rebbe. São Paulo, 1963 173
A grande sinagoga da Congregação e Beneficência Sefaradi Paulista. São Paulo,
   1997 174
Yaacov Shertok, Eliezer Ben-Yehuda e Zeev Dubnov: participantes da
   primeira *aliá* à Palestina (1882-1904) 176
Arthur James Balfour (1848-1930) 176
A Palestina sob domínio turco: 1516-1918 177
Ana e o filho Jayme Kuperman. Belo Horizonte, 1929 178
Certificado comprovando a origem de Jayme Kuperman. Safed, 15.6.1938 178
Postal de Fortunée Norsa e Victorine Mamane enviado à família, residente
   em Alexandria. Palestina, 1932 178
Daganya, "mãe dos *kibutzim*". Palestina, 1909 179
O banqueiro Haim Valero, em Jaffa. Palestina, 1848 180
Partilha da Palestina. Comitê da Organização das Nações Unidas, 1947 180
Fim do Mandato Britânico. Palestina, 1947 180
Oswaldo Aranha, Trygve Lie e Herschel Johnson em reunião da ONU.
   Nova York, 1948 181
Oficiais sírios no Golan. Palestina, 1948 182
Crianças da Alliance Israélite Universelle. Beirute, 1957 183
A Família Sasson (dez irmãos), naturais de Alepo, reunidos em Bat Yam.
   Israel, 1996 183
Dados estatísticos da população egípcia, por origem religiosa 184

Os Elhay, família de judeu-egípcios. Cairo, 1920 185
Moussa Isaac Mamam e empregados na colheita do algodão. Egito,
    década de 1920 185
O senador, rabino Haim Nahum Effendi, no enterro do rei Fouad, 1934 186
Dados estatísticos da população egípcia, por cidades 186
O general Naguib na Grande Sinagoga do Cairo no *Yom Kippur*. Egito, 1952 187
Registro Civil do Grande-Rabinato de Alexandria. Egito, 1957........................188
Dados estatísticos dos imigrantes egípcios, por data de chegada e religião,
    residentes na Região Sudeste do Brasil 190
Dados estatísticos dos imigrantes libaneses, por data de chegada e religião
    residentes na Região Sudeste do Brasil 190
População sefaradi – Dados estatísticos comparativos na América Latina,
    década de 60 191
Sinagoga Betit Yaacob da Congregação e Beneficência Sefaradi Paulista.
    São Paulo, 1997... 194/195
Cerimônia de *Pidion-Há-Ben*, na Grande Sinagoga da Congregação e
    Beneficência Sefaradi Paulista. São Paulo, década de 90 195
Sinagoga da Congregação Mekor Haim. São Paulo, 1997 197
Bat-Mitzvá de Flore Nahum no Grande Templo de Alexandria. Egito, 1959..........199
Interior da sinagoga da Congregação Mekor Haim. São Paulo, 1997.................200
Objetos religiosos judaicos, artisticamente dispostos 202
Instrumentos da circuncisão. Istambul, início do século XX 204
Escola Israelita Brasileira Luiz Fleitlich: desfile cívico na Avenida São João.
    São Paulo, década de 50..207
Raphael Ascher, Samuel Del Giglio, rabino Diesendruck, Mário Amar,
    Jacob Hazan e esposas. São Paulo, 1956...209
A fachada da Sinagoga Israelita Brasileira. São Paulo, 2000 210
Entrada da sinagoga da União Israelita Paulista. São Paulo, 1990......................212
Lançamento da pedra fundamental da Sinagoga Congregação Monte Sinai:
    os dez colaboradores. São Paulo, 1971 213
Lázaro Setton, *chazan* da Sinagoga Israelita Brasileira. São Paulo, 1975 214
Sinagoga da Congregação Monte Sinai. São Paulo, 1973 215
Entrega da Torá oferecida por Mahlouf Sarraf à Sinagoga da Congregação
    Monte Sinai. São Paulo, 1997 217
Equipe de futebol do Grêmio Sinai no Círculo Esportivo Israelita Brasileiro
    Macabi. São Paulo, 1949 220
Representantes do Grêmio Sinai no Alto da Boa Vista. Rio de Janeiro,
    março de 1946..221
Líderes comunitários no Grêmio Sinai. São Paulo, 1952 222
Baile do Círculo Israelita. São Paulo, 1932..223

A Associação Brasileira "A Hebraica". São Paulo, 1993....................................225
Céline Levy, a bordo do navio que a trouxe ao Brasil, em 1919........................227
Céline Lévy com netos. São Paulo, década de 50 228
Sociedade das Damas Israelitas. São Paulo, década de 50 229
Antonietta Feffer entre senhoras da beneficência. São Paulo, década de 80 230
Líderes comunitários na Escola Estadual Caetano de Campos. São Paulo,
    início dos anos 50 232
Estimativas da população judia em terras americanas, 1992 236
Gabriel Kibrit discursa na Escola Estadual Caetano de Campos.
    São Paulo, início dos anos 50 240
O Guia da Juventude Israelita, do rabino Jacob Mazaltov. São Paulo,
    Editora Jerusalém (Frankenthal), 1937...244
Menachem Mendel Scheerson, o Rebe de Lubavitch.....................................250
Efraim Laniado, Jacob Garçon, Yitschac David Horowits, Isaac Dichi, Meshulam
    Zussia Beer e Mordechai Fisher, rabinos do Beit Din. São Paulo, 1993 251
Dados censitários dos judeu-brasileiros, por regiões 252
Recepção às "misses" da Turquia e Espanha no CIB. Rio de Janeiro, 29 de
    setembro de 1930 253

Índice Onomástico

A

ABDUL HAMID II (Sultão) – 52.
ABRAHAM, Ben – 46.
ABRAHAM – 41n.
ABRAMOVITCH, Fortunée – 316.
ABRAVANEL Albert(o) – 70, 253.
ABRAVANEL, Señor – 71, 192.
ABUHAB, Alberto – 112n.
ABUHAB, Anna Sarraf – 112n.
ABUHAB, Bida Politi – 315.
ABUHAB, David – 170.
ABUHAB, Esther – 171.
ABUHAB, fam. – 108, 112, 43, 221.
ABUHAB, Isaac – 112.
ABUHAB, Rosa – 137.
ABUHAB, Ruth – 116.
ABUHAB, Simão – 112n, 316.
ABULÁFIA, Hayim – 177.
ABULÁFIA, Sabatai – 38.
ACHER COHEN fam. – 78.
ACHER COHEN, NAZIRA v. COHEN, Nazira.
ACHER, Esther – 118.
ACHER, fam. – 71, 98, 104, 104n, 221.
ADISSY, Alberto – 148, 149, 172, 315.
ADISSY, Antônia Bearzi – 315.
ADISSY, Amélia Cohen – 172.
ADISSY, Carlos – 148.
ADISSY, fam. – 135, 142, 149, 156.
ADISSY, Haim – 147, 148, 156, 172.
ADISSY, Jacob – 142, 147.
ADISSY, Jacques – 212n.
ADISSY, José – 148, 155.
ADISSY, Júlia – 148.
ADISSY, Nazira – 228, 229.
ADISSY, Salu – 154.
ADONI, Luisette – 316.
ADONAI, Maria – 98.
ADONAI, Maria – 98.
ADURA, Abeid – 165, 315.
ADURA, fam. – 165.
ADURA, Nagib – 165.
AGES, Arnold – 238n.
AIMBINDER, Rachel – 78.
AKER, Haim – 132n.
ALALU, fam. – 70, 71, 104, 110, 120, 253.
ALALU, Miriam – 70.
ALBAHARY, Aída – 88.
ALBAHARY, fam. – 119.
ALBAHARY, Mme Yonel – 85.
ALBAHRY, Ida – 116.
ALBUQUERQUE, fam. – 167.
ALCALAI (ou Alcalay), fam. – 119.
ALCOULUMBRE, fam. – 67.
ALEXANDRE, o Grande – 45, 46.

Algranti, Aimée Politi – 86, 103, 315.
Algranti, Alegra – 105.
Algranti, Alexandre – 84, 103, 104, 104n, 222, 240.
Algranti, fam. – 71, 97, 103, 103n, 104, 110, 120.
Algranti, Jaime – 103, 253.
Algranti, José – 103, 104, 105, 253.
Algranti, Leila Mezsan – 70n.
Algranti, Luíza – 103, 104.
Algranti, Moisés – 222.
Algranti, Nissim – 103.
Algranti, Raphael – 103, 253.
Alhadef, família – 69, 120.
Alhadef, Isaac – 126.
Alhadeff – 40.
Ali, Muhammad – 48.
Alkalai, Yehuda – 177.
Alnecavé, N ver Elnecavé.
Alpern, Shabsi – 250, 251.
Altarac, fam – 119.
Alves, Vida – 221n.
Amar
Amar, Abrahão – 207.
Amar, Ayush – 144.
Amar, David – 144, 149.
Amar, fam – 114, 144, 173, 211, 211n, 149, 155, 156, 220, 240.
Amar, Farha (v. também F. A. Hazan) – 144.
Amar, Faride (v. também F. Simantob) – 145, 228, 315.
Amar, Isaac – 211, 211n, 218, 254, 270, 271.
Amar, Leila – 144, 145.
Amar, Mário – 144, 145, 146, 149, 148, 159, 171, 207, 208, 208n, 209, 209n, 211, 220, 240, 241, 275.
Amar, Morad – 144.
Amar, Raphael – 144.
Amaral, Gregório Pecegueiro – 61.
Amaral, Rubens – 73, 253.
Amaral, Tarsila do – 106.
Ami, Issachar Ben – 22, 34n.
Amzalak, fam. – 56n.
Anaf, fam. – 119.
Anau, fam. – 113, 117.
Anau, Giuseppe – 114.
Antebe, fam. – 136, 144, 146.

Angel, Aron – 189.
Ansalém, Eliezer – 85.
Antebe, Adélia – 146.
Antebe, Chabetai – 146.
Antebe, Ezra – 146, 159, 240.
Antebe, Raphael – 146.
Aragão, Fernando de – 29.
Aranha, Oswaldo – 181.
Arav, fam. – 119.
Arav, Vital – 120.
Arazi, fam. – 135n, 207.
Arias, Mair Cohen – 86.
Ascher, Raphael – 19, 98, 104, 104n, 105, 118, 122, 126, 209, 316.
Asher, Aron Ben – 41, 41n.
Asquenazi, Jacques – 154.
Assá, Avraham – 119.
Atatürk, Kemal – 38n, 39/v. Pachá.
Athias, fam. – 121.
Athias, Isaac – 19, 121, 126, 133, 205n, 208, 211n, 316.
Averbach, fam. – 132n.
Azar, Azur – 148.
Azevedo, Carlos Magalhães de – 60, 60n, 62n.
Azevedo, J. Lúcio – 30n.
Azulay, David – 217n.
Azulay, fam. – 67.
Azulay, Yom Tob – 69n.

B

Bakhor/Bohor, Alexandre Ver Hakim, Alexandre B.
Balaciano, Carolina – 147.
Balaciano, fam. – 198.
Balaciano, fam. – 77.
Balaciano, Moisés – 77, 316.
Balayla, fam. – 75.
Balayla, Léia Kelstein (v também L. Kelstein) – 140.
Balayla, Mary – 140.
Balayla, Sarine – 160.
Balayla, Yussef – 140.
Balfour, Arthur James – 176, 177.
Bananere, Juó – 82.
Barki, Abdulah/Obadias – 239.
Barki, Anna – 72, 73.
Barki, fam. – 70, 71, 71n, 73, 97, 113n, 245.

Barki, Fortuna – 73.
Barki, Giuseppe – 72, 72n.
Barki, Isaac – 71, 72.
Barki, Mathilde – 72, 73.
Barki, Mirella – 20.
Barki, Moise – 71, 72, 73.
Barki, Rica – 19, 70, 72, 73, 73n, 239, 245, 316.
Barki, Samuel – 62.
Barki, Vitali – 70, 72.
Barocas, Ettore – 20, 118, 315.
Barocas, fam. – 114, 118.
Barocas, Leone – 118.
Barreto, Benedito Carneiro Bastos – 100.
Barros, J. Mesquita – 62n, 267.
Basrave, fam. – 156.
Bassan, Jácomo – 116.
Bayazid II – 30.
Bearzi, Antônia – 148. 172.
Becker, Gaby – 199.
Beer, Meshulam Zussia – 251.
Begin, Menahém – 181n.
Behar, Esther – 119.
Behar, fam. – 70, 120.
Behar, Haim – 119.
Behar, Málake – 167, 316.
Behar, Mazal – 119.
Bejarano, Margalit – 22, 34n.
Benadiba, Vidal – 224n.
Ben-Atar – 97n.
Benbassati, fam. – 104, 253.
Benbassati, Nelson – 88, 316.
Benbassati, Yoshua – 104.
Benchimol, fam. – 67.
Beniste, Lily Farjoun – 316.
Beniste, Linda – 95.
Benjó, fam. – 67.
Benjosif, Djamila – 315.
Benjosif, fam. – 119.
Benoliel, fam. – 67.
Bensadon, Simi Bendrihen – 316.
Bentes, Abraham Ramiro – 57n.
Bentes, fam. – 68.
Benveniste. Annie – 37n, 45n.
Ben-Yehuda, Eliezer – 176.
Benyosef, Luiz – 316.
Berezin, fam. – 132n.
Berezin, Rifka – 41n, 179n, 182n.

Bertrand, Luna – 103.
Beveniste, Benoit Baruch – 197.
Beyasid II – 30n.
Bialick, N. – 36n.
Bigio, Ana Barki – 20, 68n, 187n, 291n, 315.
Bigio, Moise Raphael – 73.
Bizon, José – 90n.
Block, Jonas – 69n.
Bohhor-Hakim, fam. – 98.
Bolaffi, fam. – 113.
Bondi, Ana – 117.
Bondi, fam. – 113, 117.
Bondi, Júlia – 118n.
Bondi, Valéria – 119n.
Borelli, Ivone – 20.
Bourbon, Fabio – 27.
Brandão, Zarita – 149.
Bromberg, Sandra – 20.
Bromberg, Silvia – 20.
Brumer, Anita – 242n.
Burlá, fam. – 69.
Burlá, Moisés – 77.

C

Cadosh, fam. – 240.
Calderon, Alexandre – 19, 110, 111, 214, 223, 223n, 224, 254, 315.
Calderon, Beni – 20, 291, 315.
Calderon, fam. – 98, 107, 156, 218.
Calderon, Irene – 224n, 231, 254, 284, 316.
Calderoni, Saebetai – 316.
Calderon, Isaac – 157.
Calfat, fam. – 135.
Camangiano, Thomas de – 40.
Camerini, fam. – 113, 140.
Campagnano, Anna Rosa – 112n, 115n.
Campeas, Diamante – 157.
Campeas, Emily – 156.
Campeas, fam. – 98, 106, 156.
Campeas, Gela – 156.
Campeas, Leon – 156.
Campeas, Matilde – 170, 228, 229, 231n.
Campeas, Regina – 156.
Campos, Antonio Augusto de – 221n.
Campos, Bento Pires de – 129.
Campos, Raul A – 60n, 62n, 267.
Caneti, fam. – 70.

Canhaji, Jamile – 229.
Capela – 82n.
Capouya, Catarina – 97.
Carmona, Aaron – 315.
Carmona, Alberto – 102.
Carmona, Behora – 107.
Carmona, fam. – 98, 102n, 102.
Carmona, Jacob – 102.
Carmona, Moisés – 102, 120, 122, 123, 124, 127, 208.
Carmona, Sra – 85.
Carmona, Vitória Alegra – 103.
Carneiro, Maria Luiza Tucci – 19, 58n, 60n, 97n, 114n, 117n, 235n, 236n, 237n.
Caro, Rebecca – 70, 253.
Carvalho, Carlos Delgado de – 61n.
Casoy, Anna – 228.
Castela, Isabel de – 29.
Castilho, Álvaro de – 68, 68n.
Cattan, fam. – 156, 222.
Cattan, Flora – 316.
Cattan, Gabriel – 83.
Cattan, Lázaro – 156, 316.
Chagas de Oliveira, fam. – 167.
Chahon, fam. – 69.
Chalam, Ralph Michaan – 194.
Chalem, fam. – 193.
Chalom, Breno Raffoul – 194.
Chalom, Elie Salim – 121. (v. também C. Laredo)
Chalom, Esther Laredo – 315.
Chalom, Rafael Nassim – 194.
Chalom, família – 193.
Chammah, Moise S. – 194.
Chatah, Amélia – 172n, 315.
Chatah, fam. – 149.
Chatah, Moisés – 148, 169, 218, 316.
Chatah, Salim – 316.
Chateubriand, Assis – 115.
Chebabo, fam. – 207n.
Cherem, fam. – 252.
Chil Kochen, Meyer – 245.
Chouraqui, André – 49n.
Chreim, Charoud – 196
Chuek, fam. – 252.
Chusyd, Marina – 316.
Cicurel, M. – 101.

Cintra, fam. – 167.
Citrom, Benjamin – 92.
Cleto, Roberto de – 69n.
Cohen, Alberto – 207.
Cohen, Assilam – 86, 135, 136, 147, 149, 156, 159, 315.
Cohen, David Guershon – 78, 137, 213, 220, 315.
Cohen, David – 141, 142, 150, 315.
Cohen, Eliezer – 78.
Cohen, Emanuel – 213.
Cohen, Esther – 78.
Cohen, Esther Balassiano – 316.
Cohen, Esther Farjoune – 316.
Cohen, fam. – 74, 77, 138, 141, 142, 207, 217, 221.
Cohen, Fardjoun – 79.
Cohen, Faride (Dardoce) Sayeg – 137n, 141, 170, 315.
Cohen, Helena – 77.
Cohen, Isaac – 141, 142.
Cohen, Jacoube – 214, 224n.
Cohen, Joaquim (Zeev Sion) – 77, 78, 146, 147.
Cohen, Marco(s) – 107, 213.
Cohen, Moysés (Moshico) – 316.
Cohen, Moysés (Mussa) – 73, 76, 77, 78n, 200, 220, 254.
Cohen, Nazira – 78.
Cohen, Nessim Benjamin – 19, 77, 158, 159, 162, 170, 207, 212, 212n, 213, 218, 219, 220, 222, 316.
Cohen, Obadia – 78.
Cohen, Pinhas – 78.
Cohen, Rachel Beniste – 316.
Cohen, Raphael David – 76, 77.
Cohen, Raquel – 94.
Cohen, Rebeca S. – 146, 167, 228, 229, 316. (v. também R. Simantob)
Cohen, Rosa – 316.
Cohen, Renée – 78.
Cohen, Samuel – 49.
Cohen, Sara – 107, 147.
Cohen, Susana – 228.
Cohen, Taman – 158.
Cohen, Touhe Nissan – 78.
Cohen, Zeev Ascher – 146, 147.
Cohn, fam. – 56n.

Cordeiro, Hélio Daniel – 218n.
Corinaldi, Adalberto – 241n.
Corinaldi, fam. – 114.
Cornejo, C. – 55n.
Correa e Castro, Cláudio – 69n.
Couriel, fam. – 98, 112, 252.
Couriel, José – 83, 142.
Cre(I)spim, fam. – 98, 156.
Crémizux, Adolphe – 48, 49, 51.
Crémieux
Crespi, Conde – 131.
Crispim, Jacques – 84, 87, 159.
Cristo, Jesus – 234, 172n.
Cunha, Álvaro da – 60n.
Cunha, Sra – 119n.
Curiel
Curiel, mme – 85.
Cutin, Noêmia – 20.
Cytrynovicz, R. – 77, 206n.

D

Dahan, fam. – 46.
Dahan, Salma – 149.
Damata, Roberto – 237, 237n.
Dana, Esther – 151.
Dana, fam. – 713, 77, 151.
Dana, Jamile – 157.
Dana, Moisés – 212, 212n.
Dana, Saad – 151.
Danon, Arnaldo ("Danão") – 107, 109.
Danon, Diana Dorothèa – 109, 252, 315.
Danon, fam. – 109.
Dantas, Luiz Martins de Souza – 97.
Dayan, fam. – 193.
Dayan, Isaac – 196.
Dayan, Moshe – 201.
Decol, René Daniel – 184n, 249n.
Del Giglio, Alfredo – 315.
Del Giglio, fam. – 114.
Del Giglio, Samuel – 116, 120, 122, 126, 188, 208, 209, 209n.
Della Pergola. Sérgio – 239n.
Dentes, fam. – 98.
Dentes, Jayme – 19, 85, 107, 126, 222n, 276, 316.
Dentes, Moisés – 107.
Dentes, Regina – 107.

Derviche, Elias – 150.
Derviche, fam. – 148, 149.
Derviche, Isaac – 148.
Derviche, Jamile – 149, 150, 170, 218, 229, 230, 231, 316.
Derviche, Júlio – 148, 150, 229.
Derviche, Moisés – 150, 316.
Derviche, Sara – 165.
Di Cavalcanti – 82.
Dichi, Isaac – 201, 251.
Dichy, Albert L. I. – 201, 222.
Diesendruck, Arnold – 92n.
Diesendruck, Mendel Wolf – 92, 92n, 115, 123, 127, 191, 192, 192, 201, 209.
Dimantas, Ada Waldman – 20.
Dimenstein, Amélia – 121.
Dines, Alberto – 71n.
Divan, Alberto – 214.
Dom Pedro II – 45, 45n, 61.
Donio, Jacques – 126, 222n.
Donio, Judith Simantob – 20, 316.
Donio, Mme. Bernardo – 85.
Donio, Os. – 95, 98, 107, 221.
Donio, Raphael – 20, 107, 316.
Donio, Tchilibi – 107, 206.
Douek, André – 124.
Douek, Davide – 192, 192n, 315.
Dreyfus – 222.
Dubnov, Simon – 176.
Duek, fam. – 218.
Dwek, Edmon – 194.
Dwek, Ibrahim – 194.
Dwek, Moisés – 194.
Dyan, Ram – 194.

E

Effendi, Haim Nahum – 184, 186, 189, 201.
Efraim, Alberto – 150.
Efraim, Betty Nigri – 22, 248n, 315.
Efraim, fam. – 149, 248n.
Efraim, Jamile – 148.
Efraim, Moisés – 148.
Efraim, Nazle – 148, 150.
Efraim, Simon – 248n, 316.
Efraim, Subhi – 149.
Einstein, Albert – 67n, 85, 204n.
Elba, Elias – 226.

Elhay, fam. – 185.
Elie Lopes, fam. – 69.
Elieser, Rabi Israel Ben – 286.
Elnecavé, Nessim – 30n, 39n, 44n, 46n, 88, 88n, 191.
Elton, G. R. – 234n.
Emanuel, rei Vitório – 113.
Emmanuel Galano, fam. – 69.
Emmanuel, Isaac – 69n.
Epelbaum, Betty – 20.
Epstein, Amália – 228.
Erlich, fam. – 132n.
Ermírio de Moraes, José – 70.
Eskinazi, Jacques – 46n, 211n, 316.
Eskinazi, Kamal – 46, 196.
Esperança, fam. – 70.
Esperança, Salvador – 69.
Esquenazi, fam. – 69, 119.
Esquenazi, Jacques – 211n.
Ezquerra, Claudine B. – 315.
Ezra, Ben – 46.
Ezri, Edith Cohen – 315.

F

Faingold, Reuven – 45, 45n.
Falbel, Nachman – 59n, 68n, 104n.
Faldini, fam. – 113, 117.
Far(d)joun, Esther – 78.
Far(d)joun, Rebecca – 78, 79, 146, 147.
Fardjoun, Alzira Cohen – 78, 147.
Fardjoun, Moisés – 76, 78, 78n, 88n, 146, 147.
Fardjoun, Renée Cohen – 78. (v. Renee Cohen/Cohen, Renée)
Fardjoun, Salomão – 78.
Fardjoun, Samuel – 316.
Farhi, Haim – 45.
Farhi, Joseph – 200.
Farhi, Marcos – 196.
Farhi, Nissim – 223, 223n.
Fausto, Boris – 55n, 86, 86n, 221, 243, 243n, 255, 315.
Fausto, Simon – 99.
Feffer, Antonietta – 230.
Feffer, fam. – 140.
Feffer, Leon – 104, 214, 218, 224.
Feher, Américo (Emerich) – 219, 221.
Fernando II – 30n.

Figuti, Midory Kimura – 19.
Fischlin, Ruth Haber – 316.
Fisher, Mordechai – 251.
Flanzer, Vivian – 68n, 252, 252n.
Fonseca, Gizelda Rollenberg – 90n.
Fonseca, Isaac Abuhab da – 112n.
Fortes, fam. – 98, 107, 218, 221.
Fortes, Maurício – 218, 316.
Fortes, Renê Cohen – 316.
Fortes, Walter – 221n.
Fouad I, Ahmed – 184, 186.
Franco, Esther (v. também Behar E.) – 120, 315.
Franco, fam. – 119, 119n, 120.
Franco, Haim/Jaime – 119.
Franco, Jacques – 119, 120.
Franco, Regina – 119.
Franco, René Algranti – 103n, 104n, 316.
Freitenson, Marília – 316.
Frankenthal, Marcos – 132n, 209n.
Fuerte, Adélia Antebe – 136n, 166, 166n, 167n, 223, 240, 315. (v. também Antebe A.)
Fuerte, Alberto – 220.
Fuerte, Arão – 167.
Fuerte, fam. – 141, 240.
Fuerte, Leon – 146, 158.
Fuerte, Margarida – 141.

G

Gabay, Sarah – 107.
Gabirol, Salomão Ibn – 29n.
Galano, Emmanuel – 239.
Gama e Silva, Luis da – 37n.
Gamal, Aron – 154.
Gamal, fam. – 112, 155, 165, 192.
Gamal, Salim – 154, 155, 316.
Garçon, Yacob – 251.
Gazalli, Edmundo – 219, 247.
Gentille, Dorina Ghiron – 117.
Gentille, Egle – 117.
Gentille, fam. – 117.
Gentille, Rodolfo – 117, 118. (v. também Reichhardt)
Gerodetti, J. E. – 55n.
Gilbert, Martin – 177.
Giza (madre) ou Gizelda Rollenberg da Fonseca – 90n.

Golovaty, Benjamin – 139.
Golovaty, Dora – 139.
Golovaty, Enia Prist – 315.
Gomel, Vital Samuel – 198, 198n.
Gonzalez, Mário Matus – 203, 203n.
Gottschalk, Doretta Hasson – 97n, 315.
Gottschalk, Esther S. – 315.
Grimberg, Leon – 241n, 242n.
Grimberg, Rebeca – 241n, 242n.
Grinberg, fam. – 227.
Grobman, Cila – 228.
Gueron, fam. – 70.
Guershon, fam. – 77.
Guershon, Regina – 77.
Gutkowski, Hélène – 39n, 246n.

H

Haber, Elias Moussa – 156.
Haber, fam. – 156.
Habib, Demétrio – 64.
Hadid, Carlos – 137, 140, 141, 142, 150, 153, 167, 170, 240.
Hadid, Esther ("Tere") – 150. (ver também Tere Nigri)
Hadid, Habibe – 135, 145, 153.
Hadid, Isaac – 140.
Hadid, Marcos – 170.
Hadid, Margarida Fuerte – 146, 240.
Hadid, Margaux – 316.
Hadid, Moisés – 140, 153, 158, 211.
Hadid, Mordoch – 131.
Hadid, Nissim – 153, 157, 211.
Haim, Mekor – 197.
Hakim, Moisés – 65, 105.
Hadid, Nanci – 316.
Halali, David – 170, 220, 316.
Halali, Ezra – 146.
Halali, fam. – 144, 149, 240.
Halali, Moisés – 173.
Halali, Simon Cohen – 146, 237.
Halevi, Moysés Yedid – 157.
Halevi, Yehudá – 29n.
Hamer, Anita – 172.
Hamid II, Abdul: v. Abdul Hamid II.
Hanna, Abraham – 315.
Hanna, Alberto – 126.
Harari, Maurice – 19, 187n, 189n, 316.

Harari, Zaji – 194.
Harouch, fam. – 69.
Hasson, Aurílio – 315.
Hasson, Doretta (de Rodes) – 97, 97n.
Hasson, Rubens (de Rodes) – 97n.
Hazan, Eduardo – 254.
Hazan, fam. – 144, 149, 207n, 239.
Hazan, Ayush – 315.
Hazan, Farha Amar – 144, 316.
Hazan, Jacob – 144, 149, 207, 209.
Hazan, Salomon Silvain – 69.
Hecht, Léia Sayeg – 254.
Heraclius – 46.
Herzl, Theodor – 67n, 239, 290.
Hirchfeld, Jacqueline – 230n, 316.
Hirsch, Maurice de 51.
Homero – 45.
Homsi, Alzira – 315.
Homsi, Emily – 315.
Homsi, fam. – 154, 155.
Homsi, Felipe – 19.
Homsi, Salim – 248n.
Homsi, Samuel – 154.
Homsi, Vitória – 155.
Horn, Abdo Joseph – 194.
Horowits, Yitschac David – 251.

I

Idi, Bahie – 136.
Idi, fam. – 135.
Idi, Moisés – 136.
Igel, Regina – 243n.
Isaac, Jules – 27n.
Isaías, o Profeta – 112.
Israel, Isaac Ruben – 73, 253.

J

Jacob – 45.
Jafet, fam. – 135, 155.
Jafet, João – 155.
Jamous, fam. – 193.
Jazzar – 45.
Jerusalmi, fam. – 69.
Johnson, Herschel – 181.
Johnson, Paul – 44n.
Juhazsz, Esther – 36, 204.

K

Kadosh (ou Cadosh), fam. – 207n.
Kalili, Assilam – 141, 169, 212n, 213.
Kalili, Consuelo Setton – 240, 315.
Kalili, Esther Dana – 315.
Kalili, fam. – 77, 156, 165, 167, 212, 213, 217, 220, 254.
Kalili, Jacob – 212n.
Kalili, Marcos – 218.
Kalili, Marieta – 148.
Kalili, Narciso – 253.
Kalili, Nissim – 138, 150, 151, 170, 214.
Kalili, Poline – 137, 152.
Kalili, Salim – 151, 167.
Kalili, Sarina Hadid – 138, 140, 151, 153.
Kalili, Toufic – 151, 213.
Kamaji (ou Kanhaji), fam. – 207n, 212n
Kanhaji, Isaac – 212n.
Kassorle, Presija – 316.
Katz, Irma – 77.
Kayserling, Meyer – 29n.
Kelstein, Léia – 140.
Kertzer, David I. – 48n, 113n.
Kertzman, Marcos – 219.
Kiboudi, Salim – 316.
Kibrit, Abrahão – 172, 315.
Kibrit, Alberto – 139.
Kibrit, Bela – 94.
Kibrit, fam. – 138, 139, 165.
Kibrit, Gabriel – 88, 94, 131, 135, 138, 139, 142, 158, 159, 171, 172, 208, 211, 240, 241, 241n.
Kibrit, Isaac – 139.
Kibrit, Mary – 94, 316.
Kibrit, Rosina – 94, 209n, 241n, 316.
Kibudi, fam. – 112.
Kibudi, Isaac – 155, 156.
Kibudi, Salu – 148.
Kirjner, Clara – 228.
Klabin, fam. – 135, 142, 144, 205, 206, 227.
Klabin, Israel – 189.
Klein, Herbert S. – 55n.
Kochen, Clara Hakim – 20, 91, 91n, 93, 110, 125, 125n, 245, 315.
Kogan, Fany – 118.
Koifman, Fábio – 97n.
Kremnitzer, Alberto – 20.

Kubitschek, Juscelino – 120, 189.
Kuperman, Ana – 179.
Kuperman, Jayme – 19, 132n, 179, 316.
Kuperman, Diane – 19, 34n, 35n.
Kutner, fam. – 132n.

L

Lacerda, Carlos – 120.
Lafer, fam. – 205, 227.
Lafer, Horácio – 104.
Laniado, Efraim – 251.
Laniado, fam. – 200.
Laniado, Jacob – 200.
Larédo, Abraham – 201.
Laredo, Esther – 201, 202.
Lasch, Christopher – 242n.
Laub, Michel – 116n.
Lederfeind, Henry – 20.
Leftel, Ruth – 198n.
Léia, mãe judia – 94.
Leon, Cláudio – 223.
Lereach, Vitória Alegra – 37n, 103n, 316.
Lereah, fam. – 98.
Lereah, Samuel – 38n, 103.
Lereah, Santos – 222n.
Lesser, Jeffrey – 60n, 66n, 203n, 204n, 235n, 236n.
Leuven – 82n.
Levi, Bruno – 114, 115, 236, 315.
Levi, Carlos Alberto – 116.
Levi, Gastão – 198.
Levi, Nora – 114.
Levi, Silvia – 316.
Levi, Trieste – 114.
Levtzion, Nehemias – 22.
Levy, Alberto – 99.
Levy, Avigdor – 34n, 40n, 44n.
Levy, Berty – 226.
Levy, Carlos – 84.
Levy, Céline – 90, 142, 226, 227, 228.
Levy, Elaine – 105.
Levy, Ema – 115.
Levy, fam. – 69, 70, 98, 113, 119, 226, 228, 239.
Levy, Isaac – 191, 192, 316.
Levy, Jacques – 70.
Levy, Leon – 83.
Levy, Mathylde – 104.

Levy, mme. Sylvain – 85.
Levy, Roger – 228, 316.
Levy, Salomão – 126.
Levy, Sylvain – 226.
Lewis, Bernard – 28n, 37n.
Liberman, Maria – 57n.
Libman, Vanessa – 96n, 316.
Lie, Trygve – 181.
Lifshitz, Linda Dabbah de – 33n, 52n.
Lopes, Isidoro Dias – 131.
Lopes, Marcos Martins – 107.
Lopes, Maria Eunice Pelegrina – 20.
Lossin, Yigal – 176, 179, 180, 181, 182.
Lowry, H. – 44n.
Lubavitch, "Rebé" – 216.
Luna, Beatriz Mendes de – 30n.
Luna, Grácia Mendes de – 30n.
Luria, Isaac Bem Salomão – 43, 285.
Lustosa, Fernanda – 115n.

M

Machado, Marcondes – 82, 82n, 164.
Maimon, Moshé Ben/ Maimônides – 29n, 46.
Malamud, Samuel – 66.
Malfatti, Anita – 82.
Malveira, Antonio Nunes – 67n.
Mamam, Moussa Isaac – 185.
Maman Victorine – 179.
Mansur, Alberto – 142.
Mansur, Elias – 142, 212n.
Mansur, fam. – 142, 165, 218.
Mansur, Raphael – 142, 214.
Mansur, Saad – 142.
Mansur, Salim – 158, 169, 170, 207, 212.
Mansur, Sarina – 167, 171, 229.
Markman, Raphael – 132n.
Marón, Juan – 45, 46.
Matalon, Marco – 19, 316.
Matarazzo, fam. – 118.
Mayer (Mizrahi), Moysés – 13.
Mayer, Mário – 115.
Mayer, Raphael – 115, 115n, 116.
Mayo, Luciano Menascé – 73.
Mazaltov, Dora – 94.
Mazaltov, Jacob – 88, 88n, 89, 90, 91, 92, 94, 95, 99, 115, 116, 117, 118, 227, 243, 244.
Mazaltov, Jacques – 94.

Mazaltov, Matilde – 103.
McCarthy, Justin – 34n, 53.
Memran, Carolina B. – 315.
Memran, Irene – 111, 224.
Memran, fam. – 147, 207, 218.
Memran, Faride – 147.
Memran, Habibe – 90, 91, 110, 147, 149, 158.
Memran, Jacques – 316.
Memran, José – 147, 149, 214.
Memran, Rachel Tawil – 168, 169, 223.
Memran, Vitória – 147, 316.
Menaged, Saul – 20.
Menashé, fam. – 40, 70, 193, 252.
Menashé, Matheus – 69, 70.
Menda, Nélson – 65n, 316.
Mendel, fam. – 178.
Mendes, Francisco – 30.
Mendes, Grácia – 30, 37n.
Mezan, fam. – 119, 120.
Mezan, Maurício – 70.
Mezan, Renato – 70n, 243, 243n.
Michaan, fam. – 193, 215.
Michaan, Isaac – 19, 215, 216, 216n, 217, 217n, 220, 250, 251, 316.
Michaan, Zaki Selim – 194.
Milano, fam. – 114.
Milgran, Avraham – 60n, 235n, 236n.
Milnistky, Beno – 213n.
Mindlin, fam. – 140, 205, 227.
Mindlin, Romeu – 104.
Mizrahi, Alzira – 20.
Mizrahi, Elias – 91, 91n, 92, 93, 99, 107, 135n, 146, 147, 155, 159, 170, 191, 192, 206.
Mizrahi, Ely – 192.
Mizrahi, fam. – 144, 146, 147, 149, 207, 207n, 240.
Mizrahi, Isaac – 20, 170, 316.
Mizrahi, Jacob – 316.
Mizrahi, Lily – 20.
Mizrahi, Mari Haski – 168, 1270, 228.
Mizrahi, Moysés Mayer – 20, 79, 146, 147, 158, 159, 214, 240.
Mizrahi, Nessin – 20.
Mizrahi, Rebecca Fardjoun – 13, 19, 147, 316.
Montefiore, sir Moses – 49.
Mordurgo, Leoneto Abramo – 116.
Mordurgo, Nora – 116.

Moreira, Clementina de Monte – 67n.
Moreno Castro, fam. – 70.
Mortara, Edgardo – 48n.
Mossé, fam. – 69.
Moussatché, fam. – 69.
Moysés, o Legislador – 93n.
Muller, Filinto – 189n, 236.
Müller, Lauro – 60n, 62n.
Mussafir, fam. – 69, 70.
Mussafir, Leon Roosevelt – 70.
Mussolini, Benito – 70, 113, 118, 235.

N

Naguid(b), gen. Mahamad – 187, 199.
Nahaissi, Liza – 186n, 316.
Nahamias, fam. – 100.
Nahoum, Alberto – 101, 110, 315.
Nahoum, Alexandre – 101, 110, 222n.
Nahoum, David – 86, 100, 101, 126, 208, 240, 252, 274.
Nahoum, Esther – 110.
Nahoum, fam. – 98, 110, 198n, 245.
Nahoum, Flore – 199, 316.
Nahoum, Isaac – 110.
Nahoum, mme – 85.
Nahoum, Perla – 100.
Nahum, Geny Chulam – 316.
Napoleão, Bonaparte – 44, 45, 48.
Nasser, Ezra – 194.
Nasser, fam. – 193.
Nasser, Gamal Abdel – 187, 189.
Nassi, Doña Gracia – 30n.
Nassi, Joseph/Duque de Naxos – 30, 30n, 177.
Nefussi, fam. – 98, 110.
Negrin, Salomon – 41.
Neistein, Ione – 132n, 316.
Neistein, fam. – 132n.
Nigri, Alberto – 213, 213n, 254.
Nigri, Alegria – 254.
Nigri, Assilan Meyer – 78, 88n, 152, 152n, 159, 211, 212, 212n, 213, 214, 215, 215n, 220, 254, 315.
Nigri, Bida – 153.
Nigri, Carlos – 153.
Nigri, Clemente Samuel – 214.
Nigri, David Elias – 107, 207.
Nigri, Elias Meyer – 212n.

Nigri, Elias Nassim – 75, 107, 139, 140, 142, 157, 157n, 160, 161, 169, 208n, 209n, 211, 214, 219, 220, 224n, 315.
Nigri, Elias Victor – 214, 217, 224, 315.
Nigri, Esther Dana – 153. (v. também Dana E.).
Nigri, fam. – 73, 74, 76, 77, 139, 142, 151, 154, 155, 165, 167, 211n, 211, 217.
Nigri, Fortunée – 167n.
Nigri, Haim – 77.
Nigri, Helena – 152.
Nigri, Irma – 316.
Nigri, Jack – 218.
Nigri, Jamile – 75, 152, 316.
Nigri, Jamule – 254.
Nigri, Joseph – 170, 213, 220, 247.
Nigri, Júlio Elias – 73, 75, 76, 77, 139, 153.
Nigri, Laura – 228, 229.
Nigri, Linda – 166, 220, 229, 230, 231, 231n, 316.
Nigri, Mair (ou Meyer) Isaac – 73, 75.
Nigri, Mair Haim – 73.
Nigri, Marco – 73, 152, 213, 220, 221, 316.
Nigri, Mary Balayla – 160, 166n, 220, 228, 229, 240.
Nigri, Meyer Joseph – 141, 142, 150, 152, 167, 170, 211, 212, 213, 214, 220, 224n, 230, 254.
Nigri, Miguel Elias – 73, 75, 77, 139.
Nigri, Nassim – 208.
Nigri, Norma – 316.
Nigri, Odete – 78
Nigri, Póla
Nigri, Rafael Meyer – 316.
Nigri, Rahamin – 158, 159.
Nigri, Saed – 77.
Nigri, Salim Yussef (Joseph) – 75, 76.
Nigri, Salim – 151.
Nigri, Sarina – 77.
Nigri, Selim Moisés (Muchi) – 73, 74, 78, 139, 152.
Nigri, Taufic – 64, 73, 76, 77, 80.
Nigri, Toufic Salomão – 316.
Nigri, Tere – 140, 151.
Nigri, Teresa Marco – 22, 254, 316.
Nigri, Victor Elias – 107, 166, 169, 212n, 253, 254.
Nigri, Victor Salim – 212.

Nigri, Virginie – 76, 153.
Nigri, Yehuda Meyer – 75.
Norsa, Fortunée – 179.
Notrica – 40.
Novinsky, Anita – 19, 21, 29n, 34n, 35n.

O

Oliveira, Rita Garcia de – 20.
Ort, Céline – 226. (v. também C. Levy)
Ortega, Maria – 141.
Orvietto, fam. – 114, 116.
Orvietto, Guido – 116.

P

Pachá, Kemal – 38, 52, 53, 37n, 39, 103.
Pacheco e Silva – 236n.
Pacheco, J. A. – 175n.
Pacheco, José Félix Alves – 61, 61n.
Pakuda Bahia Ibn – 29n.
Pallock, G. – 242n.
Papo, fam. – 119.
Papo, Joseph – 241n.
Pardés, Eliahu – 159.
Pashá, Abdullach – 45.
Pashá, Kataui – 184.
Pato, Juca – 100n 101.
Peres, Benjamin – 142.
Pereira, João Baptista Borges – 19.
Peres, família – 135, 138, 142, 211.
Peres, Júlia Sayeg (v. também J. Sayeg) – 170, 228, 229, 316.
Peres, Natan – 138, 142.
Peres, Salim – 169, 170, 212, 212n.
Peres, Sarina – 170, 316.
Peres, Victor – 214.
Peretz, J. L. – 36n.
Pérez, David José – 67, 67n, 68, 77, 104, 142, 239, 239n, 258.
Perides, Guaraciaba G. L. – 20.
Pernidji, José Esquenazi – 253.
Perón, Juan Domingos – 239.
Picchia, Menotti Del – 82.
Piccioto, Joe Edgar de – 198.
Pinheiro Machado, Dulphe – 55n, 59n, 235n, 263.
Pinkuss, Fritz – 90, 90n, 110, 111, 112, 117, 227, 227n.

Pirani, fam. – 114.
Pitchon, fam. – 72.
Polite, Virginie – 228.
Politi, Badrie – 136, 169.
Politi, Edgard – 214.
Politi, Elias – 164, 212, 213, 213n, 220, 280, 315.
Politi, Esther – 171.
Politi, fam. – 77, 98n, 104, 138, 142, 165, 207, 217, 220.
Politi, Gabriel – 316.
Politi, Isaac – 134, 137, 170.
Politi, Maurício – 170.
Politi, Menahem – 135, 136, 142, 156, 157, 157n, 240.
Politi, Mercedes – 158, 254, 316.
Politi, Moisés – 142, 157, 158, 159, 211, 224n.
Politi, Rachel Yedid – 240.
Politis, Jamile Dana – 316.
Politis, Menassé – 316.
Portinari – 82.
Porto, fam. – 16, 172, 173.
Porto, Geraldo Abrahamn/Avraham – 173, 173n, 217, 219, 247, 316.
Procaccia, Danielle – 20, 116, 315.
Procaccia, fam. – 114, 116, 221.
Procaccia, Ruth Abuhab – 316.

Q

Quadros, Jânio – 120.

R

Rábia, Leão – 135n, 167, 222, 316.
Rabinovich, Baruch – 173.
Rachel, mãe judia – 94.
Raffalovtich, Isaias – 66, 67, 73, 85, 203n, 204, 205, 236, 258.
Rattner, H. – 82n.
Rawet, Samuel – 243.
Rebbe, Munkatcher – 173.
Rebeca, mãe judia – 94.
Reicchardt, Esther – 20, 315.
Reicchardt, Rodolfo 20. (R. Gentile) – 117n, 316.
Reichhardt, Esther Ascher – 115n.
Reichhardt, fam. – 114, 117, 221.
Reichhardt, Juliano – 114.

Ribeiro, Paula – 64n.
Rihan, Adib Abi – 64.
Rivkin, Ellis – 35n.
Roberts, David – 27, 44.
Rocha, Marisa Santos da – 20.
Rodrigues, Maria Vaz – 129n.
Roemer, Sarina – 199n.
Roffé, fam. – 105.
Romano, fam. – 207n.
Romano, Saad – 316.
Rondon, Mal. – 107.
Rosemberg, Israel – 171.
Rosemberg, Ivete S. – 316.
Rosen, fam. – 119, 120.
Rosen, Laura – 120, 316.
Rosenberg, Ruben – 20.
Rosenchan, Nancy – 19.
Roth, Cecil – 30n.
Rouchou, Joelle – 316.
Rousso, fam. – 70.
Rudi Meyer, fam. – 119.

S

Saadia, Felix – 186n.
Sadat, Anuar – 181n, 199.
Safdié, Albert – 194, 196.
Safdié, Edmond – 194, 201, 254.
Safdié, fam. – 193, 194, 254.
Safdié, Fortuna – 245.
Safdié, Zaki – 194.
Safra, Edmond – 193, 200, 231n, 254.
Safra, Eliahu – 193n.
Safra, Ezra – 193n.
Safra, fam. – 194, 218, 254.
Safra, Jacob E. – 193, 193n, 195, 196, 254.
Safra, Joseph – 193, 194, 254.
Safra, Moise – 193, 194, 254.
Safra, Vichy – 196.
Salama, Linda Farjdoune – 316.
Salém, Eva – 99.
Salém, fam. – 83, 98, 99, 243.
Salem, Helena – 181n, 245n.
Salém, Isaac – 99.
Salém, José – 99.
Salém, Samuel – 83.
Salomão, (Rei) – 42.
Salomom, Helena Mizrahi – 316.

Salum, Simha – 170.
Samarini, Fausta – 115.
Samuel, Samy – 224n.
Santos, Sílvio – 71, 192, 253.
Sarah, mãe judia – 94.
Sarfaty, fam. – 107.
Sarfatti, Yechaya – 316.
Sarraf, Elisa – 315
Sarraf, Elísia Roffé – 105, 208n. (v. também E. S. Hakim).
Sarraf, Jacques – 154, 155, 159, 173, 208, 208n.
Sarraf, Raquel – 208n, 316.
Sarraf, Vitória Siles – 154, 155. (v. também V. Siles)
Sasson, Daniel – 316.
Sasson, David – 19, 196n.
Sasson, Dodi – 315.
Sasson, Ezra – 19, 196n.
Sasson, fam. – 183.
Sasson, Faraj – 196n.
Sasson, Fifine – 163n, 316.
Sasson, Joseph – 96n.
Savóia, Alberto – 315.
Sawaya, Alberto – 149.
Sawaya, Alberto – 214, 215n.
Sawaya, fam. – 149.
Sawaya, Touffic – 149.
Sayad, Abdelmalek – 242n.
Sayeg, Bahie – 170, 228.
Sayeg, Elias – 212.
Sayeg, fam. – 137, 141, 142, 154, 156, 168, 207, 211, 219, 220, 253.
Sayeg, Faride – 137, 138, 141. (v. também F. S. Cohen)
Sayeg, Hasni – 136, 138.
Sayeg, Isaac – 135, 136, 136n, 137, 139, 141, 142, 144, 156, 167, 168, 170, 218, 219, 247, 316.
Sayeg, Jamil – 19, 136n, 161n, 212n, 213n, 217, 218n, 247, 316.
Sayeg, Júlia – 138.
Sayeg, Marcos – 142, 207.
Sayeg, Natan – 142.
Sayeg, Pola Kalili – 316.
Sayeg, Rachel – 142, 169.
Sayeg, Salomão – 138, 152, 207, 212, 316.

SCHEERSON, (rabi) Yossef Yitschac – 191n.
SCHEIRER, Miriam Nigri – 254.
SCHEVZ, Luba – 20.
SCHMIDT, Augusto Frederico – 189.
SCHNEERSON, Menachem Mendel ("o Rebe") – 191n, 250.
SCHOLEM, Gershom – 38n.
SCHONEBORN, Mônica Violante – 101.
SCHWARZ, Cecília Simis – 20.
SEABRA, José – 129.
SEGALL, fam. – 206.
SEGALL, Lasar – 82.
SEGOURA, Zafira Elie – 316.
SEGRE, Ariela – 20, 113n.
SELIM II, – 30.
SELLAN, Fortunato – 60, 60n, 61, 61n, 175n, 265.
SEMO, fam. – 119.
SENDER, Boris – 316.
SERENO, Anabela – 20, 96n, 122n, 245, 315.
SERENO, fam. – 98, 104, 110, 120, 122n, 245, 253.
SERENO, Maurício – 142.
SERENO, Vanessa – 245.
SERUR, Alberto – 159, 206, 218, 219, 220, 247, 315.
SERUR, fam. – 207n.
SERUR, Helena – 150.
SERUR, Simão – 247.
SETTON, Consuelo ("Hunsol") – 151.
SETTON, fam. – 151.
SETTON, Lázaro – 148, 159, 214, 224n, 240.
SETTON, Moise Isaac – 194.
SEVCENKO, Nicolau – 81, 81n.
SEVERS, Suzana Santos – 20.
SHAMMASH, Isac Raffoul – 194.
SHAMOSH, Ammon – 163n.
SHAYO, fam. – 193n, 193.
SHAYO, Rahmo Nasser – 193n, 194, 196, 316.
SHELITA, Isaac Dichi – 201.
SHERTOK, Yaacov – 176.
SIDI, família – 98, 108, 156, 207n.
SIDI, Mme. Victor – 85.
SIDI, Rachel – 95.
SIDI, Victor – 83.
SILES, Esther Nigri – 74, 75.
SILES, Nina Nigri – 316.
SILES, Nissim – 316.
SILES, Raquel – 173.
SILES, Vitória – 154.
SILVA, Homero – 221n.
SIMANTOB, Carlos – 135.
SIMANTOB, Elias – 169.
SIMANTOB, fam. – 77, 135n, 137, 220, 221.
SIMANTOB, Faride – 152.
SIMANTOB, Habibe – 140.
SIMANTOB, Ivete – 78, 152, 171.
SIMANTOB, Jacob – 142, 169.
SIMANTOB, José – 131n, 133, 135, 142, 143, 151, 167, 238.
SIMANTOB, Judith – 95, 167.
SIMANTOB, Luiz – 214.
SIMANTOB, Marcos – 316.
SIMANTOB, Moisés – 135, 169, 207n.
SIMANTOB, Naíme – 228.
SIMANTOB, Rebeca – 78, 150, 151, 167, 316.
SIMANTOB, Reina – 169, 170.
SIMANTOB, Salim – 136, 142.
SIMANTOB, Toufic – 151.
SIMHON, David – 198, 199n.
SINGER, Isaac Bashevis – 32n.
SINGER, Moisés – 157.
SINGER, Pinchas – 161.
SION, fam. – 112.
SION, Jacob – 83.
SION, Moysés Oheb – 142.
SION, Roberto – 254.
SION, Vital – 251.
SOBEL, Henry – 90n, 173.
SODRÉ, Abreu – 120.
SORIANO, Sara – 156.
STAMATI, fam. – 104, 120, 253.
STAMATI, Sami – 316.
STANMATI, Nina – 316.
STILLMAN, Norman A. – 28n, 33n, 35n, 37n, 44n, 45n.
STONEQUIST, Everett V. – 234n, 249, 249n.
SUCCAR, David – 192.
SUCHOVITSKY, Gdali – 209n.
SULZIMAN – 30.
SZACHER, Ethia – 20.
SZAJUBOK, Jaime – 171.
SZAJUBOK, Sarina Mansur – 316.
SZKLO, Gilda Salem – 243n.

T

Tarabulus, fam. – 46.
Tawil Cohen, David – 149, 150.
Tawil Cohen, fam. – 149, 151.
Tawil Cohen, Moisés – 149, 135n, 150, 254.
Tawil, Rachel – 147.
Tchornitsky, Joseph – 241.
Télio, David – 168.
Télio, Sarine – 168.
Temin, fam. – 113.
Temin, Rodolfo – 118.
Teperman, fam. – 140, 205, 227.
Terepins, fam. – 254.
Teresa Cristina – 45.
Tobe, Nahie Baracat – 146.
Toledano, Amadeu – 83, 84, 85, 104, 126, 219, 221.
Toricachivili, Rosa Abuhab – 316.
Truzzi, Oswaldo M. S. – 19, 62, 62n, 563n, 82n.
Tzoba, Aram – 41.
Tzvi, Isaac Ben – 41n.
Tzvi, Sabatai – 38.

U

Uziel, fam. – 197.
Uziel, Jeannetti – 316.

V

Vaena, fam. – 98.
Vaena, Isaac. – 252.
Vaena, Rebeca – 20, 316.
Valente, Célia – 20, 315.
Valero Vasano, fam. – 70.
Valero, fam. – 104.
Valero, Haim – 200.
Valt, Eliahu – 201, 251.
Van Rommel – 73.
Vargas, Getúlio – 104, 115, 117, 119.
Venizelos – 38.
Ventura, Enzo – 115, 115n, 123, 192, 243.
Ventura, fam. – 114, 116.
Ventura, Hugo – 316.
Vidigal, fam. – 167.
Vigorelli, Arnaldo – 119.
Virgílio – 45.
Vitória, rainha – 146.
Voloch, Ida Hasson – 255.

W

Wahbe, Adélia Hadid – 315.
Waissmann, Salo – 104.
Wajman, Esther Fuerte – 254.
Weinberg, Marie Felice – 20.
Weitman, David – 251.
Wigoder, Geoffrey – 39n.
Wilma, Eva – 69n.
Wolff, Egon – 56n.
Wolff, Frida – 56n.

Y

Yaacov, Obel – 17.
Yedid, Moisés – 19, 131n, 159, 224n.

Z

Zagury, fam. – 67.
Zagury, José – 316.
Zaide, Augusta – 315.
Zaide, fam. – 144, 149, 240.
Zaide, Leon – 170, 220.
Zaide, Leone – 316.
Zaide, Rachel C. – 228.
Zaide, Simita – 94.
Zaitoune, Jamile Ginette – 160n, 316.
Zaitune, Youssef – 160.
Zebulum – 45.
Zeitoune, Chafia – 316.
Zeitoune, Racheli Muzrahi – 316.
Zeitune, Badrie Politi – 9, 166, 169, 170, 137, 142, 223, 315.
Zeitune, Elias – 170, 171, 212, 212n.
Zeitune, Fortuna Azulay – 316.
Zeitune, fam. – 77, 135, 138, 141, 142, 217, 248.
Zeitune, Jacob – 135, 136, 137, 169.
Zeitune, Jacques – 214.
Zeitune, Rahamin – 170.
Zeitune, Salim – 165, 213, 220, 316.
Zeitune, Sara – 228n, 316.
Zeitune, Yontob – 76, 161, 161n, 162, 169, 224n, 316.
Zion, Jacob – 83.
Zitune, Gabriel Elias – 22, 214, 254, 316.
Zukierkorn, David – 29n.
Zuquim, J. 77, 206.

Fontes e Bibliografia

FONTES ORAIS

Relatos de sefaradis e judeu-orientais, radicados em São Paulo e Rio de Janeiro, registrados no primeiro semestre de 1994 a novembro de 2001.

São Paulo

- Aaron Carmona
- Abeid Adura
- Abrahan Hanna
- Abrão Kibrit
- Adélia Antebe Fuerte
- Adélia Hadid Wahbe
- Aimée Algranti
- Alberto Adissy
- Alberto Nahom
- Alberto Savóia
- Alberto Serur
- Alexandre Calderon
- Alfredo Del Giglio
- Alzira Homsi
- Amélia Chatah Bonfatti
- Anabela Sereno
- Anna Barki Bigio
- Antônia Bearzi Adissy
- Assilam Meyer Nigri

- Augusta Zaide
- Aurélio Hasson
- Ayush Hazan
- Badrie P. Zeitune
- Beni Calderon
- Betty Nigri Efraim
- Bida Politi Abuhab
- Bruno Levi
- Boris Fausto
- Carolina B. Memran
- Célia Harari Valente
- Clara Hakim Kochen
- Claudine B. Ezquerra
- Consuelo Setton Kalili
- Danielle Procaccia
- David (Assilam) Cohen
- David (Tawil) Cohen
- Davide Douek
- Diana Dorothèa Danon

- Djamila Benjosif
- Dodi Sasson
- Doretta Hasson Gottschalk
- Edith Cohen Ezri
- Elias Nassim Nigri
- Elias Politi
- Elisa Sarraf
- Emily Homsi
- Enia Prist Golovaty
- Esther Ascher Reicchardt
- Esther Franco
- Esther Laredo Chalom
- Esther Télio Cohen
- Esther Dana Kalili
- Esther S. Gottschalk
- Ettore Barocas
- Ezra Sasson
- Faride Sayeg Cohen
- Faride Simantob Amar

- Farha Amar Hazan
- Fifine Sasson
- Flora Cattan
- Flore Nahoum
- Fortuna Azulay Zeitune
- Fortunée Abramovitch
- Gabriel Politi
- Gabriel Zitune
- Geny Chulam Nahum
- Geraldo Porto
- Helena Mizrahi Salomon
- Hugo Ventura
- Irene Memran Calderon
- Isaac Athias
- Isaac Levy
- Isaac Michaan
- Isaac Salomão Sayeg
- Isaac Elias Mizrahi
- Ione Neistein
- Ivete S. Rosemberg
- Jacob Mizrahi
- Jacques Eskenazi
- Jacques Memran
- Jaqueline Z. Hirschfeld
- Jamil Sayeg
- Jamile Dana Politis
- Jamile Derviche
- Jamile Ginette Zaitoune
- Jayme Dentes
- Jayme Kuperman
- Jeannette Uziel
- José Zagury
- Judith Simantob Donio
- Julia Sayeg Peres
- Lázaro Cattan
- Laura Semo Rosen
- Leon Rábia
- Leone Zaide
- Linda Nigri
- Liza Alice Nahaissi
- Luizette Adoni
- Marcel Salvador Hasson
- Málake Nigri Behar
- Marco Matalon
- Marco Meyer Nigri
- Margaux Hadid
- Maurice Harari
- Mary Kibrit
- Marília Freitenson
- Marina Chusyd
- Mercedes K. Politi
- Maurício Fortes
- Menassé Politis
- Mercedes Kalili Politi
- Moisés Chatah
- Moisés Derviche
- Nanci Hadid
- Nessim Benjamin Cohen
- Nelson Benbassati
- Nina Stanmati
- Norma Nigri
- Presija Kassorle
- Pola Kalili Sayeg
- Rachel Beniste Cohen
- Rahmo Shayo
- Raphael Ascher
- Raphael Donio
- Raquel Sarraf
- Rebeca Simantob
- Rebeca Simantob Cohen
- Rebecca Farjoun Mizrahi
- Rebecca Vaena
- Renée Algranti Franco
- Renê Cohen Fortes
- Rica Barki
- Rodolfo Reicchardt
- Roger Levy
- Rosa Abuhab Toricachivili
- Rosa (Assilam) Cohen
- Rosina Kibrit
- Ruth Haber Fischlin
- Ruth Abuhab Procaccia
- Saad Romano
- Saebetai Calderoni
- Salim Chatah
- Salim Gamal
- Salim Kiboudi
- Salim Zeitune
- Salomão Isaac Sayeg
- Sami Stamati
- Sara Zeitune
- Sarina Mansur Szajubok
- Sarina Peres
- Silvia Levi
- Simão Abuhab
- Simão Efraim
- Simi Bendrihen Bensadon
- Teresa Marco Nigri
- Vanessa Libman
- Victoria Alegre Lereah
- Vitória Memran
- Yechaya Sarfatti
- Yontob Zeitune
- Zafira Elie Segoura

Rio de Janeiro
- Boris Sender
- Chafia Zeitoune
- Daniel Sasson
- David Cohen
- David C. Halali
- Esther Balassiano Cohen
- Esther Farjoune Cohen
- Irma Katz Nigri
- Jamile Nigri
- Joelle Rouchou
- Lily Farjoun Beniste
- Linda Farjdoune Salama
- Luiz Benyosef
- Marcos Simantob
- Moisés David Balassiano
- Moysés (Moshico) Cohen
- Nelson Menda
- Nina Nigri Siles
- Nissim Siles
- Norma Nigri
- Racheli Mizrahi Zeitoune
- Rafael Meyer Nigri
- Samuel Fardjoun
- Sara (Nina) Nigri Siles
- Toufic Salomão Nigri

1.1. Histórias de Vida. Núcleo de História Oral, do Arquivo Histórico Judaico Brasileiro (São Paulo):
- Aimée Algranti.
- Aurélio Hasson.
- Badrie Zeitune.

Israel
- Margalit Bejarano
- Mordehai Rosemberg
- Valéria Bondi.

1.2. Fontes Diplomáticas: Arquivo Histórico do Itamaraty / Rio de Janeiro:

- Ofício de Dulphe Pinheiro Machado, diretor do Serviço de Povoamento ao Diretor Geral dos Negócios Comerciais e Consulares. Rio de Janeiro. 30 de junho de 1922. N°. 3466. Vol. 293/3/4.
- Ofício de Dulphe Pinheiro Machado, diretor do Serviço de Povoamento ao Diretor Geral dos Negócios Comerciais e Consulares. Rio de Janeiro, 27 de dezembro de 1926. N°. 4688. Vol. 293/3/4.
- Ofício de Dulphe Pinheiro Machado, diretor do Serviço de Povoamento do Ministério da Agricultura, Indústria e Comércio, ao cônsul de Galatz. Rio de Janeiro, 18 de outubro de 1921. Doc. n°. 2941. Vol. 293/3/4.
- Ofício de Raul A. de Campos ao Sr. Fortunato Sellan, Cônsul do Brasil em Beiruth. Rio de Janeiro, 11 de junho de 1923. N°. 2.581/8. Vol. 238/1/17.
- Ofício-rascunho de Raul A. Campos da Diretoria dos Negócios comerciais e consulares ao diretor do Serviço de Povoamento do Solo. Rio de Janeiro, 22 de junho de 1922. N°. 3. Vol. 293/3/5.
- Ofício de Gregório Pecegeiro, da Secretaria de Estado das Relações Exteriores ao Sr. Dulphe Pinheiro Machado, Diretor Geral do Serviço de Povoamento. Rio de Janeiro, 20 de agosto de 1926. N°. 2520/91. Vol. 293/3/7.
- Ofício de Hélio Lobo da Secretaria de Estado das Relações Exteriores ao Sr. Dulphe Pinheiro Machado, Diretor Geral do Serviço do Povoamento. Rio de Janeiro, 22 de maio de 1928. N°. 5, vol. 293/3/6.

1.3. Documentos Consulares AHI/RJ

Alexandria:
- Ofício do cônsul de Alexandria a Afranio de Mello Franco, Ministro de Estado das Relações Esteriores. Alexandria, 4 de setembro de 1933. N°. 58. Vol. 52/3/5.
- Ofício de José Lavrador, cônsul de Alexandria a José Carlos de Macedo Soares, Ministro das Relações Exteriores. Alexandria, 3 de junho de 1936. Em anexo, carta de Tobias, Adolfo e José Palatnik a Victor F. da Cunha, cônsul brasileiro de Alexandria, da cidade de Tel-Aviv, datada de 31 de maio de 1936. N°. 07237. Vol. 52/3/6.

Atenas:
- Ofício de Carlos Magalhães de Azevedo do consulado de Atenas, ao General Lauro Müller, Ministro de Estado das Relações Exteriores. Atenas, 12 de junho de 1914. N°. 5743. Vol. 202/2/6.
- Ofício de Carlos Magalhães de Azevedo do consulado de Atenas, ao General Lauro Müller, Ministro de Estado das Relações Exteriores. Atenas, 22 de junho de 1914. N°. 5.984. Vol. 202/2/6.
- Carta-Ofício de Carlos Magalhães de Azevedo do consulado de Atenas ao General Lauro Müller, Ministro de Estado das Relações Exteriores. Atenas 28 de junho de 1914. N°. 6553. Vol. 202/2/6.
- Ofício de Alvaro da Cunha do consulado de Atenas ao General Lauro Müller, Ministro de Estado das Relações Exteriores. Atenas, 4 de outubro de 1914. N°. 8718. Vol. 202/2/6.
- Ofício de Hippólito P. Alves de Araújo do consulado de Atenas ao General Lauro Müller, Ministro das Relações Exteriores. Atenas, 12 de dezembro de 1914. N°. 421. Vol. 202/2/6.
- Ofício de Luiz de Lima e Silva do consulado de Atenas ao Sr. Domício da Gama, Ministro de Estado das Relações Exteriores. Atenas, 10 de dezembro de 1918. N°. 685. Vol. 202/2/6.
- Ofício de Luiz de Lima e Silva do consulado de Atenas a Domício da Gama, Ministro de Estado das Relações Exteriores. Atenas, 2 de Janeiro de 1919. N°. 2640. Vol. 202/2/6.
- Ofício de Luiz de Lima e Silva do consulado de Atenas a Domicio da Gama, Ministro de Estado das Relações Exteriores. Atenas, 5 de Janeiro de 1919. N°. 2639. Vol. 202/2/6.
- Ofício de Luiz de Lima e Silva do consulado de Atenas a Domicio da Gama, Ministro de Estado das Relações Exteriores. Atenas, 14 de abril de 1919. N°. 6752. Vol. 202/2/6.
- Ofício de Luiz de Lima e Silva do consulado de Atenas a Domicio da Gama, Ministro de Estado das Relações Exteriores. Atenas, 31 de maio de 1919. N°. 3512. Vol. 202/2/6.
- Ofício de Luiz da Lima e Silva do consulado de Atenas a Domício da Gama, Ministro de Estado das Relações Exteriores. Atenas, 16 de maio de 1919. N°. 7854. Vol. 202/2/6.
- Dois recortes de jornais de Atenas, enviados por Luiz da Lima e Silva, cônsul de Atenas, a Domício da Gama, Ministro de Estado das Relações Exteriores. Atenas, 16 de maio de 1919. Vol. 202/2/6.

Beirute:
- Carta de Fortunato Sellam, cônsul de Beirute a Robert de Caix, Alto Comissário da República Francesa na Síria e no Líbano. Beirute 21 de abril de 1922. N°. 20. Vol. 238/1/17.
- Comunicação-resposta de Fortunato Sellam, cônsul de Beirute, à circular n°. 3 A 2.135 emitida pelo Diretor Geral dos Negócios Comerciais e Consulares do Rio de Janeiro. Beirute, 13 de setembro de 1922. N°. 765. Vol. 238/1/17.
- Ofício de Fortunato Sellam, cônsul de Beirute ao Ministro das Relações Exteriores. Beirute, 16 de novembro de 1922. N°. 84. Vol. 238/1/17.
- Ofício de Fortunato Sellam, cônsul de Beirute, ao Ministro das Relações Exteriores. Beirute, 29 de novembro de 1922. N°. 185. Vol. 238/1/17.
- Carta-ofício de Fortunato Sellam, cônsul em Beirute, ao Ministro das Relações Exteriores. Beirute, 11 de dezembro de 1922. N°. 85. Vol. 238/1/17.
- Ofício de Fortunato Sellam, cônsul de Beirute, ao Ministro das Relações Exteriores. Beirute, 21 de fevereiro de 1923. N°. 315. Vol. 238/1/17.

- Ofício de Fortunato Sellam, cônsul de Beirute, ao Dr. José F. Alves Pacheco, Ministro de Estado das Relações Exteriores. Beirute, 22 junho de 1925. N°. 459. Vol. 238/1/17.
- Ofício de Fortunato Sellam, cônsul de Beirute, ao Dr. José F. Alves Pacheco, Ministro de Estado das Relações Exteriores. Beirute, 28 de julho de 1925. N°. 573. Vol. 238/1/17.
- Carta de Fortunato Sellam, cônsul de Beirute, ao Dr. José F. Alves Pacheco, Ministro de Estado das Relações Exteriores. Em anexo, cópia da comunicação de José Monteiro de Godoy, Cônsul Geral do Brasil em Marselha. datada de 5 de junho de 1926. Em anexo, também, a resposta de Fortunato Sellan a essa comunicação. Beirute, 19 de junho de 1926. N°. 678. Vol. 238/1/17.
- Ofício de Fortunato Sellam, cônsul de Beirute ao Dr. José F. Alves Pacheco, Ministro de Estado das Relações Exteriores. Beirute, 4 agosto de 1926. N°. 736. Vol. 238/1/17.
- Ofício de Fortunato Sellam, cônsul de Beirute, ao Dr. José F. Alves Pacheco, Ministro de Estado das Relações Exteriores. Beirute, 5 de julho de 1928. N°. 815. Vol. 238/1/17.
- Ofício de Fortunato Sellam, cônsul de Beirute ao Dr. José F. Alves Pacheco, Ministro de Estado das Relações Exteriores. Beirute, 15 de dezembro de 1928. N°. 297. Vol. 238/1/17.

Galatz:
- Carta-cópia de Georges Dahrouge, vice-cônsul francês em Galatz a Fortunato Sellan, cônsul brasileiro de Beirute. Galatz, 4 de junho de 1928. Vol. 238/1/17.

Salônica:
- Ofício do Consulado dirigido a Raul A. de Campos, Ministro de Estado das Relações Exteriores. Salônica, 20 de julho de 1920. N°. 007243.
- Ofício do Consulado dirigido a Raul A. de Campos, Ministro de Estado das Relações Exteriores. Salônica, 5 de outubro de 1928. N°. 09250. Vol. 263/2/7.
- Comunicação do Gerente Comercial do consulado do Brasil a Raul A. de Campio, Diretor Geral da Secretaria das Relações Exteriores sobre os principais negociantes, importadores e exportadores, de Salônica. Salônica, 20 de julho de 1920. N°. 2123.

1.4. Arquivos Públicos:

- Hospedaria dos Imigrantes, São Paulo. Relação de passageiros de diversos navios chegados ao porto de Santos, a partir da década de 1920.
- Arquivo Histórico Judaico Brasileiro - São Paulo - AHJB/SP.
- Acervo da Escola Israelita Brasileira Luiz Fleitlich.
- Acervo da Cooperativa de Crédito do Bom Retiro.
- Acervo da Ezra, Sociedade Israelita Amigos dos Pobres.
- Acervo da Ofidas, Organização Feminina Israelita de Assistência Social.
- Acervo do Núcleo de História Oral.
- Atas e estatutos de sinagogas:
- *Beth El,* do Rio de Janeiro.
- *B'nei Sidon,* do Rio de Janeiro.
- *Comunidade Sephardim de São Paulo / Templo Israelita Brasileiro Ohel Yaacov, de São Paulo.*
- *Sinagoga Israelita Brasileira* de São Paulo.

- Sinagoga da *União Israelita Paulista:* Atas de 31.5.1927 a 6.3.1936; a de 26.01.1940; a de 4.4.1962 e a de 1.12.1964.
- *Congregação Monte Sinai,* de São Paulo.
- *Congregação e Beneficência Sefardi Paulista.*
- *Congregação Mekor Haim.*

Organizações:
Federação Israelita do Estado de São Paulo, 1946 a 1959.
Sociedade Beneficente das Damas Israelitas. São Paulo, de 21.02.1948 a 1977. Arquivo Particular de Jamile Derviche e de Linda Nigri.
FESELA - out./nov. 1981. Guarujá, São Paulo. Arquivo particular de Alexandre Calderon.
Sociedade Sionista Bené Herzl, do Rio de Janeiro, 1921.
Fundação da Caixa de Empréstimos da Cidade de São Paulo. AHJB/SP.

Relatórios:
De Alexandre Algranti *Comunidade Sefaradi de São Paulo:* São Paulo, novembro de 1928/1929.
Do comitê para auxílio aos imigrantes. *FISESP:* São Paulo, 1957.
Relatório circunstancial, comemorativo dos 70 anos do *Templo Israelita Brasileiro Ohel Yaacov.* São Paulo, 4.12.1987.
Da *FESELA e FESEBRA.* Arquivo particular de Irene Calderon.

Discursos de:
Isaac Emanuel. Em 20/08/1995, nos 70º da *Sinagoga Beth El.* Arquivo da *Sinagoga.* Rio de Janeiro.
Amadeu Toledano, maio de 1928. *Arquivo da Sinagoga Israelita Brasileira Ohel Yaacov.* São Paulo.
Alexandre Algranti, maio de 1928. Arquivo da *Sinagoga Ohel Yaacov,* São Paulo.
Júlio Tinton. Em maio de 1928. Arquivo da T.I.B.O.Y. São Paulo.
Nissim Farhi. Caracas, *FESELA.* 28.10.1972. Arquivo de Irene Calderon.

Boletins:
Grêmio Sinai, nº. 27, setembro de 1948. Arquivo do Dr. Gabriel Politi.
Centro Israelita Brasileiro "Amadeu Toledano", CIBAT.

Documentos pessoais:
- Passaportes, cartões de identidade, certificados de trabalho, cartões postais, cartões de visitas e cartas familiares, creditados no texto e nos álbuns das famílias solicitadas de São Paulo e do Rio de Janeiro.

Livros de Memórias:
CYTRYNOWICZ E ZUQUIM. *Renascença, 75 Anos. 1922-1997.* São Paulo, 1997; *60 Anos de Escotismo e Judaísmo. 1938 a 1998.* São Paulo, 1999.
ZVEIBIL. *De Ismail a São Paulo.* São Paulo: Ícone, 1995.

1.5 Iconografia:

Acervo Fotográfico fornecido pelas famílias pesquisadas e instituições: creditadas no texto.
- Caricatura: SCHONEBORN, Mônica Violante. "Um Cartunista Atravessa a Light". *Memória Eletropaulo*, nº. 23, 1996. São Paulo, Departamento do Patrimônio Histórico da Eletropaulo, pp. 9-11.

1.6. Periódicos: jornais, publicações gerais e revistas.

HERANÇA JUDAICA: Publicação trimestral. São Paulo, B'nei Brith. Coleção do arquivo da autora.
MORASHÁ. Revista quadrimestral da Congregação e Beneficência Sefardi Paulista/ Joel Rechtman. São Paulo: Coleção do arquivo da autora.
NASCENTE. Revista trimestral da Congregação Mekor Haim. Coleção do arquivo da autora.
SHALOM. Revista mensal. São Paulo. Coleção do arquivo do AHJB/SP.
REPÚBLICA. São Paulo, abril, 1999. Ano 3, nº. 30.
KOL SEPHARAD: WIGODER, Geoffrey. *Jews in Libanon*. Israel, june/july 1966.
JUIFS D'EGYPTE. Imgens et textes. Editions du Scribe. Paris, 1984.
TESOUROS DA COMUNIDADE DE ALEPO. Jerusalém, Museu de Israel, 1993.
O ESTADO DE SÃO PAULO: NOVINSKY, Anita. "Anti-semitismo e Ideologia", Suplemento Cultural, nº. 105 de 5 de novembro de 1978.
CULTURA: ELTON, G. R. "O Rito da Morte Ritual", 20 jan. 1990.

Dicionários e Enciclopédias

BEREZIN, Rifca: *Dicionário Hebraico/Português*. São Paulo, Edusp, 1995.
CALDAS AULETE. *Dicionário Contemporâneo da Língua Portuguesa*. 2ª. ed., 1964.
ROTH, Cecil. *Enciclopédia Judaica*. Rio de Janeiro, Editora Tradição.
ENCYCLOPAEDIA *Judaica. The Macmillan Company.* Jerusalem Encyclopaedia Judaica - Jerusalem; The McMillan Company. 1971. Keter Publishing House Tds. Jerusalém, Israel.
A HISTORY OF the Holy Land. Edithed by Michael Avi-Yonah. Steimatzky's Agency Limited. London The Publishing House Ltda., Jerusalém, 1969.
A HISTORICAL Atlas of the Jewish People. Eli Barnavi. New York, Schoken Book, 1992.
ENCICLOPÉDIA Judaica. Rio de Janeiro, Tradição, 1967.
ABECASSIS, José Maria. *Genealogia Hebraica. Portugal e Gibraltar. Século XVII a XX*. Lisboa, Portugal, 1990. 5 vols.
BARNARI, Eli. *A Historical Atlas of the Jewish People*. New York, E. Barnari Ed. 1992.
GILBERT, Martin. *Atlas de la Historia Judia La Semana Publicaciones Ltda*. Israel, Jerusalém, 1978.

REFERÊNCIAS BIBLIOGRÁFICAS

Gerais e específicas

AMI, Issachar Ben. *The Sephardi and Oriental Jewish Heritage*. Jerusalém, Harry S. May, The Magnes Press, The Hebrew University, 1982.

ARENDT, Hannah. *Origens do Totalitarismo: Anti-semitismo: Instrumento de Poder*. Rio de Janeiro, Documentário, 1975.

ASSIS, Yom Tov (org.). *Los Judíos de Alepo*. Israel, Universidad Hebrea de Jerusalén, s/d.

AVNI, H. *Argentina and the Jews: A History of Jewish Immigration*. University of Alabama Press, 1991.

AZEVEDO, João Lúcio. *História dos Cristãos-Novos Portugueses*. Lisboa, Livraria Clássica Portuguesa, 1921.

BALANDIER, Georges. *O Contorno: Poder e Modernidade*. Rio de Janeiro, Bertrand Brasil, 1997.

BARON, SALO W. *História e Historiografia*. São Paulo, Perspectiva, Estudos, 1974.

BARRO, Máximo e BACELLY, R. *Coleção: História dos Bairros de São Paulo, vol. 14*. São Paulo, Secretaria Municipal de Cultura, 1979.

BAUDRILLARD, Jean. *À Sombra das Maiorias Silenciosas - O Fim do Social e o Surgimento das Massas*. São Paulo, Brasiliense.

BAUSBAUM, L. *História Sincera da República (1930-1960)*. São Paulo, Alfa Omega, 1977, vol. 3.

BOURBON, Fábio. *Yesterday and Today. The Holy Land. Lithographs and Diaries by David Roberts R.A.* Banco Safra, s/d.

KELLER, Werner. *História del Pueblo Judío. Desde la Destrucción del Templo al Nuevo Estado de Israel*. Espanha, Barcelona, Ediciones Omega, S. A., 1975.

BEMERGUY, Amélia. *Imagens da Ilusão. Judeus Marroquinos em Busca de uma Terra sem Males*. Pará, 1870-1910. PUC, Tese de Mestrado, mimeografada, 1988.

BEJARANO, Margalit. *Sephardi and Oriental Jews in Latin América*. Extrato da publicação da FIEALC, Telaviv, IX Congresso Internacional, abril 1999.

_____ . *Los Sefaradies, Pioneros de la Immigracion Judia a Cuba*. Organización Sionista Mundial – Departamento de Información. Nº 14, Jerusalem, outubro de 1985.

_____ . "L'Intégration des Sépharades en Amérique Latine: Le cas des communautés de Buenos Aires et de la Havane". *Memoires Juives D'Espagne et du Portugal*. Jerusalém, Université Hébraique, 1996.

BENSASSON, H. H. BEN (org.). *Historia del Pueblo Judío*. Tel Aviv e Madrid, Alianza Editorial, 1988.

BENVENISTE, Erving. "The Glory and Trajedy of Rhodes". *Kol Separad*, mar./abr. 1966, ano 9, out. 94.

BEREZIN, Rifka (org.). *Caminhos do Povo Judeu. Vol. IV*, São Paulo, FISESP, s/d.

BORIN, Marta Rosa. *Memória e História: Os Sefaradim em Porto Alegre*. Dissertação de Mestrado. Pontifícia Universidade Católica do Rio Grande do Sul, Porto Alegre, 1993.

BOSI, Ecléa. *Memória e Sociedade: Lembranças de Velhos*. São Paulo, T. A. Queiroz, 1979.

BRUMER, Anita. *Identidade em Mudança. Pesquisa Sociológica sobre os Judeus do Rio Grande do Sul*. Porto Alegre, 1994.

BUBER, Martin. *Eu e Tu*. São Paulo, Moraes, 1974.

BURROUGH, Bryan Vendetta. *American Express and the Smearing of Edmond Safra*. New York, Harper Collins Publishers, Inc., 1992.

CÂMERA, A. L. "Incompatibilidade Étnica". *Revista de Imigração e Colonização 4*, pp. 656-657, out. 1940.

CAON, Claudia Malbergier. *Quem Tem Medo da Educação Religiosa?* Rio de Janeiro, Ed. Exodus, 1996.

CARNEIRO, M. Luiza Tucci. *Preconceito Racial no Brasil Colônia*. São Paulo, Brasiliense, 1983.

_____ . *Anti-semitismo na Era Vargas - Fantasmas de uma Geração (1940-1945)*. São Paulo, Brasiliense, 1987.

_____ (org.). *Dossiê Racismo*, n°. 129-131. USP, 1993.

_____ . *Brasil, Um Refúgio nos Trópicos. A Trajetória dos Refugiados do Nazi-Fascismo*. São Paulo, Instituto Goethe, 1996.

CARVALHO, Carlos Delgado de. *História Diplomática do Brasil*. Brasília, Ed. Fac-Similar do Senado Federal, 1998.

CARVALHO, F. M. "Imigração: Um problema Nacional". *Revista de Imigração e Colonização*, mar. 1945.

CASTRO, Barreto. "Imigração do Após-Guerra e Delegacia de Estrangeiros de São Paulo". *Revista de Imigração e Colonização*, mar. 1943 e mar. 1945.

CLARK, F. C. B. "Contribuição para o Estudo da Imigração e Colonização no Brasil". *Revista de Imigração e Colonização (4)*, dez. 1944.

CARTA, Mino. *Histórias da Mooca*. Rio de Janeiro, Berlendis e Vertecchia, 1982.

CHARTIER, Roger. *A História Cultural*. Rio de Janeiro, Bertrand Brasil, 1990.

CHOURAQUI, André. *Cent Ans d'Histoire: L'Alliance israélite Universelle el la Renaissance Juive Contemporaine 1860-1960*. Paris, Presses Universitaires de France, 1965.

COHEN, Martin, A. *The Jewish Experience in Latin America. Vols. I e II*. New York, KTAV Publishing House, 1971.

COHEN, H. J. *The Jews of the Middle East. 1860-1972*. Jerusalém, Israel, Universities Press, 1973.

COSTA, João Cruz. *Contribuição à História das Idéias no Brasil*. Rio de Janeiro, Civilização Brasileira, 1967.

CUPERSCHMID, Ethel Mizrahy. *Judeus em Dois Mundos: a Formação da Comunidade Judaica de Belo Horizonte (1922-1961)*. Tese da F. F. e Ciências Humanas, Belo Horizonte, 1997.

CYTRYNOWICZ, Roney. *Integralismo e Anti-Semitismo nos Textos de Gustavo Barroso na Década de 30*. Dissertação de Mestrado para o Departamento de História da USP, 1991.

DA MATTA, R. *Relativizando: Uma Introdução à Antropologia Social*. Petrópolis, Vozes, 1989.

DECCA, Edgard's. *O Silêncio dos Vencidos*. São Paulo, Brasiliense, 1981.

DECCA, Maria A. Guzzo. *A Vida Fora das Fábricas. Cotidiano Operário em São Paulo (1920-1934)*. São Paulo, Paz e Terra, Oficinas de História, 1987.

DECOL, René Daniel. *Imigrações Urbanas para o Brasil: o Caso dos Judeus*. Tese de Doutorado apresentada ao Departamento de Sociologia do Instituto de Filosofia e Ciências Humanas da Universidade Estadual de Campinas. Tese mimeografada, dez. 1999.

DEFFONTAINES, Pierre. "Mascates". *Geografia*, Ano II, 3.1.1936.

DELLA PERGOLA, Sérgio. *Demographic Trends of Latin American Jewry. The Jewish Presence in Latin América*. Boston, 1977.

DERTÔNIO, H. *O Bairro do Bom Retiro*. São Paulo, DPH/Prefeitura Municipal de São Paulo, 1971 (Série História dos Bairros de São Paulo IX).

DEUTSCHER, Isaac. *O Judeu Não-judeu e Outros Ensaios*. Rio de Janeiro, Civilização Brasileira, 1970.

DIESENDRUCK, Mendel. *Duas Conferências*. Lisboa, Universidade Popular Portuguesa, 1937 e 1939.

DIESENDRUCK, Arnold. "Redescobrindo o Rabino Diensendruck". *Resenha Judaica*, maio 1984, 2ª. quinzena.

DIAS, Maria Odila Silva. *Quotidiano e Poder*. São Paulo, Brasiliense, 1984.

DIEGUES Jr., Manuel. *Etnias e cultura no Brasil*. Círculo do Livro, 1972.

_____. *Imigração, Urbanização e Industrialização: Estudo sobre Alguns Aspectos da Contribuição do Imigrante no Brasil*. MEC, 1964.

_____. "Dois Grupos Étnicos Culturais no Brasil: Italianos e Sírios-Libaneses". *Jornal do Comércio*, 4.10.1951.

DINES, Alberto. *O Baú de Abravanel. Uma Crônica de Sete Séculos até Silvio Santos*. São Paulo, Companhia das Letras, 1990.

DONIN, Hayim Alevy. *O Ser Judeu. Guia para a Observância Judaica na Vida Contemporânea*. São Paulo, Sêfer, Organização Sionista Mundial, 1985.

DUBNOV, Simon. *Manual de História Judaica*. Buenos Aires, Gleizer, 1932.

DURAND, José Carlos G. "Formação do Pequeno Empresariado Têxtil em São Paulo, 1880-1950". In: RATTNER, Henrique. *Pequena Empresa. O Comportamento Empresarial na Acumulação e na Luta pela Sobrevivência*, vol. 1. São Paulo, Brasiliense, 1985, pp. 110-126.

EAGLETON, T. *Ideologia*. São Paulo, Boitempo e UNESP, 1997.

ELNECAVÉ, Nessim. *Los Hijos de Ibero-Franconia: Breviario del Mundo Sefaradí desde las Orígenes Hasta Nuestros Días*. Buenos Aires, "La Luz", 1981.

ELKIN, Judith Lia. *Jews of the Latin American Republics*. Chapel Hill, University of North Carolina Press, 1980.

ESTRELLA, Célia Maria da Silva. *O Bairro da Mooca: História de um Lugar para Morar*. PUC, 1991, Tese de mestrado, mimeografada.

FAINGOLD, Reuven. *D. Pedro II na Terra Santa. Diário de Viagem: 1876*. São Paulo, Sêfer, 1999.

FALBEL, Nachman. *Estudos sobre a Comunidade Judaica no Brasil*. São Paulo, Federação Israelita do Estado de São Paulo, 1984.

FAUSTO, Boris. *Trabalho Urbano e Conflito Social. 1890-1920*. São Paulo, DIFEL, 1985.

_____. *Negócios e Ócios - Histórias da Imigração*. São Paulo, Companhia das Letras. 1997.

_____. *Historiografia da Imigração para São Paulo*. São Paulo, Sumaré, 1951.

_____. *Fazer a América. A Imigração em Massa para a América Latina*. São Paulo, Edusp, 1999.

_____. "Imigração: Cortes e Continuidades". In: NOVAIS, Fernando (coord.). *História da Vida Privada no Brasil*. Companhia das Letras, vol. IV, São Paulo, 1997.

FERES, Assis. *O Mascate*. São Paulo, Lar Azul, 1970.

FERRAZ, S. "O Milagre Judeu". *Por que ser Anti-semita? Um Inquérito entre Intelectuais Brasileiros*. Rio de Janeiro, Civilização Brasileira, 1984, vol. I, pp. 7-49.

FINKELSTEIN, Louis. "Jewish Migrations, 1840-1956". *The Jews: their History, Culture, and Religion*. 3ª ed., New York, Harper and Brothers, 1960, 2 vols., 1536-96.

FLANZER, Vivian. *Muros Invisíveis em Copacabana. Uma Etnografia dos Rodeslis na Cidade do Rio de Janeiro*. Departamento de Antropologia da Universidade Federal do Rio de Janeiro, 1994.

FORACCHI, Marie Alice M. "A Valorização do Trabalho na Ascensão Social dos Imigrantes". *Revista Museu Paulista*, vol. XIV, nova série, São Paulo, 1963.

GAMA, Lúcia Helena. *Nos Bares da Vida. Produção Cultural e Sociabilidade em São Paulo. 1940-1950*. São Paulo, SENAC, 1998.

GERODETTI, J. E. e CORNEJO, C. *A Capital Paulista nos Cartões-postais e Álbuns de Lembranças*. São Paulo, Solares Edições Culturais, 1999.

GINSBERG, Aniela Meyer. "Um Estudo Psicológico de Imigrantes e Migrantes". São Paulo, 1964. In: *Separata da Revista de Psicologia Normal e Patológica*. São Paulo, 10 (1-2) jan.-jun. 1964.

GOFFMAN, E. *Estigma: Notas sobre a Manipulação de Identidade Deteriorada*. 4ª. ed., Rio de Janeiro. Zahar, 1982.

GOLDBERG, Harvey E. (org. e ed.). *Sephardi and Middle Eastern Jewries: History and Culture in the Modern Era*. Indianapolis, Indiana University Press, 1996.

GOITEN, S. D. *Jews and Arabs: El Islam II: A Mediterranean Society*. New Yok, Schocken Books, 1974.

GONZALES, Mario Matus. *Vivencia de los Sefaradíes en Chile*. Universidad de Chile, Chile, 1993.

GOULART, José Alípio. *O Mascate no Brasil*. Conquista, 1967.

GREIBER, Maluf e Mattar. *Memórias da Imigração: Libaneses e Sírios em São Paulo*. São Paulo, Discurso, 1998.

GRIN, Monica. "Etnicidade e Cultura Política no Brasil". *Revista Brasileira de Ciências Socais*, n°. 28, ano 10, junho 1995.

_____. *Judaísmo e Modernidade*. Rio de Janeiro, Imago, 1991.

GRINBERG, Leon e Rebeca. *Psicoanalisis de la Migración y del Exilio*. Madrid, Alianza, 1984.

GRÜN, Roberto. "Os Judeus na Política Paulista". *Imigração e Política em São Paulo*. 1995

_____. "Identidade e Representação: Os Judeus na Esfera Política e a Imagem na Comunidade". *Rev. Brasileira de Ciências Sociais* n°. 26,

GUIBERNAU, Montserrat. *Nacionalismos. O Estado Nacional e o Nacionalismo no Século XX*. Rio de Janeiro, Jorge Zahar, 1997.

GRUNEBAUM, G. E. Von. "El Islam". *História Universal Siglo XXI*. España, Siglo XXI Espanã Editores. 1975, vol. 15.

GUTKOWSKI, Hélène. *Erase una Vez... Sefarad*. Buenos Aires, Editorial Lumen, 1999.

HALBWACHS, Maurice. *Memória Coletiva e Memória Histórica*. São Paulo, Vértice, 1990.

HAMUI DE HALABE, Liz. *Los Judios de Alepo in México*. México, Maguen David, 1989.

HEMSI, Sylvana. *Identidade Judaica: Um Modelo Judaico Paulistano Liberal*. Dissertação de Mestrado ao Departamento de Letras Orientais - Hebraico da USP, 1997.

HERZL, Theodor. *O Estado Judeu. Ensaio de uma Solução da Questão Judia*. Trad. David José Pérez. Rio de Janeiro, Pioneira, 1949.

HIRSCHBERG, H.Z. "The Oriental Jewish Communities". *Religion in the Middle East: Three Religions in Concord and Conflict*, Cambrigde, 1969.

HIRSCHBERG, Alice Irene. *A História da Congregação Israelita Paulista*. São Paulo, CIP, 1976.

HOBSBAWM, Eric. *Era dos Extremos*. São Paulo, Companhia das Letras, 1996.

HOURANI, Albert. *Uma História dos Povos Árabes*. São Paulo, Companhia das Letras, 1995.

ISAAC, Jules. *Jesus e Israel*. São Paulo, Perspectiva, 1987.

IANNI, Octávio. *Industrialização e Desenvolvimento Social no Brasil*. São Paulo e Rio de Janeiro, Civilização Brasileira, 1963.

LASCH, C. *O Mínimo Eu: Sobrevivência Psíquica em Tempos Difíceis*. São Paulo, Brasiliense, 1984.

IGEL, Regina. *Imigrantes Judeus e Escritores Brasileiros*. São Paulo, Perspectiva, 1998.

ISRAEL, Steve. *Historia de los Judíos en España. La Expulsión de los Judíos de España, vols. I e II: 1492-1992*. Israel, Instituto Ben Zvi, 1991.

ISSACHAR, Ben Ami. *Sephardi and Oriental Jewish Heritage*. Universidade Hebraica de Jerusalém 1982.

_____. "Sefaradi: Aculturação e Assimilação". In: NOVONSKY e KUPERMAN. *Ibéria Judaica. Roteiros da Memória*. São Paulo, Edusp, 1996.

JONHSON, Paul. *História dos Judeus*. Rio de Janeiro, Imago, 1989.

JOSEFO, Flávio. *Antigüidades Judaicas*. São Paulo, Edameris, 1974.

JUHACZ, Esther (ed.). "Sephardi Jews in the Ottoman Empire". *Aspects of Material Culture*. Jerusalém, The Israel Museum, 1989 e 1990.

KELLER, Werner. *Historia Del Pueblo Judio*. Barcelona, Ediciones Omega, 1969.

KHATLAB, Roberto. *Brasil-Líbano Amizade que Desafia a Distância*. Bauru, Edusc, 1999.

KERMAN, N. W. & JAHODA, M. *Distúrbios Emocionais e Anti-Semitismo*. São Paulo, Perspectiva/Edusp, 1969.

KERTZER, David. *O Seqüestro de Edgardo Mortara*. Rio de Janeiro, Rocco, 1998.

KHATLAB, Roberto. *Brasil-Líbano*. Bauru, Edusc, 1999.

KNOWTON, Clark. *Sírios e Libaneses: Mobilidade Social e Espacial*. São Paulo, Anhembi, 1961.

LANNA, Ana Lúcia Duarte. *Uma Cidade na Transição: 1870-1913*. São Paulo, Hucitec, 1996.

LAZARUS, Richard S. *Personalidade e Adaptação*. Rio de Janeiro, Zahar, 1977.

LEFTEL, Ruth. *A Comunidade Sefaradita Egípcia de São Paulo*. Programa em Língua Hebraica, Literatura e Cultura Judaicas, FFLCH/USP, 1997, tese mimeografada.

LEITE, D. M. *O Caráter Nacional Brasileiro: História de uma Ideologia*. São Paulo, Pioneira, 1976.

LÉVI-STRAUSS, C. *et alii. Le Racisme Devant la Science*. 9ª. ed., Paris, UNESCO.

LESSER, Jeffrey. *O Brasil e a Questão Judaica - Imigração - Diplomacia, Preconceito*. Rio de Janeiro, Imago, 1995.

LEVY, Avigdor. *The Jews of the Otoman Empire*. Washington, D. C., Princenton, N.J., 1994.

LEWIS, Bernard. *Judeus do Islã*. Rio de Janeiro, Xenon, 1990.

LOSSIN, Yigal. *Pillar of Fire. The Rebirth os Israel – A Visual History*. Israel, Shikmona Publishing Company, 1983.

LUCIANO, Eugênio Jr. (org.). *O Portal da Zona Leste. A Voz do Bairro*. São Paulo, Imprensa Oficial do Estado, 1981.

LUIZETTO, Flávio Venâncio. *As Constituições em Face da Imigração. Estudo sobre o Preconceito e a Descriminação Racial e Ética na Constituinte de 1934*. Dissertação de Mestrado - FFLCH/USP, 1975.

MACHADO, A. de Alcântara. *Brás, Bexiga e Barra Funda*. São Paulo, Martins, 1944.

MACHADO, D. Pinheiro. *Prontuário de Legislação Imigratória Brasileira. Informações Úteis aos Estrangeiros. Decisões e Jurisprudência*. Rio de Janeiro, 1936.

MALAMUD, Samuel. *Contribuição Judaica ao Desenvolvimento Brasileiro nos 150 Anos da Independência*. Rio de Janeiro, Federação Israelita do Rio de Janeiro, 1972.

_____ . *Do Arquivo e da Memória; Fatos Personagens e Reflexos sobre o Sionismo Brasileiro e Mundial*. Rio de Janeiro, Bloch, 1983.

_____ . *Recordando a Praça Onze*. Rio de Janeiro, Kosmos, 1998.

MALVEIRA, A. Nunes. "Achegas para uma Biografia do Professor David José Perez". *Caderno n°. 3*. Rio de Janeiro, Colégio D. Pedro II, 1983.

MARCÍLIO, Maria Luiza. *A Cidade de São Paulo*. São Paulo, Edusp/Pioneira, 1974.

MARTINS, W. *História da Inteligência Brasileira*. São Paulo, Cultrix e Edusp, 1977-1978, vol. VII, 1933-1945.

MARIETA de Moraes Ferreira e Janaína Amado. (org.). *Usos e Abusos da História Oral*. Rio de Janeiro, Fundação Getúlio Vargas, 1996.

_____ . *História Oral e Multidisciplinaridade*. Rio de Janeiro, FINEP. Diadorim, 1994.

MAZALTOV, Jacob. *O Guia da Juventude Israelita*. São Paulo, Typographia Frankenthal, 1937 e 1939.

MÉCHOULAN, Henry (org.). *Les juifs d' Espagne: histoire d' une diaspora. 1492-1992*. France, Libraire Européenne des idées, 1992.

MEZAN, Renato. *Psicanálise, Judaísmo: Ressonâncias*. Campinas, Escuta, 1987.

MARCONDES, M. Capela e LEUVEN. "Representações de Migrantes e Imigrantes - O Caso de Juó Bananére". *Revista da Biblioteca Mário de Andrade*, n°. 52, São Paulo.

MIGDAL, Joel S. *Palestian Society and Politics*. New Jersey, Princeton University Press, 1980.

MILGRAM, Avraham. *Os Judeus do Vaticano*. Rio de Janeiro, Imago, 1994.

MILLER, David. *Sobre la Nacionalid: Autoderminación y Pluralismo Cultural*. España, Paidós, 1997.

MIZRAHI, Rachel. *A Inquisição no Brasil: Um Capitão-mor Judaizante*. Centro de Estudos Judaicos, da USP, 1984.

_____ . *Lembranças...Presente do Passado*. São Paulo, Hebraica/Smukler, 1997.

MODRIS EKSTEINS. *A Sagração da Primavera - A Primeira Guerra Mundial e o Nascimento da Era Moderna*. Rio de Janeiro, Rocco, 1991.

MOTA, C.G. *Ideologia da Cultura Brasileira: Pontos de Partida para uma Revisão Histórica (1933-1974)*. São Paulo, Ática, 1978 (Col. Ensaios, 30).

NASSER, Eveline. *A Cozinha de Eveline Nasser – Uma História de Amor em 72 Receitas*. São Paulo, DBA Books and Art, 2000.

NISKIER, Arnaldo (coord.). *Contribuição dos Judeus ao Desenvolvimento Brasileiro*. Rio de Janeiro, Academia Brasileira de Letras e Universidade Gama Filho, 1998.

NOVAIS, Fernando A. e SEVCENKO, Nicolau (org.). *História da Vida Privada no Brasil, vol. 3 e 4*. São Paulo, Companhia das Letras, 1998.

NOVINSKY, Anita e KUPERMAN, D. (org.). *Ibéria Judaica: Roteiros da Memória*. São Paulo/Rio de Janeiro, Edusp e Expressão e Cultura.

_____ . *Os Israelitas em São Paulo*. São Paulo, Pioneira, 1968.

OLIVEIRA, Ana Luíza Martins Camargo de. *Revistas em Revista. Imprensa e Práticas Culturais em tempos de República. 1890-1922*. São Paulo, Edusp, 2002.

OLIVEIRA, R. Cardoso de. *Identidade e Estrutura Social*. Série Antropologia social n°. 21, Brasília, 1978.

OLIVEIRA, L. L. *Elite Intelectual e Debate Político nos Anos Trinta*. Rio de Janeiro, FGV/FNL/MEC, 1980

ORTIZ, Renato. *Cultura Brasileira e Identidade Nacional*. São Paulo, Brasiliense, 1985.

PAPO, Joseph M. *Sephardim in Twentieth Century America: In Search of Unity*. Pele Yoetz Books, Berkeley, California, 1967,

PROST, E. *et alii*. "Os Judeus na Memória da Cidade de São Paulo". Mesa de Comunicação Coordenada, in *Catálogo da 37ª Reunião Anual da SBPC*, Belém, 1984, p. 189, 1994, 34.

PEREIRA, Maria Aparecida F. *O Comissário de Café no Porto de Santos (1870-1920)*. Dissertação de mestrado. História para o Departamento de História da USP, São Paulo, 1980.

PETRONE, Maria Tereza Schorer. "Imigração". *História Geral da Civilização Brasileira. O Brasil Republicano: Sociedade e Instituições, (1889-1930)*, vol. 3, n°. 2, São Paulo, Difel, 1985.

PINKUSS, Fritz. *Estudar. Ensinar. Ajudar: Seis Décadas de um Rabino em Dois Continentes*. São Paulo, Livraria Cultura,1989.

POLLAK, Michael. "Memória, Esquecimento, Silêncio". *Estudos Históricos*, vol. 2 n°.3, Rio de Janeiro, 1989.

RAÇA E CULTURA I e II. Coletânea de Textos. São Paulo, Perspectiva, 1970.

RATTNER, H. *Tradição e Mudança: a Comunidade Judaica em São Paulo*. São Paulo, Ática, 1977.

_____. *Nos Caminhos da Diáspora: Uma Introdução ao Estado Demográfico dos Judeus*. São Paulo, Centro de Estudos Judaicos, 1972.

_____ (org.). *Brasil no Limiar do Século XXI. Alternativas para a Construção de uma Sociedade Sustentável*. São Paulo, Edusp, 2001.

RAWET, Samuel. *Contos do Imigrante*. Rio de Janeiro, José Olímpio, 1956.

RIBEIRO, Paula. "Saara". *Uma Paisagem Singular na Cidade do Rio De Janeiro (1960-1990)*. PUC, tese de Mestrado, mimeografada, 2000.

RODRIGUES, Marly. *FISESP 50 Anos. Uma Trajetória Coletiva*. São Paulo, Sundfeld, 1996.

RODRIGUES, Maria Vaz (coord.). *Projeto Memória e História*. Secretaria da Cultura do Município de São Paulo, Divisão de Iconografia e Museus. A Mooca, Julho 1987.

ROLNIK, Raquel. "São Paulo, Início da Industrialização; O Espaço e a Política". In: KOWARICK, Lúcio (org.). *As Lutas Sociais e a Cidade de São Paulo: Passado e Presente*. São Paulo, Paz e Terra, 1988.

ROTH, Cecil. *Pequena História do Povo Judeu*. São Paulo, CIP, 1964.

SAFADY, Jamil. *Panorama da Imigração Árabe*. São Paulo, Comercial Safady Ltda.

SAID, Edward W. *O Orientalismo. O Oriente como Invenção do Ocidente*. São Paulo, Companhia das Letras, 1978.

SALEM, Helena. *Entre Árabes e Judeus*. São Paulo, Brasiliense, 1991.

SALMONI, Anita. *Você Voltaria?* São Paulo, Shalom, 1979.

SANTOS, Norma Breda dos (org.). *Brasil e Israel*. Brasília, Editora UnB, 2000.

SAPORTA Y BEJA, Enrique. *Refranero Sefardi. Compendio de Refranes, Dichos y Locuciones Típicas de los Sefardies de Salonica y otros Sitios de Oriente*. Barcelona, Instituto Arias Montano, Biblioteca Hebraicoespañola, volumen VI, 1957.

SAYAD, Abdelmalek. *A Imigração*. São Paulo, Edusp, 1998.

SCHOLEM, Gershom. A *Mística Judaica*. São Paulo, Perspectiva, 1972.

SCHWARCZ, Lilia Moritz. *O Espetáculo das Raças: Cientistas, Instituições e Questão Racial no Brasil. 1870-1930*. São Paulo, Companhia das Letras, 1993.

SCHLESINGER, Hugo. *Pequeno ABC do Pensamento Judaico*. São Paulo, B'nei Brit, 1969.

SEBE BOM MEIHY, José Carlos. *Manual de História Oral*. São Paulo, Loyola, 1996.

SEGRE, Ariela Pardo. *Imigração Judaica Italiana (Gênova, jan. 1939)*. Dissertação de Mestrado, FFLCH-USP, 2000, mimeografada.

SEVCENKO, Nicolau. *Orfeu Estático na Metrópole, São Paulo. Sociedade e Cultura nos Frementes Anos 20*. São Paulo, Companhia das Letras, 1992.

_____ . *Literatura como Missão*. São Paulo, Brasiliense, 1985.

SENKMAN, L. *La Identidad Judia en la Literatura*. Argentina, Pardes, 1983.

_____ . *Desarrolo Histórico, Social y Político de América Latina, su Incidencia en las Comunidades Judías Locales*. Universidade de Tel Aviv, Dor Hemshej, 1980.

SEGNI, Fúlvia. *A Longa Trilha Azul*. São Paulo,1983.

SHAMIR, Shimon. "Muslim-Arab attitudes Towards Jews: the Ottoman and Modern Periods". *Violence and Defence in the Jewish Experience*, ed. by Salo Boranand George S. Wise, Philadelphia, 1977.

SHAMOSH, Amnon. *Una Familia en Alepo*. Central de Programación. Departamento de Desarrollo y Servicios Comunitarios, Organización Sionista Mundial, Israel, s/d.

SHAKED, Gershon. *Sombras de Identidade*. São Paulo, Associação Universitária de Cultura Judaica, 1988.

SIMANTOB, Marcos José. *A Vida de Bené Sidon*. Rio de Janeiro, edição do autor, 2000.

SLAVUTZKY Abrão (org.). *A Paixão de Ser: Depoimentos e Ensaios sobre a Identidade Judaica*. Porto Alegre, Artes e Ofícios, 1998.

SEABRA, O. C. de Lima. *Enchentes em São Paulo: Culpa da Light . Memória ano I*. São Paulo. DHP, Eletropaulo.

SKIDMORE, T. *Brasil. De Getúlio à Castelo*. 4ª. ed. Rio de Janeiro, Paz e Terra,1975.

SORJ, Bila (org.). *Identidades Judaicas no Brasil Contemporâneo*. Rio de Janeiro, Imago,1997

STILLMAN, Norman. *The Jews of Arab in Modern Times*. Philadelphia, Jewish Publication Society, 1991.

_____ . *The Jews of Arab Lands: A History and Source Book*. Philadelphia, Jewish Publication Society, 1979.

STONEQUIST, Everett. *O Homem Marginal. Estudo da Personalidade e Conflito Cultural*. São Paulo, Martins, 1948.

SUTTON, Joseph A. D. *Aleppo Chronicles. The Story of the Unique Sephardeem of the Ancient Near East – In Their Own Words*. New York, Thayer-Jacoby, 1988.

SZKLO, Gilda Salem. *O Bom Fim do Shtetl: Moacyr Scliar*. São Paulo, Perspectiva, 1990.

TODOROV, Tzvetan. *Nós e os Outros. A Reflexão Francesa sobre a Diversidade Humana*. Rio de Janeiro, Zahar, 1993.

TOLEDO, Benedito, L. de. *São Paulo: Três Cidades em um Século*. São Paulo, Duas Cidades, 1983.

THOMPSON, Paul. *The Voice of the Past: Oral History*. Oxford, University Press, 1990.

TORRES, M. C. Teixeira Mendes. *O Bairro do Brás*. São Paulo, Departamento de Patrimônio, Histórico da Secretaria Municipal de Cultura da Prefeitura de São Paulo, 1981.

TRUZZI, Oswaldo Mário Serra. *Patrícios: Sírios e Libaneses em São Paulo*. São Paulo, Hucitec, 1997.

VIEIRA, Nelson. *Construindo a Imagem do Judeu*. Rio de Janeiro, Imago, 1994.

WOLFF, Egon e Frieda. *Judeus no Brasil Imperial*. São Paulo, Centro de Estudos Judaicos, 1975.

_____ . *Participação de Judeus ao Desenvolvimento do Brasil*. Rio de Janeiro, Particular, 1985.

_____ . *Guia Histórico da comunidade Judaica de São Paulo*. São Paulo, B'nei Brith, 1988.

_____ . *Judeus nos Primórdios do Brasil República*. Rio de Janeiro, Ed. B. N. H. Bialik, 1981.

_____ . *Breve Histórico da Sociedade Cemitério Israelita de São Paulo (65 Anos)*. Rio de Janeiro, 1989.

WORKMAN, Susane. *Heranças e Lembranças Imigrantes Judeus no Rio de Janeiro*. Rio de Janeiro, Quase Catálogo, 1991.

ZELDIN Theodore. *Uma História Íntima da Humanidade*. Rio de Janeiro e São Paulo, Record, 1994.

ZVEIBIL, Sylvia Jane. *Identidade Étnica Judaica — Caracterização e Processo de Constituição*. Dissertação de Mestrado ao Departamento de Ciências Sociais da Faculdade de Filosofia, Ciências Humanas da Universidade de São Paulo, 1980. Tese mimeografada.

TÍTULO	IMIGRANTES JUDEUS DO ORIENTE MÉDIO
AUTORA	RACHEL MIZRAHI
DESIGN	RICARDO ASSIS
ASSISTENTES DE DESIGN	HELOISA HERNANDEZ
	ADRIANA KOMURA
REVISÃO DE PROVAS	ATELIÊ EDITORIAL
FORMATO	20 X 25 CM
TIPOLOGIA	PERPETUA
PAPEL DO MIOLO	PÓLEN SOFT 80 G/M²
PAPEL DA CAPA	COUCHÉ FOSCO 180 G/M²
	RECICLATO 120 G/M²

Este livro foi impresso na
LIS GRÁFICA E EDITORA LTDA.
Rua Felício Antonio Alves, 370 – Jd. Triunfo – Bonsucesso
CEP 07175-450 – Guarulhos – SP – Fone: (011) 6436-1000
Fax.: (011) 6436-1538 – E-Mail: lisgraf@uninet.com.br